新世纪高等学校教材

历史学专业课系列教材

世界古代文明史研究导论

SHIJIE GUDAI WENMINGSHI YANJIU DAOLUN

刘家和　廖学盛　主编

北京师范大学出版集团
BEIJING NORMAL UNIVERSITY PUBLISHING GROUP
北京师范大学出版社

图书在版编目(CIP) 数据

世界古代文明史研究导论/刘家和, 廖学盛主编.—北京:
北京师范大学出版社, 2010.1
 ISBN 978-7-303-10588-5

Ⅰ.①世… Ⅱ.①刘… ②廖… Ⅲ.①世界史:古代史:
文化史-研究 Ⅳ.①k12

中国版本图书馆 CIP 数据核字(2009)第 184964 号

营 销 中 心 电 话 010-58802181 58808006
北师大出版社高等教育分社网 http://gaojiao.bnup.com.cn
电 子 信 箱 beishida168@126.com

出版发行: 北京师范大学出版社 www.bnup.com.cn
 北京新街口外大街 19 号
 邮政编码: 100875
印 刷: 北京京师印务有限公司
装 订: 三河万利装订厂
经 销: 全国新华书店
开 本: 170 mm × 230 mm
印 张: 18
字 数: 346 千字
版 次: 2010 年 1 月第 1 版
印 次: 2010 年 1 月第 1 次印刷
定 价: 28.00 元

策划编辑 李雪洁 责任编辑 李雪洁
美术编辑 高 霞 装帧设计 高 霞
责任校对 李 菡 责任印制 李 丽

历史学专业课系列教材编辑委员会

出版说明

　　新中国成立六十年以来，史学研究成就巨大，近年来尤为如此。就历史学人才培养而言，如何将这些成就转化为教学资源，使学生通过了解最新学术进展，把握学科走向，从而迅速成长为时代所需的人才，是关键所在。在这方面，教材建设显然至关重要。而教材建设，恰恰是北京师范大学历史学科所一直致力者。

　　在北京师范大学百余年的发展历程中，历史学科始终占有重要地位。经过几代人的不懈努力，今天的北师大历史学院业已成为历史教学和科研的重要基地，不仅学术上出精品，而且注重教学改革，更新教学内容与课程体系，完善教材建设。

　　2004 年起，历史学院组织力量对 20 世纪 90 年代编写出版的历史学基础课程教材进行修订和补充，同时新编了若干种，使之成为新世纪"历史学专业课系列教材"，目前已出版就绪。由于具有精审谨严、结构合理、分量得当、适应面广的优势与特色，这套教材在历史学科的教学中得到充分运用，不仅满足了本院历史学专业学生的学习需要，而且在其他高校历史学系也受到较为普遍的欢迎。其中大部分已被列入普通高等教育"十一五"国家级规划教材或北京市精品教材。

　　在强化基础课教材建设的同时，历史学院也十分关注专业课教材的建设。早在 20 世纪 80 年代，由著名历史学家白寿彝先生所主持的教学改革，便将重点放在了教学内容和课程体系的改革上。其核心是突破以往仿照苏联高等师范教育模式设计课程的局限性，在教学时数和教学内容上，将专业课与基础课并重，从而使得师范院校的历史课程体系走出原有的狭窄轨道，引导学生朝宽广的基础知识与精深的专业素养并举的方向发展。由此而展开的教材建设中，专业课教材亦成为重点，出版了一些历史学科专业选修课程教材，在全国同行中得到较为广泛的使用。

时至今日，历史教学并重基础课和专业课的理念得到了众多师范院校同行的认可。通过引入最新学科信息和最佳专业内容，强化专业课教学，以培养21世纪所需的各类历史学专业人才，已成为大家的共识。有鉴于此，北京师范大学历史学院决定在原有专业课教材基础上，联合部分师范大学同行，组建"历史学专业课系列教材编辑委员会"，进一步编撰出版高水准的历史学科专业课教材，以适应学科发展和人才培养的时代需求，并弥补全国历史学科专业课教材品类不足的缺失。

教材建设是千秋大计，来不得半点马虎。尽管我们已慎之又慎，但仍难免会有所疏漏，还望方家不吝赐教。

历史学专业课系列教材编辑委员会
2009 年 11 月

目 录

引 论

　　编写本书的目的是为有意于了解或研究世界古代文明史的青年朋友，尤其是治本专业的研究生，提供一个入门性的指导。对于古代各文明的具体研究指导将在以下各章中分别加以论述，这里首先作一个总论性的开场白。

　　因为我们所要与之对话的是有志于古代文明研究的青年，他们的志趣在于研究，在于历史学的研究，在于古代文明的研究，所以这个开场也就分为以下三个层次来谈。

一

既然要从事研究，那么当然应该对"研究"有进一步的了解。首先要了解"学习"和"研究"的关系。如果从广义看"学习"，那么"学习"的意思里就包括了"研究"。例如，孔子所说的"学而不厌"①，这就是终身治学不厌，其中当然包括了"研究"。可是，如果从狭义看"学习"，那么它的意思就不包括"研究"了。这里让我们首先辨析一下"学习"与"研究"的关系。

按"学习"由"学"、"习"二字组成，原来它们也各有其不同的意思。现在首先来谈"学"。"学"在中国古籍里有不同的解释，稍作说明如下。《说文解字》："学（斅），觉悟也。"② 此字从"教"字来，意思是因受教而觉悟，由不知而有知。《广雅·释诂四》也说："学，觉也。"③ 此其一。又《广雅·释诂二》："学，识也。"④这个"识"是"记"的意思，就是说，学了不仅要知道，而且要记住，要记下来。此其二。又《广雅·释诂四》："学，教也。"⑤ 教与学是授与受的关系，古书常有授受同词的现象，因为二者本来就是同一过程的两个方面。《说文解字》："教，上所施，下所效也。"⑥ 教就是施，就是授，而学就是效，就是受。所以，学的过程又是仿效过程。此其三。这样说来，"学"就有了知道（被教会）、记住和仿效三层意思，而这三层意思都反映着人的受教过程。如何才能使受教的知识变成自己的呢？这就需要"习"。

其次谈"习"。《论语·学而》："学而时习之，不亦说（悦）乎。"⑦ 指的就是这个意思。那么"习"字的本义是什么？《易经》坎卦由下坎上坎构成，卦辞曰："习坎。"上下皆坎，为坎之重复，故曰"习坎"。《象辞》曰："习坎，重险也。"⑧ 坎为险

---

① 《论语·述而》，见刘宝楠：《论语正义》，《诸子集成》本第 1 册，136 页，北京，中华书局，1986。以下引用《诸子集成》本，只记册数、页数。

② 段玉裁：《说文解字注》，127 上页，上海，上海古籍出版社，1981，以下引《说文解字》皆据此本，只记页数。

③ 王念孙：《广雅疏证》，卷四上，22 页 A，上海，上海古籍出版社，1983。以下引《广雅》皆据此本，只记页数。

④ 《广雅疏证》，卷二下，29 页 A。

⑤ 《广雅疏证》，卷四上，18 页 A。

⑥ 《说文解字注》，127 页上。

⑦ 《论语正义》，1 页。

⑧ 孔颖达：《周易正义》，《十三经注疏》本，42 页，北京，中华书局，1980，以下引用《周易正义》皆据此本，只记页数。

陷之象，所以习坎就是"重险"。据此可知，习有重复的意思。至于"习"字本义，《说文解字》的解释是："习，数飞也，从羽从白。"① 这里的"数"读作"朔"，传统的解释主要有两种：一是重复、频繁、屡次的意思；二是急速的意思。不过，这两种解释之间也有其内在的联系，即凡鸟兽动作频率高，其速度自然也快。《尔雅·释诂》："肃、齐、遄、速、亟、屡、数、迅，疾也。"② 由此可以看出二者间的关系。所以，"学而时习之"的"习"，非指鸟的"数飞"，而是"引申为凡重习、学习之意。"③

　　如果概括起来说，由"学"和"习"两字组成的"学习"一词，所表示的就是由"学"而开始获得知识，在反复的"习"中达到切实的把握。"学习"大致相当于英文中的 learn。由"学习"再进一步，就到了"研究"的境地。"研究"相当于英文中的 study。"研究"一词，在中国早期的文献中原来也是分别用单个字来表示的。先说"研"字。《说文解字》："研，磨（原作礦）也。"段玉裁注："亦谓以石磨物曰研也。"④ 所以，"研"字本指以石将物磨为粉末，而其引申义就成了对事物进行精细的分解。再说"究"字。《说文解字》："究，穷也。"⑤《尔雅·释言》："究，穷也。"⑥《说文解字》："穷，极也。"⑦《乐雅·释诂》："究，谋也。"⑧《说文解字》："虑难曰谋。"⑨ 所以，"究"就是穷极究竟，就是远虑深思的意思。《易·系辞上》："夫易，圣人之所以极深而研几也。"孔颖达疏："言易道弘大，故圣人用之，所以穷极幽深而研核几微也。"⑩ 这句话里没有直接出现"研究"一词，但是其中的"极深研几"一语，就是"究深研几"，如果换一个说法，那就是"研究深（远）几（微）的事物"。

　　"研"与"究"组成"研究"一词是较晚的事。《世说新语·文学四》："殷仲堪精核玄论，人谓莫不研究。"⑪ 可能是"研究"的较早出处。"研"与"究"组成一词，其实这两个字之间也是有其内容的关联的。"研"是彻底的分析、分解，"究"是彻底的探求。彻底的分析（研）是彻底探求（究）的准备，彻底的探求（究）则是彻底的分析（研）的完成。由彻底的分析而彻底的探求，这就是研究的过程。

---

①　《说文解字注》，138 页上。

②　郝懿行：《尔雅义疏》，国学基本丛书本，"释诂"46 页，长沙，商务印书馆，1938。

③　《论语正义》，《诸子集成》第 1 册，2 页。

④　《说文解字注》，452 页。

⑤　《说文解字注》，346 页。

⑥　《尔雅义疏》，"释言"15 页。

⑦　《说文解字注》，346 页下。

⑧　《尔雅义疏》，"释诂"13 页 A。

⑨　《说文解字注》，91 页下。

⑩　《周易正义》，81 页。

⑪　刘义庆：《世说新语》，见《诸子集成》第 8 册，62 页，北京，中华书局，1986。

现在再来谈"学习"与"研究"之间的联系与区别的关系。

从总体说，"学习"是为"研究"打基础、作准备，而"研究"是"学习"的继续与发展。"研究"的成果又成为新一轮"学习"的对象，从而引起新一轮的"研究"，如此运行不已，也就是人类文化的不断进展的过程。所以，"学习"与"研究"二者在人类文化过程中是密不可分地结合在一起的。不过，"学习"与"研究"的联系是有区别的联系。

一则，"学习"重在继承，而"研究"重在创新。

《论语·为政》："子曰：温故而知新，可以为师矣。"这一句话看起来很容易懂，可是前人在解释时仍然见解不同。何晏《论语集解》："温，寻也。寻绎故者，又知新者，可以为人师矣。"① 按，"温"字释"寻"这在古代学者间并无分歧。而在这里如何释"寻"，就有意见分歧了。

按《集解》的解释，这里的"寻"释为"绎"。《说文解字》："寻，绎理也。"② 可以为据。又《说文解字》："绎，抽丝也。"③ 所以，按《集解》的解释，"温故"就是从旧有的知识中去"寻绎"或者抽寻，这样就可以知新。这个思路不错，不过并没有说明怎么样就能从旧知识里抽出新知识。这是此说的不足。刘宝楠不同意《集解》之说。他在《论语正义》中说："《礼（记）·中庸》云：温故知新。郑（玄）注：温读如烳温之温，谓故学之熟矣，后时习之，谓之温烳，或省作寻。"④ 这就是说，"寻"字与加"火"旁的字通用，就是加温不使冷却的意思，"温故"就是在旧时所学知识忘记（冷却）之前随时复习、温习，不使遗忘的意思。刘宝楠在其《正义》中还引了几家之说，大体谓温故为博古而知新为通今。⑤ 此说坚守"温"、"寻"互训之义，以为"温故知新"就是由博古而通今，从而说出了"温故知新"的过程实际是由继承而创新的过程。这些说法也颇有可取处。不过，"温故"为什么就可以"知新"？道理也没有说出来。按"温故"的过程实际上就是"学而时习之"。学过一样知识，不时地温习它，实际可以产生双重的效果：一方面，把所学的知识牢固地记了下来；另一方面，在不断的复习中逐渐了解到所学知识是通过何种途径得来的。或者说，温习的结果，既得到了具体的知识，又得到了产生此知识的方法。如果说，人们通过前者所把握的只是具体的"事"，那么，通过后者所把握的就包括了一般的"理"了。当人们试图用所得知的方法或"理"去进一步探讨新事物时，"研究"就从这里开始了，"知新"的门也就从这里打开了。当然，要做到以上这一点，那也是有条件的。这个条件就是

---

① 《论语注疏》，《十三经注疏》本，2462 页。

② 《说文解字注》，121 页下。

③ 同上书，643 页下。

④ 《论语正义》，《诸子集成》第 1 册，29～30 页。

⑤ 同上。

"思"。《论语·为政》:"子曰:学而不思则罔,思而不学则殆。"按"罔"的意思是蒙蔽,用于主动的情况下是蒙蔽他人,用于被动的情况下则是被蒙蔽,也就是无知。朱熹注"学而不思则罔"云:"不求诸心,故昏而无得。"① 这就是说,人们在学的时候,在温习的时候,如果不能思考,那么学了也是白学,其结果必然是一无所得,依旧无知。由此可见,如果学而不习,那就不能巩固学之所得;如果学习而不思,那就不能知其学之所以得,结果仍然只能处于浑然无知的状态,也就无从向研究的层次进展。《礼记·学记》:"记问之学,不足以为人师。"郑玄注云:"记问,谓预诵杂难、杂说,至讲时为学者论之。此或时师不心解,或学者所未能问。"② 所谓"记问之学",就是耳食之学,从他人问得知识而未心解,把这样没有真正理解的所谓知识写成讲稿,背熟了,到上课时照本宣读,毫无新意。这样的人,学的时候就没有用心思考,更没有做研究,当然也就没有任何创新,所以不能为人师。在中国的学术传统里,学习与研究或温故与知新,是有明确的区别的。其间也有着重要的联系,而这种联系的纽带就是"思"。学习或继承的阶段要会思,研究或创新的阶段更要会思。

二则,由"学习"过渡到"研究",从思维层次来说是从重肯定到重否定的发展。

现代汉语中的"学问"通常作名词用,表示"知识"或"学术成就"的意思。可是,这个名词是从动词演化而来的。《孟子·告子上》:"学问之道无他,求其放心而已矣。"③ 又《孟子·滕文公上》记滕文公之言曰:"吾他日未尝学问,好驰马试剑。"④ 这里的"学问"都是动词,用今天的话说就是"做学问"。《荀子·大略》:"《诗》曰:如切如磋,如琢如磨。谓学问也。"⑤ 又"学问不厌,好士不倦。"⑥ 他这里所说的"学问",仍然是指做学问。而《荀子·劝学》:"故不登高山,不知天之高也;不临深谿,不知地之厚也;不闻先王之遗言,不知学问之大也。"⑦ 这里的"学问"就和"天"、"地"一样是名词了。先秦儒家学者很注意把"学"和"问"结合起来作为治学的根本,的确是很有道理的。"学"为什么必须继之以"问"?因为,如果无"问","学"就不能发展。朱熹曾训其门人云:"诸公所以读书无长进,缘不会疑。某虽看至没紧要底物事,亦须质疑。才疑,便须理会得彻头。"⑧ 他在论读书法时,又多次说到"疑"为熟读精思后的关键,如:"然熟读精思既晓得后,又须疑不止如此,庶几有进。

---

① 朱熹:《论语集注》,见《四书章句集注》,57 页,北京,中华书局,1983。
② 郑玄注,孔颖达疏:《礼记正义》,见《十三经注疏》,1524 页。
③ 焦循:《孟子正义》,见《诸子集成》第 1 册,464 页。
④ 同上书,193 页。
⑤ 王先谦:《荀子集解》,见《诸子集成》第 2 册,334 页。
⑥ 同上。
⑦ 同上书,1~2 页。
⑧ 黎靖德辑:《朱子语类》卷一二一,2931 页,北京,中华书局,1988。

若以为止如此矣，则终不复有进也。"① 怎么样去"疑"呢？朱熹的答案是："读书，须是看他那缝罅处，方寻得道理透彻。若不见得缝罅，无由得人。看见缝罅时，脉络自开。"② 朱熹的这些话实际是告诉我们，人在学了以后要会提问题（即疑），问题从何而来？要从事物的内在矛盾"缝罅"中去发现。客观的事物或书中所说的事物，为什么会有"缝罅"可被发现？朱子没有回答这个问题。不过，黑格尔说得清楚："凡有限之物都是自相矛盾的，并且由于自相矛盾而自己扬弃自己。"③ 朱子所说的"缝罅"实际就是客观的、普遍存在的矛盾。当然，这里所说的"疑"，并非"怀疑主义"。黑格尔说："怀疑主义没有认清它自己的真结果，它坚持怀疑的结果是单纯抽象的否定。"④ 中国古代学术传统所重视的"疑"、"问"，不是单纯抽象的否定，而是有分析的具体的否定，或者说是兼容否定与肯定的扬弃。

《礼记·中庸》所说："博学之，审问之，慎思之，明辨之，笃行之。有弗学，学之弗能，弗措也；有弗问，问之弗知，弗措也；有弗思，思之弗得，弗措也；有弗辨，辨之弗明，弗措也；有弗行，行之弗笃，弗措也。"宋儒程颐对此五者极为重视，说："五者废一，非学也。"有人问朱熹："学问思辨亦有序乎？"答曰："学之博，然后有以备事物之理，故能参悟之以得所疑而有问；问之审，然后有以尽师友之情，故能反复之以发其端而可思；思之谨，则精而不杂，故能有所自得，而可以施其辨；辨之明，则断而不差，故能无所疑惑，而可以见于行；行之笃，则凡所学问思辨而得之者，又皆必践其实，而不为空言矣。此五者之序也。"⑤ 朱子把学、问、思、辨、行五者解释为一条有内在联系的锁链：博学多知才能有比较和参考，才能看出并提出问题；在和师友反复问难、讨论中才能使问题深入，才能引人深思；经过深思，才能辨明是非，才能确定取舍；明辨是非取舍，才能笃行而无疑。在这五项中，学为学习的阶段，问、思、辨三者为研究的阶段，行为实践阶段。行当然不是学与问的过程的终结，而是新一轮学与问或者学习与研究过程的开始。

人类文化的进展，是在不断的学习与研究的过程中实现的。没有对前人成果的学习与继承，那么人类就必须永远从零开始，那也就和其他动物一样不能有任何文化，实际也就不能成其为人类。同样，没有对于前人所传下来的文化遗产的分析与思考，不否定其中的错误与缺陷，那么人类的文化就会永远停留在开始打造石器时的水平上，也就不能有任何的文化进展。人类文化实际总是这样发展的：前人留下的成果总是包

① 《朱子语类》类十，168 页。
② 同上书，162 页。
③ 黑格尔：《小逻辑》，177 页，北京，商务印书馆，1980。
④ 同上书，181 页。
⑤ 朱熹、吕祖谦撰，江永集解：《近思录》，影印文渊阁《四库全书》本，卷二，36～37 页，上海，上海古籍出版社，1994。

括了两个方面，一方面是正面的积极因素，它成为后人继续前进的基础；另一方面是反面的消极的因素，它为后人提供了怀疑与思考的材料，否定了这种因素或回答了前人留下的问题，这样文化就又前进了一步。所以在人类文化的进程中不仅永远有肯定与继承，同样永远有否定与批判。大体说来，学习重在继承与肯定的方面，而研究则更重在批判与否定的方面；当然，如就文化进展总体而言，那就是肯定的继承中始终包含了否定，而否定的批判（按照辩证法本来意义上的批判）本身就包含了肯定与继承。

以上说的都是关于学习与研究的一般道理，也许有人看了会觉得与古代文明史的研究关系不大。这样说也不为不可。不过这一本书是为了帮助青年朋友步入研究之途，而研究首先需要的是眼界开阔和思想活跃。因此，开始作一点"务虚"，可能对以后是不无小补的。以下具体论述到历史学研究的层次。

二

现在谈谈有关历史学的研究的问题。当然，这里不可能泛论历史学研究的各个方面，而只是重点谈如何由历史学的学习过渡到历史学的研究的问题。目的仍在于帮助有志于历史学的青年朋友更有效地走上历史学研究之路。以下分两个方面来谈。

首先，历史学的学习不能不从记忆开始，但是要作研究，又不能只靠记忆，而是要由记忆而理解，由理解而提出问题，而且只有在提出与解决问题的过程中，历史学的研究才得以实现。

为什么治历史学必须从记忆开始呢？看来这与历史学这门学科的特点有关。这可以从两方面来说。一方面，人类历史的客观过程就与记忆有密切的关系。我们知道，其他动物，甚至高级动物，都凭本能适应自然，它们每一天、每一代都从头开始，没有记忆以及在记忆基础上形成的任何进展，它们也就无历史可言。人类则不同。人类从打制第一把石斧起就有了改造自然的劳动，并且凭借记忆，把经验和技术逐渐传下去，从而形成了文化的进展，并出现了历史的过程。人类的历史和文化不仅借记忆而发生，而且也赖记忆而继续发展；假如人类在今天失去了记忆，历史和文化也就会从此中断，明天的一切就必须重新从零开始。因此，历史学家所研究的对象就是赖记忆而在时间中延续的流。另一方面，历史学本身又与记忆有着密不可分的关系。历史学以人类历史发展进程为研究对象，而历史进程本身早已成为过去，它已经消逝在时间之流中。因此历史学家就不能像天文学家那样可以直接面对宇宙星空的运转，也不能像经济学家那样可以直接面对社会上万千的经济活动。历史学家既无法直接面对已成过去的历史过程，那就不能不借助于人们对于以往历史的记忆。所幸客观历史过程的消逝并不等于一切均已消失，它仍然留存在人们的记忆中，并且不断地流传下去。这种记忆在不同时期与不同条件下，以不同形式呈现，当然最大量也最重要的是保存在以文字所作的记录中。因此，历史学家研究历史客观过程的根本媒介——历史资料，没有这种资料，历史的研究就从根本上失去了必要的条件——也是赖记忆而存在的。

事实上我们每一个人学习历史都是从记忆开始的，也都是靠记忆继续的。幼儿在幼儿园里听老师说历史故事，在脑海里留下了最初的关于历史的印象；在小学和中学里，青少年们上了历史课，读了一些课内课外的历史常识书籍，逐渐对历史有了一个大体轮廓的知识。这些知识基本上都是靠记忆形成的。其实，从古代起，人们关于历史知识的世代相传也是从记忆故事到记忆历史这样的过程里延续下来的。

即使已经从历史学的学习阶段进入到了研究阶段的人，对于历史知识的记忆仍然是相当重要的。甚至可以这样说：一位历史学家学问的大小是和他所掌握或记忆的历史材料的量成正比的。我们大学里历史学专业的学生，已经是从历史学的学习向历史学的研究过渡中的人了（大学生，如按英文就是 student，就是从事 study 的人了）。他们还是需要掌握或记忆更多的历史知识。即使是已有成就的历史学家，他们也不会停止扩充自己的历史知识的努力。记忆对于历史学家来说，永远都是重要的。

不过，在我们对记忆对于治历史学的重要性作了充分说明以后，接着就不能不说明单纯依赖记忆的局限性了。

过去有一种偏颇的看法，以为历史课本从小学到大学的变化，就在于知识含量的不同，而学生水平的区分也就在于其所记忆的多少。知识记忆量的水平变成衡量学生业务水平的唯一标准。按照这个量的标准，小学历史教科书里所讲的是不系统的历史小故事；中学历史教科书里讲的是稍微系统的历史中等含量的故事，或简称中故事；大学历史学专业的教科书里讲的是较为系统而详细的故事，或者简称为大故事；而学习的方法，一例都是死记硬背。这样下去，到了硕士研究生阶段又该怎么办呢？还是老师讲故事再让学生去死记硬背？不同之处只在把故事讲得更详细、更系统？这样的故事如果要简称又该怎么说呢？也许可以叫做老故事。可是，老故事还有谁愿意听、谁愿意背呢？而且背下来又有什么用处呢？就像照相馆里的照片，同一张底片，你可以把它放大成二寸、四寸、八寸或十二寸，它们就分别相当于小学、中学、大学或研究生所学所记忆的历史知识含量的比例。这样的相片在机械性的场合大概不会无用，但是如果作为艺术或学问，谁会欣赏、研究它呢？过去有人认为，大学里所学的历史课程必须在知识含量上比中学教科书多。因为只有这样，在大学里毕业的学生去教中学，自己有了一桶水才能给中学生一杯水。这样的说法，就知识量的角度说，不能说是没有道理。可是，其问题是，此说只看到了知识量的区别，而无见于知识质的区别。一桶水虽比一杯水多，但有尽时；历史知识的一时之多，也有其老化之时。如果不从知识的质上多多着眼，历史的学习总在记忆的量上打主意，那么，历史学的危机就真的要到来了。其实，当我们开始谈记忆的时候，就已经伏下了一个问题。记忆的条件是什么？不理解，真能够记忆好吗？过去在私塾里读书的儿童，开始只认字、读书、背书，老师并不给他们讲解所读书的意思。这样背书也能背熟，记忆得很牢。但是如果以后他不能理解其中的含义，那么他所背的书就白背了。不过，就在这样的私塾里，也可以看到不同的儿童背书的速度很有不同，有人说这是记忆力差别造成的。其实，背书快的孩子大多会想办法去弄懂所学书的意思，于是背的效果就好，而背得慢的孩子则大多不懂书的意思。一个人的记忆能力从来就是与他的理解能力成正比的。现在我们可以进一步考察一下理解对于历史学的意义。一方面，历史学的资料都是前人记忆的成果，它们以文献、遗物等形式保存并流传下来。前人对于客观历史过程中的事情，有些是在无意中记忆下来的，但这样的记忆一般不能保存很久，因为它未必有意义；而大多数都是在有意的情况下记忆下来的。人们的有意识的记忆又主要发生在以下两种情况下：一种是，人们深切地理解到该事件或过程对于自己的重要意义，从价值系统认识到记忆此事件或过程的必要性，于是产生了极大的注意力；另一种是，人们对于该事件或过程的内在结构和外部关系有深切的理解，从知识系统具备了记忆此事件或过程的可能性。因此，我们今天所能接触到的前代的史料，都是前人根据自己的理解而记忆下来的、他们认为最需要也最清晰的事件或过程。历史上发生过的事件或过程太多而且太纷繁，人们不可能也不必要把它们全记忆下来，于是前人就根据自己的理解去作选择和取舍；历史上发生的事件或过程都可以从多方面、多角度去加以考察并评述，前人又根据自己的理解去解释。因此，我们就不得不透过前人的理解去认识前代的客观历史过程。另一方面，我们今天学习前代历史，一旦从记忆的阶段进到理解的阶段，我们作为认识主体也就从被动的接受转到了主动分析状态，我们自然也必然会按我们的理解去认识并分析前代的历史。可是，在我们的理解与前人的理解之间，通常会有相同或相通的方面，不如此就会发生我们与前代历史文化之间的断裂；同样，通常也会有不同或疏离的方面，不如此就不能有历史的发展。因为在前人与我们之间必然存在着理解上的异同，所以历史学研究中总不断会有问题出现。研究总是从问题开始的，而研究成果所达到的水平是与研究者所能提出并解决的问题的深度密切相关的。以上我们曾说，一位历史学家学问的大小，是和他所掌握或记忆的历史资料的量成正比的。那么，在这里就必须说：一位历史学家学问的深浅，是和他所提出并解决问题的深度成正比的。前者所涉及的是量的问题，而后者所涉及的则是质的问题。历史学的发展中总不断有问题被提出，于是也就不断地有进展。所以，历史过程如长江大河滚滚向前，一方面是"大江茫茫去不还"，"浪淘尽千古风流人物"，历史上的人与事都早已成为无生命的过去；另一方面是"不尽长江滚滚来"，"不废江河万古流"，历史过程本身却常在常新。人们在常在常新的历史之流中不断反省过去，于是业已消逝的过去在历史学之流中也就常在常新。历史学的生命，就寓于这两种流（作为客观过程的历史之流与作为人类文化过程的历史学之流）的常在常新之中。

其次，治历史学，从学习到研究，不能没有传承（或传统，tradition），也不能没有创新（或革新，innovation）。在学习历史学的时候，比较着重于传承；在研究历史学的时候，则更着重于创新。

其实，治任何学问都不能没有传承，即使是当今创新最快的电子技术，也是在传承的基础上发展起来的。研究电子学的学者，最需要走向学科发展的前沿，某些三年前出版的书就因落后而不值得再参考了。当然，即使如此，一年以前甚至一个月前出版的书中的成果对于新的发展来说仍然是其出发点或基础，其间仍然有着传承的关系。不过，治历史学更注重于传承。研究历史学的学者，不仅要读最新的、有价值的研究成果，走向学科发展的前沿，而且对将近千年以前的司马光著的《资治通鉴》、两千多年前司马迁著的《史记》，甚至更早的《尚书》等，也不能不读。这和自然科学研究的情况是很不相同的。那么，这种不同产生的原因何在？

因为历史学研究的对象本身就是一条文化传承之流。郭象在《庄子·天运》篇注中有一句非常出色的话："承百代之流而会乎当今之变"。① 这就是说，一切当今之变皆是百代之流中的一环，皆承百代之流而来；而百代之流作为一个过程，又都是一切当今之变的会合，并在不断的当今之变中延续下去。历史上的每一时代中的人和事都处在其当今之变（只有变的大小之异，而无绝对不变之理）中，而其所承则是历史的百代之流；至若历史的百代之流，则为不断的当今之变的会集或结果。客观的历史过程既然是在传承之流中形成的，那么治历史之学者又怎能不注重传承本身呢？如果我们研究历史的学者也嫌三年前的书太陈旧而不读，那么就只能断送了历史学的根本，而不是研究历史学了。

历史之学既以传承为基础，那么又有什么必要去创新，而且创新又是否有可能呢？让我们先来谈历史学研究创新的必要。这可以从两方面来说：一方面，我们研究前代的历史，必以前代当时人所记忆或记录的资料为原始的根据。在这些记忆或记录里，有些是前人和我们所共同关心的内容；但由于时代的变迁，也就有了前人所关心而我们却并不重视的事情。例如，在中国古代史书里有大量关于忠臣、烈女的事迹的记载，因为当时认为这些都是人伦大事，非详记不可；而这些对于今人来说，已经时过境迁，不在话下了。同时，又有许多事，在前人看来是不重要因而不值一提的，而我们今天却视为大事，很想知其究竟。例如，古代史家一般都很重视政治、军事等方面的事情，从而也重视帝王将相的作用，对这些着墨最多，而对于社会经济以及从事生产劳动的人民，却藐然视之，很少涉及。修昔底德的《伯罗奔尼撒战争史》（Thucydides, *History of the Peloponnesian War*）无疑是古代希腊史学史以及世界史学史上的一部名著，可是如果想凭此书来研究古希腊的社会经济史或劳动者的历史，那么所期望得到的就只能是失望。在人类现实的历史过程中总有这样一种看来几乎是悖论的现象：由于实际生活过程的事情太多而且太复杂，人们只有淘汰了大量的事情以后才有可能把少部分自己视为最有价值的事记忆或记录下来。历史上所有的档案材料，都是经过精选和删削的

---

① 郭庆藩：《庄子集释》，见《诸子集成》第 3 册，233 页。

孑遗。从前皇帝的《起居注》本来就已经是有选择的记录，由《起居注》而《实录》又经过一次选择和删除，由《实录》而《本纪》更是一次选择和删节的结果。我们读"二十四史"中的诸帝王的"本纪"，常会感到想知道的事其中没有，而无足轻重的事又连篇累牍。因此，不论在中国或外国，都曾发生了要变帝王将相的历史为人民史的创新过程。另一方面，不仅古今记事之重点内容不同，而且对于历史事实的解释也往往有异。造成这样的差异的原因不外两端：一是文化或知识程度不同所致，例如古人常以天象的变化说明历史变化的原因，这在今天一般就没有可能了。二是价值标准不同所致，例如古人常以古礼为标准来衡量其时的人物与事件，而那些古礼在今人看来甚至可能是无法接受的。因此，历史上一代一代人总是要不断地以自己的标准来重新解释历史，这样就不断地在历史的见解上有所创新。

现在，再让我们谈谈历史学创新的可能性问题。这个问题也包含了两个方面的内容，即在历史资料方面创新的可能性与在历史解释方面创新的可能性问题。

先说历史学研究中历史资料领域创新的可能性。过去总有一种看法，以为既然研究的对象在古代，那么一定是越近古的材料越近真、越可靠，越是近古的人对于古代所知越多，也就是说后代的历史学家在知识上永远比不上前代历史学家。这样的看法，在各种条件不变的情况下，应该说是合理的。因为，一般说来历史上的记忆或记录会随着时间的流逝而逐渐流失或淡忘。可是，在条件有变化的情况下，这样的看法就未必为真了。这里所说的条件变化首先就是研究手段与技术条件的变化。例如，古希腊历史学家希罗多德（Herodotus）在时代上远比我们距离古代埃及、巴比伦更近，而他在其名著《历史》（History）中对于这两个古文明的记载是很零星且难以凭信的。因为他所取材的方法是收集传说，而当时的传说与远古历史的真实已相距甚远。自从19世纪以来，随着语言学和考古学的长足发展，历史学家不仅得到了希罗多德看不到的大量实物材料，而且看到并读懂了他所无法看到的文字记录。于是现在的近东古代史知识，是希罗多德所望尘莫及的。随着科学技术的迅速发展和有关学科的发展，前人视为无用之物的材料中所蕴藏的历史文化信息逐渐地被充分析取出来，于是当代的历史学家完全有条件获得大量前人无法得知的材料。不仅如此，在前人已有的材料中，我们今天也有条件比前人获得更多有用的信息。所以，在历史资料方面的创新现在可以说方兴未艾。问题在于我们如何掌握多学科的知识并在交叉学科的启发下更好地达到这种创新。

再说历史学研究中解释领域创新的可能性。历史学进展的过程，既是对于历史过程叙述的延续，也是对于历史过程解释的延续；历史的叙述中不可避免地包括了解释，历史的解释从来也离不开叙述。前人对于他们当时的事的叙述，对于我们今天来说是原始的史料，是我们必须予以充分重视的。但是前人在叙事时的解释是否正确，就有待后人的分析和检验了。例如，西周时期的《尚书·吕刑》里说了"皇帝"（颛顼）

的一个故事，说他"乃命重、黎，绝地天通，罔有降格。"① 这句话是叙事，说的是颛顼命令重和黎两位官员断绝了天地之间的通道，没有人再能上（格）下（降）。当然其中也包含了一种解释。可是到了春秋时期，许多人就不知道怎么样解释这句话了。《国语·楚语下》记："（楚）昭王问于观射父曰：'《周书》所谓重、黎实使天地不通者，何也？若无然，民将能登天乎？'对曰：'非此之谓也。'"楚昭王按《周书·吕刑》原文字面作了自己的解释，以为重和黎断绝的天地通是物质的人行通道，所以才会以为未绝天地通之前的人能够上天，又从而表示怀疑。观射父则另有解释，他说绝天地通不是这个意思，而是指上古时"民神不杂"，一般人民不直接和神打交道，专门有负责宗教祭祀的人（如巫觋之类）和神往来。后来"九黎乱德，民神杂糅，不可方物。夫人作享，家为巫史。"家家祭神，人人成巫，这样就乱了套。所以，颛顼"乃命南正重司天以属神，命火正黎司地以属民，使复旧常，无相侵渎。是谓绝地天通。"② 原来颛顼只是分别命令重和黎各自专管神（天上）的事及民间（地上）的事，从而恢复了从前人民不直接和神打交道的传统，这就叫做绝地天通。按照观射父的解释，所绝的天地之间的"通"，就不是人民可以缘之爬上天的物质通道或梯道，而是一种人和神打交道的精神通道。观射父在时代上晚于西周，而他对"绝地天通"的解释却在水平上高出西周很多。这里没有完全引用观射父所说的原文，因为文字长且复杂，如果细读其原文，我们就又会发现其中仍然有对神迷信的成分，这在古人本来是不足为怪的。假如我们现在再以人类学的方法分析观射父的话，那么肯定还会在解释上取得更大的进步。

我们说后人在历史的解释上有创新的可能性，这主要有两方面的根据。其一，从人们所面对的客观的解释对象方面来看。历史上的种种事情，甚至看起来很单纯的事情，都是有其多方面功能与联系的，而且都有其多层次的结构；人们在不同时期与不同条件下论述这些事情的时候，往往只会接触到其中的某些方面与某些层次。后人所生存的社会不同于前人，或者说后世的社会通常较前代复杂，因而后人思考问题的角度在方面上会复杂得多，在层次上也会深入得多。譬如观射父对于天地之间的"通"，就除了物质的通道又思考到精神的通道，从而在解释上有了创新。其二，再从人们作为解释者的主体来看。解释能力的发展是随知识的增多和加深而发展。对于客观历史过程中的事情的诸多方面和层次的认识程度，与人类的知识与理论发展程度是成正比的。譬如，人们对于历史运动过程及其动力的解释，在不同历史时期是颇有不同的。最初，人们往往只看到了事情的偶然性，后来才逐渐思考到其规律性的问题；有了规律性的思考以后，就进一步有了必然性与偶然性关系问题的思考，如何认识历史运动的规律又在不断的进展中。人们对于历史的解释能力现在已经远远超越前人，不过并

---

① 孔颖达：《尚书正义》，《十三经注疏》本，248 页。
② 《国语》，《四部备要》本，卷十八，1～2 页 A。

未也永远不会有止境。人类知识与理论水平的发展是无限的，这也就说明了历史解释创新的无限性。

以上，我们对历史学研究中的传承与创新作了探讨，现在有必要再对这种传承与创新之间的关系作一些必要的说明。

人们通常会有一种看法，以为传承（传统）与创新之间存在着相互对立并相互排斥的关系：要创新就不能不破传承，要传承就无法再创新。从而完全否定了二者之间不可分割的内在联系。在这样的认识的影响下，人们就可能出现两种极端的倾向：重创新就不重传承，或者重传承就不重创新。应该说这两种倾向在当前的历史学界都是存在的。

需要冷静考虑的是，不在历史学的基本功上投力量，不奠定深厚的学术基础，对原始文献没有必要的功力，对学术前沿的状况及其产生背景没有基本的了解，在这样的情况下，就抓一些热门话题并用一些风靡一时的学术词语构造出自己的历史学体系，这样貌似的"创新"果真能是"新"吗？没有坚实学术基础的作品甚至不具有实际的生命力，最多是昙花一现，还能算什么创新呢？一切尚未钻进去就想起飞的学术幻想都不能带来真实的学术进展，因为那实际不是学术的起飞，而是飘了。真正的学术起飞的结果是使学术达到一个新的境界，新的起点，而飘则是随风而去（gone with the wind），其结果是不知所终。同时，一些坚持传统功力的历史学者孜孜不倦地为学术的进展做着脚踏实地的积累工作，也许由于对学术中出现华而不实现象的反感，而使他们对于历史学研究的新取向、新方法缺乏热情。其实，华而不实的"新"的出现，正是因为有了货真价实的新存在，就像一切赝品都由于新的正品出现而冒充正品一样。我们似乎没有理由因为讨厌新的赝品而迁怒于新的正品。假如华而不实的"创新"可以说是过犹不及，那么，只重传承不重创新的现象是否也可以说是"不及犹过"呢？

其实，在学术的传承与创新之间，所具有的是一种相反相成或对立统一的关系。历史学的情况也是如此。真正的历史学上的创新，正如历史过程中的创新一样，是植根于传承之中的。在历史学的传承中，成果与问题同时积累下来，而创新则是这两种同时并存的积累的必然继续。因为，没有问题的积累，就没有创新的需求；而没有成果的积累，就没有创新的实际能力。真正的历史学上的创新必须有对于传承中问题的破，如不深于传承，那就不知问题究竟何在，即使知道问题的大概所在，也不能真知其深层的症结所在，从而也就不能真知往何处破，更无从破到应有的深度。中国历史上每当王朝更换时都要重新编写历史，对于前朝的人物，能抹掉不写的就不写，不能写的就来一个性质上的大翻案，前朝的忠臣成了新朝的贼子，前朝的叛将成了新朝的元勋。这样的破看起来相当巨大而粗暴，可是一按其实质，一点新的见解也没有，不过是以粗暴的形式掩盖了旧的基本思想（忠君思想）的再现。这样破的结果是，破于所不当破，或者是破而不及要害，或名为破而实为变形的守旧。破且不能，何从创新？当然，创新不止于破，更重要的还是在于立。须知，传承所积累的条件正如垫在我们脚下的一层层阶石，它们使我们有可能达到新的高度；彻底抛弃了传承的成果，人们也就无从创新了。同样，没有创新的传承，看起来不像没有传承为基础的"创新"那样危险，不会使传承的过程本身即时消失。因此，人们会以为没有创新的传承是可以维持下去的。其实，这也是一种表面的看法。传承从本质上说是人类文化生命的延续，而文化生命本身像人本身一样只能在不断的新陈代谢中维持下去。没有新陈代谢，没有推陈出新即创新，那么这样的传承就只能是不断弱化或萎缩下去的苟延残喘，其结果也就是最终的消亡。中国古代的某些学问不就是在不断萎缩的传承中逐渐消失的吗？真正的传承过程，就是活泼泼的推陈出新的过程。我们没有理由怀疑传承与创新之间的对立统一的关系。美国科学哲学家托马斯·库恩（Thomas Kuhn）写过一篇论文，题为《必要的张力》（*The Essential Tension：Tradition and Innovation in Scientific Reasearch*），其中说到最成功的科学家往往是既最深于传承而同时又是最敢于破坏传承的人。① 看来不仅自然科学界如此，作为历史学研究者，我们更需要充分地维持这种传承与创新之间的张力。

三

在一般地谈了研究与历史学的研究之后，现在再说说世界古代文明史研究的问题。因为有关世界古代文明史的具体问题将在以下各章中分别论述，这里只就有关世界古代文明史总体的问题谈以下几点。

（一）本书所说的世界古代文明史基本范围和内容

通常在大学历史学专业里都有世界古代史的课程，也有同样内容的教科书。那里面包含着从人类形成开始的史前史以及从公元前4000纪后期到公元1000纪中期的上古时期文明史。考虑到史前时期的历史与其后的文明史有许多特点的不同，而且在研究中有许多特殊的专业要求（如考古学、古人类学、文化人类学等），作为供有志于从事研究者参考的书自应另成专著。本书所探讨的是国家出现以后的文明史，所要论述的是世界古代诸文明的发生、发展与衰落的内容；对于各个古代文明的史前时期，将结合各有关文明的产生来论述，所以实际也就是从论述其由史前向文明过渡的时期开始。

本书正文，首列"马克思、恩格斯和世界古代史"一章，使诸君在阅读具体历史内容之前对马克思主义经典作家的论述有一大体了解。然后按分区的方法论述具体历史，包括古代埃及、西亚、南亚、地中海地区的希腊与罗马诸文明的历史。东亚地

---

① Thomas Kuhn, *The Essential Tension：Tradition and Innovation in Scientific Reasearch*, Chicago & London, The University of Chicago Press, 1977, p. 227.

区的中国当然是世界古代文明史中最重要的内容之一，只是因为在我国中国历史另有专业设置，本书未再作专章具体论述。应该说明，在我们对世界其他古代文明进行研究的时候，中国古代文明始终应该是我们必用的参考系。关于这一点，以下还会有所论述。

（二） 世界古代文明史研究在中国发展的概况

从清朝晚期到新中国成立以前，中国人在了解西方的历史方面作了很多的努力。主要的成绩是翻译了一些外国的历史书籍，其中也有一些关于古代文化史的教材以及若干关于外国古代文明的专著，如李玄伯所译《希腊罗马古代社会研究》（法国 F. de Coulange 所著，原书题为《古代城市》）、刘麟生所译《尼罗河与埃及文明》（法国 A. Moret 所著）、陈建民所译《近东古代史》（法国 A. Moret & G. Davy 所著，原书题为《从部落到帝国》）等。也有一些学者编过关于西洋古代史的书，然大体皆为据西方某一书为蓝本的编译之作。因为既缺乏基础又缺乏条件，出现这样的现象是很自然的。新中国成立以后，随着高等学校历史系里普遍开设世界古代史课程，这门学科迅速发展起来。① 这 50 年又大体可以分为五、六十年代与改革开放以来两个时期。

1. 在 20 世纪 50 年代，当时强调学习苏联，也是要通过学习苏联而学习用马克思主义指导古代史的研究。

当时大学鼓励教师（尤其是青年教师）学习俄文并以俄文书为自己教学的基本参考。同时，苏联历史学家的著作纷纷被译为中文。最初，出现了王易今所译米舒林著《古代世界史》（苏联中学历史教科书），随后出现了日知所译狄雅可夫等著《古代世界史》（苏联师范学院历史专业教科书），缪灵珠所译塞尔格耶夫著《古希腊史》、王以铸所译阿甫基耶夫著《古代东方史》、科瓦略夫著《古罗马史》（这三本书也都是苏联大学所用的教科书）。1959—1960 年，又译出了苏联科学院主编的多卷本《世界通史》中的第一、第二两卷，内容也属于古代史。当时，这些书在中国大学的教学中占据了支配的地位，中国学者自己编写的教材也很难不以这些书为基本的参考。与苏联教材译本出现的同时，还有许多苏联学者的历史学论文被译为中文发表。《历史研究》编辑委员会自 1954 年起出版了双月刊《史学译丛》，其中发表了很多原载于苏联《古史通报》等学术刊物上的关于古代世界史的论文。这样就比较及时地将苏联学术界的研究动态传到中国，对于当时中国的世界古代史研究也起了很大的影响。必须说明的是，当时中国学者阅读苏联学者论文的目的，并不仅限于了解他们所研讨的近东古代与西方古代的问题，在很大程度上还在于以此为参考来促进中国古代史的研究。当时在中国讨

① 关于这一时期世界古代史研究进展情况，可参考于可：《世界古代史研究概述》，载陈启能主编：《建国以来世界史研究概述》，111～154 页，北京，社会科学文献出版社，1991；也可参见各年的《中国历史学年鉴》所载的有关文章。

论得很热烈的古史分期问题、中国古代社会特点问题等，都是以外国古史为比较和参考的情况下展开的。所以，以中国古代与外国作比较的研究也在进展中。

在这一时期，按照五种生产方式说，人类历史上文明史的第一阶段被确认为奴隶制社会时代。人类历史被认为是有统一规律的，而古代文明被统一地理解为奴隶制的文明。在统一的奴隶制文明中，不同地区的不同文明又各有自己的特点。怎么认识这些特点呢？这就成为当时讨论得最热烈的问题。马克思主义经典作家提到过"亚细亚生产方式"，也有过一些作品论及东方社会、国家的特点，苏联学者就把经典作家在不同时间和地方所作的论述合在一起，提出了古代奴隶制社会东西方二分说。按照苏联学者的说法，"亚细亚生产方式"所指即东方奴隶制社会，其特点为：水利灌溉的重要、土地国有、君主专制等。不过，在苏联学者中对于古代东方与西方的区别的解释也有两说：一派以为，东方与西方的区别是阶段性的，即东方尚在奴隶制社会的初级阶段，希腊、罗马则到了其发达阶段；另一派以为，东方与西方的区别在于类型的不同。其实，这两说都有其难以解答的问题：如果东西方的差别仅在于发展阶段的不同，那么，东方为什么没有充分展开的后期，而西方又为什么早期不显呢？如果完全抛开阶段而只谈类型之别，那么又如何体现东西方之间规律的统一性呢？看来简单地给东西方规定出几条所谓的一般特点并由此而建立的东西方二分说是难以使问题得到解决的。中国学者对于苏联学者的见解（如对"亚细亚生产方式"的解释）是有过争论的。随着中苏关系的变化，20世纪60年代以后，苏联学者关于古代史的观点在中国也受到了更多的质疑。不过，很快就在中国出现了政治上的暴风雨，世界古代文明史的研究当然也就停顿下来了。

2. 改革开放以来，中国的世界古代史学科，像许多其他学科一样，取得了前所未有的发展。

改革开放时期到来之后，过去学术领域里的许多禁区也解禁了。世界古代文明史领域里的研究活跃起来。"亚细亚生产方式"的社会性质问题、奴隶制是否在古代诸文明中皆处于支配地位的问题、东方古国的土地所有制问题、"专制主义"是否为东方古代所特有且永恒的问题、城邦制是否为古代诸文明所同有的问题、商品货币经济在古希腊及罗马社会中到底发展至何种程度的问题等，几乎所有这些问题都有不同见解的发表和讨论。在这些问题中，有些是中国学者自己提出来讨论的，有些则是由国外的讨论而移入中国的。因此，希望有志于从事古代文明研究的青年既要了解国内的讨论史，又要了解国外的讨论史。在以下本书各章中，都作了必要的介绍，本书最后还列有一篇国家图书馆所藏西文（主要是英文）有关世界古代历史的重要工具书（如辞书、百科全书，目录、索引，图录、地图，资料汇集等）的书名与内容简介，均可以作为研究之参考。

在活跃的学术气氛中，这一时期出现了许多有关世界古代史的教材和专著，发表了大量的论文和文章。这些都可以从历年的《中国历史学年鉴》中检索出来。这里只提两部比较具有代表性的著作。

第一部是"世界上古史纲编写组"（实际的主编是日知即林志纯教授）编写的《世界上古史纲》（人民出版社，上册 1979 年，下册 1981 年）。这部书的中心思想集中地体现在主编所写的"前言"、第五章"欧洲文明的起源"和第八章"亚细亚生产方式，不成其为问题的问题"中。"前言"里提出九个问题，可以说是对于 20 世纪 50 年代所热心学习的苏联学者的观点的反省和批评，并且力图根据马克思主义经典作家的原著来作出自己的理解和解释。第五章里提出以"古代世界三大文明区"说代替传统的"四大文明古国"说，提出美洲古文明也经历了与旧大陆一样的文明发展阶段。第八章实际是"前言"内容的引申，也可以说是与苏联学者 50 年代观点的辩驳，还指出了当时苏联学者开始有了一些观点上的变化。如果把这三篇的内容作一个最扼要的概括，那么也许可以说这是在对 50 年代苏联学者关于世界古代史的见解的继承性的批判或者批判性的继承。所批判的是当时苏联学者的东方古文明的特殊论，其中具有某种程度上的歧视东方古代文明或某种变相的西方中心论；而所继承的则是同样寻求古代文明发展的统一性的规律，在《世界上古史纲》的作者看来就是城邦——帝国的发展规律。《世界上古史纲》的其他各章也都是按照主编的这一见解解释各有关古文明的发展史的。应该说《世界上古史纲》是一部经过比较切实的努力而提出了新见解的书，对中国的古代文明史研究是有促进意义的。《世界上古史纲》出版后，引起了同行学人的纷纷批评，甚至在编写组内对于一些具体问题也不一定有完全一致的见解。应该说这些也都是正常的，而且也是有价值的。能引起进一步的思考本身就具有重要的学术价值。因为，只有这样才能逐步向真理逼近。

第二部著作是吴于廑、齐世荣教授总主编的《世界史》中的"古代史编上卷"（高等教育出版社，1994）。这本书是按照已故著名历史学家吴于廑教授关于世界历史发展的从分散到整体的思想编写的。这些思想体现在吴先生作为总主编之一为《世界史》全书写的"总序"里。吴先生在这篇"总序"里既综论了世界历史的发展大势，又通论了关于"世界史"的史学发展的要领。如果要对这篇"总序"谈一管之见的体会，那么其中心的见解似乎可以说是在于"世界历史的纵向发展和横向发展"一章，或者说这一章是吴先生理论思维最具创造性的所在。"纵向发展制约着横向发展。纵向发展所达到的阶段和水平，规定着横向发展的规模和广度。""横向发展一方面受纵向发展的制约，一方面又对纵向发展具有反作用。"这就是说，当纵向发展到一定阶段时，如果有相应的横向的发展，那么这个适时的横向发展就成为纵向发展的促进因素，起促进作用；如果相反，即没有得到适时的横向发展的呼应，那么这时的纵向发展就受到了阻碍，横向发展的缺乏就对纵向发展起了限制的作用。① 如果说，我们从前讲世界史的时候可能会有把国别史集结起来就当世界史的现象，那显然是因为对于历史发展中

① 《世界史·古代史编》上册"总序"，11～13 页，北京，高等教育出版社，1994。

的横向发展对纵向发展的作用认识不足，因而那样用国别相加的方法混合出来的世界史就不是真正的世界史。吴先生强调了横向发展的作用，所要求的实际是一个具有有机结构的化合出来的世界史，从而也是真正的世界史。当然，这样的有机地结构出来的世界史也有一个如何结构的问题。吴先生指出，19世纪的西方殖民大国在支配世界的同时，在史学的领域里也就形成了"西欧中心论"。虽然到了20世纪这样的倾向有所改变，但实质未改；苏联学者为反对"西欧中心论"做了很多工作，其结果是仍然未能真正摆脱原来的窠臼，因为仍然用欧洲历史分期的方法作为世界历史分期的标准。① 根据吴先生的这些思想，《世界史》古代史编上册大力加强了历史上的纵向发展和横向发展的关系的阐述，为了真正体现这一点，古代中国的历史是不能不作为一个有机部分来作适当的论述的。因而这本书试图以中国学者的视角把中国历史与世界历史结合起来论述，比较古代诸文明间的异同，以体现总主编的见解。应该说这样做也是有其新意的。当然，该书也有其缺陷或不足之处，最具体的就是微观上的研究尚有待于大力加强。在吴先生这一思想的影响下，相继还出版了一些以这种方法撰述的世界史，而优点和缺点从总体上说大概与此相同。这就是说，前进了一步，又有了进一步的新问题。有新的进步又有新的问题，这样对学术的发展就能起促进的作用，所以是有价值的。

在谈了以上两部书以后，我们似乎可以得到三方面的启示：其一，当我们还没有注意到不同文明之间的共性的时候就作比较，那么所见的就都是异，都是具体的异，世界历史就成了杂乱的一摊（有异无同）。在这样的情况下，比较的研究有必要作抽象与概括的努力，以求其同或者其间的共性。从异中见其同，从殊相中看出共相，这无疑是一大进步。可是，如果我们总停留在这个阶段上，那么世界的历史又会被看成为灰白的一片（有同无异）。这样，我们的研究似乎就应再进一步，从抽象上升到具体，也就是说从同中再看出其间之异。这个异不再等同于第一阶段之异，即杂乱无章的异，而是统一体中不同有机部分之间的异。正是凭借这样的同中之异，我们才可能把世界看成一个由异组成的同、由多组成的一。这样的世界史，从道理上说才能算得上真正的世界史。这就需要我们有理论上的自觉性，提高我们在比较研究中的思考能力。其二，我们要进行比较的研究，要看出纵向发展与横向发展之间的内在关系，其坚实的基础却不再在于宏观的思维，而在于切实的微观的研究。古代世界文明的研究不等于各个具体文明研究相加之和，却离不开个别文明微观研究之基础。这里面有十分艰苦而且大量的工作要做。没有一个古文明的研究不要求古代文字语言的阅读作为其基础，这是一项十分艰巨的工作。现在可喜的是已经有一批青年学者在这方面有所进展，或者已经取得相当的成绩。但是，由于过去缺乏这方面的基础，在外国古代文字、语言方面要赶上某些先进国家，那并非短期就可以见效的。唯一的办法就是持之以恒。其

① 《世界史·古代史编》上册"总序"，5～9页。

三，我们在对外国古代文明的微观研究尚未取得突破之前，是否就一切无可作为呢？我们还有一项艰苦的工作要做，这就是把中国古代文明与外国古代文明作认真的比较。这样就要求每一位研究者在基本把握了一个外国古文明的同时，还要认真地把握本国的古文明。有了这两个方面的条件，就既可以促进自己对中国古文明的了解，又可以对世界的古文明有一种新的视角并从而可能取得新认识。这正是我们可以也应该对世界的古代文明史作出自己贡献的地方。中国人不在这一方面作贡献，难道要求外国人来代替我们作贡献？这是我们的义务，责无旁贷的义务。《世界上古史纲》的主编林志纯先生和《世界史》的总主编之一吴于廑先生在论古代文明史时取径并不相同，但是两位老先生却有一个共同之点，即为改变"西方中心论"的现象而努力。而这也是我们后辈的学者所不能忽视的地方。

（三）研究世界古代文明史的意义

人们通常会以为，世界古代文明史的内容（特别是在中国古代文明史的内容没有具体列入而只有外国古代文明史的内容的情况下）不论从时间上说还是从空间上说，距离我们今天都很遥远，当时的人与事与我们几乎没有什么直接的关系，因此，研究它到底有什么意义就成为一个问题。这是一个值得分析的问题。首先按照一种方法来思考，我们是今天的中国人，和我们关系最为密切的无过于当代的中国；其次则为近代及中古之中国；再次则为古代之中国；古代之世界与古代之中国之间的关系也远不如当代中国与世界关系之多且密，故自今日之中国人观之，其内容最遥远，与我们关系不大，意义也就不大。按照另一种思考方法，我们是今天的中国人，与我们关系最密切的自然是当代的中国，要深入认识当代之中国，就不能不深入认识近代之中国；要深入认识近代之中国，就不能不深入认识中古及古代之中国。至此与前一种思考是完全一致的。不过，须知今天的中国已经在世界经济、文化一体化的大潮流中，与整个世界息息相关，因此，要深入认识今天的中国，就不能不深入认识今天的世界；要深入认识今天的世界，就不能不深入认识近代及中古之世界；要深入认识近代及中古之世界，就不能不深入认识古代之世界。这仍然是从当代的中国人出发，但又是一条思路，一条今日中国人必不可少的思路。所以，如果只看事情的一面，那么世界古代文明史就是遥远而无足轻重的；如果追寻事情的总体，那么世界古代文明史就是虽远犹近而不能不深研的了。

其实，这里面还有一个如何思考问题的问题。如果一定要完全功利性地考虑问题，那么，历史本来就是过去的人与事，它无论如何也不能直接满足现代的实际要求，它不能解决任何衣食住行等方面的具体问题，不能对世界古代文明史的具体功用有太多太高的幻想。但是，当我们承认了古代文明史的不具特别的现实功利价值以后，它的"无用之用"倒是不可小视的。因为它可以开阔人的视野，拓展人的心胸，提高人的智慧，改善人的素质。正如亚里士多德（Aristotle）所说，哲学是没有任何直接的具体的用途的，然而它却能提高人的智慧，而智慧是人的素质中最宝贵的东西。我们中国人常常会把历史看成也能起这样作用的学问。事实上不仅中国人如此，外国人何尝又不如此呢？

刚刚过去的 20 世纪，在人类历史上无疑是一个前所未有的飞速发展的世纪，同时也是对于传统文化破坏最为迅速而巨大的世纪。然而也正是在这个世纪，人们对于古代的文明却不断反复地有所思考。且不说许多关于古代历史的书籍里实际含有许多与现代作比较的内容，从当代的世界现实出发而思考文明的书也时有出现。例如，德国学者斯宾格勒（Oswald Spengler, 1880—1936）于 1918—1922 年间出版了一部两卷本的《西方的没落》（*Der Untergang des Abendlands*），英国学者汤因比（Arnold Joseph. Toynbee, 1889—1975）于 1934—1961 年间出版了 12 卷本的《历史研究》（*A Study of History*）。这两位学者在具体观点上当然各有不同，不过，他们都不再以西方为衡量一切其他文化或文明的标准，而以为各个文化或文明都各有其自己的价值，各有其发生、发展与灭亡的生命周期。他们不再坚持西方中心说，但是他们都为西方的没落而悲哀。"冷战"结束以后，美国成为世界上唯一的超级大国，看来不可一世。然而，美国当代著名政治学家亨廷顿（Samuel P. Huntington）在 1993 年美国《外交》（*Foreign Affairs*）季刊上发表了《文明的冲突?》（*The Clash of Civilizations*?）一文，认为，今后世界的冲突将发生于不同的文明之间，从而引起了许多讨论和批评。1996 年，他又出版了《文明的冲突与世界秩序的重建》（*The Clash of Civilizations and the Remaking of World Order*）一书（1998 年新华出版社已出版周琪等人的中译本），充分发挥了他的见解。他的见解确有其深刻之处，如他从当今西方的"盛世"后面看出其中的危机来；他的见解又有其不能接受的地方，如他把中国这个文明说成对于西方文明的巨大的挑战或威胁。他讲的是当代世界的文明之间的关系问题，可是，当代的世界文明的格局是怎样形成的呢？这就又不可避免地要涉及世界的古代文明。所以，如果以狭隘的实用眼光来看，世界古代文明史的内容从时、空两方面说都很遥远；如果以面向世界、面向未来的眼光来看，它又近在眼前。

第一章
马克思、恩格斯和世界古代史

马克思主义创始人对于人类的伟大贡献一个非常重要的方面，就是创立并不断发展了历史唯物主义。这一彻底唯物辩证的历史观的产生，使人类历史的研究具有了更强的科学性。从此，对于世界古代历史的探讨有了坚实的科学理论基础。

马克思和恩格斯一贯注意从发展的角度考察各种重大的历史现象，毕生重视研究世界各国的历史，始终把对世界古代史的研究摆在非常重要的位置上。对于他们来说，古代史和近现代史是紧密联系在一起的，不了解古代，就不可能正确认识近现代。

他们都熟练掌握了古希腊文和拉丁文，在自己的著作中经常引证和评论古代希腊、罗马的历史事件和人物，剖析古代作者的论断和意见。① 他们不懈地研究欧洲以外地区国家的古代历史，密切注视包括原始社会史在内的整个世界古代史领域的学术进展。他们认真研究世界古代史的心得体会在他们的许多著述和书信中都有表现。马克思晚年写给维·伊·查苏利奇的讨论农村公社问题的信及其草稿②、他遗留下来的大量关于古代历史的笔记③，恩格斯的名著《家庭、私有制和国家的起源》和手稿《论日耳曼

---

① 在中学里，马克思用拉丁文写了题为《奥古斯都的元首政治应不应该算是罗马国家较幸福的时代？》的文章。他的中学毕业证书中说他"古代语、德语和历史成绩很好"。在拉丁文方面，他"在翻译和解释学校中所学古典作家作品较容易的地方时，不经准备也能做得流畅而有把握；如经过适当准备或者稍加帮助，即使较难的地方，特别是那些不是语言特点而是内容和思想的一般联系方面难于理解的地方，也常常做得流畅而有把握"。他的希腊语"和他对学校中所学古典作家的理解能力，差不多和拉丁文一样好"。参阅《马克思恩格斯全集》第40卷，823～828页。恩格斯的中学肄业证书中说他在拉丁文方面，"能毫无困难地理解无论是散文作家或诗人的作品，特别是李维和西塞罗、味吉尔和贺雷西的著作，因而能毫不费力地理解整体的联系，清晰地掌握其思路，能熟练地把拉丁课文译成德语"。在希腊语方面，"他已充分掌握词法和句法方面的知识，尤其是学会了准确地翻译比较容易的希腊散文，如荷马和欧里庇得斯的作品，而且能比较好地理解和复述柏拉图的一篇对话中的思路"。参阅《马克思恩格斯全集》第41卷，692页。

关于马克思研读古希腊、罗马著作的情况，可参阅格·伊尔尼茨、狄·吕布克主编、陈世夫等译《马克思恩格斯论哲学史》，33～41页，西安，陕西人民出版社，1988。

② 参阅《马克思恩格斯全集》第19卷，268～269页，430～452页。

③ 例如，马克思的《马·柯瓦列夫斯基〈公社土地占有制及其解体的原因、进程和结果〉（第1册，1879年莫斯科版）一书摘要》、《路易·亨·摩尔根〈古代社会〉一书摘要》、《亨利·萨姆纳·梅恩〈古代法制史讲演录〉（1875年伦敦版）一书摘要》和《约·拉伯克〈文明的起源和人的原始状态〉（1870年伦敦版）一书摘要》。上列马克思的笔记，均见于《马克思恩格斯全集》第45卷。在这些笔记中，马克思作了不少很有意思的批注，表露了他对世界古代史上一些问题的看法。可惜的是，由于健康原因，他未能把晚年研究古代历史的心得写成系统的著作。

人的古代历史》① 都是他们认真研究世界古代史的明证。

对于无产阶级革命的伟大思想家们说来，世界古代史的研究绝不是仅属于少数学者的事，更不是可有可无的事。马克思和恩格斯之所以孜孜不倦地钻研世界古代史，是出于深入论证历史唯物主义基本原理的需要，出于用科学的历史知识武装工人阶级、特别是其先锋队的广大成员的需要。他们深深懂得科学的革命理论对于无产阶级解放事业的极端重要性。而使广大工人群众具有科学的世界古代史知识，是帮助他们掌握历史唯物主义的重要手段。

1882 年恩格斯专门写了《马尔克》一文，② 并且把它作为于该年出版的德文版《社会主义从空想到科学的发展》一书的附录，这一事实生动说明，恩格斯是多么重视向工人群众宣传科学的关于古代的历史知识。

在《马尔克》中，恩格斯写道："在德国这样一个还有整整一半人口靠种地过活的国家里，有必要使社会主义工人，并且通过他们使农民弄清楚，当前的大小土地所有制是怎样产生的；有必要拿古代一切自由人的公有制（包括他们当时的真正'祖国'，即祖传的自由的公有土地），同当前短工的贫困和小农受债务奴役的状况对比一下。所以，我打算对最古老的日耳曼土地制度，作一个简短的历史叙述。这种土地制度，今天虽然只剩下了很少的残迹，但在整个中世纪里，它是一切社会制度的基础和典范。它浸透了全部的公共生活，不仅在德意志，而且在法兰西北部，在英格兰和斯堪的那维亚。可是，它完全被人遗忘了，直到最近，格·路·毛勒才重新发现了它的真正意义。""有两个自发产生的事实，支配着一切或者几乎一切民族的古代历史：民族按亲属关系的划分和土地公有制。"③

马克思和恩格斯毕生致力于用历史事实证明，私有制以及伴随着它的阶级的划分和国家的存在，只是人类社会物质生产一定发展阶段的产物，它们绝非永恒、而且必然要归于消灭。"现代的资产阶级私有制是建立在阶级对立上面、建立在一些人对另一些人的剥削上面的产品生产和占有的最后而又最完备的表现。"④ 共产主义革命的任务，就是废除资产阶级的所有制。马克思主义从来就是一个开放的体系，总是用人类社会的最新科学成果和无产阶级革命的新鲜经验不断丰富自己，检验和发展自己原有的论断。马克思和恩格斯研究原始社会史，特别是他们对待摩尔根《古代社会》一书的态度，非常生动鲜明地说明了这一点。

---

① 《马克思恩格斯全集》第 19 卷，478～538 页。

② 为了撰写《马尔克》一文，恩格斯一度中止了《自然辩证法》的写作。他对这篇文章"重新改写了两三次"，"仍然感到不满意。"参阅《马克思恩格斯全集》第 35 卷，121 页。

③ 《马克思恩格斯全集》第 19 卷，353 页；第 35 卷，120～121 页。

④ 《马克思恩格斯选集》第 1 卷，286 页，北京，人民出版社，1995。

1888 年，恩格斯在英文版《共产党宣言》中，在"至今一切社会的历史"一语之后，加了一个很长的注。他写道："这是指有文字记载的全部历史。在 1847 年，社会的史前史，成文史以前的社会组织，几乎还没有人知道。后来，哈克斯特豪森发现了俄国的土地公有制，毛勒证明了这种公有制是一切条顿族的历史起源的社会基础，而且人们逐渐发现，村社是或者曾经是从印度到爱尔兰的各地社会的原始形态。最后，摩尔根发现了**氏族**的真正本质及其对**部落**的关系，这一卓绝发现把这种原始共产主义社会的内部组织的典型形式揭示出来了。随着这种原始公社的解体，社会开始分裂为各个独特的、终于彼此对立的阶级。关于这个解体过程，我曾经试图在《家庭、私有制和国家的起源》（1886 年斯图加特第 2 版）中加以探讨"。

恩格斯的这段语义十分明确的话表明，在历史唯物主义创立之后的一段时间里，在整个学术界，对于人类社会的最早阶段，即对原始社会的了解是很不够的。但是，应该强调指出，这绝不能证明，在 19 世纪的 40 年代，马克思和恩格斯不知道存在过没有私有财产、没有阶级和国家的原始社会。恩格斯说的是"成文史以前的社会组织，几乎还完全没有人知道"。对原始社会的"社会组织"缺乏明确的认识，与根本不知道有原始共产主义社会存在，这是意义大有区别的两码事。

早在 1845—1846 年，马克思和恩格斯在合写的《德意志意识形态》一书中就已经指出："任何人类历史的第一个前提无疑是有生命的个人的存在"。一旦人们自己开始**生产**他们所必需的生活资料的时候（这一步是由他们的肉体组织所决定的），他们就开始把自己和动物区别开来。人们生产他们所必需的生活资料，同时也就间接地生产着他们的物质生活本身。"① 在这里，马克思和恩格斯明确指出了人类社会的起点，是自己开始生产必需的生活资料的人的出现，人类与动物的区别，就在于人生产自己必需的生活资料。值得注意的是，在马克思和恩格斯作出上述论断时，古人类学尚未产生。②

刚刚脱离动物界的人类只有公有制，这一点，对于马克思和恩格斯说来，是毫无疑义的。1883 年 3 月 2 日，恩格斯在给考茨基的信中，强调人类社会的公有制来源于动物界。③ 马克思在 1857—1858 年的经济学手稿中指出，历史表明，"公有制是原始形式（如印度人、斯拉夫人、古克尔特人等等），这种形式在公社所有制形式下还长期起着显著的作用"。④

恩格斯于 1876 年 6 月写成的题为《劳动在从猿到人转变过程中的作用》的手稿

---

① 《马克思恩格斯全集》第 3 卷，23～24 页。
② 参阅 A. И. 佩尔希茨、A. Л. 蒙盖特、B. Л. 阿列克谢耶夫合著：《世界原始社会史》，25～27 页，昆明，云南人民出版社，1987。
③ 《马克思恩格斯全集》第 35 卷，448 页。
④ 《马克思恩格斯全集》第 12 卷，738 页。

中，提出了社会因素在人类起源中具有决定性意义的论断，认为劳动创造了人本身。他指出："手不仅是劳动的器官，**它还是劳动的产物**。""劳动是从制造工具开始的。""首先是劳动，然后是语言和劳动一起"，成了促使猿的脑髓逐渐变成人的脑髓的"两个最主要的推动力"。"由于手、发音器官和脑髓不仅在每个人身上，而且在社会中共同作用，人才有能力进行愈来愈复杂的活动，提出和达到愈来愈高的目的。劳动本身一代一代地变得更加不同、更加完善和更加多方面。"恩格斯还指出："甚至达尔文学派的最富有唯物精神的自然科学家们还弄不清人类是怎样产生的，因为他们在唯心主义的影响下，没有认识到劳动在这中间所起的作用。"① 尽管人类起源问题作为一个学术问题，由于资料的缺乏，离彻底解决还将有十分漫长的岁月，还需要一代一代的学者继续进行艰苦的探讨，但是恩格斯的上述论断仍然有巨大的哲学意义，对原始社会史的研究有重要指导作用。

在 1884 年问世的《家庭、私有制和国家的起源》一书中，恩格斯继续对人类社会最早的情况作出自己的推测。他认为，蒙昧时代的低级阶段是人类的童年，"人还住在自己最初居住的地方，即住在热带的或亚热带的森林中。他们至少是部分地住在树上。""分节语的产生是这一时期的主要成就。"② 他再次强调了社会因素在人类起源中的巨大作用，指出，"为了在发展过程中脱离动物状态，实现自然界中的最伟大的进步"，人们必须"以群的联合力量和集体行动来弥补个体自卫能力的不足。"③ 马克思认为："人的孤立化，只是历史过程的结果。最初人表现为**种属群、部落体、群居动物**。"④

考虑到这样一个事实，即与原始社会史有关的一系列学科，诸如古人类学、考古学、民族学等，都是在 19 世纪下半叶才逐渐形成独立的学科体系，⑤ 对比一下马克思和恩格斯在 19 世纪 40 年代的著作中对原始社会的描述与他们在 19 世纪 80 年代和 90 年代的著作中的描述的巨大区别，我们不能不为他们追踪科学进步的热情和毅力所折服，也不能不佩服他们创立的历史唯物主义体系的严整性。⑥ 但是，话又说回来，自从

---

① 参阅《马克思恩格斯全集》第 20 卷，770 页；511、515、513、516、517 页。

② 《马克思恩格斯全集》第 21 卷，32～33 页。

③ 同上书，45 页。

④ 《马克思恩格斯全集》第 46 卷，上册，497 页。

⑤ 参阅佩尔希茨等：《世界原始社会史》，15 页以次；格林·丹尼尔：《考古学一百五十年》，北京，文物出版社，1987 年；《中国大百科全书·考古学》，《考古学》条中的"考古学简史"部分，4～12 页；C. A. 托卡列夫：《外国民族学史》，北京，中国社会科学出版社，1983 年；杨堃：《民族学概论》，25 页以次，北京，中国社会科学出版社，1984。

⑥ 参阅《马克思恩格斯全集》第 3 卷，25 页、29～124、137～165 页；第 22 卷，246～259、409～413 页；第 35 卷，120～121、432～433、447～450 页；第 45 卷，207～681 页；等。

马克思和恩格斯逝世以来，古人类学、考古学、民族学等与原始社会史有关的学科，又大踏步地前进了，并且必将继续发展。因此，用新的科学成果丰富和发展马克思主义关于原始社会史的论断势所必然。

马克思和恩格斯一贯重视研究不同社会经济形态中的所有制关系，以及不同所有制的演变。就原始社会而论，从19世纪的40年代至80年代初，他们弄清楚了"所有欧洲和亚洲的文明民族中都存在过原始的土地公有"，"在实行土地公有制的氏族公社或农村公社中（一切文明民族都是从这种公社或带着它的非常显著的残余进入历史的），相当平等地分配产品，完全是不言而喻的"。[①]

他们花了很大气力研究不同原始公社解体的历史，研究不同历史条件下公有制的瓦解过程和后果，十分重视对具体问题作具体分析。在《资本论》和《反杜林论》中，在马克思的《政治经济学批判》、《资本主义生产以前的各种形式》中，以及他给查苏利奇的复信和该信的几个草稿中，都反映了这些方面的研究成果。

在《政治经济学批判》中，马克思提到"一切文明民族的历史初期自然发生的共同劳动"，接着指出："近来流传着一种可笑的偏见，认为**原始的**公社所有制是斯拉夫族特有的形式，甚至只是俄罗斯的形式。这种原始形式我们在罗马人、日耳曼人、赛尔特人那里都可以见到，直到现在我们还能在印度遇到这种形式的一整套图样，虽然其中一部分只留下残迹了。仔细研究一下亚细亚的、尤其是印度的公社所有制形式，就会得到证明，从原始的公社所有制的不同形式中，怎样产生出它的解体的各种形式。例如，罗马和日耳曼的私人所有制的各种原型，就可以从印度的公社所有制的各种形式中推出来。"[②]

按照马克思的看法，"公社或部落成员对部落土地（即对于部落所定居的土地）的关系的这种种不同的形式，部分地取决于部落的天然性质，部分地取决于部落在怎样的经济条件下实际上以所有者的资格对待土地，就是说，用劳动来获取土地的果实；而这一点本身又取决于气候、土壤的物理性质，受物理条件决定的土壤开发方式，同敌对部落或四邻部落的关系，以及引起迁移、引起历史事件等等的变动。"[③]

马克思认为："各种原始公社（把所有的原始公社混为一谈是错误的；正像地质的形成一样，在这些历史的形成中，有一系列原生的、次生的、再次生的等等类型）的解体的历史，还有待于撰述。到现在为止，我们只有一些粗糙的描绘。"[④]

摩尔根的《古代社会》这部在民族学和整个历史科学的发展中具有重大意义的著

① 《马克思恩格斯全集》第20卷，191、161页。
② 《马克思恩格斯全集》第13卷，22页。
③ 《马克思恩格斯全集》第46卷，上册，484页。
④ 《马克思恩格斯全集》第19卷，432页。

作，对于马克思主义的原始社会发展史理论有巨大影响。① 这部著作的意义，按照恩格斯的说法，在于"发现了**氏族**的真正本质及其对**部落**的关系"，把"原始共产主义社会的内部组织的典型形式揭示出来了"。② 它使马克思和恩格斯明确知道："最初不是家庭发展为氏族，相反地，氏族是以血缘为基础的人类社会的自然形成的原始形式。由于氏族纽带的开始解体，各种各样的家庭形式后来才发展起来。"③ 弄清楚原始社会内部氏族、部落和家庭之间的关系，就为全面地、具体地阐述私有制、阶级和国家的产生提供了坚实的科学基础。我们只要对比一下《反杜林论》和《家庭、私有制和国家的起源》中对私有制和国家起源问题的论述，就可以看出，在后一部著作中，不仅从生产力和社会分工发展的角度，还从社会结构的演变方面作出了更为完备的解释。④

　　恩格斯利用摩尔根提供的"解开古代希腊、罗马和德意志历史上那些极为重要而至今尚未解决的哑谜的钥匙"，⑤ 在吸收、改造摩尔根的成果、加进他本人和马克思的研究心得的基础上，写出了《家庭、私有制和国家的起源》一书。无论是从标题来看，还是从内容来看，恩格斯在这本书中着重探讨的是原始公社解体，家庭、私有制、阶级和国家的产生问题。

　　摩尔根著作对马克思主义奠基人的影响的一个方面就是，使他们进一步认识到血缘关系在人类社会早期的重要作用。《家庭、私有制和国家的起源》一书第 1 版序言中的一大段话，充分表明了这一点。恩格斯写道："根据唯物主义观点，历史中的决定性因素，归根结底是直接生活的生产和再生产。但是，生产本身又有两种。一方面是生活资料即食物、衣服、住房以及为此所必需的工具的生产；另一方面是人类自身的生产，即种的繁衍。一定历史时代和一定地区内的人们生活于其下的社会制度，受着两种生产的制约：一方面受劳动的发展阶段的制约；另一方面受家庭的发展阶段的制约。劳动愈不发展，劳动产品的数量、从而社会的财富愈受限制，社会制度就愈是在较大程度上受血族关系的支配。"⑥ 这里提到的"家庭的发展阶段"，马克思和恩格斯显然

---

　　① 参阅杨堃：《民族学概论》，51～61 页；托卡列夫：《外国民族学史》，70～72 页；佩尔希茨等：《世界原始社会史》，32 页。

　　② 《马克思恩格斯选集》第 1 卷，272 页。部落体的存在，不同部落体在特定历史条件下解体所呈现的情况迥异的后果等问题，马克思和恩格斯在《古代社会》问世之前已研究过多年。《德意志意识形态》、《政治经济学批判》以及该著作草稿中名为《资本主义生产以前的各种形式》的部分，就反映了他们在这方面所取得的巨大成果。

　　③ 这是 1883 年恩格斯为《资本论》第 1 卷第 3 版加的注中的一段话，见《马克思恩格斯全集》第 23 卷，389～390 页。

　　④ 参阅《马克思恩格斯全集》第 20 卷，160～202 页；第 21 卷，39～203 页。

　　⑤ 《马克思恩格斯全集》第 21 卷，30 页。

　　⑥ 《马克思恩格斯全集》第 21 卷，29～30 页。还可参阅《马克思恩格斯全集》第 35 卷，120、432 页；第 45 卷，506 页。

是在读了摩尔根《古代社会》之后才有更明确的认识。正如恩格斯所指出的："在六十年代开始以前，根本谈不到家庭史。历史科学在这一方面还是完全处在'摩西五经'的影响之下。人们不仅毫无保留地认为那里比任何地方都描写得更为详尽的这种家长制的家庭形式是最古的形式，而且把它——除一夫多妻制外——跟现代资产阶级的家庭等同起来，这样一来，家庭似乎根本没有经历过任何历史的发展。"①

从此以后，恩格斯称原始社会为"以血族团体为基础的旧社会"，并且将它与以地区团体为基础的有阶级和国家的"新社会"相提并论。②

但是，应该指出，由于当时整个历史学界对于从原始社会向阶级社会的过渡问题的研究仍然十分有限，恩格斯对早期阶级社会中血族关系的作用和影响的认识，还有不足之处。在古代希腊、罗马城邦的公民权中就有血族关系的痕迹。克利斯提尼在雅典进行的改革，并没有使"氏族制度的最后残余也随之而灭亡"。③ 至于古代印度和中国等地阶级社会中血族关系的影响，④ 恩格斯当时不可能知道。

在《家庭、私有制和国家的起源》于1884年问世之后，恩格斯仍然密切关注在原始社会史领域的学术进展。他根据新的材料对于1891年出版的该书第4版作了修订、补充，并且重新写了长篇序言。⑤ 1892年，他又在《新时代》杂志上发表了题为《新发现的一个群婚实例》的文章⑥。

熟知古代希腊、罗马和日耳曼人、克尔特人历史的马克思和恩格斯，深深懂得原始公社在不同历史条件下瓦解的不同后果，而且一贯注意考察不同民族原始社会瓦解与它们后来历史发展之间的联系。⑦

他们明确肯定，在没有先进文明影响的情况下，原始社会瓦解之后必然产生奴隶占有制剥削关系。

---

① 《马克思恩格斯全集》第22卷，247页。还可参阅该卷256～257页中恩格斯对摩尔根的功绩的评价。

② 《马克思恩格斯全集》第21卷，30、194页。

③ 同上书，133页。

④ 关于古代印度的情况，可参阅塔帕：《从家系到国家》(Romi Ia Thapar, *From Lineage to Stafc*, Oxford University Press, Bombay, 1984)。

⑤ 《马克思恩格斯全集》第22卷，246～259页。

⑥ 同上书，409～413页。

⑦ 早在1846年完成的《德意志意识形态》一书中，马克思和恩格斯就注意到了日耳曼人进入阶级社会的历史条件与古代希腊、罗马的不同。参阅《马克思恩格斯全集》第3卷，27页。以后，他们又不断加深这方面的研究。在《给维·伊·查苏利奇的复信草稿》、《资本主义生产以前的各种形式》、《家庭、私有制和国家的起源》等著作中，就反映了他们在这方面探索的轨迹。

1884 年，恩格斯指出："奴隶制是古代世界所固有的第一个剥削形式"。① 1887 年，恩格斯又说："在亚细亚古代和古典古代，阶级压迫的主要形式是奴隶制，即与其说是群众被剥夺了土地，不如说他们的人身被占有"。② 在 19 世纪，在整个学术界除了对古代希腊、罗马的奴隶占有制度有过一些描述外，对奴隶占有制与原始社会之间的紧密联系、对于欧洲以外地区古代的奴隶占有制度尚未着手系统研究的情况下，指出奴隶占有制是整个世界古代历史上的一种普遍现象，这是马克思主义创始人对于历史科学的重大贡献。③

尽管由于 19 世纪整个学术界对奴隶占有制的研究有很大局限性，使得马克思和恩格斯只能主要根据古代希腊、罗马的材料来研究奴隶占有制社会，但是由于他们是用历史唯物主义来剖析，他们的许多论断仍然具有巨大的理论指导意义，需要我们认真学习和领会。我们的责任是在继承他们的研究成果的基础上，用新的材料补充和发展他们的结论。④

在《反杜林论》和《家庭、私有制和国家的起源》中，恩格斯详细说明了原始公社瓦解之后必然产生奴隶占有制的经济原因和历史背景，指出在当时希腊、罗马那样独立地由于原始社会的瓦解而步入阶级社会的情况下，"只有奴隶制才使农业和工业之间的更大规模的分工成为可能，从而为古代文化的繁荣，即为希腊文化创造了条件。没有奴隶制，就没有希腊国家，就没有希腊的艺术和科学；没有奴隶制，就没有罗马帝国。没有希腊文化和罗马帝国所奠定的基础，也就没有现代的欧洲。我们永远不应该忘记，我们的全部经济、政治和智慧的发展，是以奴隶制既为人所公认，同样又为人所必需这种状况为前提的。在这个意义上，我们有理由说：没有古代的奴隶制，就没有现代的社会主义。"⑤ 在这段话中，恩格斯强调了"奴隶制既为人所公认、同样又为人所必需"。很显然，在他看来，奴隶占有制是当时社会历史发展的必然结果，是人类社会前进过程中不可避免的特定阶段。

在讨论野蛮时代向文明时代过渡的问题时，恩格斯又重申了这一思想。他指出：

---

① 《马克思恩格斯全集》第 21 卷，200 页。

② 同上书，387 页。

③ 在 20 世纪，随着考古学的蓬勃发展和越来越多的古代文献为研究者所掌握，随着马克思主义在世界范围内的传播，对奴隶占有制以及奴隶占有制社会发生发展规律的研究，正在不断加强。已有一批关于欧洲以外地区古代奴隶占有制以及奴隶占有制社会的专著和论文问世。

④ 例如，中国学者关于凉山彝族奴隶占有制度的研究，就很值得重视。参阅胡庆钧、周用宜：《奴隶占有制是人类社会历史发展的必然》，载《史学理论》，1989 年第 4 期；廖学盛：《关于奴隶占有制社会的一些思考》，载《史学理论》，1988 年第 1 期；胡庆钧主编：《早期奴隶制社会比较研究》，北京，中国社会科学出版社，1996。

⑤ 《马克思恩格斯全集》第 20 卷，196～197 页。

"吸收新的劳动力成为人们向往的事情了。战争提供了新的劳动力；俘虏被变成了奴隶。第一次社会大分工，在使劳动生产率提高，从而使财富增加并且使生产场所扩大的同时，在既定的总的历史条件下，必然地带来了奴隶制。"① 这里特别值得注意的是"在既定的总的历史条件下，必然地带来了奴隶制"一语。考虑到从野蛮时代向文明时代过渡的中心内容，是由以血族团体为基础的社会向以地区团体为基础的社会的过渡，那么，很显然，血族关系的存在及其破坏和演变，对于奴隶占有制的出现和演化，必然有决定性意义。战争俘虏只能来自其他氏族和部落，也就是说，最初的奴隶必然是来自其他的民族和部落。随着战俘变成奴隶，也就很快出现了"奴役同部落人甚至同氏族人的前景"。② 奴隶占有制的发展必然会促进血族关系的瓦解和变化。

在强调奴隶占有制的普遍性的时候，恩格斯也没有忘记指出古代希腊历史的特殊性。在《反杜林论》中他写道："在古代世界，特别是希腊世界的历史前提之下，进步到以阶级对立为基础的社会，是只能通过奴隶制的形式来完成的。"③

在恩格斯的著作中，对古代日耳曼人与奴隶占有制的关系作过多方面的考察。④

马克思主义的创始人一贯十分重视研究国家与社会经济发展之间的关系。在马克思和恩格斯的著作中，对于人类社会中最早一批国家的形成途径，国家产生时的商品生产及其与土地所有制形式之间的关系，古代希腊、罗马国家的阶级属性以及它们在不同发展阶段的作用，这些国家内部的阶级、等级结构的演变等问题，都有所论述。⑤

在奴隶占有制社会中，国家是奴隶主阶级维护和发展奴隶占有制度的极为重要的工具。在《路德维希·费尔巴哈和德国古典哲学的终结》一文中，恩格斯指出："政治权力不过是用来实现经济利益的手段"。他特别强调了在古代国家的作用，认为"既然在今天这个大工业和铁路的时代，国家总的说来还只是以集中的形式反映了支配着生产的阶级的经济需要，那么，在以前的时代，国家就必然更加是这样了，那时每一代人都要比我们今天更得多地耗费一生中的时间来满足自己的物质需要，因而要比我们今天更多地依赖于这种物质需要"。⑥

根据古代希腊和罗马的材料，马克思和恩格斯对奴隶占有制社会早期的国家，也

① 《马克思恩格斯全集》第21卷，184页。

② 同上书，123页。

③ 《马克思恩格斯全集》第20卷，197页。

④ 参阅《马克思恩格斯全集》第19卷，514页；第21卷，158、177～178页；第35卷，125页。值得指出的是，恩格斯提到塔西佗的说法，"奴隶只纳贡，不服任何劳役"（第21卷，158页）。而且他说，德国9－11世纪的农奴制，"其实那是古代日耳曼奴隶制的继续"（第35卷，125页）。

⑤ 参阅《马克思恩格斯全集》第3卷，25～27、69～71页；第19卷，331～333页；第20卷，194～200页；第21卷，125～148页。

⑥ 《马克思恩格斯选集》第4卷，250、252页。

就是我们现在通常所说的古希腊、罗马的"城邦",进行了深入的研究。在《德意志意识形态》中,他们指出:在这种国家中,"公民和奴隶之间的阶级关系已经充分发展",① 这种国家乃是"积极公民"在奴隶面前不得不保存的"自发产生的联合形式"。② 在城邦内部,"所有制表现为国家所有同私人所有相并列的双重形式","只有国家公民才是并且必定是私有者"。③ 按照马克思的意见,在罗马人中以最纯粹、最突出的形式表现出,"国家土地财产和私人土地财产相对立的形式,结果是后者以前者为媒介;或者说,国家土地财产本身存在于这种双重的形式中。因此,土地私有者同时也就是城市市民。从经济上说,国家公民资格就表现在农民是城市居民这样一个简单的形式上。"④ "古典古代的历史是城市的历史,不过这是以土地财产和农业为基础的城市。"⑤

在马克思和恩格斯看来,在整个古代世界,自然经济占统治地位,农业是决定性的生产部门。"商业和工业向来不是统治着各民族的罗马人的营生:只有在高利贷方面,他们才超过这些民族而空前绝后。"⑥ "在古罗马,还在共和制的后期,商人资本已发展到古代世界前所未有的高度,而在工业发展上没有显出任何进步。"⑦ "在罗马帝国,在它最发达的时期,实物税和实物租仍然是基础。那里,货币制度原来只是在军队中得到充分发展。它也从来没有掌握劳动的整个领域。"⑧

马克思认为,"在古代人那里,财富不表现为生产的目的,尽管卡托能够很好地研究哪一种土地耕作法最有利,布鲁土斯甚至能够按最高的利率放债。人们研究的问题总是,哪一种所有制形式会造就最好的国家公民。"⑨

在《资本论》中,马克思指出:在古希腊罗马,"产品变为商品、从而人作为商品生产者而存在的现象,处于从属地位。"⑩ 不过,商品生产的发展,既是促进氏族制瓦解和国家产生的因素,⑪ 又是促使城邦共同体瓦解的因素。⑫ 商品生产的发展,造成了

---

① 《马克思恩格斯全集》第 3 卷,26 页。

② 同上书,25 ~ 26 页。

③ 《马克思恩格斯全集》第 46 卷,上册,484 页。

④ 同上书,481 页。

⑤ 同上书,480 页。

⑥ 《马克思恩格斯全集》第 21 卷,169 页。

⑦ 《马克思恩格斯全集》第 25 卷,371 页。

⑧ 《马克思恩格斯选集》第 2 卷,21 页。

⑨ 《马克思恩格斯全集》第 46 卷,上册,485 页。这段引文中的"卡托"通常译作"加图"。

⑩ 《马克思恩格斯全集》第 23 卷,96 页。

⑪ 《马克思恩格斯全集》第 21 卷,127、130、133、187 ~ 200 页;第 23 卷,96 ~ 97 页。

⑫ 《马克思恩格斯全集》第 46 卷,上册,485 页。

自由民中的贫富分化和土地私有制的发展，导致土地的集中、大批小土地所有者的破产，使得在生产部门使用奴隶的规模不断扩大。商品生产发展的情况以及与之有关的土地私有制的发展，对于一定国家政体的形式有所影响。①

马克思主义的奠基人在谈论商品生产的时候，十分注意区别古代和资本主义时代商品生产的不同历史地位和作用。在《资本论》第3卷第20章中，对商人资本的历史发展，进行了专门考察。②

商品生产的发展能够影响奴隶占有制的发展，但是古代的奴隶占有制并非商品生产的产物。"奴隶的买卖，按其形式来说，也是商品的买卖。但是，如果没有奴隶制，货币就不能执行这种职能。有了奴隶制，货币才能用来购买奴隶。相反，买者手中的货币无论怎样充足，也不会使奴隶制成为可能。"③ "奴隶制度，只要它在农业、制造业、航运业等方面是生产劳动的统治形式（就像在希腊各发达国家和罗马那样），也保存着一个自然经济的要素。奴隶市场本身是靠战争、海上掠夺等等才不断得到劳动力这一商品的，而这种掠夺又不是以流通过程作为媒介，而是要通过直接的肉体强制，对别人的劳动力实行实物占有。"④

马克思一再批评资产阶级学者混淆奴隶占有制的古代社会与资本主义社会商品生产的区别。⑤ 他指出，奴隶制度的基础，总的说来，是和资本主义生产方式的概念相矛盾的，不能像蒙森说的那样，"在每个货币经济中都发现资本主义生产方式"。⑥ "罗马的无产阶级依靠社会过活，现代社会则依靠无产阶级过活。"⑦

马克思着重指出古代城邦与战争之间的关系，认为"所有制在罗马人那里主要是由战争决定的"，⑧ 罗马是一个"军事的共同体"，它"由公社成员的服兵役等等的形式的剩余劳动而得到保障"。⑨ 在城邦时代，"一个共同体所遭遇的困难，只能是由其他共同体引起的，后者或是先已占领了土地，或是到这个共同体已占领的土地上来骚

---

① 《马克思恩格斯全集》第19卷，540～541页。

② 《马克思恩格斯全集》第25卷，361～376页。

③ 《马克思恩格斯全集》第24卷，39页。

④ 同上书，539页。

⑤ 参阅《马克思恩格斯全集》第23卷，190～191页；第25卷，366、886～887页。还可参阅第19卷，131页。马克思曾经写道："在有关古希腊罗马的一些实用百科辞典中，可以看到一种谬论：在古代世界，资本就有了充分的发展，所缺少的只是自由工人和信用事业，蒙森先生在他的《罗马史》中也一再陷入混乱。"（《马克思恩格斯全集》第23卷，190页）

⑥ 《马克思恩格斯全集》第25卷，886～887页。

⑦ 《马克思恩格斯全集》第16卷，406页。

⑧ 《马克思恩格斯全集》第3卷，69页。

⑨ 《马克思恩格斯全集》第46卷，上册，477页。

扰。因此，战争就或是为了占领生存的客观条件，或是为了保护并永久保持这种占领所要求的巨大的共同任务、巨大的共同工作。因此，这种由家庭组成的公社首先是按军事方式组织起来的，是军事组织或军队组织，而这是公社以所有者的资格而存在的条件之一。住宅集中于城市，是这种军事组织的基础"。战争是"这种自然形成的共同体的最原始的工作之一，既用以保护财产，又用以获得财产"。① 在城邦时代，由于人口的增长需要有越来越多的土地，用战争夺取土地便是被广泛采用的手段，而这种战争必然促进奴隶占有制的发展。② 可是，另一方面，罗马贵族不断进行战争，强迫平民服兵役，阻碍了他们的劳动条件的再生产，使得他们沦为贫民而破产。③

对于城邦时代自由农民与奴隶之间的关系这样一个重要问题，马克思主义的创始人作了深入的探讨。他们把最初的罗马国家称作"农民城市"，明确指出那时奴隶在生产中只起从属作用。④ 在古代希腊历史的早期，土地"主要是由独立的农民耕种的"。⑤ 自耕农民的"自由小块土地所有制形式，作为占统治地位的正常形式"，"在古典古代的极盛时期，形成社会的经济基础"。⑥ 奴隶占有制的发展都是与"生产、贸易和财富积聚有更大的增长"紧密相关的⑦。而奴隶占有制的发展，土地的集中，交换、货币关系的发展等，必然引起农民的破产和城邦的瓦解。⑧

伴随罗马的不断扩张，使用奴隶劳动的大庄园经济得到发展，罗马的统治日益建立在残酷剥削被征服的各行省的基础之上。随着罗马帝国的衰落，以奴隶劳动为基础的大庄园经济变得无利可图，小规模经营又成为唯一有利的耕作形式。可是，罗马帝国晚期从事小规模经营的小农，与城邦时代有公民权的罗马自由农民相比，已经不可同日而语。他们完全生活在另一种政治、社会和经济环境之中。⑨

马克思和恩格斯历来认为，对于农民与包括奴隶在内的其他阶级、阶层之间的关系，必须从每个社会全部政治、经济和阶级关系的总和，以及各个阶级、阶层之间相互联结的所有具体环节，去作细致的分析。在《资本论》第 3 卷第 47 章题为《分成制

①　《马克思恩格斯全集》第 46 卷，上册，475、490 页。

②　《马克思恩格斯全集》第 3 卷，26 页；第 46 卷，上册，493～494 页。

③　《马克思恩格斯全集》第 25 卷，677 页。

④　《马克思恩格斯全集》第 20 卷，175 页。

⑤　同上书，192 页。

⑥　《马克思恩格斯全集》第 25 卷，909 页。

⑦　《马克思恩格斯全集》第 20 卷，175 页。

⑧　《马克思恩格斯全集》第 20 卷，175 页；第 46 卷，上册，485 页。

⑨　《马克思恩格斯全集》第 21 卷，169～170 页。

和农民的小块土地所有制》一节中，马克思为我们提供了这种分析的典范。①

正确认识农民和奴隶在不同社会中的相互关系，对于我们科学地判断所研究的社会的性质，有重大意义。

对于奴隶占有制社会中的阶级矛盾和阶级斗争的特点，马克思和恩格斯都有明确而精辟的论述。他们特别注意揭示古代阶级斗争与近代阶级斗争的不同历史环境，以及由此必然产生的不同后果。他们指出，在古代是没有用胜利的起义来消灭奴隶制的事情的，在奴隶占有制之下，"只能有单个人不经过过渡状态而立即获得释放"。② 斯巴达克的失败，证明奴隶不能解放自己。③ "在古代的罗马，阶级斗争只是在享有特权的少数人内部进行，只是在自由富人与自由穷人之间进行"，而奴隶"不过为这些斗士充当消极的舞台台柱"。④

他们认为，在包括罗马在内的古代世界，"阶级斗争主要是以债权人和债务人之间的斗争的形式进行的"，"在罗马，这种斗争以负债平民的破产，沦为奴隶而告终"。⑤ 罗马共和国内部的斗争，归根结底是为土地所有权进行的，即小土地所有制同大土地所有制的斗争。当然，这种斗争具有为奴隶占有制所决定的特殊形式。⑥ 从共和制的末期起，罗马的统治已经建立在残酷剥削被征服的各行省的基础上；帝制不但没有消除这种剥削，反而把它变成了常规。帝国越是走向没落，税捐和赋役就越是增加，官吏就越是无耻地进行掠夺和勒索。⑦ 罗马的占领，在所有被征服的国家，首先直接破坏了过去的政治秩序；其次也间接破坏了旧有的社会生活条件。"这些民族中间，最强有力的部分，不是在被征服前、被征服时、甚至被征服后的战争中被消灭，便是沦为奴隶。"罗马的长期统治必然产生的荡平一切的作用，使得"各行省的社会关系愈益接近京都的和意大利的社会关系。居民逐渐分裂为三个由极复杂的成分和民族凑合起来的阶级"，⑧ 即富人、没有财产的自由人和奴隶。"罗马的行政和罗马法到处都摧毁了古代的血族团体，这样也就摧毁了地方的和民族的自主性的最后残余。"⑨

---

① 《马克思恩格斯全集》第 25 卷，904～917 页。关于社会环境的变化对小农的影响问题，还可以参阅恩格斯在《法德农民问题》一文中的论述。特别是《马克思恩格斯选集》第 4 卷，485 页。

② 《马克思恩格斯全集》第 21 卷，177 页。

③ 《马克思恩格斯全集》第 19 卷，332 页。

④ 《马克思恩格斯全集》第 16 卷，405～406 页。

⑤ 《马克思恩格斯全集》第 23 卷，156 页。

⑥ 《马克思恩格斯选集》第 4 卷，253 页；《马克思恩格斯全集》第 19 卷，131 页；第 23 卷，156 页；第 28 卷，438 页。

⑦ 《马克思恩格斯全集》第 21 卷，169 页。

⑧ 《马克思恩格斯全集》第 19 卷，331 页。

⑨ 《马克思恩格斯全集》第 21 卷，168 页。

　　罗马帝国的长期统治，在广大的地区内促进了原始的基于血缘关系的氏族制度的瓦解，使土地私有制度得到广泛发展，农业得到普遍推广。在这种情况下，奴隶占有制长期存在所造成的自由民轻视劳动的恶劣影响，阻碍社会生产的发展。处于原始社会瓦解阶段的日耳曼人的入侵，在当时的特定情况下，摧毁了已经严重妨害社会发展的罗马奴隶占有制国家，使得封建制度在罗马帝国的废墟上逐渐发展起来。①

　　马克思和恩格斯历来不仅重视研究社会经济史和政治史，而且十分注意研究文化史。他们对于原始社会的和奴隶占有制社会的意识形态的许多方面都有过精辟的论述。这里我们只着重介绍一下有关宗教的论断。

　　在名著《路德维希·费尔巴哈和德国古典哲学的终结》中，恩格斯指出："宗教离开物质生活最远，而且好像是同物质生活最不相干。宗教是在最原始的时代从人们关于他们本身和周围的外部自然界的错误的、最原始的观念中产生的。"② 在《反杜林论》一书中，他又指出"一切宗教都不过是支配着人们日常生活的外部力量在人们头脑中的幻想的反映，在这种反映中，人间的力量采取了超人间的力量的形式。在历史的初期，首先是自然力量获得了这样的反映，而在进一步的发展中，在不同的民族那里又经历了极为不同和极为复杂的人格化。根据比较神话学，这一最初的过程"，可以"得到详尽的证明。但是除自然力量外，不久社会力量也起了作用，这种力量和自然力量本身一样，对人来说是异己的，最初也是不能解释的，它以同样的表面上的自然必然性支配着人"。③

　　对于基督教的产生和本质问题，恩格斯从青年时代起即注意研究，数十年间，坚持不懈。1894—1895 年发表在《新时代》杂志上的《论早期基督教的历史》④ 一文，总结了他在这方面多年研究的成果，指出：基督教在其产生时"是被压迫者的运动：它最初是奴隶和被释放的奴隶、穷人和无权者、被罗马征服或驱散的人们的宗教"。⑤ "基督教不是从外面、从犹太输入而强加给希腊罗马世界的，它——至少就其成为世界宗教时的状况而言——是这个世界的最道地的产物。"⑥ 恩格斯认为，大概是在公元 67 年 6 月和 68 年 1 月或 4 月之间写成的《约翰启示录》，属于基督教的最初期的文献，"它以最朴素的真实性和相应的习惯语言反映出了当时基督徒的观念"。⑦ 在这篇启示

---

　　① 《马克思恩格斯全集》第 3 卷，27、82～83 页；第 20 卷，676 页；第 21 卷，170～178 页、193 页。

　　② 《马克思恩格斯选集》第 4 卷，254 页。

　　③ 《马克思恩格斯全集》第 20 卷，341～342 页。

　　④ 《马克思恩格斯全集》第 22 卷，525～552 页。

　　⑤ 同上书，525 页。

　　⑥ 《马克思恩格斯全集》第 22 卷，532 页。

　　⑦ 同上书，533 页。

录中，"我们看到了使早期基督教后来得以发展成为世界宗教的那种根本观念。当时，闪米特人和欧洲人的一切宗教里都存在有一种共同的观点，认为被人们的行为冒犯了的众神是可以用牺牲求其宽宥的。基督教最初的一个革命的（从斐洛学派抄袭来的）根本观念就是，在信徒们看来，一切时代的、一切人的罪恶，都可以通过一个中间人的一次伟大自愿牺牲而永远赎掉。这样一来，以后就没有必要再做任何牺牲，许许多多的宗教礼仪也就随之而失去依据；而摆脱这些妨碍或禁止与异教徒交往的礼仪，则是世界宗教的首要条件"。①

恩格斯强调了早期基督教与后来成为国教的基督教的重大区别。他指出，在《约翰启示录》中，"不知有原罪与因信称义之说。这些最初的战斗的教会的信仰，与后来胜利了的教会的信仰完全不同。除羔羊的赎罪的牺牲外，它的最重要的内容是临近的基督再临和快要到来的千年王国；而用来树立这种信仰的手段只是：进行积极的宣传，对内外敌人作不屈不挠的斗争，在异教徒的法庭上昂然承认自己的革命观点，决心随时为将来的胜利而殉道"。② 恩格斯断言，"洗礼是在基督徒同犹太人最后分手的时候才出现的"，圣餐礼则是更晚时期的产物。③

在《路德维希·费尔巴哈和德国古典哲学的终结》一文中，恩格斯深刻分析了基督教能够作为世界宗教广泛传播的原因。他写道："罗马世界帝国使得古老的民族没落了（关于罗马世界帝国产生的经济条件，我们没有必要在这里加以研究），古老的民族的神就灭亡了，甚至罗马的那些仅仅适合于罗马城这个狭小圈子的神也灭亡了；罗马曾企图除本地的神以外还承认和供奉一切多少受崇敬的异族的神，这就清楚地表明了有以一种世界宗教来充实世界帝国的需要。但是一种新的世界宗教是不能这样用皇帝的敕令创造出来的。新的世界宗教，即基督教，已经从普遍化了的东方神学，特别是犹太神学同庸俗化了的希腊哲学，特别是斯多亚派哲学的混合中悄悄地产生了。……它在250年后已经变成国教这一事实，足以证明它是适应时势的宗教。"④ 因为在罗马帝国的具体情况下，彼此利益有所不同甚至相互冲突的众多人群的共同出路，"只能是在宗教领域内"。⑤

20世纪大部分时间是马克思主义在全世界的影响不断增强的时代。在世界古代史的研究工作中，马克思主义日益深刻地影响着不同学派的学者。随着众多民族独立国家的兴起和发展，用马克思主义研究本国古代历史的学者队伍在不断扩大。当今的世界古代史研究者所掌握的物质和文字材料，已大大超出马克思和恩格斯同时代的学者。

---

① 《马克思恩格斯全集》第22卷，535～536页。
② 同上书，550页。
③ 同上书，551页。
④ 《马克思恩格斯选集》第4卷，254～255页。
⑤ 《马克思恩格斯全集》第22卷，542页。

在这种情况下，学术界在如何理解和运用历史唯物主义原理分析本国以及世界古代历史中的许多现象中存在不同意见，也就是完全必然的、十分容易理解的了。真理只能越辩越明，马克思主义只能通过不同意见的争论而更加深入人心，显示出不灭的光辉。

早在1890年，恩格斯在致康·施米特的信中就说道："必须重新研究全部历史，必须详细研究各种社会形态存在的条件，然后设法从这些条件中找出相应的政治、私法、美学、哲学、宗教等的观点。在这方面，到现在为止只做了很少的一点工作，因为只有很少的人认真地这样做过。在这方面，我们需要很大的帮助，这个领域无限广阔，谁肯认真地工作，谁就能做出许多成绩，就能超群出众"。[1] 对于中国的世界古代史研究者说来，恩格斯的这段话有其特殊意义。由于客观条件的限制，马克思和恩格斯不可能对中国古代的历史有全面深刻的了解。怎样应用马克思主义的基本原理来阐述中国古代史，揭示中国古代史的特殊性及其与世界其他国家历史发展的共性，这一繁重任务自然地落在中国学者的身上。尽管20世纪20年代以来，许多中国学者已经在这方面做了许多工作，取得了巨大成就，但今后的路程仍然很长。

马克思一再告诫我们："历史是不能靠公式来创造的"。[2] 他强调指出，即使有相同的经济基础，也"可以由于无数不同的经验的事实，自然条件，种族关系，各种从外部发生作用的历史影响等等，而在现象上显示出无穷无尽的变异和程度差别，这些变异和程度差别只有通过对这些经验所提供的事实进行分析才可以理解"。[3]

我们学习马克思和恩格斯有关世界古代史的论述，主要的也是学习他们观察问题、分析问题的方法，而不是要拘泥于每一个具体的结论。教条主义只是懒汉的哲学，是与马克思主义不相容的。

---

[1] 《马克思恩格斯选集》第4卷，692页。
[2] 《马克思恩格斯选集》第1卷，163页。
[3] 《马克思恩格斯全集》第25卷，892页。

第二章
古代埃及

第一节　古代埃及的史料

位于非洲东北部的埃及，是人类文明的摇篮之一，有着悠久的历史。

古代埃及文明经历了三四千年，有着丰富的文物和文献。但这些文物和文献屡遭厄运，历经劫难：有的在古代即已被有意无意地毁掉了；有的则在近代西方殖民主义的劫掠或破坏性发掘中毁掉了。所以，我们现在能够看到的文物和文献已是支离破碎、零散不堪的了。

现在，我们研究古代埃及史的资料有四大类：（1）古代埃及的遗迹和文物（城市、神庙、墓穴等的遗址、绘画和雕刻、工具、器皿、日用品和武器等）；（2）文献；（3）希腊、罗马古典作家的著作；（4）埃及周边各国留下的有关古代埃及的文物和文献等。其中前两类是主要的资料来源，而后两类不一定对古代埃及历史的每个时期、每个方面都能够提供资料，只是在某个时期、某些方面提供一些有用的资料。

对埃及古代遗址的发掘最初是由西方国家进行的。这种发掘开始于19世纪中叶，到该世纪末叶，发掘才走上科学化、正规化的轨道。一个半世纪以来考古学家获得了许多文物和文献。它们大多保存在西方国家的博物馆和私人收藏家手中，其中许多文物和文献至今未予公布。就已公布的资料而言，不同时期，数量并不均衡，有的历史时期资料极少，而有的时期则相对要多一些。

一、前王朝时期

在埃及，已发现了70多万年前人类活动的遗迹。1万多年前人类活动的遗迹相对而言多一些。在库巴尼耶（Kubanya）发现了旧石器时代晚期人类活动的遗物；在赫尔旺（Helwan）、图什卡（Tuska）、库姆·温布（Kom Ombo）、伊斯纳（Isna）、瓦迪·哈尔发（Wadi Halfa）等地发现了中石器时代的大量遗物。考古发现证明，公元前5000年代的塔萨（Tasa）、巴达里（Badari）文化、法雍（Fayum）文化和梅里姆达（Merimda）文化出现了农业、畜牧业，有了交换的痕迹，已是新石器时代的文化了。

而后，埃及进入前王朝时期：阿姆拉特时期和格尔塞时期。有关这两个时期的情况，都只能靠考古发掘的文物资料来说明。

（一）　阿姆拉特时期（Amratian Period）

这一时期也称涅伽达（Nagada）文化 I 时期，二者皆以发现地而得名，发现地均在上埃及。此时埃及进入了金石并用时代，发现了铜制品，如铜片、带索的鱼叉、铜针等。石器仍在使用，有燧石制造的、磨光的石斧、石镰，也有石制器皿，如石瓶等；陶器则有黑顶陶和红色磨光的陶制器皿，以及一些粗制陶器。居民以农业为主，兼营畜牧业和捕鱼业，是农牧业并重的经济。这时，埃及的居民点增多，每个居民点居住的时间也比较长了，反映了生产力水平的提高。同红海已有联系，在通往红海的瓦迪—哈马特（Wadi Hammamat）的通道上，发现了一些居民点的遗址，在当时可能是商队的驿站。

一些墓中的物品（器皿）上刻有记号，表明该物品属于谁，是私有的标记，说明私有制已经萌芽；在狄奥斯波里·帕尔伏（Diospolis Parva），发现了城墙的模型，在涅伽达城南还发掘出一段城墙，反映了这时战争的频繁。

在这一时期之末的涅伽达的1610号墓中，发现了一个黑顶陶，图案上有象征王权的红冠形象；在此一时期与下一时期（格尔塞时期）交界时期，在涅伽达发现的1546号墓中的一块陶片上，有一只象征鹰神荷鲁斯（Horus）的形象，荷鲁斯是后来王权的保护神，这二者反映了王权的萌芽。在奥马里（Omari），发现了木制权标头；在阿姆拉特发现了石制权标头，这也显然是王权萌芽的标志。还发现了反映当时历史面貌的调色板。

考古发现还说明，在这个时期人死后，埋葬在椭圆形墓中，屈身，有时一个墓中有几具尸体，墓中有随葬品，包括武器、装饰品、食品、魔术用具、雕像（泥人、动物）等。

（二）格尔塞时期（Gerzean Period）

这一时期又称涅伽达文化Ⅱ时期、前王朝第二时期，是古代埃及国家形成时期和进入文明时代的时期。此时期里，铜制武器和工具增多，有匕首、斧、锛、刀等；金属冶炼发展起来，不仅冶炼铜，而且冶炼金、银；石器仍占有重要地位；出现了钻孔器；黑顶陶衰落，彩绘陶起而代之；经济的发展已达到可生产出相当剩余产品的程度，为私有制的确立和剥削制度的出现奠定了物质基础。

在涅伽达和希拉康波里（Hierakonpolis）出现画墓，它们被认为是王墓；在希拉康波里出土的蝎王权标头，把王冠（白冠）与国王、权标结合了起来，表明王权已经形成：蝎王的形象远比其他人高大，王的地位已突显出来。在北方，在尼罗河谷与三角洲交界的图拉（Tura）也出土了有蝎子符号的文物，出现了王徽和王衔。在古王国第五王朝写成的《上古埃及年代记》（即帕勒摩石碑）中，记有前王朝上下埃及的若干王名："A. 上埃及诸王（？）或诸神（？）……B. 下埃及诸王……普（-PW）；塞卡（SK'）；克哈乌（H'-yw）；忒乌（Tyw）；忒什（Is）；涅【赫布】（N–【h6】）；瓦塞涅斯（wd–nd）；麦克赫（Mh）……阿（-'）；……"[1]

在曼涅托王表中，前王朝国王被认为是神，是亡灵朝的人物。

---

① James Henry Breasted, *Ancient Records of Egypt*（J. H. 布利斯特德：《古代埃及文献》），1906, The University of Chicago Press, Chicago, Illinois U. S. A. Vol. Ⅰ，p. 57.

阶级分化已很明显，阶级已形成：墓葬大小不一、随葬品多少不一、画墓与其他墓显然差别很大。蝎王权标头上出现了被认为是平民的象形文字符号田凫，它们被吊在旗帜之上；奴隶劳动也表现了出来（在权标头最下一栏上）；在格别陵（Gebelen）出土的一段亚麻布上的绘画中，船上有的人在划船，有的人则端坐其上，表明了他的贵族身份。

在蝎王权标头上，在头戴白冠的蝎王头前面，有一个蝎子，是一个象形文字符号，就是国王的名字；在阿姆拉特的 B62 号墓和狄奥斯波里·帕尔伏的 U364 号墓中也都发现有象形文字，表明了文明时代已经到来。

城市出现了，它们是王宫所在地、神庙所在地、也是防御堡垒。城市一般都有城墙或护城河。城市的象形文字符号，就是用围墙或护城河围绕的居民点的形象。希拉康波里画墓中的画，有水、陆战和抓俘虏的场面；在阿拉克出土的象牙刀柄上，也有水陆战的情景，说明战争的频繁。

二、早王朝时期

关于早王朝时期的历史，在 19 世纪末叶以前，人们只知道一些以传说的形式保存在很晚时期的文献中的情况，如古希腊历史学家希罗多德（Herodotus，约公元前 485—前 425 年）说，埃及的祭司们告诉他，"埃及人的第一个国王的名字是米恩（Min），在他统治的时代，除了底比斯（Thebes）之外，全埃及是一片沼泽，在今天莫伊利斯（Moeris）湖以下的地方全部都是浸在水里的"。[①] 在《帕勒摩石碑》中，记载了前两个王朝的若干情况，而除了涅忒里穆之外的其他国王的名字却都已失传。曼涅托（Manetho）的王表中也记载了这个时期的若干王名、每个国王统治期间的活动。在他的记载中，第 1 王朝的第一个国王是美尼斯（Menes）。据他记载，第 1 王朝共 8 个国王，统治了 262 年或 263 年。第 2 王朝共 9 个国王，统治了 302 年或 292 年。而无论是希罗多德的米恩，还是曼涅托的美尼斯，至今都无考古发掘的文物加以印证。现代埃及学家中有的把美尼斯与有文物可证的纳尔迈（Narmer）或阿哈（Aha）等同起来。

现在我们了解早王朝时期的历史，主要还是依靠考古发掘得来的文物资料和这些文物资料上的极其贫乏的文字资料。

19 世纪末 20 世纪初，摩尔干（De Morgan）、彼特里（Petrie）和魁别尔（Quibell）等人在涅伽达、阿卑多斯（Abydos）和希拉康波里进行了发掘。他们在埃及的发掘工作采用了科学的方法，不再是野蛮的、破坏性的和掠夺式的发掘。在这些地方发掘出了不少王墓和贵族墓（马斯塔巴式的墓），出土了大量反映早王朝时期历史的文物，为研究早王朝的历史奠定了基础。但文字资料仍然极少。1936 年及"二战"后，艾麦里（Emery）在萨卡拉（Saqqara）又惊人地发现了第 1 王朝的若干王墓、王后墓和贵族墓，

---

① 希罗多德：《历史》，317 页，北京，商务印书馆，1957。

墓中的殉葬品比彼特里在阿卑多斯发掘的还要丰富，这大大增加了早王朝时期的历史资料。

"二战"以后，在北部埃及与中部埃及交界处的赫尔旺，发现了属于早王朝时期的约1万个墓葬，有些墓中还有丰富的殉葬品，许多墓中有铜制品。有一个第1王朝第6个国王阿涅吉布（Anedjeb）统治时期的官吏的墓，是用白色石灰石建造的，这是古代埃及已发现的最早用石头做建筑材料的证据，而过去人们认为直到古王国时期才用石头做建筑材料。

从考古发掘的资料，我们知道早王朝时期的农业和手工业情况是：农业工具有木锄、石锄和铜锄；已使用犁耕，在文物上，犁同牲畜一起被提到；有木镰和石镰。植物中农作物有大麦、二粒小麦、亚麻；果树有葡萄和无花果等。在牺牲中有面包和啤酒，第2王朝的铭文中提到不少种类的面包和啤酒的名称。牲畜中有牛、绵羊、山羊、猪、驴、骆驼。家禽饲养有鸡、鸭、鹅和鹤。

铜器排斥石器的力度加大了。艾麦里在萨卡拉第1王朝第5个国王登（Den）的墓中发现3个大木箱，里面装有700件各种形式的铜器。但石器仍不少，在登的墓中发现一千多件燧石刀和刮具。手工业有金属冶炼、艺术手工业（制作权标头、调色板、铜像等）、建筑业、造船业、纺织业、酿酒业、制陶业、雕刻等（其中有的手工业可能还属于家庭手工业范畴）。第2王朝末叶起，开始用陶轮制作陶器。

考古发掘也提供了若干政治史的资料。彼特里和艾麦里的发掘，在每个王墓中都获得该墓的王名，从而为编制一份有考古实物证实的王表提供了可能（虽然，它们的次序还可能有争论，如第1王朝的纳尔迈和阿哈究竟谁是第1王朝的第一个国王就有争论）。这时留下的印章和印痕也提供了若干政治方面的信息。因为在一些印章上指出了统治的国王，负责生产或保存某种物品的机关的名称，这对研究当时埃及的国家机构提供了宝贵的资料。

魁别尔在希拉康波里的大堆积中发掘出的文物尤其重要。其中的纳尔迈调色板、纳尔迈权标头和另一个也被认为是纳尔迈的权标头，对纳尔迈时代的活动提供了形象化的资料：纳尔迈调色板的正面上方，在两个公牛头中间的方框内，雕刻着纳尔迈的名字（一个锥子、一条鱼，拉丁文注音为 NM，即英文的 Narmer）；在调色板中间，刻着高高的纳尔迈国王，他头戴白冠，右手高举权标，似乎正要击打他左手抓着的跪着的敌人；他后面站着一个为他提着凉鞋的侍从；他的前上方为一只老鹰（即鹰神荷鲁斯）抓着一根绳子，脚爪正踩在一束纸草上，人们认为这是表示他俘虏了下埃及的6 000俘虏；正面最下一栏为两个正在奔逃的敌人。调色板背面的主要场景为纳尔迈（头戴红冠）正在检阅，俘虏们被杀头；背面的最下一栏为象征纳尔迈的一头公牛正在摧毁敌人的城市，并践踏敌人的尸体。纳尔迈权标头上的情景，反映了纳尔迈在一次征伐北方的战争中取得的胜利。他坐在九层高的台子上，检阅俘虏：12万人、40头牛、142万头羊。还有一个抬床上坐着一位北方的公主，可能是纳尔迈迎娶她，作为胜利成果。许多文物反映了统一战争的过程，如利比亚贡赋调色板；哈谢海姆（Khasekhem）雕像基座上的两组数字则反映了统一战争的规模：杀死"北方的敌人47 290人"、"48 205人"。还有一些文物反映了王权的加强和神化的情景，一些文物及其上的文字，反映了国家机器的强化、王室经济的形成过程。

《帕勒摩石碑》上列举了第1、第2王朝的几位国王及其统治时期的一些活动：祭祀、征战、清查土地、人口、黄金以及尼罗河泛滥的情况等。

三、古王国时期

研究古王国时期的资料，要比前王朝时期和早王朝时期丰富得多，尤其是文献资料。文物仍具有重要意义，如金字塔、各种实物及墓画等。

（一）考古发掘的文物资料

近代以来，对古埃及的考古发掘，很多是与古王国时期有关的（特别是对金字塔及其附属建筑、对贵族马斯塔巴墓的发掘），这些发掘提供了大量的文物和文献资料。

有关古王国时期的发掘，主要是在金字塔地区，即在古都孟斐斯（Memphis）附近的尼罗河西岸，北起阿布—罗什（Abu Rowash），南至麦杜门（Meduim）的这一地区。这些发掘在1849年列普修斯（Lepssius）公布的《埃及和埃塞俄比亚》和1882—1889年马里埃特（Mariette）公布的《古王国的马斯塔巴》等著作中得到了反映。

20世纪20年代，菲尔斯、魁别尔等人对第3王朝的乔赛尔（Djoser）国王的层级金字塔综合体进行了发掘。1924—1927年，热克伊发掘了第4王朝最后一个国王马斯塔巴的金字塔；30年代，哈桑（Hassan）等人在金字塔区墓地北部发掘了第5王朝最后一个国王乌纳斯（Unas）的金字塔；魁别尔等人公布了乔赛尔金字塔附近的第6王朝最后一个国王捷梯（Tjeti）的金字塔综合体的发掘结果；热克伊公布了第6王朝法老培比二世（Pepy Ⅱ）及其王后在萨卡拉墓地南部的墓地和金字塔的发掘结果；比森格（Bissing）、斯坦多尔弗（Steindorf）和杜艾尔（Duell）公布了在萨卡拉的墓地中以其壁画而著名的卡格门尼（Kagmni）、提伊（Tiy）和麦列努克（Mererruk）的墓的发掘结果。1951年，埃及人扎卡里亚—戈雷姆对第三王朝的第二个国王舍克赫门—克赫特（Sekhmkhet）的金字塔进行了发掘，当时这个国王还不为人知，古代的王表中亦无此国王。在西奈地方，在乔赛尔名下曾有此国王的一个名字，但过去把他与早王朝时期的一个国王的名字弄混了。因此，在这个金字塔中发现的舍克赫门—克赫特的名字，可校正第3王朝的王表。

在萨卡拉南边，在现在的居民点麦杜姆附近，有一些第3、第4王朝之交的墓地。这个墓地的墓墙上有许多彩色浮雕，它们再现了贵族地产中的经济生活的情景。彼特里等人公布了对它的发掘结果。这里有金字塔、王后墓、国王女儿们的墓及贵族、廷臣的墓，发掘出了大量的文物：雕刻、绘画、木乃伊和铭文，为研究古王国时期的政治、经济、社会、军事、宗教等提供了丰富的资料。尤其是容克尔（Junker）写的十二卷本《基泽》（Giza，其最后一卷是在 1955 年出版的），对资料进行了详细的研究并对日期进行了精确的注明，附有详细的考古分析，成为研究古王国时期的埃及的主要史料来源。奈斯涅尔（Neisner）在 1942 年和 1955 年出版了两卷本的《基泽墓地史》，这是他发掘孟考拉（Menkaure）金字塔墓地的成果。

英国人在格布拉维（Gebrawi）等地进行的发掘，也有丰硕的成果。这是些外省墓地，在这些地方的贵族墓中，有许多铭文和雕刻详尽地反映了祈祷仪式和贵族领地中的各种农业、手工业劳动的情景，对研究地方贵族及其经济提供了重要资料。

彼特里对西奈半岛上的瓦迪·马格哈尔（Wadi Maghar）等地的发掘，对研究古王国时期与西奈地方的关系提供了资料。

1953 年，在胡夫（Khufu）金字塔的基础附近，人们在清理时，发现几块大石板，在搬开大石板后，发现下面遮掩着两艘大木船。在一块遮掩木船的大石板上，有国王捷捷弗尔（Djedefre）的名字。这对研究古埃及的宗教提供了资料，因为古埃及人认为国王死后，其灵魂会升天，这种船就是用于运载国王的灵魂上天的。

对金字塔建筑工人的村落的发现和发掘。1990 年，一个美国游客在著名的狮身人面像东南骑马闲逛时，他的坐骑突然受惊，在一个小丘上，马蹄蹦裂了脚下的土地。由此，人们发现了一个金字塔建筑工人的墓地。现在已发掘出建筑工人的墓穴 100 多座，几乎都是男人，平均年龄在 35 岁至 40 岁之间。他们的身体有着同样的缺陷：脊柱弯曲，胸柱畸形，显然与过重的体力劳动有关。这个发现和发掘对了解金字塔究竟为谁所建提供了重要资料。人们推测，该墓地可能有成千上万座建筑工人的墓。

（二）文献资料

研究古王国时期的文献资料，主要有以下几方面：

1. 王家铭文。现在所知道的古王国时期的王家铭文，主要是第 5 ～ 第 6 王朝时期的国王颁布的豁免敕令，已经发现的豁免敕令约有十来个，基本内容是有关豁免神庙中的劳动者的义务的。如第 5 王朝的涅菲耳里刻勒的阿卑多斯敕令、培比一世（Pepy I）的达淑尔（Dahsure）敕令等。

2. 年代记和王表。《上古埃及年代记》，即《帕勒摩石碑》，该石碑上记载了第 3 ～ 第 5 王朝若干国王统治时期的情况。如它记载说，斯尼弗鲁（Snefru）击破尼格罗人（Negro，埃及南疆的部落）的境土，获男女俘虏七千，大小牲畜二十万头。[①] 以及第 4、第 5 王朝国王向神庙多次捐赠土地、劳动力和其他东西等。该年代记对了解古王国时期对外关系、金字塔的修建，尤其是土地关系、王权与神权的关系提供了重要资料。该年代记写于第 5 王朝时期，但现在保存很不完整，除了保存在帕勒摩的这部分以外，还

---

① Breasted, *Ancient Records of Egypt*, Vol. 1. p. 66.

有几个片断保存于其他一些博物馆中，如开罗片断等。帕勒摩石碑上的铭文由帕勒格利尼（Pelegrini）等公布出版，布利斯特德将其译为英文，收入在他编辑的五卷本的《古代埃及文献》中。此外，反映此时期历史的还有曼涅托的王表、新王国时期编纂的阿卑多斯王表和王表等。

3. 自传体铭文。古代埃及，从第3、第4王朝起，我们便看到了刻于墓中的自传体铭文。如《梅腾自传》（他的墓在萨卡拉，由列普修斯发掘和公布，现存柏林博物馆），讲述了他的仕途升迁，他的各种财富（尤其是土地、劳动力）的来源，对了解当时的阶级关系、土地关系、职官制度提供了有用的资料。出自阿卑多斯一个马斯塔巴墓中的《大臣乌尼传》，是古王国时期一个重要的自传体铭文。乌尼（Uni）出身寒微，但得到国王的恩宠，因而官运亨通，承担了很多国王指派的任务。铭文对了解古王国末期政治史提供了重要信息，因为他之被重用，可能是王权同贵族关系激化了，因而国王力图提拔一些出自下层的人为自己服务，他们能死心塌地地为自己效劳。铭文中乌尼的话证实了这一点。出自阿苏安（Asuan）的一个军官荷尔胡夫（Harkhuf）的铭文，记载了他远征努比亚（Nubia）的情况，铭文对了解地方贵族的情况、埃及与努比亚的关系等提供了有价值的资料。在阿苏安对面，有一个生活于第6王朝国王培比二世时期的贵族培比—那克赫特（Pepy–Nakht），他有一个岩墓，墓里的铭文说，他曾多次奉命远征努比亚和亚洲。铭文提供了那时埃及地方贵族的情况，也为了解埃及同邻近地区的关系提供了信息。伊比（Ibi）、亨库（Henku）和扎乌（Zau）等的铭文也提供了地方贵族的情况，以及他们与王权的关系，他们的财富等情况。如伊比在铭文中夸耀自己的财富，而对国王给他203斯塔特土地，只有一句"使我富裕"便完了，不像乌尼那样夸耀自己如何得到国王的恩典。扎乌的铭文反映了他因自己的两个姐妹成了王后，而因此任维西尔的情况，反映了古王国晚期地方贵族在政治上的实力及其与王权的关系。舍布尼（Sebni）的铭文中写到了他的父亲在远征努比亚时死了，他率领自己私人的军队前去报仇的内容，反映了古王国时期埃及与其南疆的关系及地方贵族的情况。维西尔是法老的主要行政助手，维斯普塔赫（Wesptah）和森涅吉米布（Senezimib）两人的铭文，提供了有关这一职务的若干信息，两人是首席法官和建筑师。普塔赫舍普舍斯（Ptahshepses）的铭文则提供了一个首都贵族、皇亲国戚的资料。

4. 私法文书（遗嘱、买卖房屋文契、土地转让铭文等）。第4王朝国王哈佛拉（Khafre）之子涅库勒（Nekure）在遗嘱中，将自己的地产分别给予自己的妻子和儿女，也给自己留下一份作为祭祀的基金。它反映了那时王室经济的规模，也反映了当时人们重视死后祭祀的风尚。在一些私人墓中也有关于将土地转让给祭司、自己的妻子，以作为死后祭祀基金的铭文。德布亨（Debhen）的铭文和伊都（Idu）的铭文都属于这一类。这些既为了解那时的土地关系提供了资料，也对研究社会史提供了资料。

有一份买卖房屋的契约保留了下来，其买者的名字已失，卖者叫切恩提（Ченти），是个书吏。从该契约可见买卖这类产业需要正规的手续；也可看出当时商品货币关系发展的水平，实际上都是以物易物。

此外，还有关于照管死者的家庭、陵墓主人与手工业者等的合同保存了下来。

5. 祷文。金字塔铭文，发现于第 5 王朝末代国王乌纳斯的金字塔中，后来也发现于第 6 王朝国王和王后的金字塔墙壁上。金字塔铭文中的若干箴言可能产生的很早。铭文中包含有早王朝时期和古王国时期埃及社会和经济史的信息。

在一些普通人的墓中也会有祷词，如第 5 王朝时期一个名叫涅吉米布（Nezemib，显然是一个非贵族的中等人家）的墓中就刻有一段祷词，说明了他的地位和为人。

6. 器皿上的铭文和金字塔等墓中的若干记录等。古王国时期留下来这样的铭文至少有上百个，其中记录了产品名称、产品的主人是谁等。

在金字塔和一些墓中，有一些关于建筑的劳动组织、管理的记录，还有建筑工人的工作队的名称及工作任务的日期，以及工人消费了多少东西的草写成的铭文。

还有印章铭文。古王国时期保存下来成百的印章或铭文，遗憾的是尚未公布。

四、第一中间期

这是一个统一瓦解、君主专制倾覆、分裂混乱的时期。研究这个时期的资料（无论是文物的还是文献的）很贫乏。

对这个时期的发掘，主要集中在孟斐斯、赫拉克列奥波里（Heracleopolis）、底比斯、哈特努布（Hatnub）和喜乌特（Siut，现代的阿西尤特，Asiut）等地。

研究这个时期的文献资料主要有：

1. 曼涅托的王表以及其他王表。这些王表提供的资料虽然很简单，但毕竟提供了一些线索。

2. 第 10 王朝时期的喜乌特地方贵族墓中的铭文：梯弗比（Tefibi）的铭文、克赫梯（Kheti）一世和二世的铭文。他们都是当地的贵族、诺马尔赫（Nomarch，意为诺姆的首长，由希腊文转译而来），在赫拉克列奥波里同底比斯争霸期间，坚定地站在赫拉克列奥波里一边。他们的铭文提供了当时双方争霸、争夺重新统一埃及的统治权的重要资料。

在底比斯则发现了第 11 王朝早期的若干王墓和贵族墓的铭文，提供了第一中间期晚期底比斯的资料。

3. 哈特努布铭文。哈特努布在中部埃及尼罗河西岸，那里有一个采石场，在采石场发现了若干铭文，涉及这时新兴起来的一个阶层——涅杰斯（Nds，意为小人，英文译为 poor man）。从这些铭文我们知道，涅杰斯兴起于底层，而这时它本身已发生分化，出现了强有力的涅杰斯，成为各诺姆（Nome）军事力量的主要基础。

4. 训诫文章。有两篇训诫性的文章反映了这个时期的情况：一篇是《聂菲尔涅胡预言》；一篇是赫拉克列奥波里的第 10 王朝的给美利卡拉（Merikare）的教训。

对《聂菲尔涅胡预言》的写作时间及其反映的时代有不同看法。苏联学者司徒卢威认为是反映第二中间期的人民大起义的情况；而西方学者多认为是反映第一中间期的情况。聂菲尔涅胡（Nefer - rohu）为祭司，希利奥波里（Heliopolis）人，是个强有力的涅杰斯。该预言中说到了埃及面临内忧外患，即内有人民起义，外有外族（亚细亚人）入侵："大地上混乱无序，没有人知道结果如何"、"敌人从东方兴起，亚洲人来到了埃及"，经济遭到破坏，民不聊生。

第 10 王朝给美利卡拉王的教训，也反映了当时埃及和赫拉克列奥波里面临的内忧外患的处境。所谓内忧就是人民起义、贵族叛乱；外患包括底比斯的兴起、与赫拉克列奥波里的争霸，以及亚洲的贝督英人（Bedouin）的入侵。教训希望美利卡拉采取正确的政策（对贵族、对人民起义和贵族叛乱、对军队），而尤其希望他注意加强王权。随着古王国的崩溃，古王国时期的君权神授说已经不能完全为人民信服，而底比斯和赫拉克列奥波里的王权的兴起说明，王权并非神授，而是谁的实力强大，谁就有实权。但是新的王权理论又还未建立起来。因此，第 10 王朝的国王又不能不继续鼓吹君权神授。在继续利用君权神授论的同时，阿赫托伊又提出了一系列加强王权的方法，提出了王权合理论，以巩固新王朝的统治。教训反映了这个王朝的统治者在这个分裂混乱时期企图巩固其统治的一种努力。因此，这个教训对研究这时的政治状况和政治理论具有重要意义。

五、中王国时期

中王国时期埃及重新统一，王权经过斗争一度加强。这时的物质文化有了很大的发展，精神文化也有了很大的发展：从象形文字演化出了僧侣体文字，文字作品增多了。

（一）考古发掘

1. 中部埃及贝尼哈桑（Beni Hasan）墓的发掘。该墓在尼罗河东岸不远处的岩上，墓主人克赫努姆荷特普（Khnumhotep）家族，统治了上埃及第 16 诺姆（即羚羊诺姆，它介于南边的兔诺姆和北边的豺狼诺姆之间）。该诺姆的统治者是中王国王权的支持者。除了墓中的铭文外，还有绘画和雕刻，如反映墓主人与亚洲部落交往的，墓画中还有卧式织布机的图。

2. 喜乌特（Siut）诺姆贵族墓的发掘。其重要成果之一是赫普泽菲（Hepzef）墓的发现，该墓在一个山岩上。

3. 卡呼恩（Kahun）城的发掘。卡呼恩是那时的一个新兴城市，手工业和商业均较发达。发掘的成果除该城遗址外，还有不少文献资料。对城市平面图的分析也可看出它的阶级分化的严重。

4. 对国王塞索斯特利斯二世（Sesostris Ⅱ）金字塔建筑者居民点的发掘和对布巴斯提斯（Bubastis）的第 12 王朝王宫的发掘。

5. 对阿卑多斯地方属于中王国时期的墓的发掘。获得属于这个时期的约 500 个墓碑，它们提供了研究这个时期的埃及社会和国家结构的有用资料。

6. 在红海边上发现了古代埃及的一个港口城市伽苏乌城。一个石碑指明了城市的名字。古代埃及从这里往北可达西奈，往南可往蓬特（Pont），往西经瓦迪·哈马马特可达尼罗河边的科普托斯（Koptos）。

7. 对戴尔·埃勒—巴赫利（Dell el-bahri）的发掘。这里有中王国时期第11王朝的墓，发掘出不少文物，其中一个墓中发现了织布作坊的壁画。

8. 在努比亚地区，发掘了第二瀑布附近的要塞城堡（位于歇姆奈，Semneh），要塞保存完好，对研究中王国的军事具有重要意义，此外还发现一些重要文物和文献。

9. 在西奈的发现。中王国时期，埃及对西奈的铜矿进行了大量的开采，在这里发现了很多工作队的铭文。

10. 埃及以外地方的发掘。在耶路撒冷城西北部一个叫盖泽的城市废墟中，发掘出了古代埃及的砂岩和花岗岩的雕像以及从埃及运来的象牙制品、埃及风格的神庙建筑；在腓尼基的毕布罗斯（Byblos）发现了许多中王国时的制品、铭文；在乌伽利特（Ugarit）也发现有埃及的制品。

（二）文献资料

1. 王家铭文。第11王朝初年的孟图霍特普一世（Mentuhotep Ⅰ）的铭文，该铭文是在格别陵的一个神庙中发现的。铭文反映了他同努比亚人、亚细亚人、利比亚人等的战斗情景，以及同埃及人战斗的情景。铭文说，他是登德拉（Dendra）的女主人哈托尔（Hathor）之子。他夺取了两块土地，占领了南方和北方、九弓之地（即外国的土地）。这是底比斯的第11王朝重新统一埃及并取得胜利的反映。

第12王朝的塞索斯特利斯三世（Sesostris Ⅲ）的远征努比亚的铭文。塞索斯特利斯三世至少曾四次远征努比亚，并修建了名曰"永生的克赫库拉（Khekure）之路是美丽的"的运河；也正是他在歇姆奈修建了要塞。

2. 教训铭文。阿美涅姆赫特（Amenemhet）的教训，是第11王朝法老阿美涅姆赫特一世给其子和共治者辛努塞尔特一世的。它以诗的形式写成，保存在新王国时期的7个用僧侣体文字写成的抄本中。教训的重要目的是警告自己的共治者、年轻的辛努塞尔特一世，要反对密谋、警惕背叛和忘恩负义。老国王主张仁慈和善行、秩序和繁荣。铭文也夸赞了他自己的文治武功。

中王国时代的另一个教训铭文是《杜阿乌夫之子赫琪给其子柏比的教训》。现存的该铭文是新王国第19王朝时的抄本。教训的内容是，赫琪带自己的儿子进京去读书，希望他将来成为书吏。因为在他看来，只有书吏才能摆脱各种劳苦的体力劳动，可以得到王家俸禄；而其他职业都不如书吏好，特别是各种体力劳动者，十分艰苦，还不得温饱。教训列举了许多行业劳动者，并说明他们如何艰辛。教训所刻画的各个劳动者阶层的状况，为我们了解中王国时期的社会提供了宝贵的资料。

3. 传记铭文。出自不同阶层的传记铭文，反映了中王国时期不同阶级的社会经济和政治状况、他们与王权的关系；也在某些方面反映了埃及与外部世界的关系。

第11王朝时期的一个官吏伊提（Iti），是一个涅杰斯（Nds），铭文说到他的富有、慈善行为，以及他与王权的关系，铭文也间接反映了那时下层人民生活的艰难。

克赫努姆荷特普一世和二世是贝尼哈桑地方强有力的地方贵族。不过，他们与那时期其他地方贵族在政治态度上有所不同，他们不是与王权作对，而是支持王权的。他们的铭文反映了同王权相结合，反对其他地方贵族的活动，对了解当时王权与贵族的斗争提供了重要资料。

阿美尼（Ameni），又名阿美涅姆赫特，也是贝尼哈桑地方的一个贵族，属克赫努姆荷特普家族。他的铭文反映了他追随国王的三次远征的情况，以及他在自己诺姆内的统治情况，他的"仁慈"与"公正"，反映了这个家族在中王国时期的兴盛，对研究部分地方贵族与王权的关系提供了资料。

维西尔孟图荷特普的铭文。该铭文刻于他在阿卑多斯的一块石碑上。从他的铭文中可知，他不仅是维西尔，还是首席法官，真理女神玛特（Maat）的先知。他的铭文写得极好，成为后辈们抄袭的对象。铭文叙述了他的业绩，如指挥神庙的修建、为国王建筑房屋、挖了一个湖、用石头砌了一口井，等等。从他的职务看，与古王国时期维西尔几乎一样，反映了两个时代政治结构上变化甚微。

中王国时期的一个军官舍白克—胡（Sebek-Khu，又名扎阿，Zaa），曾参与了对亚细亚的远征和对努比亚的远征。铭文叙述了这些活动，而且夸耀自己两次获得国王的奖赏：一次是60个奴隶；另一次是100个奴隶。铭文对研究中王国时期的对外关系和奴隶制提供了资料。

4. 私法文书。私法文书对研究社会经济、阶级关系等提供了重要资料。中王国时期也留下若干这类文件。

赫普泽菲的契约。赫普泽菲（Hepzef）是中部埃及喜乌特地方的贵族。契约刻在他在当地的岩墓墓墙上，共10个，是他和祭司签订的有关祭祀基金的契约。有趣的是，他自己也是个祭司，而有的契约是他与自己签订的。契约为研究那时的土地关系、阶级关系提供了重要资料。从他的契约中可以看出，那时至少有贵族、小人涅杰斯、隶属于土地的农民等阶级—等级的存在。

布鲁克林博物馆藏 No35.1446号纸草上的转让契约。契约写于纸草背面，其内容是一个奴隶主将他的近百名奴隶遗赠给他的妻子。这些奴隶中近半数是埃及人，其他的则是外国人。从铭文中的资料可以看出，奴隶从事着各种职业，如家仆、厨师、教师、酿酒工、皮革匠、纺织工、仓库看门人、讲故事者、花匠等，几乎奴隶主生活的各个方面都由奴隶伺候。铭文为中王国时期的奴隶制提供了资料①。

---

① 参见司徒卢威主编的《古代东方文选》（Струве, Хрстоматия по Истории Дрвнево Востока, Издательство восточной литературы, мотква, 1963）。

5. 哈特努布铭文。从哈特努布采石场发现的这些铭文，提供了从第一中间期至中王国时期的涅杰斯的若干资料，是有关涅杰斯的主要资料来源（当然，关于涅杰斯还有其他一些资料）。

6. 西奈铭文。西奈是埃及铜矿的主要开采地之一，至少从早王朝时起，埃及便在此开采铜矿，这里留下了不少埃及的铭文，彼特里将其编辑成《西奈铭文》。在中王国时期，埃及加紧了对西奈铜矿的开采（以往，炎热的夏季是不开采的）。铭文中有若干篇是描写这种情况的。如在西奈的瓦迪·马格哈拉地方的克赫涅姆苏的铭文、哈尔纳克赫特的铭文、舍别克狄狄的铭文、阿麦尼的铭文；在萨尔布特·艾勒—克哈德姆（Sarbut el-Khadem）地方的舍别克—海尔—哈布的铭文、普塔赫威尔的铭文、哈努勒的铭文等。

7. 棺铭。由古王国时期的金字塔铭文发展而来的一种刻于棺材上的祈祷文，它对了解埃及人的宗教观、来世观提供了重要资料。

8. 文学作品。中王国时期一些短篇故事传到了今天。如著名的《辛努海的故事》（Senuhe），讲的是第12王朝初年，宫廷内部发生变故，辛努海怕因此祸及自身，便逃出国去，到了叙利亚，得到当地王公重用。后辛努海年老，想回故土，便给法老写了封信，说明情由，获法老恩准，回归故里。故事对了解埃及统治阶级内部矛盾提供了资料。《船舶遇难记》，说的是埃及一只海船在由红海去西奈的途中遭风暴袭击，船被毁坏，多数人被淹死，只有一人被海风刮向南去，到了蓬特。故事讲述了他在此地的遭遇及后来返回埃及的经历，这为埃及与蓬特的交往提供了点滴信息。《一个能言善辩的农夫》，讲述一个住在埃及西部沙漠绿洲中的农夫，让一只驴驮载了自己生产的一些产品去城里出售，途中经过一位大官的地产，被大官管家坑骗，但此农夫能言善辩，被大官引荐给法老。他将自己被坑骗的情况告知法老，结果法老赏赐了他。故事反映了中王国时期农民的处境和阶级矛盾。

9. 艺术作品。雕刻、绘画等，也在一定程度上反映了当时的社会：军队、贵族生活、生产状况、各地混乱状况等。

六、第二中间期

这又是一个分裂混乱的时期。据曼涅托的王表，第13王朝有60个国王统治453年（或153年）；第14王朝有76个国王统治184年（或484年）；第15王朝（喜克索斯人统治）有6个国王统治284年（或250年、260年）；第16王朝有32个国王统治518年（或5个国王统治190年）；第17王朝有43个国王统治151年（或4个喜克索斯人统治103年）。

这个时期留下的文物和文献都很少。

（一） 第 13、第 14 王朝 的 文献

在阿卑多斯发现一个《大阿卑多斯石碑》，是第 13 王朝的涅菲尔荷特普（Neferho-tep）的；另一个科普托斯敕令，是国王努布克赫普鲁勒—殷特弗（Nubkhprure-Intef）的。这两篇铭文的内容与神庙有关，反映了第 13、第 14 王朝时期王权与神权的关系。

文献《伊浦味陈辞》（或译为《一个埃及贤人的训诫》），反映的是这个时期的社会动乱（关于此铭文写作和反映的时代有不同意见）。它写在一份纸草上，现收藏于荷兰的来登博物馆，编号为 344。从纸草所写的内容看，作者显然是站在贵族立场上，对发生的贫民与奴隶的起义、王权被推翻、国家机器被破坏、有产者的财产被分给穷人等表示出了极端的仇恨。从作者所描述的情况看，这些情况显然是在起义、暴动时才会发生。该文献还反映了在这分裂混乱的时期里，曾发生过外族的入侵。①

（二） 关于 喜克索斯人 的 文献

第二中间期里，曾发生过喜克索斯人入侵并统治埃及的事件。有关这方面的文物资料很少，只有一些蝤石印章、400 年碑（一个纪念塞特神神庙建立 400 年的石碑）；在普希金造型艺术博物馆中，收藏有一柄青铜长矛，是第 19 王朝的建立者雅赫摩斯一世在占领喜克索斯人首都阿瓦利斯（Avaris）时的战利品。其上的铭文为："年轻的神（涅布赫别提拉）、被给予生命的太阳之子（雅赫摩斯），他从自己在阿瓦利斯的被蔑视者那里取得的胜利中运回的物品。"

在曼涅托的王表中，曼涅托说，喜克索斯人的国王为"牧人王"（Shepherd Kings），认为他们来自腓尼基或阿拉伯。他说，喜克索斯人轻易地占领了埃及的国土后，进行残暴的统治，烧毁城市，毁灭神庙，残酷地对待埃及人。

在 20 世纪以前，关于喜克索斯人入侵埃及的文献，主要的也只知道《萨勒纸草 I 》（现藏不列颠博物馆，编号 10185 号纸草）。该纸草写道，一个喜克索斯人的国王阿波比（Apobi）在阿瓦利斯进行统治，在埃及南方有卡莫斯（Kamos）在统治，但阿波比对待卡美斯像对待臣属一样，卡美斯低声下气，对阿波比有求必应。该纸草还说，喜克索斯人崇拜塞特神（埃及的沙漠、风暴之神），而不许崇拜其他的神。

新王国初年一些士兵的铭文中（如《桡夫长雅赫摩斯传》、《雅赫摩斯—彭—涅克赫别特传》等），说到他们追随第 18 王朝初年的国王们同喜克索斯人进行战斗，占领阿瓦利斯，并将喜克索斯人逐出埃及，追赶至亚洲的情景。

20 世纪以来，发现了几份重要文献，使我们对喜克索斯人被逐出埃及的事件有了进一步的了解。这些文件之一是《卡尔纳尔丰板》，铭文写在一块木板上，1908 年发现

---

① 该文献的中文本见林志纯主编：《世界通史资料选辑》（上古部分），北京，商务印书馆，1985。

于底比斯西部，是一个学童的练习作业。人们推测可能是抄自卡美斯本人的一块石碑。铭文反映了第 17 王朝末代国王卡美斯同喜克索斯人进行斗争的情况。文献之二是 1954 年在底比斯卡尔纳克神庙的拉美西斯二世（Ramses Ⅱ）雕像基础中发现的一块石碑上的铭文。铭文显然是书吏涅西奉国王卡美斯之命而写的，因此名叫涅西石碑。从铭文的内容看，它与《卡尔纳尔丰板》有着密切的关系，甚至可以说是它的继续。它讲到卡美斯给喜克索斯国王写了一封信，讲到埃及人抓获一名喜克索斯人的信使，该信使奉命出使埃及南边的库什王国（在努比亚），目的是要库什与喜克索斯人联合起来，夹击埃及。由于信使被抓获，他们的联合也就未能实现。

彼特里等人在三角洲地区对喜克索斯人统治时期的一些遗址进行过不少发掘，但寻找阿瓦利斯的确切位置的努力迄今未有结果。人们对阿瓦利斯的确切地点看法不一。

七、新王国时期

研究新王国时期的历史，资料比其他时期要多得多，尤其是文献资料，更是丰富得多。

（一）考古发掘

近代以来，对新王国时期的许多古迹进行了发掘：对埃赫那吞（Akhenaton）的改革之都——埃赫塔吞（Akhetaten，即现在的泰勒·埃勒—阿马尔那，Tell el-Amarna）的发掘、对图坦哈蒙（Tutankhamen）墓的发掘、对底比斯西部墓地手工业者村落的发掘、对女王哈特舍普苏特（Hatshepsut）祭庙的发掘（在戴尔·埃勒—巴哈利，Der el-Bahari）、对卡尔纳克神庙（Karnak）、卢克索尔神庙（Luxor）的考察、对拉美西斯二世的陪都培尔—拉美西斯（Per-Ramses）的发掘等。这些发掘和发现提供了大量的文物和文献。

1. 在埃赫塔吞的发掘。1887 年，尼罗河泛滥的水退去之后，一个农民在犁地时，犁出一些泥板。经考察，原来是西亚各国统治者用楔形文字写给埃及法老的书信，由此引发了对这里的一系列发掘。从发掘出的王宫、官邸、神庙中，获得大量文物和文献，人们才知道了古代埃及历史上一段早已为人们忘记的改革——埃赫那吞改革。因为，第 19 王朝编写的王表中，把埃赫那吞等几个人从王表中删去了，在这些王表中，在阿蒙霍特普三世以后，接着便是霍连姆赫布及第 19 王朝，因此人们把埃赫那吞改革这一段历史忘记了。发掘不仅得到了大量的泥板文书，而且获得大量的有关这一改革的文物和文献。尤其难得的是发掘出了一个保存完好的古代埃及城市的遗址，因为这个城市在改革失败后便被遗弃了，荒凉了，因而也就被保存了下来。这些发掘为研究这个改革、研究古代埃及城市的布局提供了第一手的资料。

2. 图坦哈蒙墓的发掘。1922 年，卡特等人在埃及底比斯西部的国王之谷，发掘出了第 18 王朝末叶的年轻法老、埃赫那吞的继承人、女婿图坦哈蒙的墓。因为他放弃了改革，也放弃了埃赫塔吞，把首都迁回到了底比斯，因此，他的墓便不在阿马尔那，而在底比斯的国王之谷。古代埃及国王的墓（包括金字塔在内），大多还在古代便已被盗。而图坦哈蒙的墓却保存得十分完好，未曾被盗，墓中的随葬品、黄金棺等保存均十分完整，发掘出的随葬品极为丰富，足够开一个博物馆。墓墙上的壁画和铭文也都未遭破坏，虽历经 3 千年，颜色仍很鲜艳。

3. 哈特舍普苏特祭庙的发掘。她的祭庙在戴尔·埃勒—巴赫利，是埃及人在 1894 年开始发掘的，其成果在纳维勒（Nawille）的《戴尔·埃勒—巴赫利》一书中公布。发掘提供了有关这位女王统治的大量文物和文献资料，像《哈普苏特女王的诞生》以及有关前往蓬特的雕刻等均在此发现。

4. 卡尔纳克和卢克索尔两神庙。这两个神庙的主要建筑都是新王国时期建造的，在神庙的墙壁和石柱上布满了铭文。如《图特摩斯三世年代记》、图特摩斯三世（Thutmose Ⅲ）的《加冕礼铭文》、拉美西斯二世在卡迭什（Kadesh）之战的铭文，以及其他许多铭文都出自于此。因此，这两个庙宇提供了新王国时期历史的许多文献资料。同时，这两个神庙的建造都经历了 1000 多年，它们也为研究古代埃及的建筑提供了第一手的实物资料。

5. 对第 19 王朝拉美西斯二世在三角洲东部所建的陪都培尔—拉美西斯的发掘。这里是拉美西斯二世准备对赫梯（Hittite）进行战争的基地。但是，该城的建筑早已被破坏，在第 21、第 22 王朝时，为装饰新都塔尼斯（Tanis）而将培尔—拉美西斯有用的东西一块一块地都搬走了。

6. 对底比斯西部墓地手工业者村落的发掘。这一发掘不仅提供了古代埃及民居的典型实例，同时还提供了大量文献资料，如《手工业者日志》以及其他铭文，为研究手工业者的生活状况和斗争提供了第一手的资料。

（二）文献资料

有关新王国时期的文献资料十分丰富。

1. 王家铭文。新王国时期王家铭文不少，颇具历史价值。加冕礼铭文是图特摩斯一世在加冕礼之日给他的儿子图拉（Thure）下的敕令，当时图拉任努比亚总督。该铭文说到他给阿蒙神庙大量的赠物，包括 2 800 斯塔特土地及从南方和北方各国掠来的俘虏等其他东西。铭文反映了王权与阿蒙神庙的关系、反映了那时的土地关系和奴隶制度、埃及与其近邻的关系。

（1）有关哈特舍普苏特诞生的铭文。铭文刻于女王在巴赫利祭庙的墙上。铭文说她是阿蒙神（Amon）的后裔，为她取得王位制造理论根据。她的铭文说，她是由奥吐姆（Atum）给她加的冕。

（2）战争胜利铭文。《图特摩斯三世年代记》，也可以说是他的胜利铭文。该年代记原来是一个写在纸草上的、内容详细的文件，记载的是图特摩斯三世一生的 17 次征战及俘虏的情况。现在的铭文刻于卡尔纳克神庙的庙墙之上，内容简单，只是原有铭文的一个摘要。年代记的开头记述了他的第一次远征及战前的军事会议的情况。会上讨论了如何攻占以米丹尼（Mitani）王国为后盾的叙利亚巴勒斯坦联军占领下的美吉多（Megido）城。在会上，图特摩斯三世力排众议，决定抄近路，穿过峡谷，突袭敌人。结果，埃军取得胜利。只是由于埃及军队贪恋于战利品的抢夺，因而贻误了攻城的最好时机，以致后来不得不用一年的时间围攻该城。这段记载在古埃及文献中是独一无二的，写得生动形象。铭文记载的其他远征都极简单。

（3）图特摩斯四世对亚细亚的一次远征胜利的铭文。该铭文刻在一个圣甲虫形纪念物上，它把胜利不是归功于阿蒙神，而是归功于阿吞（aton）神，十分引人注目，该铭文载《埃及考古学杂志》。

（4）阿蒙霍特普二世的战争胜利铭文。该铭文刻于一块石碑上，1942 年发现于孟斐斯一个神庙废墟中，现藏开罗博物馆，编号 No. 6301。1946 年在卡尔纳克又发现了同一内容的一块石碑，只是过于残破。铭文记录了该国王对亚细亚一次远征的情况，包括国王的勇猛以及众多的俘获。铭文对了解新王国时期对外战争的性质提供了资料。

（5）拉美西斯二世同赫梯之间的争霸战争的铭文。公元前 2000 年代后期，埃及同小亚新兴强国赫梯之间为争夺对叙利亚和巴勒斯坦的控制权，进行了长期的争霸战争。在拉美西斯二世和赫梯国王穆瓦塔鲁（Muvataru）统治时期，进行了决定性的战争。有关这次战争的情况，在两个大的铭文中记录了下来：《大阿卑多斯铭文》和《亚细亚战争》。这两个铭文记述了拉美西斯二世的第一次远征（一次预备性的远征）和第二次远征的情况。铭文对他在第二次远征中率领埃及军队（4 个军团和若干雇佣军）同以战车兵为主的赫梯军队在卡迭什城下的战斗，记述颇为详细，包括埃及军队如何被敌军蒙蔽，各个击破，以及最后战胜赫梯军队的过程；还记述了埃及军队组成的情况。

（6）第 19 王朝末叶的麦尔涅普塔赫（Merneptah）和第 20 王朝初年的拉美西斯三世抗击"海上民族"和利比亚人入侵的铭文（即麦尔涅普塔赫的《利比亚人和地中海民族的入侵》和拉美西斯三世的《历史铭文》）。这些铭文对利比亚人和"海上民族"入侵的情况及埃及人抗击的情况，提供了独一无二的资料。当时"海上民族"入侵席卷了整个地中海东部：埃及三角洲地区和叙利亚巴勒斯坦沿海地区受到侵袭、赫梯王国被打垮。部分"海上民族"定居巴勒斯坦，称腓力斯汀人，与犹太人进行了长久的斗争。埃及虽受损失严重，但毕竟打败了入侵者，保住了文明成果。据麦尔涅普塔赫的铭文，俘获"海上民族"9 376 人、杀死 9 300 人、俘虏至少 1 000 人。

（7）训令和敕令。图特摩斯三世给维西尔的训令，保存在列赫米拉（Rekhmire）、乌舍拉（Usere）和阿蒙霍特普等人的墓墙上。训令确定了维西尔作为法官的司法审判程序，以及维西尔的其他职责，对了解新王国时期维西尔的职能和活动、了解古埃及国家的情况提供了重要信息①。

(8) 图坦哈蒙放弃改革的铭文。该铭文原文刻于卡尔纳克的阿蒙神庙的一块石碑上，现藏开罗博物馆，编号 No.34183。铭文说明了埃赫那吞改革时的情况、他放弃改革的原因，以及他上台放弃改革、恢复改革前的状况的措施、他对神的奉献等。铭文对研究埃赫那吞改革提供了重要资料。

(9) 霍连姆赫布（Haremheb）敕令。霍连姆赫布原是埃赫那吞时的军队总司令，后夺取了王位，成了第 19 王朝的第一个国王。该敕令刻于卡尔纳克神庙的一块大石碑之上，1882 年由法国学者马斯伯乐（Maspero）发现。该敕令是古代埃及留下来的一个非常重要的文件，它反映了埃赫那吞改革失败后，支持改革的一个阶层涅木虎受到迫害的情况，以及王权为了自己的利益而又不得不对涅木虎加以保护的若干措施。

(10) 国王的捐赠铭文。图特摩斯三世的《占领后的庆典和献纳》铭文。该铭文刻于卡尔纳克神庙的庙墙上，记载了他在亚细亚远征胜利后的几次庆典和对阿蒙神庙的捐赠，其中包括 1 578 名叙利亚籍奴隶、三座城市以及土地和其他财富，反映了王权与阿蒙神庙的关系。

(11)《哈里斯（Harris）大纸草》。在捐赠文献中，拉美西斯三世的捐赠铭文，即《哈里斯大纸草》具有极为重要的意义。该纸草发现于底比斯西部的戴尔·埃勒—麦迪涅赫一个普通墓的地板上，与它一起被发现的还有另外四卷纸草。哈里斯纸草是目前已发现的最长的纸草，共 79 大张，原文中有若干彩色插图，描绘的是法老向神祈祷的姿态。文献以拉美西斯三世的名义写成，其内容主要是赠给各个神庙的财产清单，同时也插入了一些其他内容，例如第 19 王朝末的伊尔苏奴隶起义等。原文分为 6 个部分，前 3 部分记载国王对埃及三个神（底比斯的阿蒙神、孟斐斯的普塔赫神、希利奥波里的拉神）的功绩。铭文的每一部分都有一个统计报告，其内容为神庙财产清单、神庙每年缴纳的赋税、拉美西斯三世的捐赠物等。第 4 部分记述的是对埃及其他神的捐赠；第 5 部分是数字总计；第 6 部分记述伊尔苏奴隶起义及其被镇压，以及拉美西斯三世统治时的情况等。从这些内容可见，它提供了研究新王国时期历史的多方面的资料，具有很高的史料价值，是研究新王国时期王权与神权、土地制度、奴隶制度、王室经济和神庙经济等的重要资料。

2. 和约。埃及和赫梯之间的争霸战争及作为其结果而签订的和约，是古代世界的一件大事。拉美西斯二世时同赫梯国王穆瓦塔鲁之间在卡迭什的会战，使双方都损失惨重，无力再战，最后双方议和，缔结和约。和约原文为象形文字，刻在底比斯的卡尔纳克和拉美西乌姆的庙墙上。在赫梯的哈图斯（今土耳其的波伽兹科伊）的档案中有赫梯版的和约的若干断片的抄本，写在泥板之上。和约是根据赫梯新王哈吐西尔的

---

① 载布利斯特德：《古代埃及文献》第 2 卷，并见布尔恩：《维西尔的职责》（G. P. F. Van Den Boorn, *The Duty of Vizier*, Leiden, 1987）。

提议缔结的。赫梯国王提出了和约草案，埃及则在此基础上拟定了自己的和约草案，送给赫梯国王。赫梯之所以急于缔和，可能还与其内部矛盾及亚述兴起对它形成威胁有关。和约是在拉美西斯二世统治第 21 年缔结的，和约确定了两国和平，并保证在内政外交上互相帮助；两国瓜分了在叙利亚巴勒斯坦的势力范围；双方还以联姻的形式巩固两国的和平（赫梯国王将公主嫁给拉美西斯二世）。和约对研究当时埃及和西亚的形势、两国的内政提供了重要资料。

3. 王表。包括曼涅托王表和第 19 王朝编定的阿卑多斯王表和都灵王表。

（1）阿卑多斯王表。该王表刻于第 19 王朝国王谢提一世（Seti Ⅰ）的一个神庙的墙上。在该墙上所列出的王表的左下角，画着谢提一世本人，旁边站着他的长子，即后来的拉美西斯二世，他们正在祭拜 75 位王室祖先，此 75 位祖先即是王表。如果加上谢提一世和拉美西斯二世，则共有 77 位国王。在这个王表中，谢提一世本人的名字重复了 19 次，其目的是用以填补王表最下面一行的空缺。王表中故意遗漏了一些国王的名字，如第 18 王朝末叶的埃赫那吞及其几个后继者。

（2）都灵王表。该王表原文写在一张纸草上，现藏都灵博物馆，因而得名。都灵王表记载了大约 300 位国王，其中也包括喜克索斯人的国王和前王朝的神灵统治时期。该王表对每个国王的在位时间都记载得很详细，甚至精确到日。

4. 重要经济文件：维勒布尔（Wilbour）纸草。此纸草是美国布鲁克林博物馆在 1934 年用纪念美国的埃及学家维勒布尔的基金获得的，纸草的名称亦由此而来。纸草长 10.33 米，宽 42 厘米，它所记载的文字是目前所知纸草中最多的。纸草分为两部分，其基本内容是新王国时期第 20 王朝拉美西斯五世统治第 4 年，在埃及中部一些地区对部分神庙和王室土地进行测量的记录。上面登记的内容包括：土地的所有者（神庙或国王），每块土地的佃耕者姓名、身份，佃耕土地的面积，应纳租税的数量等。它为研究新王国时期的土地关系、阶级关系、奴隶制度、租税制度等提供了丰富的资料。由英国著名埃及学家伽丁内尔出版的《维勒布尔纸草》共 4 卷，第 1 卷为纸草原文和拉丁文注音；第 2 卷为伽丁内尔的注释，他为此引用了大量的文献资料，对研究古埃及经济史非常重要；第 3 卷为英译文；第 4 卷为索引。

5. 王家书信。在阿马尔那书信中，只有西亚各国统治者给埃及法老的信，而没有埃及法老给他们的信。在赫梯首都哈图斯的档案中，则发现了埃及统治者的信。另外，在黎巴嫩的古代城市库米狄（现在的卡米德·艾勒—洛兹）也发现了阿蒙霍特普三世给叙利亚统治者的信的片段。这些信件反映了埃及同西亚的关系。在哈图斯还发现一封拉美西斯二世致赫梯国王的信。当时赫梯国王希望埃及派一位医生去给赫梯国王的姐姐治病，拉美西斯二世写信问他的姐姐有多大年纪，说如果有 50 ~ 60 岁的话，那么什么医生也帮不了她的忙，她只好向神祈祷了。拉美西斯的这封信反映了两国在卡迭什战役和和约签订后的友好关系。不过，此后便不再有联系了，至少文献中再也没有反映了。

6. 建筑铭文。新王国时期是大量修建各种神庙（包括国王的享庙）的时期，因而留下的建筑铭文也不少。如第19王朝国王雅赫摩斯一世为其父母修建享庙的建筑铭文；哈特舍普苏特在西部底比斯为阿蒙神庙修建一个要塞的建筑铭文；图特摩斯三世在卡尔纳克的一个建筑铭文、在麦迪涅特·哈布的建筑铭文、在希利奥波里的建筑铭文；阿蒙霍特普三世在门隆巨像后建立的神庙与建筑铭文等。这些铭文反映了这时王权与神权的密切关系。有时铭文也提供一些王室世系的资料，如雅赫摩斯一世为其父母修建祭庙的铭文中就有他双亲的名字。

7. 传记铭文。新王国时期留下了不少这类铭文，它们对了解新王国时期的政治、经济、军事、社会等提供了多方面重要的资料。

(1)《桡夫长雅赫摩斯传》和《雅赫摩斯—彭—涅古赫别特的铭文》反映了第18王朝初年这两个士兵追随他们的国王南征北战的情景（包括同喜克索斯人的战斗、对努比亚和叙利亚的战争等），以及在战争中狂热地抢夺俘虏及其他财物，获得包括土地、奴隶等赏赐的情况。这些对研究帝国形成时期的对外战争提供了形象的资料。

(2)《阿美涅姆赫布传》反映了图特摩斯三世时期一个老兵的战斗经历及他在阿蒙霍特普二世时受到宠幸和获赏的情况，反映了这时战争侵略掠夺的本质。

(3)《伊涅尼的铭文》。伊涅尼（Ineni）是新王国时期初年一位著名的建筑师。他生当阿蒙霍特普一世，图特摩斯一世、二世、三世和哈特舍普苏特统治时期。这些国王的即位与死去他都经历过，他的铭文对此有很好的叙述。他的铭文是了解第18王朝前期历史的很好的资料。他参与修建了卡尔纳克神庙等建筑，对这些神庙的修建也提供了重要资料。

(4)《列赫米拉的墓铭》。列赫米拉是图特摩斯三世时的维西尔，他的铭文提供了那时维西尔的职责、法庭审判、赋税、农业等方面的重要资料。

(5)《哈皮之子阿蒙霍特普的铭文》。主人公是阿蒙霍特普三世时期的书吏，还可能担任过维西尔，是那时的重要人物，在后期埃及时被尊为神。铭文说到他的三次升迁，及国王命令用男女奴隶使他的礼拜堂不朽，用男女奴隶耕种他作为祭祀基金的土地。铭文对了解新王国时期官僚贵族的情况提供了资料。

(6)《哈普辛涅布的铭文》。哈普辛涅布（Hapuseneb）是哈特舍普苏特女王的宠臣、维西尔。他的铭文刻于他的墓中，而他的墓有如一个王墓。他不仅是维西尔，还是阿蒙神庙高级祭司和南方、北方的先知的首领。铭文主要讲的是他如何受到女王的宠幸，对了解女王宠臣的情况及女王与神权的关系提供了资料。

(7)《森穆特的铭文》。森穆特（Senmut）是女王的另一个重要宠臣、阿蒙神庙高级祭司、女王的总管。他的铭文刻于他在卡尔纳克的一个雕像上；另一个刻在阿苏安的山岩上；第三个铭文出自底比斯，但不是出自他的墓中。三个铭文都说到他如何受到女王宠幸，为了解女王的宠臣提供了资料。

(8)《拉莫斯的铭文》。拉莫斯（Ramose）是第18王朝中后期的一个重要人物，几代老臣。阿蒙荷特普三世为了打击阿蒙神庙势力，消除神权对王权的威胁，解除了阿蒙神庙祭司普塔赫摩斯（Ptahmose）的维西尔职务，任命拉莫斯为维西尔。在埃赫那吞改革期间，此人继续担任维西尔。他留下了至少7个铭文，这对了解埃赫那吞改革时期的政治斗争提供了若干资料。

（9）《麻伊的铭文》。在改革之都埃赫塔吞，有一些支持埃赫那吞改革的官吏们的墓，这些官吏中的一些人出身涅木虎。在他们的铭文中说到国王埃赫那吞给他们的恩惠，麻伊（Mai）就是其中之一。他的铭文提供了支持改革的涅木虎的一个例子，对我们了解改革的阶级基础提供了资料。

8. 私法文书，包括遗嘱、分家拆产证书、买卖土地契约、出租奴隶的契约等。它们对研究新王国时期的社会经济史提供了多方面的资料。

（1）所谓的摩塞档案，出自中埃及法雍绿洲入口处一个王家牧人摩塞的档案，其中有出卖土地和出租奴隶的若干份契约。它们属于阿蒙霍特普三世和埃赫那吞统治时期。

（2）塞特神的女歌手勒涅菲尔关于把女奴之子收为养子并将财产转交给他们继承的一份文件，原文写在纸草上，属第20王朝拉美西斯11世时。

（3）《结婚拆产证书》。它写在柏林博物馆藏2021号纸草上。其内容为先知阿门克哈乌将奴隶在前妻之子和后妻之间进行分配，并经维西尔判决。

（4）《关于购买女奴的诉讼》。妇女伊林涅菲尔从商人拉伊阿处购买了一个女奴隶（叙利亚籍），因而引发了一场诉讼。铭文反映了当时的奴隶制度和商品货币关系方面的事实。

9. 书信。不列颠博物馆藏阿那斯塔西纸草V.XIX2-206。其内容是有关追捕逃亡奴隶的；波隆纸草1086号，其内容是有关寻找失踪奴隶的；卢浮宫博物馆藏3230号纸草上的一封信也是有关奴隶问题的；柏林博物馆藏8532号纸草上的一封信，则是有关土地租佃事情的：一个名叫帕涅别纳吉德的努比亚农民，租种了弓箭手长官、家之书吏洪苏·舍德洪苏的土地，此努比亚农民突然被告知要交回所租土地，后经土地主人妻子的干预，这位努比亚农民才得以继续租种土地。这些书信反映了新王国时期奴隶的处境与反抗（以逃亡的形式表现出来的），以及无地农民的处境。

10. 《死者之书》，由金字塔铭文、棺铭发展而来的一种祭祀、祈祷铭文。它们写在纸草上，放在死者墓中，目的是希望通过魔法手段，使奥西里斯赦免死者生前的罪恶和过错。《死者之书》上还画着在奥西里斯面前放着一架天秤，称量死者的心，看是否减轻分量。若生前干了坏事，死者的心便会变轻。

11. 文学作品。新王国时期也留下一些文学作品，它们反映了那个时代埃及社会的情况，著名的如《昂普、瓦塔两兄弟的故事》和《乌奴阿蒙游记》。前者讲述了这两兄弟因嫂子的挑拨离间而失和，后经过曲折的经历而相互理解的故事；后者发生在新王国末期，一个叫乌奴阿蒙的使者被派遣去腓尼基为阿蒙神庙购买木材而受到奚落，反映了埃及国家的衰落，使原本友好的国家也不再看重它了。还有若干爱情诗留了下来。

八、后期埃及时期（第 21—第 26 王朝）

（一）考古发掘

这个时期考古发掘的最大成就，是发现了处于三角洲地区的古城塔尼斯。塔尼斯在这时是埃及首都，是三角洲地区从古代保存下来的唯一一座比较完整的城市，它可以成为一座露天博物馆。在塔尼斯发现了第 21—第 27 王朝的王陵，从而提供了有关这个时期历史的重要资料（文物资料，如装有木乃伊的棺材、豪华的随葬品）。

除了塔尼斯之外，还发掘了布巴斯提斯（Bubastis）和阿特里比斯（Atribis）；在南部地区，发掘了提乌扎城，发现了属于祭司和官僚贵族的私人档案（从普萨美提克一世 Psamtik Ⅰ 到大流士 Darius 统治时期）。

对卡尔纳克神庙中的后期埃及时期的建筑也进行过考察，也有所发现。如发现这时记录的尼罗河泛滥的记录。

（二）文献资料

研究这个时期的文献资料有几个方面：

1. 王家铭文。

（1）1862 年在努比亚首都纳帕达（Napata）的阿蒙神庙废墟中，发现了国王帕耶（Peye）的胜利石碑。该石碑铭文很长，其内容是叙述这个努比亚国王占领埃及全境的经过，因此，可以说是有关后期埃及的一个重要文献。石碑现藏开罗博物馆，编号为 No. 48862。

（2）普萨美提克二世（Psamtik Ⅱ）的胜利石碑铭文。它是 1964 年在阿斯旺（Aswan）附近的舍拉尔村（Shellal）被发现的。这个铭文以前在卡尔纳克也曾发现过，但那是一个片段，而舍拉尔的石碑是完整的。石碑铭文的内容是记载普萨美提克二世的努比亚远征的。有关这次远征，还有其他一些资料，如 1937 年在塔尼斯发现的一个石碑片段上的铭文、希罗多德的《历史》，以及埃及的其他资料。

（3）国王涅克塔尼布一世（Nectanib Ⅰ）的脑克拉梯斯（Naucratis）石碑铭文。铭文的内容为祭神，向神奉献礼品。所祭祀的神是舍易斯（Sais）的涅特（Neith）女神。脑克拉梯斯是希腊商人集中的地方，该城位于舍易斯诺姆之内，离舍易斯城 10 英里。

另外，还有第 22 王朝奥索尔康（Osorkon）的年代记等。

2. 传记铭文。

（1）来自卢克索尔神庙的捷德洪舍芳赫（Djedkhonsefankh）的雕像上的铭文。此人出自底比斯一个古老的家族，与塞宋克一世（Sheshonk Ⅰ）的第二子伊乌普特之女结婚，因此，是个皇亲国戚。后来，当奥索尔康一世继承王位后，他受到宠幸，成为底比斯阿蒙神庙的第 4 祭司。铭文刻在一块黑色花岗岩的残破雕像上，铭文就是他对自己所受的荣宠的自夸。

（2）涅布尼特鲁（Nebnetru）的雕像铭文，出自卡尔纳克，现藏开罗博物馆，编号 NO.42225。此人是个祭司，也是底比斯的显贵家族出身，在底比斯祭司集团中占有显著地位。他同一位王室公主结了婚，成了王室秘书，被委以广泛的行政职责。

还有其他一些人的传记铭文保存下来。

3. 私法文书。后期埃及时期，开始使用铁器，社会经济、商品货币关系都有所发展，这在私法文书中有所反映。若干私法文书，如遗嘱、结婚证明、雇佣契约、租约等。

耶维洛特（Yewelot）的遗嘱刻在一块红色花岗岩石碑上。耶维洛特是奥索尔康三世之子，底比斯阿蒙神庙的高级祭司。在其父奥索尔康在位第 10 年时他还年轻，得到了一份地产。铭文的内容为他自己将这份地产留给他的儿子克哈姆什。

在《阿蒙关于地产的指示》中的资料表明，当时土地买卖比新王国时期要发达得多，底比斯阿蒙神庙的最高祭司伊乌列契从 15 个人那里用白银购得土地 556 斯塔特。出卖的土地少者 1 斯塔特，多者 236 斯塔特，反映了商品货币关系的发展和阶级分化的剧烈。

此外，还有其他一些铭文，如有关尼罗河泛滥的记录、在国王木乃伊上的铭文等。

关于尼罗河泛滥的记录，在《帕勒摩石碑》上我们见过，以后则少见。在后期埃及时代又有发现，如第 22 王朝时期，在卡尔纳克神庙刻有一份尼罗河水位的记录。这不仅对了解当时尼罗河泛滥情况提供了资料，更重要的是，它为我们提供了国王更迭及其统治的年限的可靠资料。

这时期，国王木乃伊上的铭文不少，这在以前时代较少见到（至少我们从现代译文中较少见到），而这时的文献中却多有所见。其铭文有长有短，其中有的也涉及政治方面的内容。

4. 古典作家的著作。在希罗多德的著作中，有关后期埃及时期的记述，可靠性要大一些，毕竟这时离他生活的时代要近些。他记载了尼科开凿尼罗河至红海之间的运河的情况，记载了尼科雇佣腓尼基水手绕航非洲的事情等。有关埃及被冈比西斯灭亡的过程记载较为详细。

在戴奥多罗斯的著作中，记载了后期埃及时期第 24 王朝国王波克霍利斯（Bochoris）的改革。其内容包括债务问题、债务奴隶制问题等。据戴奥多罗斯说，雅典的梭伦在其废除债务奴隶制时，借鉴了波克霍利斯的改革。

5. 西亚各国的资料。这时亚述曾征服过埃及，在亚述的一些国王的铭文中（如萨尔曼拉沙尔三世、梯格拉特帕拉沙尔三世、萨尔贡二世、辛那赫里布、阿萨尔哈东和亚述巴纳帕尔等的铭文）均有反映。

6.《圣经》资料。公元前 1000 年，埃及与新巴比伦王国争夺巴勒斯坦地区，《圣经》中对此有较多的记载。

第二节　古代埃及史的研究概况

一、古代西方人与埃及

埃及在公元前4000年代中叶以后便进入了文明时代，同美索不达米亚文明一起，成为人类文明最早的发源地。当它们形成统一国家，甚至进入了帝国的时候，世界上其他许多地方还处于蛮荒时代。埃及和两河流域的文明在政治、经济和文化上的成就，为其周围的民族和国家所歆羡。后来曾发展出高度文明的希腊人和罗马人就曾对埃及文明大加赞扬，埃及的许多事物深深地吸引了他们，使他们感兴趣。

最先来到埃及的希腊人，不是历史学家和地理学家，也不是政治学家，而是作为埃及法老雇佣兵的希腊人，以及去埃及经商的商人。正是通过他们，希腊人才开始对埃及有了了解。在他们之后，希腊的学者、政治家们也来到埃及。最早报道有关埃及情况的是荷马史诗；而后是小亚米利都（Miletus）城邦的赫卡塔伊奥（Hecateus），他主要报道的是有关埃及的尼罗河的泛滥、三角洲的形成以及它的动物区系的情况，而较少涉及埃及的居民、社会等情况。他的著作并未传下来，只是从别人的转述中我们知道了这位作家。希腊的政治家，如梭伦等也曾到过埃及，据说他的解负令就是借鉴埃及的波克霍利斯（Bocchoris）的改革的。

对埃及作了重要报道而且对西方影响最大的古希腊人是希罗多德（Herodotus），其著作《历史》是写希波战争的。他将波斯一方的埃及、两河流域等地都作为叙述对象。有关埃及的情况在《历史》的第二章中。他曾到过埃及，到了第一瀑布。但他不懂埃及的语言和文字，只是从导游和埃及祭司口中听到一些有关埃及过去的历史。所以，希罗多德的许多记载并不可靠，而且，他并未对埃及的历史作系统的报道。他所记述的主要内容是有关埃及的风土人情、宗教信仰方面的东西，而不是历史。后来的希腊人和罗马人，如狄奥多洛斯（Diodorus）和斯特拉波（Strabo）等人的记述也都未能超过他许多。如近代著名哲学家黑格尔的《历史哲学》一书中，有关波斯帝国的部分，基本上未超出古典作家的记载。但他们的记载对当时和后世影响很大。

中世纪时期，西方人虽仍对古代埃及有兴趣，但他们对古埃及的象形文字完全不认识。因为那时，埃及的象形文字已成一种死文字，不再使用，因而象形文字对西方人来说已完全成了一个谜。他们认为，那不是什么文字，而是圣书符号或魔法符号。在这时的一些作家的著作中对象形文字的解释就反映了这种无知的状况。①

---

① 参见约翰内斯·弗里德里希（Johanes Friedrich）：《古语文的释读》，35页，北京，文字改革出版社，1966。

二、埃及学的建立

近代以来，西方人对古代埃及的兴趣逐渐浓厚，访问埃及的人越来越多，其重要目的是搜寻埃及古代文物。1638—1639 年，英国天文学家 J. 格里夫斯（John Greaves）两度访问埃及基泽大金字塔，对金字塔进行丈量，以后出版了《埃及金字塔介绍》一书；法国学者斯卡德（Scard）曾四访埃及，考察埃及文物。也是受当时的法国摄政王的派遣去埃及考察的，回去后写了考察报告。诺登（Norden）在 1737—1738 年访问埃及，在他后来发表的游记中，有他自己画的大量文物素描。1719—1724 年，法国人蒙福孔也出版了多卷本的埃及学著作。这些著作不仅在埃及学的形成方面起了作用，更重要的是使更多的西方人前去埃及寻宝。

18 世纪末到 19 世纪初是埃及学诞生的时期，其重要标志是众多西方学者在释读古埃及象形文字方面进行了努力，并最终获得了成功。在释读象形文字的过程中，双语言铭文和三语言铭文起了重要作用。1799 年，法国的拿破仑远征军远征埃及时，他手下一个名叫布萨的军官在尼罗河三角洲西部的罗塞塔一座残破的城堡里，发现了一块用古代埃及的象形文字、世俗体文字和希腊文字刻成的三语言铭文的石碑，即著名的罗塞塔石碑（Rosetta Stela）。这块石碑被运回了法国（后来落入英国人手中），并制成了拓片。许多人得到了拓片，并借此进行释读。著名的如瑞典外交官阿克布拉德（Okerblad）。当时他正在巴黎，也弄到一份拓片，对此十分感兴趣。他对石碑上的希腊文和世俗体铭文进行了比较，成功地在世俗体铭文部分认出了全部希腊文部分铭文的专有名字。但他未能再前进一步，因为他认为象形文字是字母文字，从而妨碍了他正确地去释读象形文字。

另一位释读者是英国学者，光的波动说的创始者托马斯·扬（Thomas Young）。他在 1814 年得到了一份罗塞塔石碑铭文的抄本，并对其进行了仔细的研究。他得出结论说，古埃及文字不是字母文字。他还发现，铭文的希腊文部分有许多重复的字；他认识到象形文字部分中的椭圆形框子中的字是国王的名字，并认出了托勒密（Ptolemi）和伯林尼斯（Berenice）两个古埃及国王的名字。但是，他只走到了成功释读象形文字大门的门槛外，而未能进入门内。成功释读古埃及象形文字的不是他，而是法国学者商波良（Champollion）。

让·弗朗索瓦·商波良（亦译商博良），1790 年 12 月 23 日出生于法国南部洛特省的一个小城市。他的父亲和兄长都是书商。他从小就对语言，尤其是对东方语言有浓厚的兴趣，并在语言方面有惊人的天赋。在小学和中学时期，他通过刻苦自学学会了希腊文、拉丁文、古希伯来文、阿拉伯文、阿拉美亚文、科普特文等。还在上中学时就着手编纂多卷本《法老统治时代的埃及》。到中学毕业时，他已准备了该书的个别章节，并拟制了古代埃及的详细地图。1814 年，该书头两卷问世。

商波良释读古埃及象形文字的过程并非一帆风顺，其间经历了挫折和失败。他和他的前辈一样，曾认为象形文字是象征性的。

1808 年，他获得了罗塞塔石碑上的铭文，并遵从普鲁塔克关于埃及人有 25 个字母的断言，开始从罗塞塔石碑铭文中去寻找。他也像他的前辈一样，从王名、王后名、地理名称入手，逐步地确定了大部分世俗体的字母。同时他发现，古代埃及人也像阿拉伯人和其他某些东方人一样，忽略了元音，而经常地不将元音写出。他还发现，在古代埃及不是两个，而是三个文字系统（即象形文字、僧侣体文字和世俗体文字），且彼此是紧密相连的。不过，开始时他认为最古老的文字是世俗体，而后才演化出僧侣体和象形体文字，从而将其发展顺序弄颠倒了。

1821 年年底，商波良定居于巴黎。这时，他改正了自己有关象形文字的一些错误观点。他认识到，古埃及文字是发声的，而不是象征性的；世俗体有字母表，象形文字也有字母表。

他也像托马斯·扬一样从托勒密这个名字来开始研究、释读象形文字。他早已知道在罗塞塔石碑上的世俗体铭文中这个名字是用什么样的符号写的；他也知道包括在哪一个圈子中的哪一组象形文字与这个名字相符。而且到这时，他已掌握了介于象形文字和世俗体文字之间的僧侣体的很多符号。他不仅认出了托勒密这个名字，而且用世俗体、僧侣体和象形文字符号将其写了出来，证明托勒密这个名字中的七个象形文字符号都是发音的，以及它的每个符号发什么音。

后来，他又获得一个双语言铭文，其中不仅有托勒密的名字，而且有克列奥帕特拉（Cleopatra）的名字。他先用僧侣体符号替换出托勒密这个名字的世俗体符号，而后又替换出它的象形文字符号。他还尝试读出了克列奥帕特拉这个名字。但这两个名字都是希腊人统治埃及时的王名，在此以前的埃及人是否也使用这些符号呢？

1822 年 9 月 14 日，一个有图特摩斯和拉美西斯名字的铭文到了商波良手中，并被他释读出来，这两个人比希腊人统治时期早了 1000 年。这说明，古代的埃及人也是用象形文字字母来写人名的。这样，商波良就是自罗马人统治以来第一个用古埃及原来的语音读出古代埃及法老名字的人。

1822 年 9 月 22 日，他宣读了他成功释读古埃及文字的报告，该报告以致达西尔（Dacer）先生的信的形式发表，从而宣告了埃及学的诞生。

但当时，商波良仅仅读懂了一些词和个别的句子，还有更多的象形文字尚待释读；他的成就还未为人们所承认。1827 年，商波良和一位意大利人组成联合考察队，到埃及进行考察后，出版了《埃及、努比亚古代遗址》一书。1832 年，商波良返回法国后，患中风不治，不幸逝世，享年 42 岁。1866 年，一个新的双语言铭文被发现且被释读，这就是坎诺普（Canopus）敕令，从而证明了商波良的成就。

三、埃及学的发展

此后，在 19 世纪，埃及学家的任务一方面是继续释读象形文字，编写象形文字字典和文法（从 1867 年起，先后出版了萨缪尔·伯奇的象形文字字典，海因里希·布鲁格士将其扩为七卷本的《象形文字—世俗体字典》；路德维希·施特恩的《柯普特语语法》和阿道夫·埃尔曼的《新埃及语语法》；1885 年，海因里希·布鲁格士出版《俗体文文法》；1894 年阿道夫·埃尔曼出版小册子《埃及语语法》；1897 年，埃尔曼及其同事开始编纂《埃及语词典》（全书词汇超过 150 万字，但未出完）；1889—1902 年，库德·塞特出版《埃及语动词》；同年，塞特的《埃及文读本》出版；1940 年，德布克出版《埃及语读本》；1957 年，伽丁内尔出版了《埃及语语法》等）；另一方面是搜寻更多的古埃及象形文字铭文。因为在商波良时，这种文字的资料还是很少的。于是，在商波良释读象形文字后，大批欧洲人涌入埃及，进行了大量的考古发掘。

但在 19 世纪 80 年代以前，谈不上科学的考古发掘。这一方面是因为当时科学的考古学尚未确立；另一方面，许多人发掘的目的仅仅是为了掠夺。如英国驻埃及总领事亨利·沙特的使命之一就是为大英博物馆搜集古物；法国驻埃及领事特洛维梯也是披着外交官外衣的古物搜集者；意大利人吉奥凡尼·贝尔左尼则是为亨利·沙特搜集、发掘古物。这些劫掠性的发掘物后来在欧洲出售，成为伦敦、巴黎、华盛顿和都灵等地国立博物馆的主要陈列品。这时的发掘对埃及文物破坏极大。

1821 年，英国人 J. 威尔金森（Wilkinson）对埃及各地的古代文物进行了临摹，其作品现存于牛津大学。他还于 1837 年出版了《埃及人的习俗》一书，共 3 卷。以列普修斯（Lepsius）为首的一批德国考古学家，于 1842—1845 年对尼罗河沿岸的古迹进行了考察，尽可能地记录了埃及地面上的文物。而后列普修斯发表了 12 卷本的介绍埃及古物的著作。1850 年，以马利埃特（Mariette）为首的一批法国考古学家在埃及进行了 30 年的考古发掘，搜集科普特手稿，并建立了开罗博物馆和文物局，为埃及考古学作出了贡献。

对埃及考古遗址进行细致而有系统的清理，始于 19 世纪 80 年代。如彼特里在涅伽达、阿卑多斯以及其他许多地方的重要发掘，不仅为研究埃及史提供了大批可靠的文物、文献资料，而且为科学地进行考古发掘树立了榜样。其他考古学家对金字塔区、行省贵族墓、图坦哈蒙墓、阿马尔那、希拉康波里的发掘等，也对研究埃及史提供了丰富的资料。古代埃及史的研究正是建立在由考古发掘和发现的古埃及文物文献资料的基础之上的。

19 世纪末、20 世纪初，用古埃及本身的文献资料写埃及史的任务提上了日程。在这方面，法国的马斯伯乐、美国的布利斯特德（Breasted）开了先河。马斯伯乐写了《古代东方各民族古代史》，他利用了 19 世纪所能得到的一切资料，第一次把古代埃及的历史和文物纳入到古典东方历史发展的范围之中。他详细地研究了古代埃及的文化、语言、艺术和宗教，确定了埃及宗教和艺术发展的主要阶段。但他是用唯心主义的世界观来观察问题的，过分夸大了宗教的作用，对史料也缺乏批判性。

20世纪初，美国著名埃及学家布利斯特德在将古埃及文字资料译成现代文字方面作出了重要贡献。他编纂了五卷本的《古代埃及文献》，为古代埃及史的研究提供了基础性的资料。他还根据这些资料出版了通史性的《埃及史》（古代部分），叙述了从前王朝至波斯人征服时为止的古代埃及历史。该书将象形文字资料纳入通史中来，具有开创性的作用。但他的埃及史对政治等方面注意多，对社会经济很少涉及。

彼特里则主要根据考古文物资料写了《埃及史》（6卷本），从前王朝时期至中世纪时代。其中，前5卷是有关古代埃及的（从前王朝至罗马统治时期），第6卷是有关中世纪时期的。该书的特点是将每个国王的重要文物（到他写作时已发掘到的）都列举了出来。

此后，埃及学有了长足的进展：文物资料和文献资料因考古发掘和发现而大量增加；研究古代埃及史的机构不断设立；报道埃及史各方面成果（考古成果、文字研究成果、文献研究成果）的杂志逐步创办起来；埃及学人才辈出，出现了不少成绩卓著的埃及学家，也不乏大师级的人物。在20世纪，除了彼特里以外，还出现了像伽丁内尔这样的埃及学家。他不仅出版了《埃及语语法》，还出版了《法老埃及》一书，该书利用了丰富的资料。他在《埃及考古学杂志》上不断发表文章，报道自己在埃及学各方面的研究成果。他还整理出版了大量古埃及的资料，如著名的《维勒布尔纸草》，共4卷，其中第2卷是他为《维勒布尔纸草》所作的注释，引用了丰富的资料，对研究古代埃及社会经济具有重要意义。研究著作和通俗读物大量出版，涉及古埃及政治、经济、宗教、文化、军事乃至日常生活等各方面。

第二次世界大战后几十年来，埃及学的著作不少，通史方面的著作，除了早已出版的《剑桥古代史》以外，又出版了《非洲通史》、《剑桥非洲史》，其中都有专门叙述埃及史的部分；苏联的《世界通史》以及多次编著的《古代东方史》（其最新一版是20世纪80年代出版的，第2卷是有关埃及古代史的），它们都或多或少吸收了一些最新的研究成果。军事方面的专著，有阿甫基耶夫多卷本的《埃及军事史》；反映前王朝时期埃及史的专著有苏联金克的《法老前的埃及》、霍夫曼（Hoffman）的《法老前的埃及》、保姆伽尔特（Baumgaltel）的《史前埃及文化》。关于奴隶制方面的著作，有埃及的巴凯尔（Bakir）的《法老埃及的奴隶制》；古王国时期社会经济方面的著作，有萨维里耶娃的《古王国时期埃及的土地制度》、别列别尔金的《埃及古王国时期的大官经济》。关于手工业方面的著作有卢卡斯（Lucas）的《古代埃及的手工业及原料》。关于金字塔问题的著作有爱德华兹（Edwards）的《埃及的金字塔》。关于古埃及人木乃伊的著作如卡洛尔的《埃及的木乃伊》、G. E. 史密斯（Smith）的《埃及的木乃伊》。关于宗教和文化方面的著作就更多了。如关于古代埃及的日常生活的著作有怀特（White）的《古代埃及的日常生活》。关于"海上民族"入侵的著作有桑达尔斯的《海上民族》和亚历山大·尼比的《"海上民族"与埃及》。还有若干资料集出版，如李希泰姆的《古代埃及文献》（三卷本）；巴巴拉·库明编辑的《埃及晚期18王朝文献》

（六卷本）等。

但是，总的来说对古代埃及的社会经济史研究得还很不够。至今我们还未见到一本西方学者关于古代埃及社会经济方面的著作（除巴凯尔的《法老埃及的奴隶制》外）在这方面，苏联学者所做的工作要多得多。如 20 世纪 50 年代初，他们对古王国时期的生产者麦尔特的争论；20—30 年代以来对古代东方（包括埃及）社会性质的争论；一些古代埃及社会经济史方面的专著的出版，等等。但一本完整的、用俄文写成的古代埃及社会经济史著作也尚未见到。

现在，埃及学中还有许多问题没有解决，如埃及居民的起源问题、农业起源问题、国家起源问题、各种生产者的身份问题（如麦尔特的问题等）、喜克索斯人的成分问题，等等。这有待于考古发掘提供新的资料，也有待于对现有的资料进行搜集、整理、分析，从而得出更为可靠的结论。

四、中国的埃及学

在新中国成立前，我国学者对古代埃及几乎可以说是没有研究。虽然，中国考古学家夏鼐曾学习过埃及考古学，但在回国后就转向了中国考古，而再未回到埃及考古学上来。20 世纪 40 年代，商务印书馆出版了由刘麟生翻译的摩勒（A. Moret）的《尼罗河与埃及之文明》，这是一本很有学术价值的著作。在该译著前面，有一篇黎东方（他既听过刘麟生的课，又听过摩勒的课）的序，在序中，他对埃及的象形文字与中国的文字作了一个比较，很有见地。可惜这个译本并非原书的全译，而只是一个节译。

在新中国成立后，我国学者对古代埃及历史的研究逐步发展起来。国内各高校历史系开设的世界古代史课中，均有古代埃及史部分。1955 年，在东北师范大学举办了一个世界古代史研究班，培养了一批从事世界古代史教学和科研的学者。他们成了我国从事这方面教学和科研的骨干。他们在学习期间翻译了若干世界古代史的资料，其中也包括古代埃及史的资料。这些成果在后来由北京师范大学历史系和东北师范大学历史系合编的《世界古代史史料选辑》中反映了出来，其中一部分编入了由林志纯主编的《世界通史资料选辑》（上古部分）中。这为世界古代史的教学，包括古代埃及史的教学提供了基础性的资料。

1963 年问世的金德华著的《金字塔》（商务印书馆出版的外国历史小丛书中的一本），是一本颇可一读的介绍埃及文化的普及读物。此外，1956 年，北京大学请了埃及开罗大学古代东方史和古代埃及史教授阿·费克里来华讲学，而后，科学出版社将他的讲稿出版，名曰《埃及古代史》。

在"文化大革命"的后期，林志纯写了《世界古代史》，作为教材，其中的埃及史部分重视对古代埃及史的资料的研究和运用，为古代埃及史的教学和研究开了个好头。1979 年，由他主编、人民出版社出版的《世界上古史纲》，反映了那时我国学者在世界古代史方面研究的最高成就。该书中由刘文鹏所写的埃及史部分，提供了大量的新资料和国外的研究成果和信息，为我国的古代埃及史研究打下了很好的基础。刘文鹏还在内蒙古自治区的通辽市建立了一个研究古代埃及史的研究所，发表了许多有关古代埃及史的论文（这在 1996 年由内蒙古大学出版社出版的《埃及学文集》中得到了反映）。2000 年，商务印书馆又出版了他的专著《古代埃及史》。他的论文和专著反映了我国埃及学的最新研究成就，也是我国埃及学到目前为止的最高成就。近 20 年来，在我国，还翻译和出版了若干有关埃及历史和文化等方面的著作。如 1985 年，上海人民美术出版社出版了刘汝醴的《古代埃及艺术》；1988 年，浙江人民出版社出版了由汉尼希、朱威烈等编著的《人类早期文明的"木乃伊"——古埃及文化求实》；1996 年，由中国对外翻译出版公司出版了臧惠娟翻译的穆斯塔法·阿巴迪所著的《亚历山大图书馆的兴衰》；1998 年，由宗教文化出版社出版了李永东编著的《埃及神话故事》；2000 年，浙江人民出版社出版了由穆朝娜翻译的巴里·克姆普所著的《解剖古埃及》等。

特别应当提到的是，1985 年，由周谷城、吴于廑和林志纯发起，经教育部批准，在东北师范大学建立了古典文明研究所，请来了包括有埃及学专家在内的外国专家授课，开始培养我国从事古典文明研究的人才。一批年轻的学生开始学习包括古埃及的象形文字在内的古代的语言和文字，使中国对古典文明的研究走上了一个新阶段。现在，在我国也有了可以读懂象形文字并在研究中运用象形文字资料的学者。这是非常可喜的。不过，对我国的埃及学者来说，文字的困难、资料的贫乏、国外信息的相对缺少，使我国的埃及学要赶上国外同行，还要走一段相当长的路。

五、今日埃及学

今天，埃及学正处在迅速发展和走向成熟的时期，新发现和新成果不断出现，这是过去一百多年的发展所不能比的。作为一个年轻的学科，它进入了科学化、规范化的轨道，正呈现出无限的潜能和生命力，并以加速度进入下一个阶段。新的信息源源不断地开发出来，充实了那些过去鲜为人知的领域；随着考古学的发展和技术的更新，信息的质量也大大提高；新的研究方法的应用和不断提高，使我们对这些信息的接受、放大和解释更为可信、更有启发性。所有这一切使我们能更具体、更精确、更感性、更现实地重现古代埃及的历史和文明，重现埃及法老在人类文明史上的重要性。

埃及学发展至今已门类齐全、分工精细，它的研究正从以下几个方面展开：

1. 正在进行的田野工作：（1）考古发掘；（2）铭文抄录；（3）地质学、生态学、地貌学的研究；（4）古生物学、人类遗存的研究。

2. 未发表和未研究的各种收藏的研究。

3. 整理发表过去未及出版的考古报告。

4. 编撰新的参考辞书，如字典、百科全书、目录集等。

目前埃及学的主要研究课题有：

1. 古代埃及与其他地区的外交关系和文化交流情况。

2. 新王国以后埃及社会在文化上的多元性，古埃及文化在希腊—罗马时期和犹太—基督教早期的地位。

3. 古埃及宗教和宗教文献中的哲学内涵，为什么古埃及宗教艺术是一种表达深奥概念的正规体系。

4. 早期埃及国家的形成与社会的发展。

5. 古埃及社会史研究：妇女的地位，文学，管理机制，经济，法律……

6. 古埃及文学的研究：与其他古代地区的文学的比较研究，古埃及文学在世界文学史上的地位。

7. 古埃及文字的研究：语法系统和词汇的进一步的完善，古埃及文字与其他文字的关系，体现文化交叉和交流的词汇，古埃及文字在语言学中的地位，用语言学的理论研究古埃及文字，其成果又能推动语言学理论的发展。

8. 古埃及文字系统的本质及它在古埃及文化中的角色。

9. 古埃及艺术作为政治宣传工具和世界观的具体表述的作用。

10. 从人类学的角度研究古代埃及的宗教和文化习俗。

11. 历史研究：年代考证，历史地理。

12. 建立在各学科合作基础上的研究：从古生物学、人口学、人种学、机械学、地质学、医学、动植物遗存学等多种角度展开的研究。

13. 遗址和遗存的保护。

埃及学自诞生之日起就是一门世界性学科。目前所有发达国家都建立了埃及学，其中规模较大的是美国、法国、英国、德国；其次是俄罗斯、瑞士、意大利、以色列、波兰、荷兰、埃及；最近几年南美各国、一些非洲国家、新西兰、澳大利亚、奥地利、日本、中国的埃及学也发展起来。许多著名的大学都有埃及学系或开设了埃及学的课程，其中实力较强的有芝加哥大学、耶鲁大学、剑桥大学、巴黎大学等。很多国家的博物馆、大学、研究机构都在埃及设有考古队，除主持发掘、进行研究之外，还兼及文化交流，得到各国政府、各大基金会的重视和经济上的大力赞助。

埃及学有自己的国际会议，叫做"国际埃及学家大会"，原为每 3 年召开一次，1995 年改为每 4 年召开一次，最近一次于 1999 年 9 月在亚历山大里亚举行，会议主题是"纪念罗塞塔石碑发现 200 周年"。

现在，更多的人意识到古代埃及是世界文化整体的一个重要组成部分。种种因素有力地推动了这种认识的普及，如美国的"多元文化"运动，一些观点新颖但也颇有争议的著作如马丁·伯纳尔的《黑色的雅典娜》强调古埃及文明对西方文明产生的影响。此外，越来越多的其他领域的学者参与到埃及学的研究当中来。埃及学的影响在全球范围内扩大，越来越多的人关注她，不仅为专业研究人员的产生提供了更好的土壤，而且也为该学科的发展获得了更多的外援：人们纷纷为埃及学的研究项目、考古发掘及通俗讲座或节目提供赞助，更有许多自愿者无偿参加在埃及的考古发掘或各研究机构的工作。古埃及的遗产属于全世界。

附录：期刊和参考书目

· *Ancient Eygpt and the East*, London.

· *Bulletin of the Egyptological Seminaar*, New York.

· *Bulletin de l' Institut d' Egypte*. Cairo.

· *Bulletin de l' Institut Francais d' archeologie Orientale*. Cairo.

· *Bulletin de la Societe d' Egyptologie*. Geneva.

· *Chronique d' Egypte*, Burssels.

· *Journal of the American Oriental Society*, Baltimore.

· *Journal of the American Research Center in Egypt*, Princeton.

· *Journal of Egyptian Archaeology*, London.

· *Journal of Near East Studies*, Chicago.

· *Revue d' egyptologie*, Paris.

· *Revue d' egyptologique*, Paris.

· *Studien zur Alagyptischen Kultur*, Hamburg.

· *Zeitschrift fur agyptische Sprache und Altertumskunde*, Leipzig.

· J. H. Breasted, *Ancient Records of Egypt*, The University of Chicago Press, Chicago, 1927, Third Impression April, Vol. 1 – 5.

· M. Lichtheim, *Ancient Egyptian Literature*, *A Book of Reading*, Universitty of Canifornia Press, Berkeley Los Angeles London, 1976, Vol. 1 – 3.

· B. Cumming, *Egyptian Historical Records of the Later Eighteenth Dynasty*, Aris & Philips Ltd-Warminster-England, 1982, Vol. 1 – 6.

· J. B. Pritchard, *Ancient Near Eastern Texts*, Priceton, New Jersey, Princeton University Press, 1953.

· 苏联科学院：《世界通史》，第 1、第 2 卷，北京，三联书店，1959。

· Edwards, *Cambridge Ancient History*, Vol. 1 – 2, Cambridge University Press, London, New York, Melbourne.

· 世界上古史纲编写组：《世界上古史纲》（上），北京，人民出版社，1979。

· J. 基—泽博、G. 莫赫塔尔分别主编：《非洲通史》，第 1、第 2 卷，北京，中国对外翻译出版公司、联合国教科文组织出版办公室，1984。

· 阿甫基耶夫：《古代东方史》，王以铸译，北京，三联书店，1956。

·J. H. Breasted，*A History of Egypt*，1916.

·Gardiner，*Egypt of Pharaohs*，Oxford，1962.

·彼奥特洛夫斯基等编写：《古代东方史》，俄文版，第 2 卷，莫斯科，东方文学出版社，1988。

·刘文鹏：《埃及学文集》，呼和浩特，内蒙古大学出版社，1996。

·刘文鹏：《古代埃及史》，北京，商务印书馆，2000。

第三章
古代西亚

第一节　古代两河流域的史料

一、两河流域史前时代的史料

两河流域，即幼发拉底河和底格里斯河，西方人称之为美索不达米亚（Mesopotamia）。这里是人类文明的又一发源地。现在所知两河流域最古老的遗址，属于旧石器时代。在现在的库尔德斯坦（Kurdistan）地区的巴尔达—巴尔卡、桑尼达尔（Shanidar）等地，发现了旧石器时代狩猎者的临时营地。

公元前 9000—前 8000 年，在桑尼达尔和卡里木—沙希尔（Karim-Shahir）等地，发现了中石器时代居民点的遗址，这些遗址提供了生产型经济（农业和畜牧业）萌芽的证据——大麦和小麦，装有把的燧石镰刀、杵和臼以及驯化的绵羊骨等。

在两河流域，发现了公元前 7000—前 5000 年的新石器时代的遗址，重要的有扎尔莫（Jarmo，公元前 7000—前 6000 年）、哈苏纳（Hassuna，公元前 6000 年）等。从这些居民点及埋葬中，不仅获得了反映这个时代的一般的经济资料，而且获得了反映这时经济进步的资料，农业中的新品种、新技术，人工灌溉的萌芽；可以探索出两河流域畜牧业发展的过程；手工制品的遗物证明了制陶业、纺织业、首饰和石雕手工业的发展；金属制品的遗物说明了手工业的进步；从各类建筑遗址、铺砌的街道等，可以判断建筑物的形式、建筑技术以及建筑用的材料；从埋葬中可以探知当时存在的不同的人种成分，以及阶级分化的萌芽、宗教信仰、埋葬仪式等。

二、早期苏美尔时代

（一）埃尔—欧贝德（El-Obed）时期（公元前 4300—前 3500 年）

在这一时期，两河流域出现了用陶范制作陶器的技术以及彩陶；冶金方面学会了铸造技术；这时既有小的居民点，也有面积达六七千平方米以上的大一些的居民点；还发现了约有一千座墓，墓穴用土坯砌成长方形；出现了神庙（从最初的一个不超过 3 平方米的单间房到较大规模的神庙，中央有殿堂，并有两个凸出的侧廊，有庄重威严的大门和高高的祭坛），反映了宗教在那时的作用；发掘出了男性雕像，可能反映了父权制已代替母权制；传说中两河流域最早的城市是埃利都（Eridu）考古发掘已将其发掘出来，它属于此时期。

（二）乌鲁克（Uruk）时期（公元前 3500—前 3100 年）

考古发掘表明，此时的乌鲁克城面积约 81 公顷，其中 1/3 的面积为神庙和公共建筑区。在此发现有用迅速转动的陶轮制作的灰陶和彩陶，有装饰性雕刻的石制器皿，有印章的出现（上面雕刻有神话、战争场面或日常生活的情景），有在金属加工技术基础上生产的珠宝；有不同类型的住屋，如茅屋、用烧制的砖砌成的房屋，甚至有很厚而且很结实的墙的宫殿式建筑（在麦尔—卢卡依尔）。神庙已建成为装饰有壁画、圆柱的综合体，神庙建筑的新形式（也是以后这一地区神庙的主要形式）塔庙出现了；在乌鲁克发现了安努（Anu）神庙和祭祀女神伊南娜（Inanna）的埃安娜（Eanna）神庙。不稳定的内外政治环境可从筑城的情况得到反映。从埋葬的情况可以看出阶级分化的状况，贫民简单的墓穴和富人的用石板或砖坯砌成的墓穴大不相同；在一些印章上，祭司统治者（恩西，Ensi）比其他人的形象要高大得多；一些人还戴有镣铐，或被捆绑。写在泥板上的图画文字也在这时出现，其中的一些文字表示出了完整的概念，主要是经济报表：田地的丈量、产品的支付和统计、地方名称等。这时的神庙档案中保存了最早的经济档案。在若干经济文献中有"山国的男人和妇女"的记载，可能是指战俘、奴隶。

（三）　詹木迭特—那色（Jemdet-Nasr）时期（公元前3100—前2700年）

从这时的遗址中发掘出了丰富的铜制劳动工具和武器，而且出现了青铜制品、小舟和车的绘画和黏土模型；还发掘出了若干经济文件，主要是神庙经济档案。

三、晚期苏美尔时代、阿卡德时代和乌尔第三王朝时代（公元前2700—前2040年）

创造这一时期文明的既有苏美尔人，也有阿卡德人，但苏美尔文明是这时占统治地位的文明。这时的资料既有文物的，也有文献的。文献既有用苏美尔语写成的，也有用阿卡德语写成的，还有用埃勃拉语写成的（这是近20年来才发现的）。这些文物和文献都是通过考古发掘获得的。

（一）　王家铭文

这是以国王的名义写成的铭文。包括书信、敕令、法典、国际性条约、献神铭文、建筑铭文、奠基铭文，等等。现分别略述如下。

1. 献神铭文。现在所知最早的献神铭文，是大约公元前27—前25世纪的一个基什（Kish）的铭文，写有"基什之王麦巴拉伽什（Mebalagash）"，是德国学者 D. C. 艾德查尔德（Edchard）在巴格达博物馆的一个雪花石的破片上发现的。早期献神铭文有其书写的公式，即某某国王献给某个神以某种物品，如"萨尔卡里沙利（Sharkarisali），阿卡德之王，将（此物）赠给西帕尔（Sippar）的沙马什（Shamash）（神）"。这种公式一直沿用到新巴比伦王国时代。

2. 奠基铭文。奠基铭文都是从发掘神庙、宫殿及其他建筑时从其基础中发现的。从古代苏美尔的埃利都、乌尔（Ur）、乌鲁克、拉伽什（Lagash）等城市的发掘中，找到了数百个奠基铭文。根据这些铭文，我们可以确定在哪一个统治者统治时完成或重建了哪些建筑，以及建筑物的名称或作用。

3. 乌鲁卡基那（Urukagina）改革的铭文。1878 年，在发掘泰洛（Tell，古代的希尔苏，以前认为它是拉伽什）时，发现了三个黏土制的圆锥体，改革的铭文就写在这三个圆锥体上。铭文讲到了乌鲁卡基那（可能应当译为乌鲁伊门尼金，Uruimnikin）上台改革前的情况，那时卢伽尔安达（Lugalanda）统治了拉伽什，强占神庙土地，到处派监督、税吏等。结果卢伽尔安达被推翻，乌鲁卡基那被推上了台。他取消了派往各地的监督，归还了神庙的土地，还实行了其他的新政。改革使公民人数从 3 600 人增加到 36 000 人。这个改革是苏美尔时代的重要事件，改革铭文也成为这时的一个重要历史文献。

4. 纪念性铭文。如在拉伽什的泰洛发现的埃安那吐姆（Eanatum）国王的胜利石鹫碑，该石碑上的画面和铭文反映了拉伽什同其邻邦温马（Umma）争霸的战争，及拉伽什获胜的事实。该鹫碑现仅剩下一个断片，高 1.80 米，宽 1.30 米。碑的正面是宁吉尔苏神（Ningirsu，苏美尔的战神和农神）左手持一战网，战败的敌人正在网中挣扎的情景；背面是描写埃安那吐姆率军远征的情况；最上面是战争场面：鹫鹰正在踩躏敌军的尸体，故名。拉伽什与温马多次争战，原因是争夺有争议的古艾登边界。该地本立有界碑，但多次被毁。这种争夺从恩特美那（Entemena）统治时（公元前 25 世纪下半叶）即已开始，那时的两个黏土圆柱铭文被发现，因而我们知道了这些冲突。圆柱之一是 1895 年在拉伽什发现的；另一个的发现地及发现时间则不得而知。

1913 年，在埃及的阿马尔那附近进行发掘时，发现阿卡德（Akkad）王国国王萨尔贡（Sargon）时期的一块大泥板。泥板上的铭文叙述了在小亚的卡帕多细亚的塞姆人（Semite）殖民者的大使到萨尔贡那里去，请求他给予军事援助，以反对布鲁斯汉达城的国王。萨尔贡原本力图回避此次远征，但未能经受住大使的一再要求而被说服。因此，萨尔贡不得不进行这次远征。

还有一个阿卡德王国时期的纳拉姆辛（Naramsin）国王的胜利石碑。石碑上的铭文叙述的是阿卡德人远征扎格罗斯（Zagros）山区并摧毁路路俾人（Lulubaean）部落的事。萨尔贡和纳拉姆辛还远征过埃勃拉（在今叙利亚），其胜利铭文有古巴比伦时代的抄本。

纪念性铭文往往刻于石碑上，并立于战争胜利之地，或立在边界地方，或立于某个国王率领的军队远征时所到的最远之地。铭文除战争的内容外，也可能涉及贡赋的征收、边界的建立或和平的缔结。在铭文的结尾处，常常有对企图破坏或损坏此石碑的行为的诅咒。

5. 和约或同盟条约。纳拉姆辛同一个埃兰（Elam）国王之间签订的一个同盟条约保存了下来。该条约用埃兰文写在一块有些损坏了的泥板上。条约的开始部分是以两国的神起誓；其次是说阿卡德国王纳拉姆辛指派大使带着礼物前去苏撒（Susa）；而埃

兰国王则派遣一位司令官带领一支辅助部队前往纳拉姆辛处，该司令官同纳拉姆辛的
代表一起拟定两国间的同盟条约。在埃勃拉档案被发现以前，这个条约曾被认为是最
古老的有文字为证的国际条约。

（二） 法典

1952 年，美国学者 C. H. 克拉默（Kramer）在伊斯坦布尔（Estanbal）的古代东方
博物馆进行访问时，根据著名楔形文字学家克劳乌斯（Claus）提供的线索，发现了编
号为 No3191 的泥板，证实为当时还不为人知的两河流域最早的法典。1952 年 9 月 20
日，克拉默在宾夕法尼亚大学正式宣布了他的发现，并于 1954 年正式公布了他发现的
法典全文（该泥板实际上是后来的抄本）。1965 年，古尔内（Gurne）和克拉默又发现
另外两块刻有该法典的泥板残片抄本，编号为乌尔泥板 No7739 和 No7740，补充了尼普
尔泥板的若干内容。该法典为乌尔第三王朝的创立者乌尔纳木（Urnammu.）颁布，因
此该法典也被叫做《乌尔纳木法典》。这个法典有一个序言，序言开始部分说的是给神
的供物，而后说到他的权力来自于神——恩利尔和南那，再后说到自己的功绩和仁政。
法典条文现存 29 条，其中 6 条损坏得很厉害。条文内容包括社会关系、奴隶制、婚姻
家庭关系、雇工、所有权、债务、犯罪和惩罚等。从以后两河流域的一些法典看，《乌
尔纳木法典》在许多方面为它们提供了一个范例。

（三） 王表

现在所知两河流域最早的王表为《苏美尔王表》，它编于乌尔第三王朝时期。它的
记载起自"君王自天而降"。王表列举了"洪水前"连续统治了埃利都、西帕尔和苏路
帕克（Shuruppak）等国的 8～10 个国王的名字，而后列举了从基什第一王朝国王开始
的"洪水后"王朝的国王。研究者认为，"洪水前"和基什第一王朝的最初 20 个国王
是后来加上去的，是神话人物。不过，总的来说，《王表》具有很大的意义，是研究两
河流域早期的重要文献。该王表写在一个黏土制成的柱子上，称为《威尔法·布伦德
尔柱》，高 20 厘米，原件藏于英国牛津阿什摩棱博物馆。

《吐马尔铭文》是在乌尔第三王朝灭亡后的伊新（Isin）第一王朝的建立者伊什比
—艾拉（Ishbi-Erai）统治时编纂的。吐马尔（Tumreal）是尼普尔（Nippur）城的一个
区，是尼普尔的守护神恩利尔（Enlil）的妻子、女神宁利尔（Ninil）的神龛所在地。
铭文内容为宁利尔神庙综合体多次重修的记录。神庙的修复者——国王的名字也在其
中。人们认为，"洪水后"头两个王朝不是先后相承的，而是同时并存的。《吐马尔铭
文》最初在 1914 年由 A. 波埃别尔出版；后来，在 1955 年，克拉默在耶鲁大学博物馆
发现了该铭文的不足部分。铭文对正确解释《苏美尔王表》和研究早期两河流域的历
史有重要意义。

接近于《王表》的还有若干年代记：《王朝年代记》、《早期国王年代记》和《巴

依达涅尔年代记》等，它们包含了公元前 3000 年代及以后政治史的若干信息。

（四）书信

这个时期保存下来的信件很少，而且大多为古巴比伦王国时的抄本。最著名的信件大概要数乌尔第三王朝末代国王伊比—苏安（Ibbi-Shuan）和其封疆大吏伊什比—艾拉之间的通信了。信的内容是，国王命令伊什比—艾拉在伊新购买谷物，并将其运回乌尔。伊什比—艾拉则报告说，他无法执行这一命令，因为入侵两河流域的阿摩利人（Amorite）已切断了通往乌尔的一切通路。但他向国王保证，他会保卫住伊新和尼普尔，使其免遭阿摩利人游牧部落的入侵。国王伊比—苏安提出让伊什比—艾拉去请求北方城市的统治者的帮助，并任命伊什比—艾拉为尼普尔和伊新的防御司令。实际上，伊什比—艾拉欺骗了国王，并利用了国王的信任，加强自己的实力。最后他切断了同乌尔第三王朝的联系，宣布自己成为伊新之王。此后不久乌尔第三王朝便被阿摩利人和埃兰人灭亡了。所以，这些信件反映了乌尔第三王朝覆灭时的情景，具有很高的历史价值。

（五）经济文件

经济文件是这个时期为数最多的文献资料，其多数出自神庙和宫廷档案，也有一些私人档案的资料保存下来。这些档案文件是从拉伽什、吉尔苏、苏路帕克、乌尔、阿达布等地发掘出来的，也有的是从埃勃拉发掘出来的（阿卡德时代的）王家档案。乌尔第三王朝时期的经济文件则来自它统治下的许多城市。

经济文件包括产品和商品的收入、支出凭证、原料和工具、牲口和奴隶、业务信件、行政机关的经济管理及其利用的报告，有时其中也可能报道一些政治事件。就其内容而言，这些经济文件中的每个内容是很狭窄的，似乎无多大意义；但若将其大量的内容综合起来，则可提供有关神庙和宫廷经济的复杂状况，从而有可能对当时的社会经济有一个更清晰的概念。

私人经济文件包括各类契约、契据、业务凭证、书信等，为研究当时两河流域的社会经济提供了珍贵的资料。

苏美尔时代和阿卡德时代留下了若干土地买卖文件，如恩赫伽尔购地文书、拉伽什宗室购地文书、苏路帕克购地文书、基里巴特购地文书、曼尼什吐苏购地石碑等。购地文书写明了买卖土地的数量及报酬，对了解当时的土地关系、阶级关系、商品货币关系、阶级分化、王室土地的形成提供了重要信息。

（六）司法文件（包括民事审判和刑事审判的判决、民事审理的记录等）

1894 年，在发掘泰洛地方的"泥板之岗"时，发现了乌尔第三王朝时期的大量民事判决文件，如关于离婚的诉讼、关于婚约的破坏的诉讼、关于遗产的问题、关于奴隶的问题等。此外，还有关于盗窃、杀人等的审理记录。这些司法文件对研究社会史提供了非常丰富的资料。

（七）文学作品

1889—1901 年，在尼普尔的发掘中，发现了两千多块泥板，其中有神话内容的铭文、公元前 2000 年左右编纂的文学铭文目录（其中列举了 20 多首国王颂歌、颂神歌、叙事歌、有关城市被毁的哀歌等）。文学铭文中也常常有一些反映历史事件的作品，因而成为历史文献。如短的史诗《吉尔伽美什与阿伽》就是这样的文献之一。据《吐马尔铭文》，吉尔伽美什（Gilgamesh）是历史上的一个真实人物，而不是传说中的人物。该史诗反映的是公元前 27 世纪左右的事情。它说的是，基什国王阿伽（Agga）作为当时的一个霸主，派使者前往乌鲁克要求乌鲁克国王吉尔伽美什派人为基什挖井修渠，并威胁说，如不派人去，基什将派军队去进攻乌鲁克。吉尔伽美什先征求贵族会议意见，贵族会议表示同意派人；吉尔伽美什又征求公民大会的意见，公民大会则不同意。吉尔伽美什最后决定不派人去基什。故事反映了苏美尔时代政治制度的情况，包括国王、贵族会议、公民会议，及其相互关系。

（八）科学文献

如在尼普尔发现的有关医学处方的泥板铭文，铭文中记录了大量的处方，有机和无机成分的复杂合剂等；在埃勃拉发现的现知世界上最古老的双语言辞典《苏美尔—埃勃拉》，包括了约 3 000 个词，这对于解读用埃勃拉语书写的楔形文字起了重要作用，也对了解埃勃拉文明与苏美尔文明之间的关系提供了重要资料。

（九）年代记

关于阿卡德国王萨尔贡的两个文献。（1）《萨尔贡年代记》。该年代记原文写于新巴比伦王国时期的一块泥板上，现藏不列颠博物馆，编号 No26472。这个年代记记述了阿卡德王国的开国君主的文治武功，内政外交，尤其是加强中央集权的措施：“他在那里（即阿卡德王国）建立了一个中央政府（原文为：他使它成为一口）”。年代记还说到萨尔贡统治时期南征北战，东征西讨，统一了两河流域南部，并远征过叙利亚的埃勃拉的活动；也记载了他统治晚年发生人民起义或暴动的情况。（2）《阿卡德的萨尔贡》。铭文写在尼普尔的伊库尔神庙发掘出来的泥板上，可能是在阿卡德王国灭亡后不久所写的。该文献也记载了萨尔贡进行统一、扩张、加强中央集权和建立常备军的活动。①

---

① 有关这一时期的资料情况，主要参考库兹森主编的《古代东方史的史料学》（В. И. Кузищин Источниковедение Истории Древнего востока），该书于 1984 年由莫斯科高等教育出版社出版。

四、古巴比伦王国时期

乌尔第三王朝被阿摩利人和埃兰人灭亡后，埃兰人很快撤回到自己原来的地方去了，而阿摩利人却在两河流域南部定居下来，成为这里的主人、统治者。他们建立了若干小国，古巴比伦王国即是其中之一。

古巴比伦王国和喀西特巴比伦时期，基本上占据了公元前 2000 年代，属于这一时期的资料，基本上是用苏美尔语的和阿卡德语的（古巴比伦的方言和中巴比伦的方言）楔形文字，而且阿卡德语的资料逐渐地超过了苏美尔语的，而苏美尔语的资料主要是有关献神的和建筑的铭文。

除了两河流域本身的资料以外，研究这一时期历史的资料，还有亚述的、埃兰的、赫梯的等。

（一）法 典

古代两河流域文明最显著的特征之一是制定法典的传统。法律的发展构成了这个古老文明的重要内容之一。据英国学者萨格斯估算，在迄今所发现的楔形文字文献中，有关法律方面的内容在苏美尔文献中占 90% 左右；在阿卡德文献中所占的比例不会少很多[1]。在古代苏美尔的书吏学校中，高年级的学生要花相当多的时间学习有关法律方面的专业知识。他们必须反复地练习和抄写高度专业化的法律术语以及法典和一些具体案例的法庭判决书等。苏美尔书吏学校的这一学习传统，客观上为我们保存了许多珍贵的古代文献，现在我们从事研究所采用的许多文献，就是出自这些学生之手。

法典和诏令构成现存的古代美索不达米亚法律文书的重要内容。古代美索不达米亚具有悠久的立法传统，每位国王上任后最重要的一件事情，就是颁布新法律，宣布自己建立了正义和秩序。

古巴比伦时期（公元前 2006—前 1559 年）是古代两河流域法典编纂的鼎盛期，属于这一时期的伊新第一王朝（公元前 2017—前 1794 年）、拉尔萨王朝（公元前 2025—前 1763 年）以及著名的巴比伦第一王朝都有法典流传下来。

拉尔萨王朝的法律比较发达，遗憾的是属于这一时期的法律典籍只保存下来所谓的《苏美尔法典》断片和所谓的《苏美尔亲属法》。有关《苏美尔法典》的情况目前所知甚少，甚至连编纂的具体时间及颁布此法典的国王都不清楚。目前保存下来的法律文本是古巴比伦时期苏美尔地区书吏学校学习的习作，时间在公元前 1800 年左右。法律抄本的原文为草书体的晚期苏美尔文，刻在一块大型的楔形文字泥板上，该泥板

---

① H. W. F. Saggs, *The Greatness That Was Babylon*, London, 1962, p. 196.

可能出自乌鲁克城。可惜的是，保存下来的仅是该泥板的一个片段。泥板的正面损坏严重，从依稀可辨的几行中可以推断，它包括一些毫不相干的法律术语和句子，仅涉及债务抵押和丢失牲畜等有限主题；反面保存较好，其内容可概括为十条，包括保护孕妇及胎儿、租借船只、收养、婚姻伦理及保护牲畜等方面。所谓的《苏美尔亲属法》的出现时间可能较《苏美尔法典》稍早，大概编纂于公元前 20 世纪。原文为苏美尔文。现存的只有公元前 7 世纪的阿卡德抄本，出自尼尼微的亚述国王的档案。《苏美尔亲属法》的正文只保存下来 7 条，主要包括两方面的内容：其一为以立法的形式确立父母与儿子（第 1～第 4 条）及丈夫与妻子（第 5～第 6 条）之间的法律关系和地位，任何一方不得擅自否认自己所处的这种社会关系，更不能摆脱所承担的相应的责任和义务，否则要受到惩罚；其二为规定雇佣奴隶所应支付的佣金（第 7 条）。

伊新王朝建立于公元前 2017 年，它虽晚于拉尔萨摆脱乌尔第三王朝的控制，但比拉尔萨更强大。其创立者伊什比—艾拉占据着尼普尔、乌鲁克和埃利都三个重要的中心城市，并在其统治末年赶走了埃兰人在乌尔的驻防军，控制了乌尔。伊新的霸权一直维系到其第五代统治者李必特—伊丝达（Lipit-Ishtar）时期（公元前 1934—前 1924 年）。这位国王以立法者著称，大约在他统治的末年，颁布了著名的《李必特—伊丝达法典》。法典以晚期苏美尔文写成，最初可能刻在石柱上。现存的抄本包括 9 个楔形文字泥板的断片，其中大部分出土于尼普尔。这些泥板的片段只保存下来法典正文 43 条，还有部分前言和结语。正文内容涉及土地和房屋等不动产的占有、各种动产的损害与赔偿、各种雇佣契约、婚姻家庭和继承关系以及私有奴隶的地位等诸多方面。李必特—伊丝达在前言中自称把尼普尔、乌尔、伊新、苏美尔和阿卡德的公民"解放"出来，在"苏美尔和阿卡德""主持正义"。这也反映出李必特—伊丝达统治时期伊新王朝非常强大。

与美索不达米亚南部诸国国力强大、法律盛行交相辉映，北部国家的实力也蒸蒸日上。在立法方面的代表是埃什努那王国（Eshnuna）的国王俾拉拉马（Bilalama）。

俾拉拉马统治的具体时间目前尚不得而知，只知他是伊新王朝第二代国王舒—伊里舒（Shu-Ilishu，公元前 1984—前 1975 年）的同时代人。俾拉拉马也是以立法者名载史册的。他统治时期颁布的《俾拉拉马法典》（或称《埃什努那法典》）在时间上应该早于《李必特—伊丝达法典》。但与《李必特—伊丝达法典》不同，《俾拉拉马法典》的正文不是以苏美尔文写成，而是以阿卡德语写成，但两者的序言又都是用苏美尔文写成的。有趣的是，该法典是伊拉克考古学家在 1945—1949 年间发现的，发现的地点不是泰尔·阿斯马尔（Tell Asmar，即古埃什嫩那），而是巴格达郊区的一个小土堆泰尔·哈尔马尔（Tell Harmal，即古沙杜普姆，Shaduppum）。泰尔·哈尔马尔是埃什努那王国农业区的管理中心，考古学家在"市政厅"中发现了该法典的抄本以及其他许多颇有价值的泥板文书。该抄本由两块泥板组成，现存巴格达博物馆。这两块泥板保存下来的《俾拉拉马法典》只有简短的序言和正文 59 条。其中正文内容涉及日常生活必需品如大麦、上等植物油和羊毛等的最高限价、租用生产工具和生活用具的费用、雇佣劳动力的佣金、借贷谷物和白银、婚姻家庭、偷盗、伤害乃至杀人的刑罚，等等。

标志古代美索不达米亚法典编纂达到顶峰的是举世闻名的《汉谟拉比法典》。汉谟拉比是古巴比伦王国（巴比伦第一王朝）的第六代统治者，他的统治使两河流域南部达到了空前的统一，把古代美索不达米亚的历史和文明带入了最辉煌的时代。汉谟拉比统一两河流域后，如同以前的统治者一样，在其土地上"建立秩序""发扬正义"。他集以往苏美尔和阿卡德法典之大成，并结合阿摩利人的习惯法，编纂了著名的《汉谟拉比法典》。

《汉谟拉比法典》是迄今所知最早的保存完整的古代法典。法典由前言、正文和结语三部分组成。前言大致包括三部分的内容：其一，神话王权，宣扬其权利得自神授；其二，炫耀汉谟拉比本人的伟大业绩；其三，声明其立法的目的，即"发扬正义于世，灭除不法邪恶之人，使强不凌弱"。在结语中，汉谟拉比主要宣扬他的法典如何"公平"与"正义"，希望垂之后世，并诅咒敢于破坏法典之人。正文共282条，包括关于神判的规定（第1～第5条）；关于盗窃动产和奴隶的规定（第2～第25条）；关于田园房屋等各种不动产的占有、继承、转让、租赁、抵押等方面的权利和义务的规定（第26～第88条，其中有14条残缺）；关于借贷、经商和所谓的债奴等方面的规定（第89～第126条，其中有4条残缺）；关于婚姻、家庭的规定（第127～第194条）；关于伤害不同地位之人予以不同处罚的规定（第195～第214条）；关于各种人员的报酬和责任的规定（第215～第240条）；关于租用工具、畜牲和雇工的规定（第241～第277条）；关于赎还奴隶的规定（第278～第282条）；等等。

《汉谟拉比法典》与苏美尔和阿卡德时代诸法律相比较，在内容方面一个突出的变化就是增加了反抗国王的罪名，法典本身和汉谟拉比书信等文献材料表明，古巴比伦时期官吏的重要职责之一就是逮捕和惩处违反王命之人，这显然是汉谟拉比加强中央集权统治的重要措施之一。一方面，《汉谟拉比法典》竭力维护奴隶制度，例如对窝藏逃亡奴隶之人已不仅仅停留在罚款的惩处上，而是代之以死刑；另一方面，为维持正常的生产秩序，对以人质作为债务抵押作了某些限制，如果自由民因负债而将其妻或子女出卖，或交出作为债务抵押，则他们在其买者或债权人之家的服役期限为三年，至第四年应恢复其自由；法典还对人质在服役期间的人身安全予以保护。这些都体现了汉谟拉比作为一代政治家的睿智。

（二）管理文书、经济文书和契约文书

管理文书和经济文书是自苏美尔城邦时期以来古代美索不达米亚的重要文献。这些文献涉及大量王室土地的管理、王室所从事及所控制的经济活动，以及城市公社及其成员所从事的经济及其他活动。这类历史文献正不断受到学者们的整理、释译和出

版。例如，B. 福斯特的《萨尔贡时代苏美尔的官方土地管理和使用》①，W. F. 列曼斯的《汉谟拉比和萨母苏伊鲁那时期的法律和管理文献，主要出自拉加巴》②，等等。

法律观念和意识渗透在古代美索不达米亚人生活的方方面面，他们的任何经济活动和社会活动当事人双方都要签订合同、契约或类似具有法律效力的文件。在没有文书记录的情况下，任何形式的财产买卖和转让都是无效的。任意伪造和更改文书一定要受到严厉的惩罚。契约除明确规定当事人双方在所从事活动中的责、权和利以外，在末尾必须有双方的签字和盖章，以及几位证人。尤其证人是绝对不能少的，而且充当证人的往往是城市公社中的要人。在迄今发掘和整理出的众多契约文书中，就发现证人几乎包括所有城市公社中的显赫人物，如市长、长老、商人首领和法官等。

根据契约所载内容来划分契约的性质和种类，目前发现较多的有商业契约、土地买卖契约、土地和房屋租赁契约、其他各种租赁契约、雇工契约、婚姻契约和收养子女契约等。以商业契约为例，古巴比伦时期商品货币经济的发展达到了前所未有的水平，对外贸易和城市内部的商业活动都比以前任何历史时期活跃。商业契约的种类也很多，其中以合伙经商的合伙契约最为突出，在这类契约中通常规定合伙资金来源、合伙方式、风险承担和盈利分红等内容。仅商人塔木卡（Tamkarum）和沙马鲁（Samallum）之间就存在有三种形式的契约关系，即 ana harranim、ana pasarim 和 ana tadmiqtim，在每种形式下，当事人双方都享有不同的责、权和利。乌尔是古巴比伦时期商业和对外贸易较为发达的城市，H. H. 菲古拉（Figulla）和 W. J. 马丁（Martin）整理出版的《乌尔发掘文书》（UR Excavations，简称 UET）第五卷③就收录了许多契约文书。其他重要的文献包括 H. 兰克的《巴比伦第一王朝时期的法律和商业文书，主要来自西帕尔》④，A. 波贝尔 1909 年出版的《巴比伦第一王朝时期的法律和商业文书，主要出自尼普尔》⑤，此外还有《不列颠博物馆所藏巴比伦楔形文字泥板文书》（Cuneiform Texts from the Babylon Tablets in the British Museum，简称 CT），《宾夕法尼亚大学博物馆藏品巴比伦出版物》（Publication of the Babylonian Section，University Museum，University of Pennsylvania，简称 PBS），《卢浮宫楔形文字文献》（Texts Cuneiform the Louvre，简称

① B. Foster, *Administration and Use of Institutional Land in Sargonic Sumer*, Copenhagen, Studies in Assyriology, Mesopotamia, 1982.

② *Legal and Administrative Documents of the Time of Hammurabi and Samsuiluna*, *Mainly from Lagaba*, Leiden, 1960.

③ *Letters and Documents of the Old Babylonian Period*, London, 1953.

④ H. Ranke, *Babylonian Legal and Business Documents from the time of the First Dynasty of Babylon*, *Chiefly from Sippar* 1906.

⑤ A. Poebel, *Babylonian Legal and Business Documents from the time of the First Dynasty of Babylon*, *Chiefly from Nippur*, 1909.

TCL) 《耶鲁东方丛书，巴比伦文献》（*Yale Oriental Series*, *Babylonian Texts*, 简称 YOS)，等等。

（三）诏令

汉谟拉比以后，古巴比伦王国逐渐衰落。其后继者可能仍按照先王汉谟拉比制定的法律来治国，因为这一时期古巴比伦王国的社会结构和经济制度并未发生本质的变化，似无立新法之必要，汉谟拉比的子孙们也远没有他那样强大，因此没有著名的法典流传下来。但是，这一时期出现了一种特殊形式的法律或法令，即所谓的"正义"或"平等"法令（阿卡德语称 misarum）。这些法令的主要内容是减免债务和其他义务，将小块土地归还原主等，因此有些学者也把它们称之为所谓的"巴比伦解负令"。这些所谓的"正义"或"平等"法令显然是统治者为防止自由民分化严重、平民与贵族斗争激烈，从而破坏社会稳定和正常的生产秩序而采取的积极措施。所谓的"巴比伦解负令"完整地保存下来的，目前只发现一篇，即古巴比伦王国第十代王阿米萨杜卡（Ammisaduga，公元前 1646—前 1626 年）的诏令。另外还发现一个残篇，即汉谟拉比之子萨姆苏—伊鲁那（Samsu-Iluna，公元前 1749—前 1712 年）诏令的断片。其实，这种所谓的"正义"或"平等"法令并非古巴比伦后期所特有，它一直可以追溯到迄今所知古代美索不达米亚的立法始祖乌鲁卡基那。

（四）书信

书信是古代美索不达米亚人传递信息和下达命令的重要手段之一，因此书信材料构成了古代美索不达米亚史料的一大特色。尤其是古巴比伦时期，随着人们交往的扩大，经济活动和社会活动的活跃，书信所涉及内容的广泛和数量均非以往任何时期所能比拟。

古巴比伦时期的书信可分为官方书信和私人书信两大类。官方书信包括国王写给中央官员、中央派驻各地的总督和城市公社管理机构和官员的信件，以及各级官员间的通信等。例如，汉谟拉比写给大臣卢—尼努尔塔（Lu-Ninurta）、地方总督沙马什—哈西尔（Samas-Hazir）及辛—伊丁纳姆（Sin-Idinnam）的大量书信，提供了古巴比伦时期行政管理、司法、经济、土地所有制及社会结构等多方面的信息。私人书信主要是城市公社成员之间的通信、家庭成员之间的通信（如丈夫写给妻子、儿子写给爸爸的信）等。应当特别指出的是，古巴比伦时期大量的私人书信的内容多涉及城市公社成员的经济活动和司法活动等，它们更加直接地反映出私有经济的发展水平和古巴比伦时期的司法制度等。

古巴比伦时期的书信有固定的格式。无论是官方书信还是私人书信，都遵循这样的格式："致某某人，某某人如是说"，接下来便是书信内容的正文。在私人书信中，在"致某某人，某某人如是说"这句套话之后，通常还要加一句："愿沙马什和马尔都克因为我的缘故保佑你身体永远健康。"①

西方学者从 19 世纪末和 20 世纪初就开始对古代美索不达米亚的书信泥板进行整理、分类和译读，他们大量的艰苦工作取得了可喜的成果。L. W. 金（L. W. King）在 1900 年率先发表了较为系统、全面的《汉谟拉比书信和铭文集》三卷本②，其中前两卷是泥板原文，第三卷是拉丁化转译文及英译文。全书包括汉谟拉比写给辛—伊丁拉姆的书信 55 封，其后继者萨姆苏伊鲁纳的书信 6 封，阿比舒的书信 13 封，阿米狄塔那的书信 2 封，阿米萨杜卡的书信 5 封，其他官员之间的书信 2 封，以及汉谟拉比和其他王的若干铭文。这部文献成为亚述学研究的最基本文献，也是后来的文献编辑、整理者最重要的参考文献。此后的整理和释译工作主要包括美国著名亚述学家 A. L. 奥本海姆编辑出版的《美索不达米亚书信》③，荷兰著名学者 W. F. 列曼斯的介绍及评论文章《古巴比伦书信及经济史》④，P. 米卡洛夫斯基的《早期美索不达米亚书信》⑤。在迄今已整理、释译和出版的古巴比伦书信中，以西方学者共同编辑出版的一套《古巴比伦书信集》（Alterbabylonische Briefe）丛书规模最大，因而也最有影响。该书信集目前已出版 9 卷，其中前 8 卷为德文—阿卡德文对照本，第 9 卷为英文—阿卡德文对照本。

（五）外交文件

从马里王家档案中发现若干外交文件，其中包括汉谟拉比的同时代人、同盟者和敌人的一些书信，马里的使节和各种间谍的报告，这对了解汉谟拉比统一两河流域南部的前夕，两河流域地区复杂的政治、军事形势提供了丰富的资料。

（六）文学和科学文献

1. 预言，其中包括关于祭祀牺牲的内脏、水中油污的形式、各种征兆、天体运动等。预言一般分为两部分：第一部分，提出被发现的征兆（如果发生某种情况）；第二部分，指出预料的后果（将会发生某些情况），如国王将死、饥饿降临等。

2. 《关于哈特拉哈西斯的史诗》，约 1 200 行，叙述了世界的开端、人的创造。最初只有一个人，即哈特拉哈西斯，他度过了大洪水。在这个史诗中，还说到人民暴动：

---

① 沙马什（Shamash），亚述—巴比伦太阳神；马尔都克（Marduk），苏美尔人的神，公元前 24 纪后期成为巴比伦的主神。

② *Letters and Inscriptions of Hammurapi*，3Vols. London，1900.

③ *Letters form Mesopotamia*，Chicago Uni. Press，1967.

④ *Old Babylonian Letters and Economic History*：*An Review Article with Disgressions on Foreign Trade*，JESHO 11，1968.

⑤ P. Michalowski，*Letters from Early Mesopotamia*，Sholars Press，Atlanta，Georgia，1993.

在世界之初，当神也像普通人一样劳动时，七个安努纳克迫使伊吉吉从事大量的劳动。伊吉吉神在很长的时期从事开凿运河的劳动，最后起来暴动，"把工具抛入火中，烧毁了锹，烧掉了筐"，并到恩利尔神那里去，要减轻自己的痛苦。伊吉吉们包围了恩利尔的神庙，焦虑不安的恩利尔吩咐关紧大门，武装起来，召来了其余的安努纳克，而后同暴动者进行了谈判。

3.《吉尔伽美什史诗》。古巴比伦时代，在苏美尔人的史诗集的基础上，形成了用古典阿卡德语写成的《吉尔伽美什史诗》。这是世界上最早的一部英雄叙事史诗，是古巴比伦时代文学的最高成就。史诗可分为四个部分：第一部分写吉尔伽美什在乌鲁克的残暴统治，因而引起人民的愤怒，他们向诸神请求保护，请神派半人半兽的恩启都来与吉尔伽美什抗争，双方不分胜负，而后结拜为友；第二部分写两人一起为人民造福；第三部分写诸神为惩罚吉尔伽美什与恩启都，要他们两人中必死一人，恩启都死了，吉尔伽美什为此而去寻找能救恩启都的仙草，探索生与死的奥秘；第四部分写吉尔伽美什与恩启都的灵魂的谈话，宿命论的观点占了上风。

4.《艾利丝与艾努马》（或叫做《创造世界的史诗》），可能创作于这个时代或稍后。史诗提供了一个神的系谱，并使马尔都克神的地位提高的经过，该作品记载在 7 块泥板上。

5.《沙马什赞歌》，长 200 行，赞颂太阳神、正义之神沙马什赏善罚恶、光照大地、保护一切生灵、主持公道，反映了宗教中的自然崇拜。沙马什神在古巴比伦王国时虽不如马尔都克神那样受到最高神的崇拜，但它仍是当时的一个重要神祇，所以在汉谟拉比法典的石柱上，有汉谟拉比在沙马什前接受权标的情景。

这时的科学文献包括医学和天文学方面的作品，有关医学的文献不少，它们大多同预言和魔法咒语等混在一起。在一些医学文献中，一方面叙述了病人的病症，另一方面也给予了医生如何治病的详细指示。在医学中可能有不同的流派和专门的技术分工。

古巴比伦王国时代也留下一些有关天文学、数学的文献。

五、喀西特人（Kassite）统治时期

这个时期留下的政治文献以及其他方面的文献比古巴比伦王国时期要少得多。

1."库都路"。这是喀西特人统治时期（公元前 2000 年代后期）留下的一种新型的官方铭文，也是这个时期留下的最重要的政治经济文献。"库都路"即界石。这些界石是一些大大小小的石柱，上面刻有神像，其铭文为国王赏赐给自己的军官和官吏以土地的记录。它们往往记录了所赐地块的准确界线、赏赐的条件（豁免赋税、公益劳动或国家的义务等），还常常指出由于什么原因而赏赐给他土地，以及土地处于哪个神的庇护之下等。界石都立于地块的边界上。不过现在看到的界石大多不在田间的边界上，而是在神庙中，因为田间的界石早已不见了。这些界石上的铭文资料对研究喀西

特巴比伦时期的政治、社会制度、土地关系提供了宝贵的资料，有时也提供了其他方面的情况，如因军事而受赏，势必提到同谁进行战争等。

2. 外交文件。埃及的阿马尔那档案中有若干外交文件是与这一时期有关的。例如，有一封埃及法老阿蒙霍特普三世致喀西特巴比伦国王卡达什曼—艾利勒（Kadashman-Elil，公元前 14 世纪初）的信的抄本；还有一封喀西特巴比伦国王布尔纳—布利阿什二世（Burna-Buriash Ⅱ，公元前 1363—前 1335 年）致埃及法老阿蒙霍特普四世（埃赫那吞）的信。从这些信中我们看到，两国的国王常常相互以"兄弟"相称、经常交换赠品（巴比伦送给埃及的有象牙、黑檀木和黄金）。埃及法老还娶了巴比伦公主为妃等，表现了亲密的友好关系；但同时，他们之间又钩心斗角，矛盾重重；布尔纳—布利阿什抗议埃及法老接待亚述的使节和赠礼（因为喀西特巴比伦把亚述看做是自己的臣民）；抱怨埃及国王欺负巴比伦的商人；抱怨埃及国王回赠的礼品不够丰富，并请求法老多给黄金，巴比伦国王想娶埃及公主的愿望也未能实现，等等。从这些档案可以看出，近东各国矛盾重重，彼此都以警惕的目光相互注视。阿马尔那档案提供了一个少有的弄清古代近东各强国外部政治环境的机会。

3. 文学作品。如《尼普尔的贫民》，这是一个民间创作的作品，一个短的史诗。

六、古代亚述

（一）考古发掘

1847 年，英国外交官莱雅德（Layard）在库容吉克（Kouyunjik）发现了亚述帝国国王辛那赫里布（Sennacherib）的王宫等五个王宫废墟，以及这个王宫中的王家图书馆。他的发现不仅为不列颠博物馆提供了丰富的收藏品，更重要的是为亚述学奠定了基础。他的发掘公布在他的《尼尼微及其废墟》（1848 年）和《尼尼微文物》（1849 年）及其他书中。此后，拉沙姆对亚述帝国国王亚述巴纳帕尔（Ashur-Banapal）在库容吉克的王宫进行了发掘，也发现了一个大的王家图书馆及其他文物，他的发掘公布在《阿淑尔及尼姆努德王国》（1897 年）一书中。

20 世纪 50 年代，伊朗考古学家发现了亚述帝国国王阿萨尔哈东（Esharhaddon）的王宫、兵器库等。

1843 年，法国外交官波塔（P. E. Botta）在霍尔萨巴德（Horsabad）的一个农村地区杜尔—沙努金发现了亚述国王萨尔贡二世建造的一个要塞和国王的驻跸地。他将其发掘成果公布在五卷本的《波塔所发现并记述、弗兰登丈量并绘图的尼尼微的文物》中；他的继承者普拉斯也在这里进行过发掘，他公布的《尼尼微和亚述》（1867 年）一书就是这些发掘的记录，波塔和普拉斯的发掘成了卢浮宫博物馆中收藏品的基本部分。

莱雅德等人在尼姆努德（Nimrud）的发掘也提供了大量的文物资料。

1903—1914 年，法国考古队在阿淑尔（Ashur）的发掘也为亚述历史和文化提供了大量资料。

对小亚的卡尼什（Kanis）城的发掘，为研究早期亚述时期在小亚的殖民地的情况提供了不少资料。

（二）文献资料

1. 王家铭文。从公元前 3000 年代后期的阿卡德时代，就有关于亚述国王的铭文保存下来，虽然那时这类铭文是很少的。如在阿淑尔发现的一个雪花石膏片断上的有关伊提提（Ititi）的铭文："伊宁拉巴（Ininlaba）之子最高法官伊提提将此从盖苏尔（Gasur）得来的战利品奉献给女神伊宁（Innin 即阿卡德的女神依丝塔尔）"①。这些铭文或者刻在山崖、石碑、石板、金属板，或写在泥板、砖、印章上。他们包括建筑铭文、胜利铭文、军事远征铭文、献神铭文、祈祷仪式的铭文等。在亚述国王的铭文中，胜利铭文和军事远征铭文对了解亚述政治史和军事史具有重要意义，尤其在中期亚述和亚述帝国时期，这类国王铭文很多。

2. 国王的年代记。从中期亚述时期开始到亚述帝国时期，有不少国王的年代记保存下来，如亚述帝国时期的萨尔曼那沙尔三世（Shal-Maneser Ⅲ）的年代记、辛那赫里布的年代记、亚述巴纳帕尔的年代记（拉沙姆圆柱）等。它们多为国王远征的记录，以及远征中获得的战利品和贡品的记录。亚述帝国时代的军事远征极为残暴野蛮，这在其国王们的年代记的叙述中充分地暴露了出来。

3. 国王的书信。在亚述国王的王宫档案馆，尤其是库容吉克的档案中保存了不少国王的书信（主要是萨尔贡一世至亚述巴纳帕尔时期的）。这些书信除国王给其臣仆的以外，还有王室成员、总督、官吏、军官、侦探、祭司及其他人写的信。这些信件不同程度地反映了亚述政治、军事、宗教、王室内部关系以及日常生活方面的内容，它们比一般的铭文能更真实地反映事情的本来面目。

4. 王表。传至今天的王表主要是公元前 8—前 7 世纪时的几个抄本：(1)《霍尔萨巴德王表》（美国考古学家在杜尔—沙努金发现），包括的年代为公元前两千年代末至公元前 609 年。人们曾怀疑王表中的国王的真实性，但是考古发掘却证实了他们的真实存在。如阿淑尔的统治者图狄亚就曾被人们怀疑是否确有其人，但在埃勃拉的发掘中，发现了埃布鲁门条约，在该条约中，出现了图狄亚的名字，从而证实了此国王的真实性。

(2) 里模表或名年表。在早期亚述时期，里模是名年官，每年选举一人为里模，

---

① Albert Kirk Grayson：*Assyrian Royal Inscriptions*（A. K. 格莱松：《亚述王家铭文》），Wiesbaden, Otto Harrassowitz, 1972, Vol. Ⅰ, p. 2.

以他的名字命名该年。从公元前1000年代起，里模成了国王、行省总督、司令官及其他在一年内执行里模职能的负责人。从公元前911—前648年的里模表保存完好。里模表中简短地记述了每年的重要事件：军事远征、建筑记录、自然灾害、天文现象等，也记录了社会动乱的事件。如公元前763年7月15日发生的日食、起义："……亚述尔城中起义，在西曼努日发生了日食"；公元前762年，"……亚述城起义"；公元前761年，"在阿拉普赫城起义"；公元前760年，"阿拉普赫城起义"；公元前759年，"古桑城起义"；公元前744年，"远征哈门庇"；公元前737年"远征米底"，等等。

5. 法律文件。属于法律性质的文件有一个亚述商业殖民地条例。这是研究早期亚述的重要资料。该条例写在三块不大的泥板片断上，是在公元前2000年代初用阿卡德语的古亚述方言写成的，一共有三表。早期亚述时，亚述人在小亚建立了若干商业殖民地，这个条例就是为它们而制定的，它对了解亚述人与殖民地的关系，以及城市的长老会议的作用等提供了第一手资料。

在亚述法律文件中，《中期亚述法典》具有重要意义。该法典是1903—1914年在发掘亚述尔城门（即法院开会的地方）时发现的，部分法典片断是在神庙和私人宅第等地方发现的。它由40块泥板及一些非常破碎的泥板组成。泥板属公元前12世纪，但法典的制定时间要早些，可能是在公元前15世纪。法典是用阿卡德语中亚述方言写成的，法典保存得极不完整，只有第1~第3表保存得比较完整些。第1表是有关土地问题的，第2表是有关债务和债务奴隶制的，第3表是有关婚姻家庭的。法典对了解中期亚述的社会经济、家庭、阶级关系、商品货币关系等方面提供了十分重要的资料。

还有一个写在泥板上的亚述国王对宫廷和闺门的关系的文件，也具有法律效力。该指示是在发掘亚述尔时发现的，用的是阿卡德语的中期亚述方言，注明时期为公元前14—前11世纪。指示一共有23个，但只有11个保存了下来。这些指示涉及宫廷中的公职人员、宫廷服务人员、闺门居民的义务范围和行为规范。

6. 私法文件。包括商业契约、借贷凭据、财产保存的文据、字据、婚约、遗嘱、法律诉讼、记录、判决等。这些资料对了解古代亚述各个时期，尤其是帝国时期的社会生活提供了丰富的资料。

7. 周边地区出土的亚述资料。从马里的宫廷档案中保存了不少属于亚述的沙马什—阿达德（Shamash-Adad）、伊什麦—达甘统治时期以及亚述驻马里的代表雅什马赫—阿达德时期的经济文件（公元前19—前18世纪），它为研究早期亚述国家及其组成部分的马里地区的经济发展、社会关系、管理制度提供了大量的资料。

在上哈布尔—恰格尔—巴扎尔地区，也保存了若干属于沙马什—阿达德统治时期的宫廷经济的资料。

在小亚的卡尼什发现了为数众多的文件，即卡帕多细亚泥板，这些文件对了解早期亚述商业殖民地的情况，以及亚述同这些殖民地的关系、亚述的国际联系的规模和性质、商业流通和商业组织提供了丰富的资料。在已公布的资料中，包括了成百个亚述商人的名字，以及他们的业务联系的详尽报道。有关队商的文件则提供了阿淑尔、小亚和北部叙利亚之间的商业路线、宿营地名称等。

在阿门库弗（即现在的阿里沙尔）和哈图斯（古代赫梯王国的首都，现在的波伽兹科伊）也发现了类似的铭文；在胡里特人（Hurrian）的国家阿拉朴赫地区（现在的基尔库克）也发现了若干亚述商人的铭文。

在阿淑尔和西巴尼巴（现在的泰尔—比尔），发掘出了中期亚述时的经济文件档案。它们大部分属于尼努尔塔—吐库尔提—阿淑尔（Ninurta-Tukurt-Ashur）和梯格拉特—帕拉沙尔一世（Tiglat-Pileser Ⅰ）时期，这些文件包括借贷、赎回债务奴役、土地和奴隶、赠品、牺牲清单、战俘名单等。

属于亚述帝国时期的有关于免征高级官吏和神庙的赋税、徭役的豁免令保存了下来。有一组文件，属亚述帝国晚期，其内容是购买土地、园子、房屋等，这组文件共28件，它反映了那时社会上层聚敛财富的情况。

在尼普尔，美国考古学家发掘到几十块泥板。这些文件属于沙马苏姆金和辛沙里什库时期。那时，尼普尔城被围，城内出现饥荒，粮价大大提高，于是发生了奴隶主出卖奴隶，父亲出卖孩子等情况。这组文件因此被称为"被围困的文件"（"Siege Documents"）。

8. 外交文件：包括国与国之间订的条约和国际间的通信。

在埃勃拉发现了注明日期为公元前3000年代后期的一个条约，是埃勃拉的统治者同阿淑尔的统治者图狄之间签订的关于卡尼什城的《卡门尼条约》。在马里（Mari）的宫廷档案中，有一些亚述国王沙马什—阿达德一世和伊什麦达干统治时期（公元前19—前18世纪）的外交文件，它们是马里的统治者与沙马什—阿达德之子雅什马赫—阿达德之间的通信、同军事长官、地区统治者、官吏的通信。在这些信中有关于亚述同其周围地区和部落的相互关系的资料；有关于军事远征、军事组织、侦察、战术和技术等的报道。

中期亚述的亚述路巴里特一世（Ashuruballit Ⅰ）给埃及法老埃赫那吞的信保存在阿马尔那档案中。信中说到他们互赠礼物：亚述给埃及天兰石、马、轮车；埃及则送给亚述黄金。当时亚述依附于米丹尼（Mitanni）王国和喀西特巴比伦，这些书信往来，反映了亚述帝国企图独立于二者，而谋求国际承认。

在赫梯首都哈图斯发掘出的文件中（属公元前15—前13世纪，中期亚述时），有赫梯国王致亚述国王的信件和亚述国王致赫梯国王的信件，赫梯国王给喀西特巴比伦国王的信，以及赫梯同阿姆路国王的条约（其中有禁止同亚述商人经商、把亚述商人交给赫梯，并永远仇视亚述人等内容），这些文件反映了亚述人在近东的地位及其与其他各国的关系。

在巴比伦尼亚的《同时代人史》（*Синхронистическаяистория*）中，也包含有亚述同巴比伦之间外交关系的资料（如亚述与巴比伦订立的条约的情况）。

亚述帝国时期的外交文件很多，其中有的是国际条约。如公元前 9 世纪 20 年代沙马什—阿达德同马尔都克—扎基尔—苏米一世之间签订的条约；公元前 8 世纪中叶亚述—尼拉里五世同比特—阿古西的马提伊尔国王之间签订的条约（该条约强迫这个叙利亚国家接受一系列奴役性的和屈辱性的条件）；阿萨尔哈东同米底王公之间订立的条约，同推罗国王瓦阿尔订立的条约等。还有一个阿萨尔哈东同各藩属首领们签订的条约。该条约订于公元前 672 年 5 月。阿萨尔哈东要立亚述巴纳帕尔为太子，他要求各藩属首领效忠于太子，各藩属首领表示效忠。条约以极严厉的口气警告说，若背叛誓言，将国破身灭、天不下雨、地无收成、人不生育等处罚和灾祸。这个条约一方面反映了亚述统治者对其藩属的严密控制，另一方面也反映了亚述统治者预感到其藩属可能的不满和反抗，说明亚述与其藩属之间隐含着尖锐的矛盾。事实上，过了不到 60 年，亚述帝国便被米底和新巴比伦王国灭亡了。因此，这个文件对了解亚述帝国末叶的政治状况提供了极有价值的资料。

9. 出自亚述邻国的资料。除上面已经提到过的埃勃拉、马里、阿马尔那、波伽兹科伊（哈图斯）等地档案中的书信和文件外，还有一些直接或间接与亚述有关的资料。例如，埃及拉美西斯二世与赫梯国王哈吐西里三世签订的条约，目的就是要防止第三国对缔约双方的威胁，而这个第三国实际上指的就是亚述。

巴比伦尼亚地区的《同时代人史》、《巴比伦年代学》、《尼尼微陷落编年史》等都对亚述史提供了许多珍贵的资料；新巴比伦王国国王那波帕拉沙尔（Nabopalassar）和尼布甲尼撒二世（Nebuchadnezzar Ⅱ）曾同亚述人作战，并参与了灭亡亚述帝国的战争，他们的铭文中也简短地提到了对亚述的胜利。在尼布甲尼撒二世的王宫中还保存了亚述和巴比伦国王的系谱，以及巴比伦同米底结盟战胜亚述的报道。巴比伦马尔都克神庙祭司别洛斯（公元前 4—前 3 世纪）写的《巴比伦和迦勒底史》，利用了神庙档案和文件，叙述了梯格拉特帕拉沙尔三世和辛那赫里布对巴比伦的征服和政策，叙述了沙马苏姆金反对亚述的叛乱。

古典作家的著作，如希罗多德、克铁西乌斯等人都对亚述史有过一些报道，但可靠性不多，且常同其他国家的历史弄混。①

七、新巴比伦王国时期

新巴比伦王国为时短暂，不到 100 年（公元前 626—前 539 年）。但它留下了丰富的文献资料，特别是社会经济方面的资料：抵押、买卖、租佃的契据；赠赐土地、房屋以及其他财产的契约；雇佣奴隶和牲畜的契约；对手工业者进行培训的契约；纳税的收据。此外，审判记录、官方通信、王家铭文、法典片断、文化及科学的文献等也不

---

① 有关亚述的资料，参见库兹森主编的《古代东方史的史料学》。

少。这些铭文是用阿卡德语后期巴比伦方言写成的，大部分出自巴比伦、乌鲁克、尼普尔、波尔西帕、西帕尔、乌尔等大城市，特别是乌鲁克和西帕尔两地的神庙档案，以及埃吉贝（Egibi）商家的私人档案，对研究这个时期的社会经济史具有重要意义，可惜的是没有这个时期的王家档案。

1. 国王的铭文。现在已公布一百多个国王的铭文，它们或者写在泥板上，或者刻在石头或金属板上。这些铭文主要是讲神庙建筑、国王赠给各神庙的牺牲的。在尼布甲尼撒二世和那波尼德（Nabonidus）的铭文中则有一些重要历史事件的报道，以及社会矛盾的反映。

如那波尼德的一个出自西帕尔的圆筒印章铭文，这是一个建筑艾呼勒呼勒的辛神神庙的建筑铭文。该铭文原文为阿卡德语。

在两河流域北部的哈兰城，发现了一些有关国王那波尼德母亲的铭文。他的母亲是该地月神辛神（Sin）的祭司，那波尼德提倡崇拜这里的辛神，而不再把巴比伦原来的主神马尔都克神（Marduk）当作主神，这激怒了巴比伦的祭司们。

2. 书信。多数是有关行政经济性质的，而且多数出自乌鲁克的埃安娜神庙和西帕尔的埃巴巴拉神庙。它们有的是给国王的报告，有的是要求法院揭露某些犯罪行为的，也有的信出自私家档案，如丈夫给妻子的信等。

3. 法律文件。新巴比伦王国也有一部法典保存下来，从一些迹象看来，可能是抄本，且保存的不好，首尾皆已损坏，只有一些关于婚姻和财产权利的条款保留了下来，从留下来的这些内容看，它们与《乌尔纳木法典》、《汉谟拉比法典》等是一脉相承的。

还有不少司法判决保留下来。其内容涉及奴隶的买卖、雇佣、奴隶之间缔结的契约，有关奴隶犯罪的诉讼，以及其他刑事和民事判决。这些对了解当时的奴隶制度、阶级关系、经济关系等提供了不少资料。

4. 年代记。《盖德年代记》和《那波尼德—居鲁士年代记》，是用阿卡德语写成的巴比伦尼亚最重要的年代记。它们记述了新巴比伦王国的产生及其经历的一些重大历史事件，特别是记载了公元前626—前623年、公元前616—前595年以及公元前556—前538年的一些事件；简要地记述了亚述帝国在新巴比伦王国和米底王国的联合打击下崩溃的情况；另有涅尔伽尔—沙尔—艾捷尔（Nergal-Sher-Ezer）和那波尼德对西里西亚和阿拉伯北部的提米的远征，以及波斯帝国征服两河流域的情况。

5. 私法文件。出自私人档案的这些文件对了解新巴比伦王国时期及其前后两河流域的社会经济状况、阶级状况、奴隶制度、商业、高利贷、土地关系、租佃、雇佣等方面提供了丰富的资料。特别是两河流域的著名高利贷者埃吉贝商家的私人档案（共1700多个契约），提供的信息尤其珍贵。它们大多写于巴比伦，少数写于其他地方，涉及公元前7—前5世纪。

6. 时政文章。如在波斯人占领两河流域、灭亡新巴比伦王国后，由两河流域的祭司们写的抨击那波尼德的文章，原文为阿卡德语。因为那波尼德触动了这些祭司们的利益，文章列举了那波尼德不少罪状，但我们应批判性地利用它。

7. 波斯铭文中的资料。如居鲁士二世关于恢复耶路撒冷神庙的敕令。在该敕令的阿拉美亚文（Aramaean）译文中说到尼布甲尼撒二世从耶路撒冷神庙中带走并运往巴比伦去的神庙的黄金和白银器皿。这是指尼布甲尼撒二世两次攻占耶路撒冷城，并劫掠了该城神庙的事。

又如居鲁士的圆筒印章铭文，谈到居鲁士二世攻占巴比伦，灭亡新巴比伦王国。对新巴比伦王国的灭亡提供了第一手的资料。

8.《圣经》、希腊古典作家的记载。《圣经》中对新巴比伦王国攻占耶路撒冷及对巴勒斯坦犹太人的统治的情况有多处记载，对了解新巴比伦王国同埃及争夺巴勒斯坦地区的情况也有记载，对波斯兴起和灭亡新巴比伦王国的情况也提供了一些信息。

希罗多德、色诺芬（Xenophen）、克特西乌斯（Ctesius）、狄奥多洛斯（Diodorus）等人的著作也提供了一些新巴比伦王国的信息，但多半混乱不堪，不是第一手资料，不过希罗多德关于巴比伦城建设情况的记载却是例外。

第二节　古代两河流域史的研究概况

古代西亚的历史研究，是与亚述学密切相关的。亚述学产生于 19 世纪中期，是研究古代美索不达米亚（两河流域，即今天的伊拉克）的语言、历史和文化的综合性学科。它是建立在对这一地区进行的考古发掘及对获得的这一地区最早的文字（楔形文字）进行释读和研究之上的。这种文字最早是在亚述地区（两河流域分为北部和南部两大部分，北部称为亚述，南部称为巴比伦尼亚）发掘出来的，故称为亚述文字，亚述学亦由此得名（但两河流域最早的楔形文字是由苏美尔人在公元前 4000 年代发明的，后来西亚大多数民族都曾使用过这种文字，不同民族都用它来书写自己的语言）。

一、亚述学的前奏

美索不达米亚古文明的再现和亚述学的诞生是建立在考古学基础之上的，只是当考古学家不断地把一座座古城、一件件古物和一批批古文献发掘出来时，美索不达米亚的历史与文明才始为人知。这些考古发掘最初都是由欧洲人，首先是法国人、英国人等进行的。欧洲人对美索不达米亚的兴趣早在古代就十分浓厚，希罗多德等古典作家的记载就证明了这一点。很多旅行家、政治家都到过这里。中世纪时，西方人对这里的兴趣依然不减。例如，在 12 世纪，来自西班牙图德拉城的犹太教教士本杰明（Benjamin）访问了摩苏尔城（Mosul）的犹太人。他是欧洲第一位穿越近东的旅行家，他正确地把该城附近的遗址认作为亚述古都尼尼微①，但他的记录直到 16 世纪才发表。巴比伦古城位置的确定是 1616 年以后的事。当年，意大利旅行家、罗马人彼得罗·戴拉·瓦莱参观了现在希拉附近的土墩。他具有敏锐的眼光，不仅详细地描述了巴比伦城遗址，而且还把在那里及乌尔城遗址发现的刻有文字的砖块带回了欧洲，这是楔形文字首次登上欧洲大陆。

整个 17 世纪和 18 世纪大部分时间，众多的旅行家和探险家抱着不同的目的涌向美索不达米亚，试图根据《圣经》的记载来寻找埋在这片土地下的一度辉煌的古城。1761 年和 1767 年，丹麦数学家卡尔斯滕·尼布尔（Carsten Niebuhr）进行了极有价值的考察，他不仅抄录了波斯古都帕赛波里斯（Persepolis）的铭文（成为释读楔形文字的重要材料），还第一次借助于草图向其同时代人阐述了关于尼尼微古都遗址的具体见解。几年以后，法国生物学家 A. 米肖（A. Michaux）向国家图书馆出售了一块发现于巴格达以南泰西封附近的界碑，这是第一块到达欧洲大陆的有价值的铭文。几乎与此同时，驻巴格达副长官、科学院记者比彻姆·阿博（Beauchamp Abbe）仔细勘察了巴比伦遗址，并进行了美索不达米亚第一次考古发掘。但他也只是雇佣了几个当地的工人，委托一位工头负责。他第一次描述了著名的伊什塔神门，他还提及了一些刻有细小文字的坚固印章，并认为这些文字与发现于波斯波利斯的铭文相似。他 1790 年发表的游记很快便被译成了英文和德文，并在学术界引起了强烈反响。但在美索不达米亚进行科学的考古发掘的第一人是克劳迪乌斯·詹姆斯·里奇（Claudius James Rich，1787—1821 年），1811 年他以英国东印度公司驻巴格达代表的身份考察了巴比伦遗址，绘制了地图，并部分地进行了简单发掘。1813 年他发表了《巴比伦遗址报告》，1818 年又发表了第二份报告。随后他把目标转向了摩苏尔，对尼尼微的大土墩进行了勘察和描述，搜集了许多刻有文字的泥板、砖块、界碑和圆筒印章等，其中包括新巴比伦著名统治者尼布甲尼撒二世和亚述国王辛那赫里布的圆筒印章，这些文字由其秘书卡尔·贝里诺（Carl Belino）抄录后，送给文字释读家格罗特芬德（后面对其成就有详细介绍）。里奇所获得的这些古物成为大英博物馆大量美索不达米亚藏品的核心。不幸的是，正当他意欲大展宏图之时，却于 1821 年英年早逝，年仅 34 岁。

在里奇去世 20 多年以后，古代美索不达米亚的考古发掘进入了一个新阶段。这要归因于两方面的因素：首先，也是最重要的一点，是西方上层社会对古文物的普遍兴趣大大增强。早在 16 世纪，人们就对古文物产生了兴趣，如果说这时期还只是个别现象的话，那么在 18 世纪人们对此的兴趣已经很普遍了，到 18 世纪末期，收集古董在全欧洲已成为一种时尚。另一个重要因素是政治因素。许多欧洲国家尤其是英国和法国都争先恐后地在印度进行殖民活动，它们要寻找一条与印度沟通的陆上捷径。因此，

---

① 还有一种说法认为，他把摩苏尔误认为古亚述城，参见 H. W. F. 萨格斯：《强大属于亚述》（H. W. F. Saggs, *The Might that was Assyria*），291 页，伦敦，1984。

英法两国采取一切可能的手段和方法增强它们对相关地区，尤其是埃及、美索不达米亚和波斯的影响。在 19 世纪中期它们采取的一个手段，就是进行考古发掘。

1842 年，法国政府在摩苏尔建立了领事馆，任命保罗·埃米尔·博塔（Paul Emile Botta，1802—1870 年）为领事。博塔学识渊博，不仅是位出色的阿拉伯学专家，而且具有丰富的从政经验，还曾周游世界进行植物学考察。位于巴黎的亚洲学会在里奇所获成果的吸引下，许诺对博塔所从事的考古发掘工作予以全力支持。1842 年 12 月，博塔开始在库云吉克进行发掘。库云吉克土墩是亚述古都尼尼微的一个宫殿遗址，尼尼微的另一个宫殿遗址是内比尤努斯。但由于挖掘深度不够，博塔在此没有取得太大的成果。博塔还曾提议发掘内比尤努斯，但遭到了当地穆斯林的反对，因为他们的礼拜寺就建在宫殿遗址之上。1843 年 3 月，博塔把发掘工作转向了霍尔萨巴德（Khors-abad）。它位于摩苏尔西北 10 英里处。几天之内他就发现了一座亚述宏伟宫殿的遗存，内有巨大的雕刻石板和楔形文字的铭文。博塔据此认为，里奇把库云吉克—内比尤努斯遗址当作尼尼微是错误的，霍尔萨巴德才是真正的尼尼微。于是他把这一喜讯告诉了巴黎，声明"尼尼微已重新发现"。但事实证明博塔的论断是错误的，霍尔萨巴德实际上是杜尔沙鲁金，是亚述帝国最强大的国王之一萨尔贡二世的城市。博塔一直是自费进行发掘，他获得成果的消息传到巴黎后，法国政府决定给予他资金，使其能继续工作，此外还派遣了一位技艺超群的画家 M. E. 弗朗丹去从事记录考古发现、绘图和雕刻的工作。博塔和弗朗丹回到法国后，以《尼尼微古迹》为题于 1849—1850 年在巴黎发表了其在霍尔萨巴德的考古发现。在这部五卷本的巨著中，文字只占一卷，其余四卷都是弗朗丹绘制的草图。博塔在霍尔萨巴德的发掘成果，大部分现存巴黎卢浮宫博物馆。

另一位美索不达米亚考古发掘的巨人是英国人亨利·奥斯滕·莱雅德（Henry Austen Layard，1817—1894 年）爵士。他出生于巴黎，12 岁以前是在佛罗伦萨度过的。后来在其父的建议下，他决定前往锡兰（今斯里兰卡），希望成为一名律师。在动身以前他学习了阿拉伯语及波斯语。此外，他还阅读了所有他能获得的有关美索不达米亚和波斯的资料及已经发表的关于楔形文字的论文。途中他历经磨难，险些丧生，终于在 1840 年 4 月到达摩苏尔，与他同行的还有一位名叫爱德华·米特福德（Edward Mitford）的人。莱雅德还考察了库云吉克土墩。1841 年 8 月，莱雅德放弃了去锡兰的计划，来到了巴士拉，进而在南部美索不达米亚和邻近的波斯继续考察古代遗迹和商业前景。1842 年，《皇家地理学会杂志》发表了他所写的游记的梗概。1842 年夏，当他决定返回伦敦时，英国驻伊斯坦布尔（当时称君士坦丁堡）的大使斯特拉特福德·坎宁爵士（Sir Stratford Canning）在伊斯坦布尔接见了莱雅德。在此之前，当莱雅德在摩苏尔逗留期间，他结识了博塔，博塔还陪他去了库云吉克和内比尤努斯遗址。1845 年 11 月至 1847 年，莱雅德对尼姆路德（Nim-rud）进行了发掘。尼姆路德位于摩苏尔东南约 32 公里处，就是《圣经》上所称的加拉。莱雅德起初也以为自己所发掘的遗址是尼尼微遗址，后来才知道尼姆路德不是尼尼微，而是卡尔胡城。该城在亚述国王亚述那西尔帕二世（公元前 883—前 859 年）

统治初期得到了大规模的扩建。莱雅德的第一个探方就挖掘出了亚述那西尔帕二世一座宫殿（后称西北宫）的墙壁和雕像。他还确定和考察了亚述国王阿达德·尼拉里三世的"西宫"和阿萨尔哈东的"西南宫"；他还发现了著名的"黑色方尖碑"和著名的巨型带翼牛（现存大英博物馆），方尖碑上画着携带贡物的队列，其中有以色列王耶户的名字。此外，莱雅德还在库云吉克和亚述城作了一次短期发掘。大英博物馆曾向英国政府建议为莱雅德提供 4 000 英镑，资助他把其所取得的考古发掘成果发表出来，公之于世。遗憾的是，这一数额并不算大的请求，遭到了拒绝。1849 年，约翰·默里个人出资把莱雅德的成果出版为《尼尼微古迹》的图片一册，以及对莱雅德发掘工作的介绍——《尼尼微及其遗存》（1848—1849 年）。这部考古学方面最早的书籍很快便成为畅销书，其影响非常大，大大地激发了人们对古文物和考古学的兴趣，莱雅德也声名鹊起。1848 年，当他刚满 31 岁时，牛津大学就授予他名誉博士的称号。

1849 年 10 月至 1851 年 4 月，莱雅德在大英博物馆的鼓励和资助下，在美索不达米亚进行了第二次考古发掘。这次他选择的是库云吉克和内比尤努斯等遗址，他还再一次光顾了尼姆路德。由于健康原因和资金短缺，这次发掘没有取得预想的结果。1851年春，他决定停止考古发掘，返回英国，这时他早已成了名人。尽管他的许多朋友都劝说他从事第三次发掘，但他不为所动。1853 年莱雅德成为伦敦的荣誉公民，1855 年出任阿伯丁大学校长。1853 年他发表了《尼尼微古迹》（第二卷）和《尼尼微与巴比伦城遗址的发现》。

莱雅德返回英国后，其助手霍姆茨德·拉萨姆（Hormuzd Rassam）接替了他的工作。1852 年，拉萨姆与法国驻摩苏尔的新领事维克多·普雷斯（Victor Place）同时在库云吉克遗址的不同区段进行发掘。相比之下，拉萨姆的成就更大一些。他不仅发现了亚述末王亚述巴尼拔的许多狩猎的浮雕，还发现了属于亚述巴尼拔图书馆的许多楔形文字泥板。它们不仅成为大英博物馆的骄傲，而且构成了亚述学的基础。

普雷斯和拉萨姆还为各自国家的利益，在亚述城遗址①展开了竞争，但两人在此均未取得满意的成果。普雷斯在一座亚述宫殿里，发掘出了 186 个小房间，这还不算其前任博塔发现的 14 个。与莱雅德不同，普雷斯的目的不在于搜寻多少古物，他的兴趣在于建筑的结构和内部设计，他在霍尔萨巴德发现的一座亚述宫殿就是保存较好的一例。拉萨姆和普雷斯的挖掘工作都结束于 1854 年。拉萨姆返回英国后，大英博物馆没有对库云吉克遗址再进行大的发掘工作。接替他工作的 W. K. 洛夫图斯（W. K. Loftus）把目标转向了南部诸遗址，对乌鲁克②和拉尔萨③遗址进行了发掘，出土了许多楔形文字

---

① 亚述城也是亚述国家的一个首都，其遗址位于摩苏尔以南现在伊拉克的谢尔格特堡（Qal'ah Shergat）。

② 乌鲁克（Uruk），今天的瓦尔卡，《圣经》中的以力城。

③ 拉尔萨（Larsa），今天的森科拉，《圣经》中的埃拉萨尔。

泥板及太阳神沙马什神庙和塔庙的砖砌平台。

在英国和法国竞相在美索不达米亚发掘并取得了相当大的成就后，其他国家也加入了这一行列。1899 年，德国东方学会主持了在巴比伦遗址的发掘，发掘工作一直持续到 1917 年。德国人对亚述古城遗址的发掘显得更为重视，发掘工作由 W. 安德烈（W. Andrae）主持，时间是从 1903 年到 1914 年。虽然安德烈并未把主要精力放在搜寻泥板和其他古文物之上，而是注重从考古学的角度考察城市的规划，包括各历史时期的城墙、建筑物及其相互关系等，但还是出土了许多泥板文书，它们对研究亚述的历史、宗教和法律等都具有很高的价值。

在两次世界大战之间，美索不达米亚的考古发掘也取得了较大的成绩，尤其是对南部苏美尔诸城遗址的发掘。1922 年至 1934 年，列奥纳德·伍利爵士（Sir Leonard Woolley）对乌尔进行了发掘，向人们展示了一代苏美尔名城的风貌。他在这里发现了一个带有椭圆形城墙的城，最大尺寸为半亩以上。它的北边和西边有幼发拉底河古河床环绕，并有两个船用码头。他还发现了属于较早时期的神庙台基及埋在地下的小型塔庙等。不过伍利最为引起轰动的发现是著名的乌尔王陵。他在这里发现了上百座小墓，其中有一群属于乌尔的"王陵"。"王陵"大约有 16 座墓，墓穴由石筑而成，有的墓穴有几个墓室。墓顶为托梁的石或砖的拱顶，其中还有一座圆顶墓。乌尔王陵中豪华的随葬品和众多的人殉令世界震惊。墓主居于墓室的主要位置，常常被放置在木棺床上，随葬品数量众多，品种齐全，有装饰品、武器、乐器和其他珍宝等。其中用锡和铜熔化铸成的青铜器，是迄今所知世界上最早的青铜制品之一；黄金头盔造型端庄优美；一个由黄金和天青石制成的公牛头，形象逼真，工艺精湛，是世界上古史上著名的艺术珍品。这些精美的艺术杰作不仅是古代美索不达米亚生产发展和科技进步的见证，而且还具有较高的艺术价值，它们所反映出来的设计能力和高超的手工业技艺在古代世界堪称一大奇迹。墓内的殉葬者有死者的妻、妾、仆从、士兵和奴隶等，这在某种程度上反映出苏美尔社会的贫富分化和阶级对立状况。

1926 年到 1931 年，一支美国考古队在基尔库克（Kirkuk）附近的遗址进行发掘，揭开了公元前第 2000 纪亚述历史的新篇章。在这里出土了许多重要的泥板文书，它们对研究整个近东古代社会史都具有较高的价值。1930 年至 1938 年，美国考古队还对位于摩苏尔东北约 12 英里处的两个遗址，即比拉丘和高拉丘进行了发掘。这两个遗址对研究史前史具有重要意义，其保持连续性的居住层可以追溯到很早的历史时期，高拉丘甚至可以溯源到新石器时代。此外，其他一些重要的史前遗址也相继被来自不同国度的考古学家发掘出来，例如英国人 M. E. L. 马洛温（M. E. L. Mallowwan）1933 年在阿尔帕契亚的发掘等。

第二次世界大战后，美索不达米亚的考古进入了一个新时期。1949 年，马洛温代表英国考古学会对尼姆路德进行了再一次发掘，发掘工作断断续续地持续到 1963 年。考古学家的辛勤劳动，使湮没了两三千年的人类最古老的文明大部分得以重见天日，这是古代美索不达米亚诸民族留给人类的宝贵遗产。现在世界许多不同国家的考古队仍在不停地工作，他们定期地把发掘报告传往世界各地。随着时间的推移和考古技术的不断提高及手段的不断丰富，必然会有更多的古城、文献和文物呈现于世。无论考古学家在这一地区的发掘能发现什么，都不再会令世人感到震惊，因为苏美尔—巴比伦—亚述人之创造力及其文明的璀璨早已令人叹服。

二、亚述学的诞生

如果说对美索不达米亚进行考古发掘开始了亚述学的前奏的话，那么对其最古老文字的释读成功则奠定了亚述学的基础。亚述学的诞生是以楔形文字的释读成功为主要标志的。楔形文字是苏美尔人创造的，后被阿卡德人继承，并发展为巴比伦语和亚述语，又由巴比伦人和亚述人传给波斯人等周边民族。然而，解开楔形文字之谜却恰恰要沿着相反的方向进行。具体来说就是，属于印欧语系的古波斯楔形文字的释读成功是打开阿卡德语（巴比伦语和亚述语）迷宫的钥匙，阿卡德语的释读成功又为解开人类最古老的文字——苏美尔文字之谜奠定了基础。

西方人最早关于楔形文字的记载可以溯源到历史之父希罗多德，他在其名著《历史》（Ⅳ，89）中曾提到过这种文字，把它称为"亚述文"（Assyria Grammata）①。但在随后漫长的历史岁月中，楔形文字便鲜为人知。1621年10月21日，意大利旅行家和商人彼德罗·戴拉·瓦莱（Pietro della Valle）在从波斯的设拉子城（Shiras）写给他在意大利那波利城的朋友的信中，首次提到了楔形文字。信中还摘录了一小段文章，包括五组符号。他甚至正确地断定，这种文字是从左向右读的。欧洲人所见的最早的楔形文字便是瓦莱从波斯古都波斯波利斯（Persepolis）大流士皇宫的墙壁上临摹下来的。当时人们对这种文字非常陌生，以至于有些学者甚至怀疑它根本就不是真正的文字，而只是一种装饰品而已。1673年，年轻的法国艺术家安德烈·多利埃尔·德斯兰德斯（Andre Daulier Deslandes）发表了第一份准确的波斯波利斯王宫版画，在其上抄录了铭文上的三个符号，认为它只是装饰物。这种看法在当时及以后相当长的时间里很普遍。但随后在巴比伦尼亚和亚述进行的考古发掘就很快证明，楔形文字是这一地区唯一常用的文字。

最早对楔形文字进行释读的是17世纪末英国旅行家托马斯·赫伯特（Thomas Herbert），他早年曾担任过英国驻波斯大使。1677年，他发表了一份只有3行文字的复制品，并认为它由单词或音节组成。他根据波斯王宫保存完好的铭文，正确地推断出这种文字是从左向右读的，并确认其为波斯人的语言。1693年，英国驻东印度公司代表塞缪尔·弗劳尔（Samuel Flower）发表了一份由20行组成的波斯波利斯铭文，被称为真正的铭文，虽然它只包括23个独立的符号。1700年，托马斯·海德（Thomas Hyde）

---

① 参见希罗多德：《历史》，300页。

在其一部有关古波斯宗教的著作中，复制了弗劳尔的铭文，并把它称为"楔形文字"（Cuneiform）。这是这种文字首次获得这一名称，此后便被普遍采用。遗憾的是，海德仍不相信这种符号表示具体的含义，还认为它只是装饰品。1711年法国旅行家谢瓦利埃·卡尔丁（Chevalier Chardin）复制了第一份完整的波斯波利斯王宫的铭文（他青年时曾三次至波斯波利斯）。3年之后，卡尔涅利·莱布鲁姆（Carneille Lebrum）发表了更为精确的三种语言的铭文抄本。但最终为释读波斯楔形文字铺平道路的是丹麦数学家卡尔斯滕·尼布尔（Carsten Niebuhr）。1778年，尼布尔发表了由三种语言组成的准确、全面的波斯波利斯铭文，指出铭文应该从左向右读。他认为，这三种铭文代表着楔形文字的三种不同形式，并称之为第一种（Class Ⅰ）、第二种（Class Ⅱ）和第三种（Class Ⅲ）。在尼布尔看来，第一种非常简单，第二种比较复杂，第三种最复杂，所含的符号特别多。他甚至正确地分析出第一种由42个符号组成，这种形式代表着这种文字的一种字母排列方法。但他没有进一步确认这三种类型实际上代表着三种不同的文字，而认为它们是同一语言的三种不同形式。

在这里值得一提的是，还有两位学者在古波斯楔形文字铭文之外其他领域取得的研究成果，大大地推动了楔形文字的释读过程。一位是法国学者A. H. 安奎提尔—杜佩隆（Anquetil-Duperron），他长期在印度收集有关琐罗亚斯特教的圣书，该圣书是以古波斯文写成的，因此他获悉了阅读和理解古波斯文的方法。1768年和1771年，安奎提尔—杜佩隆发表了他的有关研究，为那些试图释读古波斯楔形文字铭文的学者提供了有关古波斯文的知识，这些知识被实践证明大有益处。另一位学者是A. I. 西尔维斯特里·德·萨西（A. I. Silvestre de Sacy），他于1793年发表了一份钵罗体语（Pahlavi）铭文的译文，该铭文发现于波斯波利斯城的近郊，虽然该铭文的时间要比波斯波利斯楔形文字铭文晚几个世纪，但它也或多或少地揭示了早期文献的某种固定的模式。这种模式便是："x，伟大之王，王中之王，……之王，y王之子，伟大之王，王中之王……"在尼布尔研究的基础上，两位同时代的训练有素的语言学家的释读工作取得了初步的进展。一位是罗斯托克（Rostock）的东方学家奥拉夫·格哈德·泰克森（Olav Gerhard Tychsen），他在1798年正确地断定，尼布尔所说的三种形式代表着三种不同的语言，在第一种语言中遇到的那些单独的斜楔形符号是分词符号。但他除了认出一个元音字母a以外，其他的推测都误入歧途。另一位是哥本哈根的弗雷德里希·明特尔教授（Friedrich Munter），他于1798年向丹麦皇家科学院提交了他的两篇重要论文，并于1800年正式发表。首先，他也认识到，在尼布尔所说的第一种形式中不断出现的一个斜体楔形符号是分隔符号，这一点与泰克森不谋而合。这是一个非常有价值的发现，因为它使学者们能准确地断定每个词的开头和结尾。其次，他认为第一种铭文是字母文字，第二种铭文是音节文字，而第三种铭文则是一种表意或象形文字。第三，他甚至进一步正确地推测，这三种铭文是阿黑明尼德王朝时期的文献，所记载的内容是相同的。第四，他正确地认出了"皇帝"和"王中之王"这两个词，但非常遗憾的是，明特尔错误地认为这三种铭文中的文字代表波斯文的三个不同发展阶段，即古波斯语、钵罗体语和帕西语，否则他的成就会更大。

至此，虽然释读工作取得了不小的成就，但还只是处于初始和基础阶段，尚无重大发现和突破。

在楔形文字释读方面第一位取得突破性成就的是德国哥廷根一位年仅 27 岁的中学教师，他的名字叫乔治·弗里德里希·格罗特芬德（Geory Fredrich Grotefend，1775—1853 年）。格罗特芬德几乎不懂任何东方语言，但他对解读人造密码特别感兴趣，与商博良释读埃及象形文字的情况不同，格罗特芬德没有作过长期的准备工作，手边也没有释读象形文字时所依据的双语言铭文，他主要凭借其敏锐的洞察力。1802 年 9 月 4 日，格罗特芬德在哥廷根科学院（Gottigen Academy）宣读了他的论文。他以令人信服的材料证实了那三种形式的楔形文字书写的是三种不同的语言，其中第一种是阿黑明尼德王朝时期流行的古波斯语。他也识别出了分词符号，并进一步认为第一种文字是字母文字，而不是音节文字，因为每两个分词符号之间往往刻有 10 个符号，而由 10 个音节构成的词是极其罕见的。格罗特芬德的最大贡献在于，他读出了波斯阿黑明尼德王朝的皇帝大流士、其子薛西斯和其父胡斯塔普斯的名字，并正确地分辨出古波斯楔形文字的 10 个字母。下面便是格罗特芬德释读出的铭文，为叙述方便，我们把它们定名为铭文 I 和铭文 II。

铭文 I

逐符转写　(1) D(a)-a-r(a)-y(a)-v(a)-u-š(a) (2) x(a)-š(a)-a-y(a)-θ(a)-i-y(a) (3) v(a)-z(a)-r(a)-k(a) (4) x(a)-š(a)-a-y(a)-θ(a)-i-y(a) (5) x(a)-š(a)-a-y(a)-θ(a)-i-y(a)-a-n(a)-a-m(a) (6) x(a)-š(a)-a-y(a)-θ(a)-i-y(a)-u-n(a)-a-m(a) (7) d(a)-h(a)-y(a)-u-n(a)-a-m(a) (8) Vi-i-š(a)-t(a)-a-s(z)-p(a)-h(a)-y(a)-a (9) p(a)-u-ç(a) (10) H(a)-x(a)-a-m(a)-n(a)-i-š(a)-i-y(a) (11) b(a)-y(a) (12) i-m(a)-m(a) (13) t(a)-č(a)-r(a)-m(a) (14) a-ku-u-n(a)-a-u-š(a)

逐词转写　*Dārayavauš xšāyaθiya vazrka xšāyaθiya xšāyaθiyā-nām xšāyaθiya dabyunām Vištāspahyā puça Haxāmanišiya bya imam tačaram akunauš*

大流士的古波斯文铭文，意译："大流士，伟大的皇帝，众王之王，诸国之王，胡斯塔普斯之子，阿黑明尼德王朝的皇帝，是建成这座宫殿的人。"

铭文Ⅱ

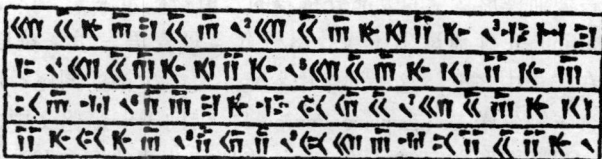

逐符转写　(1) X(a)-š(a)-y(a)-a-r(a)-š(a)-a (2) x₁(a)-š(a)-a-
y(a)-ϑ(a)-i-y(a) (3) v(a)-z(a)-r(a)-k(a) (4) x(a)-š(a)-a-y(a)-
ϑ(a)-i-y(a) (5) x(a)-š(a)-a-y(a)-ϑ(a)-i-y(a)-a-n(a)-a-m(a) (6)
D(a)-a-r(a)-y(a)-v(a)-b(a)-u-s(a) (7) x(a)-š(a)-a-y(a)-ϑ(a)-i-
y(a)-h(a)-y(a)-a (8) p(a)-u-ç(a) (9) H(a)-x(a)-a-m(a)-n(a)-i-
š(a)-i-y(a)

逐词转写　Xšayārša xšāyaϑiya vazrka xšāyaϑiya xšāyaϑiyānām
Dārayavahauš xšāyaϑiyahya puça Haxāmanišiya

薛西斯的古波斯文铭文，意译："薛西斯，伟大的皇帝，众王之王，大流士皇帝之子，阿黑明尼德王朝的皇帝。"

格罗特芬德根据前人特别是泰克森和明特尔的研究成果，断定该铭文是用古波斯语写成的阿黑明尼德王朝皇帝的铭文，其中铭文Ⅰ中反复出现的，标有号码2、3、5、6，以及铭文Ⅱ中反复出现的，标有2、4、5、7的那个词就是"皇帝"。随后，格罗特芬德又尝试用萨珊朝波斯的铭文的模式来解读铭文Ⅱ，该模式正如前面指出的为："x，伟大之王，王中之王，y王之子，阿黑明尼德……"在释读"y王之子"时，他首先假定y是人名，是皇帝的名字。由于这个词在第一篇铭文中是第一个词，而在第二篇铭文中位于"王中之王"这一称号之后，并在词尾多出一个符号，因此，格罗特芬德得出结论，即在第二篇铭文中，"儿子"这个词的前面是附属于它的生格。接下来他开始查阅在希罗多德著作中出现的波斯皇帝的名字，并与他所研究的铭文相对照，以便找出相应皇帝的名字。他首先排除了居鲁士和冈比西斯，因为这两个皇帝的名字长短不一，而他所释读的那两个名字的长度几乎相等。格罗特芬德还发现了另一重要的事实，即第一篇铭文的作者是第二篇铭文作者的父亲，他带有帝王的头衔。据此，他断定，铭文Ⅱ的作者一定是薛西斯，而铭文Ⅰ的作者一定是薛西斯的父亲大流士，大流士的父亲胡斯塔普斯恰好不是皇帝。最后，格罗特芬德把这一个名字代入了古波斯圣经中的名字形式，终于确定了15个字母，其中有4个是错误的。

格罗特芬德所以能在短时间内取得如此巨大的成就，除了他本人具有非凡的智慧和敏锐的洞察力之外，还因为其他文献已提供了一系列波斯皇帝的名字。还有古波斯文字的符号较少，总共只有40个左右，而且其性质与现在通用的字母文字接近，这一切无疑减少了释读的难度。此外，格罗特芬德的释读工作是建立在前人的研究成果之上的，在释读过程中也不断得到其他学者，如泰克森、明特尔和里奇的支持，后者不断把自己在巴比伦和尼尼微遗址获得的楔形文字的铭文抄本送给他。

格罗特芬德的成果为楔形文字的最终释读成功打下了坚实的基础。随后，在许多学者的努力下，古波斯楔形文字的大部分符号的音值被确定下来。1822 年，A. J. 圣马丁（A. J. Saint-Martin）正确地读出了 V；1826 年，丹麦语言学家拉斯姆斯·拉斯克（Rasmus Rask）在"王中之王"这一词组中鉴定了复数生格的词尾；1836 年，巴黎著名的波斯学家尤金·鲍尔诺夫（Eugeme Bournouf）借助于一篇铭文中的波斯部族名称表确定了大多数古波斯楔形文字符号的读法；格罗特芬德的密友和合作者、德国学者克里斯蒂安·拉森（Christian Lassen）则使释读工作暂告一段落。他断定，波斯文字中的元音 a 与印度字母表中的元音 a 一样，是不表示出来的，但长元音是通过词中加上符号 a 来表示的。

真正解开楔形文字之谜的是英国的年轻军官亨利·克瑞斯维克·罗林森①。1835年，年仅 25 岁的罗林森奉命前往波斯，担任库尔迪斯坦省总督的军事顾问。罗林森是一位古典学者和多种语言的研究者，因此他一到波斯便对遍及全波斯的楔形文字铭文产生了浓厚的兴趣，并开始收集三语铭文。他很快注意到哈马丹（Hamadan）附近的阿尔凡德土墩（The Mount Alvard）铭文和位于克尔曼沙（Kermanshah）20 英里远的贝希斯敦铭文（Behistun Rock Inscription）。前者包括以三种语言刻成的两个短篇。罗林森在 1835 年开始临摹。他在对格罗特芬德等人的释读成果一无所知的情况下，采用与格罗特芬德同样的方法，成功地读出了它们。罗林森还正确地断定了 18 个波斯楔形文字符号。但他也认识到，要想确定该铭文的所有符号，必须掌握许多专有名词，《贝希斯敦铭文》恰好为此提供了极好的素材。

《贝希斯敦铭文》是波斯帝国国王大流士一世刻写的铭文，记载的是他镇压国内高墨达暴动②和人民起义的经过。铭文以古波斯楔形文字、埃兰文和巴比伦文三种文字刻在位于古都埃克巴坦那西南的贝希斯敦（Behistun 或 Bisutun）大崖石上，距地面 300 多英尺高，无法攀岩而上。罗林森不得不借助于人工梯架，有时甚至冒着生命危险系绳悬空进行摹拓。他首先着手摹拓出铭文的波斯文部分，共 5 栏 414 行。到 1839 年，罗林森已开始获得一些有关欧洲学者的释读情况，这时他已翻译出前 200 多行。此后由于军务，罗林森的工作一度中止。1844 年，他重返贝希斯敦，完成了全部波斯文铭文 414 行，及第二部分即埃兰文铭文全部 263 行。1848 年，他把他的手稿，包括摹本、转译、翻译、评论和注释从巴格达寄往皇家亚洲学会，从而把古波斯铭文的释读建立在坚实

---

① 罗林森（Sir Henry Creswicke Rawlinson，1810—1895 年），英国亚述学家，在东印度公司服军役期间，研究波斯和印度语言，并最终释读楔形文字成功，被誉为亚述学之父。

② 公元前 522 年波斯帝国内部发生的反对阿黑明尼德王朝的政变，首领为米底祭司高墨达，很快被大流士镇压。

的基础上。同年，著名的爱尔兰语言学家爱德华·兴克斯（Edward Hincks）[1] 发表了一篇论文，文中的许多预想与罗林森独立研究所取得的主要成果有共同之处。至此，古波斯楔形文字的符号和语言的重要特点已经很清楚了，释读工作可以说基本完成，剩下的只需一些微小的修改和纠正。在这方面最值得一提的是 22 岁的德国学者朱利斯·欧佩尔特[2]，他是拉森的学生，与罗林森和兴克斯一道被称为"楔文三杰"。

古波斯楔形文字的释读成功使释读《贝希斯敦铭文》中的其他两种楔形文字成为可能，而大量的来自亚述和巴比伦的考古发掘成果为把这种可能变为现实提供了丰富的文字材料。罗林森等人随后很快便识别出第二种文字的 200 多个符号，这种文字被证明是埃兰文。现在只剩下了第三种即最后一种同时也是最复杂、最难懂的一种文字了。1847 年，罗林森再次从巴格达返回贝希斯敦，冒着生命危险摹拓了铭文的第三部分，即巴比伦文部分，共计达 112 行。同年，天才学者爱德华·兴克斯通过与铭文古波斯文部分中出现的大量专有名词相对照，正确地读出了许多元音、音节和表意符号，并读出了巴比伦语的第一人称单词 a-na-ku（代词"我"）。1850 年，兴克斯进一步断定，巴比伦—亚述语不是字母文字，而是音节和表意文字，一个符号可以代表许多音节（辅音加元音、元音加辅音、辅音加元音加辅音），它们有多种方式来构成一个词，从而否定了瑞典学者伊斯多尔·洛温斯特恩（Isidor Lowenstern）所坚持的巴比伦楔形文字的语言符号是纯辅音符号的主张，后者曾于 1845 年首先正确地指出巴比伦楔形文字属于闪米特语系。在释读过程中的最后一个重要的发现应归功于罗林森，他发现巴比伦楔形文字的最重要的特征之一是"多音性"即一个符号有多种发音方法，代表许多音值，例如：ud 这个符号也可读为 tam、par、lah、his 等。结果，他能列出一个包括 246 个符号的符号表，甚至能粗略地勾画出语法结构。他还最后证实了巴比伦语—亚述语（阿卡德语）属于闪米特语系。罗林森的研究成果于 1850 年和 1851 年发表了。在罗林森研究成果的帮助下，兴克斯又新增加了 100 多个符号，这时他已确定近 350 个符号或读音了。他还正确地断定，一个符号既可以作表意符号，也可以作音节符号和限定符号（部首）。

巴比伦楔形文字的释读工作进展得如此顺利，在短时间内取得如此辉煌的成就，令世人震惊。许多学者对罗林森和兴克斯的研究持怀疑态度，有些人甚至展开攻击，把他们的成果诬蔑为偏见和毫无价值。这时，三杰之一的欧佩尔特根据自己的研究，于 1855 年连续撰文证明罗林森和兴克斯研究成果的正确性和科学性，并且还增加了许

---

① 兴克斯（Edward Hincks，1792—1866 年），爱尔兰亚述学家。曾发现解读埃及象形文字的方法，同时与罗林森等人成功地释读了楔形文字。

② 欧佩尔特（Jules Oppert，1825—1905 年），著名东方学家。生于汉堡，1854 年加入法国国籍，主要著作有 *Elements de la Grammare Assyriene*（1860 年）及 *Etudes Sumeriennes*（1818 年）等。

多可以表示多种音值的新符号。欧佩尔特还是第一位全面研究古代书吏自己准备的音节表的人，这些音节表藏于亚述巴尼拔图书馆发掘出的大量泥板中。他众多论文、文献材料和论点大大地巩固了一门新科学——亚述学的根基。

1857 年是非常值得牢记的一年。在这一年，英国数学家、业余东方学家塔尔博特①翻译出了一份亚述国王提格拉特帕拉沙尔一世的铭文，于 1857 年 3 月 17 日寄给了英国皇家亚洲学会，并建议学会邀请罗林森和兴克斯各自独立翻译此铭文，以便把三篇译文进行比较。此时欧佩尔特恰好也在伦敦，所以学会也向他发出了邀请。皇家亚洲学会安排由五位专家组成的专门委员会对塔尔博特、罗林森、兴克斯和欧佩尔特的四篇译文进行评议，结果表明四篇译文大致相同。这一研究终于得到权威学术机构的正式承认。这门语言后来被正式命名为阿卡德语。一门新的学科——亚述学宣告诞生。罗林森由于在释读楔形文字方面的突出成就，被尊称为"亚述学之父"。

随后，罗林森等人又基本破译了苏美尔语，并因此产生了亚述学的分支——苏美尔学。

三、亚述学的发展

解开文字之谜、有了文字这个基本工具后，学术研究的正式篇章开始了。正式的学术研究在三个层面上展开。

首先，也是基础性的工作，就是整理、释读和发表原始文献资料。主要包括法律文书，如《乌尔纳木法典》、《汉谟拉比法典》、《埃什努那法典》及《李必特—伊丝达法典》等；管理文书、经济文书和契约文书，如《汉谟拉比和萨姆苏伊鲁那时期的法律和管理文献，主要出自拉加巴》（W. F. Leemans, *Legal and Administrative Documents of the Time of Hammurabi and Samsuiluna*, *Mainly from Lagaba*, Leiden, 1960）等；铭文和官方及私人书信，如《汉谟拉比书信和铭文集》（W. King, *Letters and Inscriptions of Hammurabi*, 3Vols, London, 1900）等。

当发掘、整理、释译和出版原始楔形文字泥板文献资料积累到一定程度时，编纂系统的亚述学词典的工作便成为可能。承担这一重要、具有非凡意义工作的是著名的美国芝加哥大学东方学院。参加编纂的学者都是国际著名、一流的亚述学家，编委会人员包括格尔布（I. J. Gelb）、兰兹伯格（B. Landsberger）、奥本海姆（A. L. Oppenheim）、瑞尔（E. Reiner）、西维尔（M. Civil）和布林克曼（J. A. Brinkman）等。该词典按字母分卷，基本一个字母一卷，词汇量大的字母则分为两卷或更多卷，目前已出版至字母 S，共 20 余卷，其编纂工作目前仍在继续。该词典不仅是亚述学者必备的工具书，而且也具有极高的史料价值，因为它的所有例句均选

---

① 塔尔博特（William Henry Fox Talbot, 1800—1877 年），英国摄影的先驱，曾有多项发明，最早释读尼尼微楔形铭文者之一，业余从事亚述学研究，并取得较大成绩。

自各不同历史时期的法典、铭文、契约和书信等原始文献。

然后，形成了一些研究中心。亚述学自创立至今，在不到一个半世纪的时间里，已在全世界具有相当大的规模，并逐渐形成了一些研究中心。它们主要包括美国芝加哥大学、宾夕法尼亚大学、荷兰的莱顿大学、德国马堡大学、慕尼黑大学和哥廷根大学、英国牛津大学和法国巴黎大学等。土耳其的亚述学研究也已达到相当高的水准。西方学者的研究涉及语言学、文学、宗教、政治史、经济史、文化、科技、社会及日常生活等各领域，翻译和出版了大量的楔形文字泥板文书。此外，还值得一提的是苏联学者的研究。他们在社会经济史，尤其是在社会结构和社会制度以及奴隶制的发展等方面的研究，可谓独树一帜，他们用辩证唯物主义和历史唯物主义的方法论来剖析古代美索不达米亚的社会，取得了已被西方学者所接受的许多成果。他们之中以司特卢威、秋梅涅夫和贾可诺夫的贡献最大，尤其是贾可诺夫，他的成就首先要归功于他深厚的语言学功底。

亚述学已在世界许多国家和地区创立了自己的专业刊物，较权威的有巴黎的《亚述学杂志》（*Revue d' Assyriologe*，简称 R. A.），莱比锡和柏林合办的同名杂志（*Zeitschriftfur Assyriologie*，简称 Z. A.），耶鲁大学创办的《楔形文字研究》杂志（*Journal of Cuneiform Studies*，简称 JCS.），芝加哥的《美国塞姆语言文字和文学杂志》（*American Journal of Semitic Language and Literature*，简称 AJAL.），及在东方学界影响最大的《近东研究杂志》（*Journal of Near Easten Studies*，简称 JNES.）；还有《美国东方社会》杂志（*Journal of American Oriental Society*，简称 JAOS.）；罗马的《东方研究》杂志（*Orientalia*，*NovaSeries*）；伊拉克的阿、英版《苏美尔》杂志（*Sumer*）、《伊拉克》杂志（*Iraq*），在西方还有《东方社会经济史杂志》（*Journal of Economic and Social History of the Orient*），等等。值得一提的是，东北师范大学古典文明研究所 1986 年创办了我国第一家英文版的专业刊物《古典文明杂志》（*Journal of Ancient Civilization*，简称 JAC）。这些专业杂志的创办和发展，是亚述学发展的重要标志和保证，是国际亚述学者发表自己研究成果及与同行进行交流的重要阵地。

亚述学还有自己的国际会议，称为"国际亚述学会议"（Rencontre Intevnationald' Assyriologie），每年一次，在不同的国家举行。从 1986 年起，我国便有学者参加国际亚述学会议。

四、专题研究

具体专题的研究状况在很大程度上取决于材料，以下我们将简要介绍一些比较重要问题的研究状况：社会结构或等级制度、土地制度、总体经济体制、社会经济发展和管理体系等。

（一）社会结构或等级制度

众所周知，汉谟拉比在其法典中把古巴比伦社会的居民划分为三个等级，即阿维鲁（Amilum）、穆什钦努（Muskenum）和奴隶（War-dum）。关于阿维鲁与穆什钦努的内涵问题，自《汉谟拉比法典》发现以来，一直存在着激烈的论争。早期论者几乎普遍认为，阿维鲁是贵族，穆什钦努是经济地位和社会地位低于阿维鲁但高于奴隶的中间阶层，即平民①。20 世纪 50 年代以后，随着讨论的不断深入，形成了两个基本派别。米克和克劳斯等人不但坚持早期论者的观点，而且还有所发挥。米克认为，阿维鲁字面上的意思是"人"，但在法律文书中似乎包含三个含义：有时指贵族；有时指不论地位高低的任何自由民；偶尔指从国王到奴隶的任何阶级成员。穆什钦努本来指平民，但在法典有些条目中它显然指的是不同于神庙和国家公共机构的私人公民。② 克劳斯则认为，阿维鲁是由极少数人组成的贵族阶级，而穆什钦努是国王所有臣属的统称，代表与阿维鲁等级相对的"公民"。③ 同时，其他一些学者提出了新主张。较有代表性的，如德莱维尔和迈尔斯认为，"穆什钦努是受王室保护的阶级"，"在某种意义上是王室依附民，他们可能受雇于国王的土地之上"。④ 他们在《巴比伦法》中把 Awicum（阿维鲁）解释为"人"，把 Mar Awilim（直译为"阿维鲁之子"，在古巴比伦时期有时泛指阿维鲁身份）解释为"自由民"。斯佩泽尔从《汉谟拉比法典》及其他材料出发，并根据词源学得出结论，认为"穆什钦努"是"国家依附民"，他们"受国家的特殊保护"；他们"既包括军事也包括平民封地持有者"。⑤ 戈茨亦认为，"在埃什努那，穆什钦努是一个似乎与王室或神庙有密切关系的社会阶级成员"。⑥ 这一派贡献最大的莫过于苏联学者贾可诺夫，他多次撰文阐述自己的观点。他最初认为，穆什钦努是国王份

---

① 参见波斯卡文：《第一帝国》（W. Chad Boscawen, *The First: Babylon of the Bible in the Light of Late Research*），London，1903；L. W. 金：《巴比伦史》（L. W. King, *A History of Babylon*），London，1919。

② 参见 J. B. 普里查德编：《古代近东文献》（J. B. Pritchard, ed, *Ancient Near East Texts Relating to the Old Testaments*），pp. 166，Princeton，1969。

③ 参见 F. R. 克劳斯：《巴比伦王阿米萨杜卡诏令》，（F. R. Kraus, *Ein Edikt des Konigs Ammi-Saduqa Von Babylon*），pp. 149～151，Leiden，1958。

④ 德莱维尔和迈尔斯：《巴比伦法》（G. R. Driver and J. C. Miles, *Babylonian Laws*. Vol. 1，Oxford，1956），Vol. I，pp. 91～93。

⑤ E. A. 斯佩泽尔：《穆什钦努》（E. A. Speiser, *Muskenum*），载《东方研究》（*Orientalia*）第 27 期（1958 年），19～28 页。

⑥ 戈茨：《埃什努那法典》（Albrecht Goetze, *The Laws Of Eshnunna*），见《古代近东文献》，162 页。

地的占有者，他们具有特殊的法权地位，是"与王室经济、强制性的王国公务有联系，并处于公社以外的人"。这些"有义务的而非无条件地占有的人可能只是在公社中无以立足、已经破产与被剥夺财产的人，或是异邦人"。① 后来他对此稍稍作了修改，他把古巴比伦社会的居民（奴隶除外）分为：（1）其父权制家长在公社中享有完全公民权，包括对土地和财产享有所有权及参加自治机构的人，他们处于公社自治机构的司法管理之下；（2）王室仆从，他们以为国王提供服务为条件换取对国王分配土地的使用权。所有王室仆从，从家长到未成年人，都处于王室管理的司法权限之下。王室仆从又分为上下两层，上层以行政官员和工作人员（包括女祭司）或熟练的手工业者的身份履行对国王的义务；下层的义务是从事农业或手工业生产，为王室创造物质财富。在古巴比伦时代早期，第一种人，即在公社中享有全权之人称为阿维鲁；第二种人，即所有王室仆从称为穆什钦努。但后来王室仆从中比较富有的上层因为有更多的机会买得土地，也变成了阿维鲁；同时，富有的公社成员也热衷于在王室管理机构中担任职务。这样便出现了王室仆从的上层与公民的上层融合的情况。② 后来贾可诺夫又大大地修改了自己的观点，③ 因与本文无大干系，故不赘述。

从以上所述不难看出，新一派的代表人物，其观点虽有细微的差别，但他们都主张阿维鲁是在公社中享有全权的自由民，穆什钦努是王室仆从。这一论断无疑符合历史事实。

（二）土 地 制 度

土地制度既涉及王室的控制机制，又涉及城市的权利和地位，更与公民的地位或权利等差相关，所以是非常重大的问题。

关于古巴比伦时期的土地制度问题，学者们给予了极大的关注，参加讨论的学者很多，因为这一问题是所有想把古巴比伦社会作为研究对象的人们都不能回避的问题。我们只能列出几位有代表性的学者及其论著。美国学者 M. J. 艾丽斯（M. J. Ellis）的《古代美索不达米亚的农业和国家》（*Agriculture and the State in Ancient Mesopotamia*, Philadelphia, University of Pennsylvania Press, 1976）和《古巴比伦时期的税收及土地租税》（*Taxation and Land Revenues in the Old Babylonian Period*, Yale University, 1969），其中后者是她的博士论文；苏联学者 I. M. 贾可诺夫（I. M. Diakonoff）的《前萨尔贡时期苏美尔的土地买卖》（*Sale of Land in Pre-Sargonic Sumer*, Moscow, 1954）和《论古巴比

① 贾可诺夫和马加辛涅尔：《巴比伦皇帝汉谟拉比与古巴比伦法解说》，88～90 页。
② I. M. 贾可诺夫：《论古巴比伦的社会结构》，26～27 页。
③ 即认为穆什钦努接近于斯巴达的黑劳士（Helot），是第二型奴隶，见其《古代早期的奴隶、希洛人和农奴》，中译文载《世界古代史研究》（第一辑），北京，北京大学出版社，1983。

伦时期的社会结构》(*On the Structure of Old Babylonin Society*，载《古代前亚社会结构论文集》，Berlin，1971），其中前者是贾可诺夫参加第 23 届国际东方学大会提交的论文；德国学者 H. 克伦格尔（Klengel）的《古巴比伦时期的非奴隶劳动》(*Non-Slave Labour in the Old Babylonian Period*，载 M. Powell ed. AOS 68，1987）；苏联学者 V. A. 雅可布森（V. A. Jacobson）的《关于地产起源的一些问题（古巴比伦时期）》(*Some Problems Connected with the Rise of Landed Property*（*Old Babylonian Period*））；等等。

综合学者们的研究可以看出，古巴比伦社会的土地占有制度的基本格局是王室土地和个人私有化了的公社土地并存。汉谟拉比在征服周边地区的过程中，不断地把被征服地区的土地划归王室所有，所以王室占有大量土地，其比例大概占全国可耕地的一半左右。《汉谟拉比法典》将王室土地大体上分为三大部分：第一部分为王室直接享用的土地（eqlat ekallim 或 eqlum sa res ekallim ukallu），这类土地包括王室庄园和皇家牧场、花园等；第二部分为分配给王室服役的人员的土地，这类土地既可以称为"服役田"（ilku-land），也可以称为"给养田"（eqlum ku-rumatum 或 sukusum）。凡是为王室负担某种义务之人，均可享有与其所承担义务相应的一块土地，作为其报酬。这些人包括祭司、商人、军人、官吏和以各种技能为王室服务的人（如书吏、占卜者、歌手、金银细工、碑铭刻工、宝石工、木工、石工、纺织工、轿夫、渔人、牧人和厨师等），他们除享有份地外，有的人还领取一定数量的粮食和衣物。这类土地的所有权仍归王室，服役之人只具有使用权。一般说来，服役的种类和期限以及与此相适应的享有土地的份额，均有明确规定。只要坚持负担义务，服役者可长期享用其份地，甚至达 20 或 40 年之久。[①] 这类土地又分两种情况：一种是可以有条件地转让或出卖的土地，包括祭司和商人的份地，条件是买者在买得土地的同时，必须承担附着在土地上的相应的义务，也就是说，买主必须接替卖主为王室服务（见法典第 40 条）。这类人一般都是富有的奴隶主，他们自己不从事生产劳动，要么把土地出租出去，要么让其仆从耕种（法典第 49 条和 50 条表明，商人塔木卡有自己的农人或农业仆从，称为 erres tamka-rim）；另一种情况是禁止买卖和转让的土地，主要是士兵（redum 和 bai'rum）的份地。他们不得将与其所负义务相关的田园房屋出卖、遗赠给其妻女及抵偿债务，如果有人买了这类田园房屋，应将之归还原主，但他为此所付的银钱不予退还。但士兵自行买得的田园房屋不受以上限制（法典第 36 ～ 第 39 条）。如果士兵在战争中被俘，其子有能力代父服兵役，就可以继承其父的那份土地；如果其子年幼不能代父服役，就只留给其妻 1/3 的土地让其养育幼子。接替被俘者服役之人可以享用其土地，被俘者归来后仍可领回其土地。但如果士兵擅离职守而放弃土地，他人占用其地并代其服役超过 3

---

① 参见 H. 克林格尔：《古巴比伦时期的非奴隶劳动》(H. Klengel，*Non-Slave Labour in the Old Babylonian Period*)，见 M. 鲍威尔编：《古代近东的劳动力》(M. Powell，*Labour in the Ancient Near East*)，载《美国东方社会》(AOS)，162 页，第 68 期（1987 年）。

年，即使他回来也不能领回原来的土地（法典第 27～第 31 条）。王室土地的第三部分为出租地（eqel biltim）。王室将这类土地出租出去，以收取租税，这是王室收入的主要来源之一。领取和耕种这类土地之人被称为纳贡人（nasi biltim）。这类土地同样不能转让和买卖。至于纳贡人应向国家交纳的收获物的比例，《汉谟拉比法典》中并未有具体规定，至少未能保存下来。美国著名亚述学家艾丽斯在对古巴比伦时期众多租种土地文书进行研究后，得出结论：通常纳贡人要将所租种土地收成的一半或 1/3 交给王室，自己留下另一半或剩余的 2/3。① 这类土地直接归王室管理，王室负责组织和安排耕种。

古巴比伦时期私人占有土地的现象比较普遍，这从《汉谟拉比法典》中便可看出。一般的公民（城市公社成员）都拥有自己的土地，它们可以转让、抵押和买卖，这一时期有关买卖土地的文书相当多，反映出私有经济比较活跃。城市公社成员或公民的土地都来自城市公社，来自祖先，它们最初属于氏族或公社，其私有化的过程在理论上大致经历了以下诸阶段：

（1）土地属于公社保护神的财产。

（2）土地属于公社本身的财产。

（3）土地属于公社内部某一氏族或扩大式家庭村社的财产。

（4）土地属于个体家庭的财产，其以个体家庭家长的名义占有。

（5）土地属于单个人的私有财产。②

总体说来，古代美索不达米亚的经济和土地呈私有化的趋势，这是由商品货币经济的发展决定的，到古巴比伦时期，商业和对外贸易的发展更达到了前所未有的水平。

（三）总体经济性质

古代美索不达米亚社会尤其是古巴比伦时期的总体经济性质问题关系到王室在多大程度上控制着全国的经济命脉，以及城市公社在多大程度上享有经济独立，即城市及其成员的经济地位问题，因此是亚述学领域又一最重要的问题之一。

关于古巴比伦时期的社会经济性质问题，长期以来存在着相当多的争论。虽然也有学者认为古巴比伦时期私人经济占主导地位，但传统上一般认为王室经济（包括神

---

① Cf. M. J. Ellis, *Agriculture and the State in Ancient Mesopotamia*, Philadelphia, University of Pennsylvania Press, 1976, p. 31.

② Cf. V. A. Jacobson, *Some Problems Connected with the Rise of Landed Property* (*Old Babylonian Period*), in Beitrage Zur Sozialen Structure des Alter Verderasien, ed. H. Klengel, Berlin, 1971, p. 33.

庙经济）与私人经济并存，而王室经济居主要地位。① 20 世纪 70 年代以前，人们普遍认为，在公元前第三千纪（古巴比伦时期以前）神庙或国家控制着国家的全部土地，从而控制着国家的社会经济生活。因此，这一时期的商人被认为是王室或神庙代理人，或称寺庙一城邦的工作人员。②

但早在 20 世纪 40 年代就有人以苏美尔和阿卡德文字为证据对此作过系统的批驳。③ 50—60 年代，贾可诺夫④和格尔布⑤以大量的事实从外部向传统理论发起了冲击。他们指出，相当大的经济成分处于王室和神庙的控制之外，属于私人经济。80 年代初，福斯特则通过剖析传统理论的论据，从内部瓦解了传统理论。⑥ 有学者对苏美尔城邦时期商人的经济地位进行了重新估价，认为他们的活动是以营利为目的、自负盈亏的，国家和神庙从来没有承担过损失。⑦ 有的学者甚至走得更远，认为不仅早期历史时期有承包商人，而且在史前晚期这种承包商就已经发挥作用了。

1981 年在意大利罗马举行的国际学术讨论会，是研究古代近东经济史的一个里程碑。提交大会的论文所揭示的从阿卡德萨尔贡时期到新巴比伦王国时期古代近东（主要指美索不达米亚、赫梯、小亚和北叙利亚及乌加里特，不包括埃及）的私人经济状况使人耳目一新。学者们一致认为，"在整个近东地区的任何时期，私人经济的作用和

① 参见哈里斯：《论汉谟拉比时代的世俗化过程》（R. Harris, *On the Process of Secularization under Hammurapi*），载《楔形文字研究》，第 15 期（1961 年）；I. M. 贾可诺夫：《古代美索不达米亚君主国家的兴起》（I. M. Diaknoff, *The Rise of the Despotic State in Ancient Mesopotamia*），载贾可诺夫编：《古代美索不达米亚，社会—经济史》（*Ancient Mesopotamia, Socio-Economic History*），Mosco，1969。

② 参见格尔布：《论古代美索不达米亚所谓的神庙和国家经济》（I. J. Gelb, *On the Alleged Temple and State Economic in Ancient Mesopotamia*），载 *Estratto da Studi Onore di Edouardo*，Volterra，11Vol，Rome 1969，pp. 137～154；A. 凡尔肯斯坦：《苏美尔神庙城市》（A. Falkenstein, *The Sumerian Temple City*），MANE1/1，Les Angel 1974，pp. 7～10。

③ 参见雅可布森：《古代美索不达米亚的原始民主》，中译文见《世界历史译丛》，1980 年第 3 期，68～77 页。

④ 贾可诺夫：《前萨尔贡时期苏美尔的卖地活动》（I. M. Diaknoff, *Sale of Land in Pre-Sargonic Sumer*），载《苏联代表团参加第 23 届国际东方学会论文集》，莫斯科，1954。

⑤ 参见格尔布：《论古代美索不达米亚所谓的神庙和国家经济》，137～154 页。

⑥ 参见福斯特：《苏美尔神庙国家新探》（B. Foster, *A New Look at the Sumerian Temple State*），载《东方经济社会史》杂志（JESHO），第 24 期（1981 年），225～241 页。

⑦ Cf. M. A. Powell, *The Sumerian Merchants and the Problem of Profit*, IRAQ 39 (1977), pp. 23～24.

地位都比迄今所认为的更重要"。① "私人经济，更确切地说是独立于王室再分配制之外的产品交换，在古巴比伦时期的经济中起着巨大的，可能是决定性的作用。"② 有学者甚至认为："在美索不达米亚历史的任何时期，私人经济都起着决定性的作用"。③

（四）社会经济尤其是商品经济研究

古巴比伦时期社会经济尤其是商品经济的发展问题是与总体经济性质密切相关的一个重要问题，它涉及王室经济和城市公社个体经济两个方面，又涉及它们的一个共性，即总体发展水平。投入这一领域研究的学者很多，其成果也相对较多，现择要列举如下。

首先是 I. M. 贾可诺夫主编的《古代美索不达米亚，社会—经济史》(*Ancient Mesopotamia*, *Socio-Economic History*, Moscow, 1969)。这是一部苏联学者关于古代美索不达米亚社会经济史的论文集，收录了司特卢威 (V. V. Struve)、秋梅涅夫 (Alexander Ily-itch Tyumenev)、贾可诺夫、冉科斯卡 (Ninel B. Jankowska)、萨尔基西安 (Gagik Sarki-sian)、丹达马耶夫 (Muhammad Dandamayev)、雅可布森 (Vladimir A. Jacobson) 和尼科尔斯基 (N. M. Nikolsky) 等苏联著名学者的代表作，集中体现了苏联学者在这一领域的研究成果。然后是荷兰学者 W. F. 列曼斯 (W. F. Leemans) 的研究成果。1950 年他发表了《古巴比伦商人，其商业及其社会地位》(*The Old Babylonian Merchant*, *His Business and His Social Position*, Leiden, E. J. Brill, 1950)；1960 年他发表了《古巴比伦时期的对外贸易》(*Foreign Trade in the Old Babylonian Period as Revealed by Texts From Southern Mesopotamia*, Leiden, 1960)；此外他还发表有若干篇论文。这些论著使列曼斯无可争议地成为研究古代美索不达米亚社会经济史的权威之一。其他学者及其代表作有：J. 伦格 (J. Renger) 的《公元前二千纪古代美索不达米亚的非体制性的贸易和非商业的交换模式》(*Patterns of Non-Institutional Trade and Non-Commercial Exchange in Ancient Mesopotamia at the Begginning of the Second Millennium B. C.*, *Circulation of Goods in Non-Palatial Contest in the Ancient Near East*, Rome, 1984)；美国学者 A. L. 奥本海姆 (A. L. Oppenheim) 的《乌尔的航海商人》(*The Seafaring Merchants of Ur*, JAOS 74, 1959)；美国学者 N. 约非 (N. Yoffee) 的《阐释古代西亚的商业贸易》(*Explaining Trade in Ancient Western Asia*, MANE 2/2, Undena Publications, Malibu, 1983)；等等。

---

① Cf. P. Vargyas, *The Problems of Private Economy in the Ancient Near East*, BiOr., XLIV No. 3/4, 5-6/1987, p. 377.

② Cf. J. Renger, *Patterns of Non-Institutional Trade and Non-Commercial Exchange in Ancient Mesopotamia at the Begginning of the Second Millennium B. C.*, *Circulation of Goods in Non-Palatial Contest in the Ancient Near East*, Rome, 1984, pp. 31 ~ 123.

③ Cf. P. Vargyas, *The Problems of Private Economy in the Ancient Near East*, pp. 377 ~ 378.

（五） 管理模式或官僚体制研究

古代美索不达米亚尤其是古巴比伦社会的管理体制或管理方法和模式问题涉及城市公社及其成员或公民在整个王国官僚体制或管理体系中的位置和作用，也就是说，从中可以看出"人"的地位和作用。

在这方面必须首先介绍美国学者 R. 哈里斯的研究成果。1961 年她发表了《论汉谟拉比时代的世俗化过程》（*On the Prosess of Secularization under Hammurapi*，JCS 15）；1968 年她发表了《汉谟拉比及其后继者统治下王国中央集权化的某些方面》（*Some Aspects of the Centralization of the Realm under Hammurapi and his Successors*，JAOS 88）。她最重要的成果是 1975 年出版的《古代西帕尔：一个古巴比伦城市的人口学研究》（*Ancient Sippar：A Demographic Study of an Old Babylonian City*（1894—1595），Istanbul）。在这部著作中，哈里斯对西帕尔城的管理结构、经济结构和人口结构作了较为系统的研究。在此之前，在指导哈里斯进行"西帕尔工程"研究过程中，她的导师、著名亚述学家 A. L. 奥本海姆 1967 年发表了根据"西帕尔工程"而作的具有指导意义的论文《美索不达米亚社会结构新探》（*A New Look at the Structure of Mesopotamian Society*，JESHO 10）。该论文主要对古代美索不达米亚尤其是古巴比伦社会的政治制度和城市管理体系作了宏观论述。除了这师生二人外，其他学者及其代表作品主要有：苏联学者 N. V. 库兹列娃（Kozyreva）的《古巴比伦时期的经济学与行政管理》（*Economics and Administration in the Old Babylonian Period*，JCS 36，1984）；美国学者 N. 约非的《古巴比伦时期王室的经济地位和作用》（*The Economic Role of the Crown in the Old Babylonian Period*，Yale University，1973）；杨达悟的《汉谟拉比与官僚体制——沙马什·哈西尔的角色研究》（Yang Dawu，*Hammurapi and Bureaucracy：Study of the Role of Samas-hazir*，JAC 2，1987）；等等。

（六） 关于奴隶制问题的研究

关于奴隶制问题的研究，苏联学者在这方面下的工夫最大，其研究成果也颇具"戏剧性"。早在 20 世纪 30 年代中期以前，苏联古史学界，包括赫瓦斯托夫、图拉耶夫、尼科尔斯基和司特卢威等，几乎一致认定古代东方是封建社会。直到 1933 年，司特卢威才第一次提出和论证古代东方是奴隶制社会，还遭到了多数学者的批评。1934 年以后，随着苏联国内政治局势的变化，受"奴隶制社会普遍说"的影响，古代东方的社会性质被"论证"为奴隶制社会。在 1960 年召开的第 11 届国际历史学大会上，古代的奴隶制问题成为东西方学者争论的焦点，使得"奴隶制已不再是一种历史现象，而是一个马克思主义和非马克思主义之间的政治问题了"。苏联学者开始抛弃旧的教条主义的论证方法，而采用以事实为依据的理性方法，注重研究奴隶在社会阶级和等级关系中的地位等问题。在此后的几十年里，苏联学者在对奴隶制问题的认识上，产生了较大的分歧，甚至学者们自己的观点也几经修正。如著名亚述学家贾可诺夫在 1966 年还认为奴隶制是古代最经济、实用的生产方式，而两年后便否定了自己的看法，否定了奴隶制生产方式在古代的主导地位，将整个早期文明定名为"古代生产方式"阶段。到了 1998 年，贾可诺夫和 V. A. 雅可布森发表了《古代的公民社会》一文，进一步指出奴隶制"几乎在任何时代都没有在经济中起过主要作用"。其他学者如丹达马耶夫 1974 年发表了著作《公元前 7—前 4 世纪巴比伦尼亚的奴隶制》，根据丰富的泥板文献指出，即使在西亚奴隶制最繁荣的新巴比伦时期，奴隶劳动在农业和手工业中均不起决定作用，只在很有限的范围内得到应用。特别需要指出的是，国际学术界经过几十年对亚细亚生产方式的讨论，终于在 20 世纪 80 年代中期在一个问题上达成共识，即一致否定了古代东方奴隶劳动的决定作用。1984 年，丹达马耶夫甚至在其主编的《古代东方的社会关系与依附形式问题》一书中，为苏联学术界发表了总声明：在苏联的古代东方研究领域，已有大量涉及奴隶的法律地位以及奴隶劳动在生产中所起作用的文献。最近 20 年发表的研究成果已经确立了这一看法，即奴隶劳动在古代东方的主要生产部门中不起决定作用，而这恰恰是指在农业和手工业当中，不管是在王室经济、神庙经济还是在私人经济当中均是如此。而西方史家从始至终都坚持认为，古代东方的社会性质属于封建社会。

附录：期刊和参考书目

· G. A. Barton, *The Royal Inscriptions of Sumer and Akkad*.

· L. W. King, *The Letters and Inscriptions of Hammurabi*.

· G. R. Drier and J. C. Miles, *The Babylonian Laws*.

· D. D. Luckenbill, *Ancient Records of Assyria and Babylonia*.

· Pritchard, *Ancient Near Eastern Texts*, Princeton, New Jersey, Princeton University Press, 1955.

· 希罗多德：《历史》，北京，商务印书馆，1959。

· M. A. 科洛斯托夫采夫：《古代东方史文选》，俄文版，1980。

· 苏联科学院编：《世界通史》，第 1、第 2 卷，北京，三联书店，1959。

· *Cambridge Ancient History*.

· A. U. 久明涅夫：《古代苏美尔的国家经济》，莫斯科、列宁格勒，苏联科学院科学出版社，1956。

· A. L. Oppenheim, *Ancient Mesopotamia—Portait of a Dead Civilization*, 1964.

· S. N. Kramer, *History Beginrs at Sumer*, 1959.

· 世界上古史纲编写组：《世界上古史纲》（上），北京，人民出版社，1979。

第三节 古代赫梯的史料和研究概况

一、古代赫梯的史料

赫梯历史的研究主要依据古文献和考古实物两大部分资料。

1. 古文献资料包括赫梯楔形文字文献、象形文字鲁维语、楔形文字鲁维语和楔形文字哈梯语文献，其中以赫梯语楔形文字文献最为重要。此外，还有少数楔形文字乌伽里特文献和象形文字古埃及语文献。现存绝大多数赫梯语文献出土于赫梯人都城遗址哈吐沙城。此外，在小亚半岛的玛沙特·休雨克、奥塔克伊、库萨克里、叙利亚地区的麦石克那、乌伽里特和埃及的阿玛尔那也发现和出土了一些赫梯语文献。除一篇青铜铭文外，现今发现的楔形文字赫梯语文献均刻写在泥板上。象形文字鲁维语文献刻写在岩壁、石碑和印章上。当然，根据有关赫梯语文献的记载，赫梯人还曾有过银板和铁板铭文，现已不存。

在出土的众多古文献中，内容涉及政治、军事、经济、法律、外交、宗教和神话文学等方面。文献种类有年代记、敕令、辩解词、条约、书信、法典、土地赠与文书，以及祷文、赞美诗、占卜、誓言、神谕、谕告、仪式、节日等各类宗教文献。它们都是学习和认识赫梯历史不可缺少的文献资料。

流传于世最多的是赫梯国王的年代记。现存哈土什里一世年代记、吐塔里亚二世和阿尔努旺达一世年代记、苏庇鲁流马一世年代记和穆尔什里二世十年编年史等。它们是认识赫梯国王之间世袭关系、国王历史成就和王国历史发展演变最重要的史料之一，也是认识赫梯军事史的重要史料。

赫梯学研究中另两篇十分重要的文献是铁列平敕令和哈吐什里三世国王之辩解词。前者确立了赫梯王国王位嫡长子继承制，明确了王室之间、王国之内不应相互敌视、图谋和残杀。后者叙述了哈吐什里三世对自己的篡权行为进行的辩解，是认识赫梯帝国后期王室内部之间政治斗争和历史的重要文献。

赫梯条约是认识赫梯国王对外政策和揭示赫梯王国历史发展道路的另一类重要文献。条约在赫梯历史文献中以其流传数量多、种类多而受到人们的关注。现存三大类条约：一是国与国之间的平等条约，如赫梯国王哈吐什里三世与古埃及法老拉美西斯二世签订的"银板条约"；二是附属国条约，这一类在赫梯条约文献中居多，如赫梯国王吐塔里亚四世与阿穆鲁国王沙乌什卡姆瓦签订的条约；三是赫梯王国与本国王室成员之间签订的王室条约，如赫梯国王苏庇鲁流马一世与沙里一库苏赫签订的条约。前两者充分反映了赫梯王国的对外关系和政策，后者充分体现出赫梯国王驾驭庞大帝国的谋略和王室成员内部之间的政治、军事关系。

书信文献既有赫梯国王与小亚半岛邻近邦国之间的，也有赫梯国王与巴比伦国王、古埃及法老和叙利亚诸小邦国统治者之间的通信。内容多涉及生活资料的供给，双方之间在政治、军事和文化等领域之间的关系和往来。

赫梯法典现存200条款，涉及赫梯人生活的各个侧面，表明赫梯王国历史的发展与法制治国很可能密切相关。

由于赫梯绝大多数经济文书刻写在木板上，经济文书多不传世。现仅有一些刻写在泥板上的土地赠与文书流传于世。

宗教文献是现存赫梯文献中所占比例最大的一部分，种类繁多，内容丰富。赫梯王国历史上的一些重大史实也通过诸如祷文、占卜、谕告、仪式等文献反映出来。如瘟疫祷文等反映了赫梯王国在帝国前期一度受到了重创。

2. 考古文物资料主要包括哈吐沙都城及其周边古城的废墟遗址、神庙遗址、印章与印迹、雕刻、陶、金、青铜和银器、王宫与村落遗址的分布。它们是赫梯社会历史发展的直观反映，印章和印迹的大量发现不仅表明了赫梯人已掌握了较高的雕刻技术，而且也具有很高的史学价值，这是因为它们的发现直接验证了某些赫梯国王的存在与否，反映出某些权贵的权势和地位的变化情况。建筑遗址、雕刻、金属器皿等也都直接或间接地为我们勾画出生活在青铜时代中后期赫梯人社会历史生活的画面。

二、古代赫梯史的研究概况

所谓赫梯学是一门以研究赫梯语、哈梯语、象形文字和楔形文字鲁维语、帕来克语以及胡里特语为基础，揭示印欧赫梯人历史、文化及其社会生活的一个学科。

100年前，赫梯人及其古老文化还沉睡在大地之下。100年来，随着埃及学、亚述学的创立，世界古代史研究领域中又一个新兴学科——赫梯学诞生，并向世人展现了它在人类早期文明发展历程中的魅力和在印欧语言学、历史学、民族学和考古学研究领域中的地位。

赫梯学最初是亚述学的一个分支。然而，由于其内容的独特和研究的不断深入，它终于发展成为一门独立的学科。自19世纪以来，西方诸国的旅行家、探险家、外交官等相继来到叙利亚和小亚细亚半岛地区，考察和收集文物。在小亚细亚半岛中部、叙利亚北部的哈玛特城和阿勒颇城，他们先后发现了许多刻有象形文字符号的碑文。1887年，在埃及的埃尔—阿马尔那城发现了两封为当时学者们还无法破译的书信。1894年，法国人桑特尔在小亚半岛波伽兹科伊小村庄附近发现了几块楔形文字泥板，很快人们认识到它们很可能与在埃及阿马尔那发现的文献是用同一种语言写成的。从此这一地区为西方学者们所关注。德国亚述学家温克勒和玛克里悌代表德国东方协会于1905年前往波伽兹科伊废墟考察，并于1906年开始考古发掘。到1912年，该废墟已出土了近1万块楔形文字泥板文献。在出土的文献中，一部分很快被辨认成功，它们是阿卡德语书信和条约文献，其中，有古埃及国王拉美西斯二世与赫梯国王哈吐什里三世之间的信件。1906 年 8 月 20 日，温克勒和他的同行发现了一篇阿卡德语泥板文献，乃是古埃及国王拉美西斯二世与一个被称作"赫梯国伟大的国王"哈吐什里签订的条约。这些书信和条约的发现表明了它们可能属于一个被称作赫梯的国家，而且该帝国的中心很可能就在该废墟遗址。

在第一次世界大战期间，西欧各国学者开始潜心研究和破译出土于波伽兹科伊的楔形文字泥板文献。早在 19 世纪末，挪威学者克努特松通过对在埃及阿马尔那发现的那两封书信的研究，第一个指出该书信的语言与印欧语有着明显的姻亲关系。1915 年，捷克学者赫罗兹尼再次指出，赫梯语是古代印欧语的一支，并且成功地释读了赫梯语楔形文字文献。虽然克努特松和赫罗兹尼的观点开始不被人们接受，但经过大约 20 多年的时间，他们的观点终于被印欧语言学家、历史学家们所赞同。此外，赫罗兹尼还指出，赫梯语严格意义上应称作奈什语，他的这一观点很快得到学者们的赞同。

克努特松和赫罗兹尼的研究和取得的成就为赫梯学的创立奠定了基础。从 20 世纪初开始，赫梯历史和文化的神秘面纱一步步被世人揭开。

以佐默尔、弗里德里希、埃赫尔奥尔夫为代表的德国学者，以福尔为代表的瑞士学者和美国学者格茨从赫梯文献学研究入手，悉心释读赫梯语文献。在德国，《波伽兹科伊楔形文字文献》和《波伽兹科伊楔形文字文书》先后出版。大约到 20 世纪 30 年代，赫梯历史文献已可以通读。福尔成功地收集并出版了赫梯古王国时期的所有历史文献，整理出一个完整的赫梯国王年表。他在当年提出的许多学术观点都为后来的赫梯学家所证实。

20 世纪 30 年代以来，赫梯都城哈吐沙遗址第一次被建立在科学考古的基础上进行考古发掘。德国人比特尔主持发掘并直到"二战"爆发。1951 年，比特尔出版了《哈吐沙—赫梯人的都城》一书概述了赫梯历史发展的一般过程。

法国和美国的学者们也致力于赫梯语言、文字和历史的研究。他们先后出版了有关赫梯语言的论著。1940 年，第一部系统的、具有较高学术价值的《赫梯语法》一书在德国问世。作者弗里德里希十几年后又编写了第一部赫梯语词典和赫梯楔形文字符号索引。所有这些都成为学习赫梯学和深入研究赫梯史的奠基石。从 1952 年起直到现在，从比特尔、奈弗到现在的泽尔，德国考古队在每年的夏秋季节来到哈吐沙考古发掘。考古现场从下城区转移到上城区。近 20 年来，又有一些具有重要历史价值的文献和考古实物被发现，如青铜铭文和印迹等，不仅为赫梯楔形文字及其文献断代的研究，而且为赫梯帝国后期历史的研究提供了最新、最可靠的史料。

自 20 世纪 50 年代以来，英国赫梯学家格尔尼出版了《赫梯人》一书，他详细论述了赫梯历史和文化，并提出了一个赫梯国王王位继承关系表。美国学者圭特和格尔茨多次撰文，对赫梯、赫梯文明等术语和赫梯历史文化研究中的一些重大问题发表文章。法国学者拉劳什编撰了《赫梯文献总目录》等著作。赫梯学在西方各国蓬勃发展起来。荷兰学者侯温克·坦·黑特和意大利学者卡鲁帕以及德国学者奥滕、诺伊等在赫梯楔形文字和赫梯语研究领域发现，赫梯楔形文字符号和赫梯语经历了一个变化发展过程，它们的差异为赫梯文献的断代提供了巨大的帮助。于是，人们重新对赫梯历史等类文献进行断代，重新认识赫梯历史文化。这使赫梯学的研究经历了一个重大变化。

在弗里德里希之后，德国著名赫梯学教授卡门胡贝尔编撰了《赫梯语辞典》。美国芝加哥大学东方学研究院的一批赫梯学专家编撰了《芝加哥赫梯语辞典》。这两套赫梯语辞典在词汇量的收集、引文例句和文献出处等方面都十分翔实。英国学者鲁威尔和德国学者提什乐各自从词源学角度编撰了《赫梯语辞源词典》。德国学者诺伊和克里斯朵夫成功地编撰和出版了新的《赫梯楔形文字符号词典》，该词典吸收了几十年来赫梯语文字学研究的新成果，具有很高的学术价值。

20 世纪 90 年代以来，赫梯考古发掘又有重大发现。数千块楔形文字泥板文献被发现，一些赫梯古城的地点被确认下来，赫梯王表的研究也日趋丰富和深入。赫梯学的研究处在不断发展的过程中，这使得我们对赫梯历史、宗教、神话文学和经济等领域的认识也更趋全面和深入。

第四节　古代伊朗的史料和研究概况

一、古代伊朗史史料

伊朗是世界文明古国之一。早在公元前 2700 年左右，在伊朗西南部的胡吉斯坦（Khuzistan）地区就进入了文明时代，即埃兰（Elan）文明，形成了伊朗历史上最早的国家。埃兰文明存在 2000 多年，对古代伊朗文化的发展起过重要作用。

公元前二千纪后期，印欧语系伊朗语部落大规模移居伊朗高原地区。公元前 9—前 8 世纪，在伊朗西北部地区出现了许多较小的城市国家。公元前 673—前 672 年，伊朗的米底（Media）部落在反抗亚述帝国的斗争中建立起统一的米底王国。公元前 614 年，米底与新巴比伦王国联合，攻占亚述古都阿舒尔城。公元前 612 年，两国军队攻占亚述都城尼尼微，瓜分了亚述的领土。其后，米底诸王东征西讨，征服伊朗各部，成为西亚最强大的国家之一，号称米底帝国。米底人的征服活动加速了古代伊朗境内各个不同民族、部落的同化过程，对伊朗民族文化的形成作出了重要的贡献。公元前 550 年，米底王国被新兴的阿黑美尼德（Achaemenid）王朝所取代。

公元前 6 世纪末，阿黑美尼德王朝经过长期的对外扩张，成为古代世界最强大的国家。其领土东至西北印度，西至色雷斯，北至黑海、里海沿岸，南至印度洋和埃及，几乎包括了整个地中海东岸文明地区，使各地政治、经济、文化在一定程度上得到空前发展。为了巩固东地中海的霸权地位，阿黑美尼德王朝与希腊进行了长期的斗争。这场斗争最后以阿黑美尼德王朝的彻底失败而告终。公元前330年，马其顿王亚历山大火烧帕赛波利斯（Persepolis）王宫，标志着阿黑美尼德王朝的灭亡和亚历山大帝国的建立、伊朗希腊化时代的开始。

亚历山大帝国解体后，伊朗成为塞琉古（Seleucus）王朝的一部分。公元前238年，在伊朗人民反抗马其顿希腊殖民统治的斗争中，伊朗东北部游牧部落阿帕勒人的首领阿萨息斯（Arsaces）夺取帕提亚（Parthia）地区，建立安息王朝。安息王朝在长达四个半世纪的时期中，成功地对抗了塞琉古王朝与罗马的侵略，保卫了伊朗的民族独立和社会经济文化的发展。著名的丝绸之路，正是在安息时期开始兴盛，促进了整个古代世界国际贸易的发展。安息后期，伊朗开始由奴隶制向封建制过渡。228年，因内部分裂而衰弱的安息王朝被新兴的萨珊（Sassan）王朝所取代。这个重大事件标志着伊朗历史进入了封建社会。

萨珊王朝代表了古代伊朗政治、经济、文化发展的顶峰和最高成就，为现代伊朗文化奠定了坚固的基础，在沟通东西方文化交流方面也起了重要作用。651年，萨珊王朝在经历长期的政治动乱之后，被阿拉伯人所灭。伊朗古代史结束，开始进入伊斯兰时期。

伊朗古代历史资料极为丰富。特别是第二次世界大战之后，由于美国、英国、苏联等国学者的努力，又有许多新的资料被发现，对伊朗古代史的研究起了重要的作用。

（一）前阶级社会和埃兰时期

伊朗前阶级社会的史料几乎只有考古实物资料。最早在伊朗从事考古发掘的是摩根领导的法国考古队。这个队从伊朗政府手中获得25年的考古专利权。考古地点在古代埃兰和阿黑美尼德王朝的都城苏萨，这是古代伊朗政治、经济、文化的重要中心之一。

苏萨考古自1897年开始，连续进行多年，发现大量公元前六千—前三千纪文物，如彩陶、雕像、石器和其他物品。当时的研究者依据彩陶的特征将苏萨文化分为"苏萨1"和"苏萨2"两个时期。但现在多数学者认为这些文化层应分为四个时期：A期相当于"苏萨1"；B期相当于乌鲁克时期；C期相当于詹木迭特—那色时期；D期相当于"苏萨2"和早王朝时期，也就是把埃兰历史的分期与两河流域早期历史作了基本对应的划定。

1903—1904年，美国学者庞佩利在今土库曼斯坦的安诺进行考古发掘，发现了类似苏萨的彩陶。但是，庞佩利和摩根一样，对于民居遗址不甚重视，对于文物的年代、分类不够准确，后来由于苏联学者的辛勤工作，使人们对于安诺文化的年代、关系有了正确的认识。

20世纪20—30年代，在两河流域、印度河流域、伊朗都发现了各式各样的彩陶，其起源和苏萨、安诺有一定关系。当然，还有劳动工具、雕像和民居。这些发现可分为四组：

1. 南部，以波斯波利斯为中心。它证明古代伊朗居民点遍布整个南方，由班布尔一直延伸到俾路支。

2. 中部，卡善附近的西亚尔克、尼赫万德地区、吉扬遗址。

3. 东北部，以呼罗珊为中心，最重要的遗址有希萨尔、王丘等。

4. 西北部的阿塞拜疆地区。

上述各地的考古发现，使我们获得了大量珍贵的考古资料。例如，在伊朗西部、中部和西南部，都发现了典型的穆斯特文化石器和尼安德特人的生活遗址。其中最有名的是"比西通人"化石（旧译贝希斯敦）。还有中石器时代、新时期时代的劳动工具、居民住宅。公元前 4000 纪末期的墓葬中，已经出现了浇铸的青铜器、压模印章、首领的宫殿、权标和泥版文书，表明在伊朗部分地区已经跨入阶级社会的门槛。

关于埃兰历史的文献资料，最初主要是苏美尔阿卡德楔形铭文、经济文书和文学作品。其中最古老、最著名的大概是《恩默卡与阿拉塔国王》。这首史诗叙述的就是乌鲁克国王恩默卡与埃兰山区阿拉塔王国的统治者之间的斗争。其后，基什国王恩梅巴拉吉西（约前 2700 年）侵入埃兰，"将埃兰国的武器作为战利品运走"。但埃兰不久便东山再起，击败两河流域霸主，称霸一时。这些史实都见于《苏美尔王表》的记载。埃兰和拉伽什的关系，见于拉伽什诸王的记载。

公元前三千纪后期，埃兰出现本地的线形文字，由于德国学者辛勤的努力，线形文字已经释读成功。这些线形文字文献都是献给普朱尔·印舒希纳克的祭文。其后，埃兰借用阿卡德楔形文字系统，创造了埃兰楔形文字。埃兰楔形文字写成的文献，最重要的莫过于埃兰王希塔和阿卡德王纳拉姆辛签订的友好同盟条约。这是世界历史上第一份双边国际协定。

由古埃兰时期起，埃兰留下了大量的王家铭文、神庙经济文书和私法文书。它们和考古文物、苏美尔阿卡德文献一样，对研究埃兰国家的历史和社会经济具有重要意义。

（二）米底与阿黑美尼德时期

关于伊朗语部落移居伊朗高原的历史，主要依据考古资料加以说明。伊朗语部落进入高原西部地区之后，开始有了文字记载。公元前 843 年，亚述国王萨尔马拉萨尔三世进攻波斯，这是亚述文献第一次提到波斯。公元前 834 年，他又进攻米底。这也是亚述文献第一次提到米底。同时期的乌拉尔图、巴比伦文献也提到米底和波斯。

虽然希罗多德说到米底人是有文字的，但用米底文字写成的文献至今尚未发现。有关米底的历史，主要依据的是亚述、乌拉尔图（Urarta）、巴比伦楔形文字资料、考古文物资料、《圣经》的某些资料，还有希罗多德所记的米底史料。值得指出的是，希罗多德《历史》有关米底王国的记载，尽管在人物和年代上有些不够准确，但其事实基本上正确。因此，它至今仍然是研究米底历史的重要资料。

在伊朗历史中，阿黑美尼德王朝（古波斯帝国）占有极为重要的地位。有关这个时期的历史资料也特别丰富，如王室铭文、编年史、各种诏令、法令和命令、高级官吏的公函、官方文书、私人信件、地产管理的指示、交纳赋税的收据、履行兵役的文件、司法审判文书、各种契约文书、神庙经济文书、宗教文献、科学文献、叙事文学，等等。这些文字资料使用各种不同的文字写成，为我们研究古波斯帝国的政治、经济、文化、日常生活和风俗习惯，提供了良好的条件。

1. 阿黑美尼德诸王古波斯楔形铭文

至今所发现的阿黑美尼德历代国王的古波斯楔形铭文，几乎都是古波斯楔形文字、巴比伦楔形文字和埃兰楔形文字写成的三体铭文。古波斯楔形文字并不是一种历史地形成的实用文字，而是一种人为创制的文字，专门用以发布王室诏令、铭刻王室铭文，使用范围十分有限，懂得古波斯楔形文字的书吏也很少。因此，到阿黑美尼德后期，古波斯楔形文字使用便越来越少。

但是，古波斯楔形文字只有36个字母符号、1个分词符号、5个表意符号。它已经接近于字母文字，辨读比较容易。因此，古波斯楔形文字铭文不但具有珍贵的资料价值，而且具有重要的语言学价值。

现已发现的古波斯楔形文字的国王铭文大概不下几千种，目前已出版的大约200余件。它们大多发现于波斯、埃兰和米底（但也有在别的地方发现的，如在埃及就发现有大流士一世的铭文）。现存古波斯楔形文字的国王铭文中最早的是阿里亚纳姆涅斯（Arianamnes）金版铭文。居鲁士（Cyrus）的《圆筒印章铭文》也是一个重要文献，反映了他征服两河流域的情况及征服后的政策。最有名的则是大流士一世（Darius I，公元前522—前486年）的《贝希斯敦铭文》。该铭文也是古波斯国王铭文中最大的一个，因刻于贝希斯敦的山岩上而得名。它是由罗林森在1835年发现的，正是靠此铭文罗林森解开了古波斯楔形文字和其他楔形文字之谜，奠定了亚述学的基础。

《贝希斯敦铭文》的内容为大流士镇压公元前522年的高墨塔（Gaumata）暴动及大流士上台后发生的各地起义的情况，对研究波斯帝国早期政治提供了最为重要的文献资料。铭文由波斯语、埃兰语和阿卡德语巴比伦方言三种语言写成，此外还有雕刻，反映了大流士受到善神阿胡拉马兹达（Ahuramazda）的保佑，他脚踏高墨塔，而其他反抗他的人则双手被捆绑于背后。在巴比伦的波斯王宫废墟中发现有一个《贝希斯敦铭文》的片断；在埃及的埃烈芳提那的犹太人殖民者（他们是在波斯军队中服役而派往埃及的）的档案中，还发现一个用阿拉美亚文写成的《贝希斯敦铭文》的片断，说明这个铭文曾分送于帝国各地。大流士也曾说过，他把铭文"发送到了全国"。除了这个《贝希斯敦铭文》之外，还有大流士一世在纳克希·鲁斯坦（Naqsh-I-Rustan）的铭文、波斯波利斯王宫奠基铭文、哈马丹（Hamadan）宫廷金版铭文；薛西斯（Xerxes）在波斯波利斯宫廷的《反台夫铭文》；在苏萨，有大流士一世的宫廷铭文等。在埃及发现的古波斯铭文，有大流士一世的修建苏伊士运河铭文，还有用埃及僧侣文字写成的铭文。自薛西斯以下波斯诸王在埃及留下的铭文，都是用古波斯、埃兰、巴比伦楔形文字和埃及僧侣体文字做成的四体铭文。在土耳其也发现了古波斯铭文，大多是印章。这些印章有阿拉米文字和古波斯楔形文字两体铭文，也有希腊文、古波斯和埃兰楔形文字的单体铭文。

2. 阿维斯陀

《阿维斯陀》（Avesta）是古代伊朗锁罗亚斯德教（Zoroastranism）的圣经，它的形成经历了一个漫长的过程，达上千年之久。相传在阿黑美尼德王朝后期，曾用金汁将经文抄在 12 000 张牛皮上，保存在皇家图书馆。在《阿维斯陀》中，也有一部分章节编成于古波斯时期，并且对古波斯居民的思想意识形态产生了重大的影响。直到现在，还有些学者企图将《阿维斯陀》中提到的传说性人物与米底或阿黑美尼德诸王等量齐观。但是，这种做法很不成功，因为在《阿维斯陀》原文中，根本就没有提到过波斯，也没有提到米底和波斯诸王。

在费尔多西（Firdausi）的《列王记》中，波斯波利斯遗址被称为"贾姆希德的宝座"。这是《阿维斯陀》中黄金时代的名王。凯扬王朝的国王维什塔思普，常常被人们说成是大流士之父。这个王朝的另外两位国王也叫大流士，他们被视为大流士二世和三世。古波斯时期的传说，一直保留在波斯人的心中，因此，中世纪波斯居民还有取名大流士的。

3. 埃兰楔形文字文献

其中最重要的有苏萨档案文献。这是法国考古队在苏萨卫城发现的，共有 300 多份经济文书。文书本身没有日期，根据内容可以将其归入阿黑美尼德早期文献，但不能排除是新埃兰时期的文献。《波斯波利斯城堡文书》，亦称要塞墙铭文，1933—1934 年由芝加哥大学赫茨菲尔德（E. Herzfeld）教授在波斯波利斯城堡西北角墙内发现。文书大多以埃兰文写成，共有 30 000 余份，现已发表的不超过 8 000 份，其发表者为美国学者 P. T. 哈罗克，主要是王室经济人员实物、银两的分配和赋税文书。此外，还有一些波斯高级官吏的通信。该铭文的日期注明为大流士统治第 13—第 28 年，即公元前509—前 494 年。《国库文书》，1936—1938 年发现于波斯波利斯国库中，其中 753 块较完整，另外还有 200 块泥板是破损的。其注明日期为从大流士统治第 30 年起中经薛西斯统治时期，至阿塔薛西斯（Artaxerxes）一世统治第 7 年，即公元前 492—前 458 年。其主要内容为王室经济劳动者库尔塔什（即格尔达）发放报酬的记录。

《城堡文书》和《国库文书》中，也有一些国王的命令，是研究王宫经济的重要文献。同时，它对研究古波斯的社会关系、思想文化和风俗习惯也有重要的意义。这些文书主要发表在《近东研究季刊》上。

4. 阿卡德文献

主要包括阿卡德语的亚述文献和巴比伦文献。

亚述文献是研究伊朗部落早期历史的珍贵资料，其中最重要的是亚述国王阿萨尔哈东和米底首领在公元前672年签订的条约。

巴比伦编年史保存了大量重大历史事件的记载，如米底与巴比伦消灭亚述帝国、居鲁士二世占领巴比伦的经过。巴比伦还发现4 000份私人文书，其中3 000份为居鲁士二世、冈比西斯二世、巴尔迪亚（Bardiya）和大流士一世时期的文书。还有几千份文书收藏在各国的博物馆和私人手中至今尚未出版。这些文书大多是神庙经济文书。私人文书中最有名的是埃吉贝家族和穆拉树家族的文书。前者是巴比伦有名的犹太商人，埃吉贝文书散布在各地博物馆中，出版比较零散；后者是尼普尔城的银行家和高利贷者，穆拉树文书是在一个房间里发现的，出版比较集中。它们是研究古波斯时期巴比伦尼亚地区社会经济史的重要资料。

5. 阿拉美亚文书

阿拉美亚文是古波斯时期通用的官方文字，这一点可以从古波斯帝国各地都发现有用阿拉美亚文写成的纸草文书、羊皮文书、泥板文书得到印证。在波斯波利斯遗址发现许多石器（如石盘、托盘和石凳）上刻有阿拉美亚文字母。有4 000份埃兰文书有阿拉美亚文的摘要。穆拉树家族的档案文献，也有很多是阿拉美亚文写成的。但是，由于阿拉美亚文献大多写在纸草、羊皮上，很难保存，因此只有少数流传至今，且大多是在埃及发现的。其中最重要的有阿黑美尼德王朝的埃及行省总督、波斯亲王阿尔萨米斯（Arsames）给其在埃及和邻近地区的地产管理人所下的命令。埃烈芳提那军事移民点犹太籍士兵的文件等。它们对于了解阿黑美尼德时期埃及的社会经济具有重要的意义。这个时期的阿拉美亚文书，国外已经出版。

6. 古埃及通俗文字文书

古波斯时期的埃及留下了大量通俗文字写成的文书。其中最重要的是埃及贵族乌贾戈列先特的文书，此人最初是舍易斯王朝阿马西斯和普萨美提克斯的大臣，后来成了冈比西斯二世和大流士一世的亲信；还有冈比西斯二世限制埃及神庙地产的命令、大流士一世编修埃及法令的命令；还有阿黑美尼德历代诸王给埃及神庙贡献珍贵礼品的文书。波斯纳已出版117份埃及铭文。

7. 《圣经》史料

在《圣经》中，也有许多文献编成于阿黑美尼德时期。《那鸿书》、《哈巴谷书》的作者大概生活在同一时期，前者记载了尼尼微城毁灭的巨大灾难，后者记载了阿淑尔城的灭亡经过。《以赛亚书》所记载的事件包括三个不同时期，反映出犹太人希望居鲁士二世击败巴比伦，使犹太战俘能重返故乡的愿望。现在还有人认为《以赛亚书》是两人或三人在不同时期写成的。《以西结书》约在公元前7—前6世纪成书，记载了当时的重大历史事件。《哈该书》有明确的纪年，成书于大流士一世统治第2年。《以斯拉书》的部分章节用阿拉米文写成，包含居鲁士二世允许犹太人返回故乡、重建耶路撒冷圣殿的诏令和耶路撒冷当局与波斯国王的通信，是极其珍贵的历史资料。《尼希米书》在内容上与《以斯拉书》相近，记载了波斯时期犹太人的历史。《但以理书》是公元前2世纪形成的书，记载的是公元前6世纪后期新巴比伦王国灭亡的事件。但是，此书是一部文学著作，其中很多历史事件的记述都有错误。《以斯帖书》也是历史小说，但其中记载犹太移民在薛西斯时期的遭遇和波斯宫廷的生活，说明作者使用了某些可靠的资料。特别是作者关于波斯宫廷生活的描写、波斯的风俗习惯和司法程序，得到其他独立材料的证明。

8. 古典史料

尽管古波斯时期的历史资料不断涌现，但古希腊作家的著作仍然是这个时期的主要史料。其中许多重要事件（如希波战争），以及公元前5—前4世纪的政治史、外交史，只是由于希腊作家的记载，才得以为今人所知。实际上，波斯帝国第一部史书并不是波斯人所写，而是希腊人写成的。但是，由于希腊人对波斯人的敌视，他们的著作并不是完全客观的。希腊作家对现代的历史学界仍然有巨大的影响。例如，在现代西方作家编写的伊朗古代史中，波斯国王和波斯城市的名字，都还使用希腊语的名字。更不用说其观点也是亲希腊人的。

最早记载古波斯历史的是爱奥尼亚的希腊作家。不过，这些著作的共同特点是千篇一律，平庸乏味，仅限于对波斯帝国的历史、地理和种族作出简单的确定。例如，米利都人赫卡泰乌斯（公元前560—前460年）就曾经游历波斯帝国，编成《地理记述》一书，这书实际上是波斯帝国各民族和各地区的名录，再加上某些历史和地理注释。全书由讲述波斯帝国生活方式、风俗习惯和宗教的故事组成。

希罗多德的《历史》是研究波斯帝国最重要的著作。该书主要讲述希波战争，旁及埃及、巴比伦、吕底亚（Ludia）及中亚各地历史。希罗多德使用了赫卡泰乌斯的某些资料，他自己也收集到某些准确的资料。同时，他得到波斯政治难民左披罗斯和米底贵族哈尔帕哥斯的后裔提供的宝贵资料，并使用了某些波斯传说。他也得到为波斯国王服务的希腊移民的帮助。因此，《历史》一书具有极高价值。

在古代，能够和希罗多德相比的，还有他的对手克铁西乌斯（Ctesius）。此人是阿塔薛西斯二世的私人医生，在波斯居住过多年，回国后以所见所闻写成一部23卷的著作，包括亚述、米底和波斯等国的历史。该书已佚，仅有某些片断散见于后世史学家（戴奥多拉、庞培·特罗格、波利安、普鲁塔克等）的作品中。尽管他在自己的著作中极力贬低希罗多德，抬高自己，但现代史学家认为他的著作就历史价值而言不及希罗多德的《历史》。

色诺芬（Xenophen）的《希腊史》，记载了希腊各国与波斯的关系。《长征记》记载了小居鲁士的叛乱和为他服务的希腊雇佣军在他战死之后，如何从巴比伦尼亚经亚美尼亚、黑海返回希腊的经过。它是公元前5—前4世纪波斯帝国历史的珍贵史料，同时也是一部引人入胜的世界文学名著和军事著作。亚历山大东征就受到《长征记》的很大影响。《治家格言》保留了波斯行省的管理、赋税和经济方面的重要资料。《居鲁士的教育》则是一部历史小说。书中的居鲁士二世被描绘成理想化的君主,波斯帝国则有如柏拉图的理想国,居鲁士二世和波斯的真实情况反倒退居次要地位。该书保留了大量的古波斯诗歌、故事及珍贵资料,但由于他的篡改和歪曲而真假难分,失去了原有价值。

阿黑美尼德晚期,科洛松的作家迪农写出一部波斯史,起自居鲁士二世,止于阿塔薛西斯三世,书中许多资料,后来被普鲁塔克所引用。

斯特拉波(Strabo,公元前64—前24年)的《地理志》保留了大量有关波斯宗教、习俗的珍贵资料,这些资料都是其他史书中没有的。

西西里作家戴奥多拉的《历史集成》,保留了阿塔薛西斯一世以后波斯历史的珍贵资料,该书也使用了今已不存的历史和文学著作资料。

庞培·特罗格(Pompius Trogus)用拉丁语写成一部44卷的著作,其中部分章节保存在公元2世纪的贾斯廷(Justinus)的著作中,该书使用了大量希腊作家的著作,也保存了一些现已失传的史料。

有关波斯帝国经济制度的记载,则见于公元前4世纪后期亚里士多德的《经济学》。该书保存了波斯诸王、行省总督的经济、赋税资料。

公元前3世纪初,巴比伦祭司贝罗斯写成的巴比伦历史文化著作,使用了巴比伦天文学、神话和历史文献。该书第三卷详细记载了波斯在巴比伦的统治,具有重要的历史价值。遗憾的是该书已佚,现仅存某些片断,散见于后世作者的著作中。

埃及祭司曼涅托(公元前4—前3世纪)写成的埃及历史,其中也谈到波斯人征服、统治埃及的情况,该书引用大量珍贵史料,可惜现在也只有某些片断保存下来。

(三) 希腊化与安息时期

公元前330年,亚历山大火烧帕赛波利斯,标志着伊朗进入希腊化时代。这个时期的希腊著作很多,但涉及伊朗的很少,本地资料完全没有,主要依靠考古资料、古典作家的著作。

关于亚历山大东征的史料,主要取自希腊罗马作家的著作,如阿里安的《亚历山大远征记》、《印度志》,昆图斯、柯提阿斯、鲁佛斯、普鲁塔克等人的《亚历山大传记》等。这些著作引用的资料现在不存,其中最重要的有亚历山大的战友托勒密等人的著作。不过,罗马作家写作的年代正当帝国兴盛时期,歌功颂德、取悦帝王,因此,这些传记也受到了这股歪风的影响,其中有些记载难免失实。

亚历山大帝国灭亡后,伊朗成为塞琉古王国的一部分。该时期伊朗本土的文字资料几乎没有,只能倚靠各种史料拼凑出当时的大致轮廓。这些资料包括希腊的碑铭、乌鲁克和巴比伦的楔形文字文献,钱币和中国的典籍,还有上面已经说到的古典作家的著作,其中最重要的是波利比乌斯的《历史》。希腊化时期伊朗的考古资料现在研究得不够充分,其中最重要的考古成果主要出在杜拉·幼罗波斯(Dura Europos)和底格里斯河畔的塞琉西亚城。

继塞琉古王朝而起的是安息王朝。该王朝文献资料留存极少，因此，安息国王及其附属国埃利迈达（埃兰）、波斯和梅谢那诸王的钱币资料就具有特别重要的意义。最初，在安息钱币上只有用希腊文写的王名阿萨息斯，很难确定哪种钱币是哪个国王的，到公元前1世纪才开始出现了国王的名字。而自公元前137年起，安息钱币开始了纪年，使人们可以确定准确的年代。自1世纪起，钱币上的希腊文逐渐被安息文字所代替。

文字资料有密特拉达特斯（Mithradates）二世在贝希斯敦的希腊铭文、阿淑尔城的阿拉美亚铭文、杜拉·幼罗波斯的拉丁、希腊铭文、苏萨的希腊铭文、阿塔巴努斯（Atabanus）三世给苏萨的信件和阿塔巴努斯五世时期的铭文。

安息时期流传至今的文献资料，最重要的有阿佛罗曼的希腊文和钵罗婆文（Pahlavi）地契、杜拉·幼罗波斯的希腊文献、尼萨（Nisa）的陶片文书、杜拉·幼罗波斯的陶片文书。

巴比伦天文学楔形文字文书对于确定安息纪年有重要的意义。《圣经后典·马卡比传》对塞琉古、安息和犹太的关系有很好的记载。

中国史书《史记》、《汉书》、《后汉书》和汉译《大藏经》，对研究安息、大夏等地的社会经济、文化和对外关系，有极其重要的价值。

如前所述，由于本地文字资料缺乏，我们在研究安息政治史时，不得不主要使用古典作家的著作。其中主要有庞培·特罗格的著作。他是奥古斯都同时代的人，但是，他的著作只有贾斯廷的一个简单摘要保留至今。由于摘录者的粗心，公元前94—前55年的事件被遗漏了。安息与罗马的战争见于普鲁塔克的《名人传》。自公元前69—72年的重大事件，见于狄奥·卡西乌斯、约瑟夫·弗拉维和塔西佗的著作。此外，在波吕比奥斯、斯特拉波、狄奥多洛斯、老普利尼、阿庇安的著作中，也保留了许多珍贵的资料。卡拉森的伊西多尔写的《帕提亚驿站》是一本特别重要的著作，它反映了公元前1世纪末安息的历史地理情况。

安息时期的物质文化遗物研究也很不充分。这方面近年来已经出现了一些专著，如苏联学者科舍连科的《帕提亚人的祖国》等。西方学者对杜拉·幼罗波斯、塞琉西亚等遗址的研究，也取得了重要的成果。

（四）萨珊时期

萨珊时期不像安息时期，它有丰富的资料，既有文物资料，也有文献资料。不过，萨珊时期的文字资料大多为文学的，而不是档案性的资料，因此价值大为降低。

在本地文字资料中，最重要的是萨珊早期诸王和大臣留下的碑铭，其中有沙普尔（Shapur）一世在佩库利和所谓《琐罗亚斯德的克尔伯》的铭文。克尔伯铭文用三种文字（帕提亚文字、钵罗婆文字和希腊文字）写成，内容有萨珊各地的名单、战胜罗马人的经过、袄教火祠的名单和以国王、国王的亲属及宫廷高贵名义奉献的祭品清单。

在这个铭文之下，有袄教改革家、大祭司卡尔提的铭文。最早的萨珊铭文都是三体铭文，稍后是二体铭文（帕提亚文和钵罗婆文），最后只有中波斯语。帕提亚语和中波斯语都采用阿拉美亚文字，中国古代佛经将这种文字译称为钵罗婆文。

萨珊时期钵罗婆文献流传至今很多，但都经过后人的改编，大多成书于伊斯兰早期，主要为宗教性质的内容。这些文献可分为如下几组：

1. 《阿维斯陀》的钵罗婆译本，称为《曾特—阿维斯陀》。

2. 宗教说教性质的文集，其中最重要的有：（1）《丹伽尔特》，约9世纪编成于巴格达，它是有关袄教教义、风俗习惯、历史和文字资料的汇编，今残存 3～9 卷。（2）《班达喜兴》，约9世纪编成，现存伊朗（长篇）和印度（短篇）两种版本。它是袄教的百科全书，既有创世神话，也有动、植物学知识。（3）《阿塔·维拉弗传》，讲述阿塔·维拉弗梦游天堂地狱的故事，类似但丁的《神曲》。（4）传道书，称《安达尔兹》或《班达纳马可》，记载袄教重要活动家的生平。

3. 世俗作品，其中最重要的有：（1）历史小说《帕佩克之子阿达希尔行传》，记载他为王位奋斗的故事。（2）《胡司洛及侍卫的故事》，这是萨珊宫廷生活的写照。（3）《母山羊和棕榈树的争吵》，这是萨珊时期编成的安息长诗。（4）《棋经》。

4. 法律著作中最重要的是《判决千条书》，反映了伊朗安息、萨珊时期社会生活各方面的特点，汇集了丰富的法律资料。

5. 地理著作有《伊朗的城市》。这是关于萨珊省会城市的著作，篇幅不长但地位重要，成书于8世纪后期。

6. 《塞斯坦传奇》。

此外，我们从伊斯兰时期的阿拉伯、伊朗和叙利亚作家叙述中知道，还有一些作品没有传世，仅存阿拉伯或现代波斯语译本。如《帝王纪》、《坦萨尔书信》等。

古典作家的记载，对于研究萨珊历史也具有重要的意义。狄翁·卡西最早在书中提到萨珊王朝。阿米阿努斯·马尔凯努斯（Ammianus Marcellinus）亲身参加了363年的远征，其著作《传记》是研究萨珊与罗马关系的第一手资料。拜占庭国务活动家与史学家普罗科比的《波斯战争》不仅记载了6世纪初的战争，而且还有伊朗的国内大事。阿加菲·斯霍拉斯提克（死于582年）的著作使用了萨珊宫廷许多档案文件，也具有重要价值。萨珊后期的历史，则可见于约安·马拉拉、梅南大·普罗特克托尔等人的历史著作中。

亚美尼亚在古代与伊朗关系密切，这在亚美尼亚作家的著作中也有反映。萨珊王朝的结束和阿拉伯人的征服，在谢别奥斯的《历史》中有详细的记载。霍连的摩西所著《历史》包括了伊朗地理史最珍贵的资料，最为重要。

叙利亚文献对研究萨珊史也有重要意义。斯提利特·乔舒亚的《编年史》（成书于507年左右）是研究卡瓦德（Kavadh）一世的主要资料。《波斯殉教者录》包含有萨珊时期大量宗教、文化资料。

中国史料对于研究萨珊时期历史具有重要意义。除了正史之外，西行求法高僧对中亚和伊朗的记载也很重要。中国境内发现的摩尼教、景教文献，更是研究伊朗宗教史的重要资料。中国学者在摩尼教、景教的研究方面已取得公认的成果。

萨珊时期物质文化遗产很多，但现有研究状况难以令人满意。萨珊王朝在菲鲁兹阿巴德、泰西封（Ctesiphon）、达姆干等地的宫廷，被欧美学者发现和研究。萨珊的丝绸、金属工艺品保存在欧美各地博物馆中，其中圣彼得堡隐士博物馆就收藏了四分之三的萨珊金属工艺品。不过，这些工艺品大多发现在苏联卡马河谷。

二、波斯帝国史的研究概况

阿黑美尼德王朝是伊朗历史上最辉煌的时代。自 19 世纪以来，史学界对该时期伊朗社会各个方面的研究都比较深入细致。其中最重要、最值得介绍的有如下作家及著作。

在古波斯历史研究上，筚路蓝缕的是罗林森。1846 年，他在《王家亚洲学会杂志》第 10 卷 I～II 分册发表《贝希斯敦铭文》的写生、古波斯楔形文字拓片、拉丁化译音、英译文及注释（Vol 10，part I）、古波斯楔形文字字母符号表（Vol 10，part II）。1857 年前，他与其他学者合作成功释读出两河流域其他楔形文字，从而奠定了亚述学的基础，也为古代波斯历史的研究揭开了新的篇章。但是，罗林森的研究成果还有某些细微的错误。经过西方学者近百年来的不断努力，古波斯楔形文字的研究，今天已日臻完善。

20 世纪，古波斯楔形文字的研究有了长足的进步。M. A. Sukumar Sen 出版了 *Old Persian Inscriptions of the Achaemenian Emperors*（University of Calcutta，India，1941），该书有古波斯楔形文字的拉丁译音、英译文；R. G. Kent 出版了 *Old Persian*，*Grammar*，*Text*（Lexicon. New Havan，1953）。该书与前者相比，又有更大的进步，古波斯语语法、铭文和小辞典具备。然而，最值得称道的是 R. N. Sharp 的 *The Inscriptions in Old Persian Cuneiform of the Achaemenian Emperors*（Shiraz Cental Concil of the Celebration of the 25th Century of the Foundation of Iranian Empire）。这本书出版于波斯帝国建国 2 500 周年大庆之时。《贝希斯敦铭文》在大庆前夕，根据各国学者的研究成果进行了修复，成为一个完善的版本。该书前有古波斯语语法，正文有楔形文字文书，清晰明确，精美之极，每段文书下附相应拉丁译音和英译文，可以很方便地与楔形文字文书对照阅读。书后附古波斯楔形文字小辞典，对于想要自学古波斯楔形文字者而言，是一本很好的教材。

在通史方面，西方国家的学者比较重要的著作有如下几种：S. P. Sykes：*A History of Persia*（Macmillan and Co.，Limited st. Martin's Street，London，1921）；G. G. Camernon：*History of Early Iran*（New York，1936；1976）；R. N. Frye：*The Heritage of Persia*（London，1965）；R. Christian：*L'Iran des origians aI'Islam*（Paris，1976，此书以前多次再版，有多种语言译本，英译本有 1954 年的鹈鹕丛书）。以上四人都是西方伊朗学的名人。

Sykes 和 Frye 曾长期在近东和中东活动；Camernon 是古波斯楔形文字的权威；Ghirsh-man（吉尔什曼）长期领导法国在苏萨的考古队，并以他的名字设立了吉尔什曼奖金，奖励伊朗学杰出学者。这些书尽管不是专门的古波斯断代史，但在研究古波斯史时，它们都是必备的书籍。在古波斯断代史方面，最重要的著作有：A. T. Olmstead：*History of the Persian Empire*（The University of Chicago Press，Chicago，1948；1957）。该书共 37 章，从伊朗上古一直讲到古波斯帝国灭亡，详细地研究了古波斯时期的政治、经济、文化等各个方面的历史，提出许多新的观点：如真假巴尔迪亚问题，对后来学者影响较大。J. M. Cook：*The Persian Empire*（London，Melbourre，Toronto，1983），该书是西方最新出版的古波斯历史著作，附有大量原始资料。当然，编成于 20 世纪 60 年代末至 70 年代初的《剑桥古代史》的古波斯部分和编成于 80 年代中期的《剑桥伊朗史》古波斯史部分，更能代表西方在古波斯史研究领域的水平。

在苏联，古波斯史研究也有很多重要成果。如苏联科学院主编的《世界通史》，该书古波斯史部分由苏联最著名的东方学家司特卢威、贾可诺夫执笔。还有贾可诺夫的《古代史纲》（莫斯科，1961 年版），他是苏联中亚考古的领导人，其著作在苏联备受重视。

但是，苏联研究古波斯史最著名的学者还是丹达马耶夫，他是贾可诺夫的学生，不但继承了导师的衣钵，而且大有青出于蓝而胜于蓝的色彩。其主要著作有《初期阿黑美尼德王朝统治下的伊朗》（东方文学出版社，莫斯科，1963）。该书篇幅不长，但涉及古波斯历史上许多重大问题，如真假巴尔迪亚问题、库尔塔什的社会地位问题等等，颇受各国学者重视，被译成多种文字在欧美各国出版，并且在 20 世纪 70 年代获得吉尔什曼奖金，令苏联史学界感到十分自豪。《古代伊朗的文化和经济》（科学出版社，莫斯科，1980），这是他同卢康宁合著的一本著作，全书共 3 章，介绍了自伊朗语部落迁入高原之后，直到古波斯帝国灭亡的政治、经济、语言文字、建筑、历法、宗教、艺术等。该书内容基本上是由他在各个时期发表的重要论文修改后而成的，是研究古代波斯史的主要著作。《阿黑美尼德强国政治史》（科学出版社，莫斯科，1985），该书是前书的姊妹篇，全书共 40 节，专门讲政治史，完全不涉及社会经济、文化等问题，基本上也是过去发表过的论文略加修改后编撰成书。但体例编排有点头重脚轻，早期历史、巴尔迪亚政变编得较多，后面有点虎头蛇尾，不甚了了。当然，这与古波斯后期的历史资料太少有关系。但从总体来说，此书不如前两书。《公元前 7—前 4 世纪巴比伦尼亚奴隶制》（Northern Illinois Universitv Press，1984）一书根据大量的文献资料（包括埃吉贝商家和穆拉树商家的档案资料），分析了那时的土地关系和奴隶制度。由于从公元前 6 世纪末叶起，巴比伦尼亚成为古波斯帝国的经济中心，因而该书实际上是研究古波斯帝国的经济中心地区社会经济发展、变化的重要著作。

1989 年出版的 A. A. 马尔提洛香的《埃吉贝商家》一书，根据埃吉贝商家的经济、私法文件写成。该书叙述了这个商业高利贷家族的家族史及它的各种经济活动、该家族占有奴隶的情况及其奴隶代理人的情况，对了解波斯帝国早期的社会经济及其社会经济政策很有帮助。Guillaume Cardascia 的 *Les Archives des Murasu*（Imprimirie nationale，Paris，1951）和 Stolper 的 *Entrepreneurs and Empire* 都是研究穆拉树档案的，并且有不小的成绩。例如，他们根据穆拉树档案的资料证明，传统认为的波斯帝国实行过包税制的观点是没有根据的。总的说来，苏联学者对古波斯历史的研究并不比西方学者逊色。

我国史学界对古波斯历史的研究起步较晚。文革前最重要的著作，大概要算齐思和主编的《世界通史》（上古部分）中有关古波斯历史的章节（北京，人民出版社，1962）。此外，就是任凤阁的《希波战争》（北京，商务印书馆，外国历史小丛书，1963）。"文革"后，比较重要的有魏杞文的《伊朗远古文化的新研究》（《世界历史》，1979，1）；孙培良的《居鲁士二世》（《外国历史名人传》，北京，商务印书馆，1983）；李铁匠的《巴尔迪亚政变辨析》（《世界历史研究动态》，1987，12）；《〈贝希斯敦铭文〉介绍》（《南昌大学学报》，1987，3），这两篇论文基本上是介绍丹达马耶夫《阿黑美尼德早期诸王的伊朗》一书的观点，并且利用了一些新的资料。《伊朗古代历史与文化》（南昌，江西人民出版社，1993）是我国出版的第一本伊朗古代史专著。《古代伊朗的种姓制度》（《世界历史》，1998，2），是国际上研究伊朗种姓制度比较详尽细致的一篇论文，并且引用中文资料，证明古代伊朗存在着类似印度"不可接触的贱民"阶层。

总的来说，我国学者在古波斯历史研究方面，还处于起步阶段，主要是介绍国外权威学者的成果、观点，翻译一些重要资料。要赶上世界先进水平，还有漫长的征程，任重道远。我们寄希望于世界古代史学界和伊朗语学界的紧密合作，寄希望于年轻专家的迅速成长。

附录：参考书目

· Sharp. R. N，*The Inscriptions in Old Persian Cuneiform of the Achaemenian Emperors*，Shiraz Central Council of the Celebration of the 25th Century of the Foundation of Irarian Empire.

· M. A. S. Surmar，*Old Persian Inscriptions of the Achaemenian Emperors*，University of Catacutta，India，1941.

· G. G，Cameron，*Persepolis Treasury Tablets*，Chicago，1948.

· *New Tablets from the Persepolis Treasury*，JNES，Vol，24，1965；*Persepolis Treasury Tablets Old and New*，JNES，Vol，217，1958.

· R. T. Hallock，*Persepolis Fortification Tablets*，Chicago，1969.

· *Yale Oriental series Babylonien Texts*，Vol，3，6，7.

· G. A. Drivef，*Aramic Documents of the Fifth Century B. C*，Oxford University Press，1965.

· Herodotus，*The History*，The University of Chicago，1980.

· Xenophen，*Anabasis*，Willian Haniman LTD，1968，*Cyropoedia*，Mas-London，1968.

· *The Cambridge History of Iran*，Vol，1—2，1985.

第四章
古代南亚

第一节　古代印度的史料

作为地理概念，古代印度与当代印度不同，它包括现在的印度、巴基斯坦、孟加拉、尼泊尔、不丹和锡金等国所在的广大地区。古代印度是世界文明古国之一，它也曾创造了灿烂的古代文化，对人类文明作出了重要贡献。

研究上古印度的历史，依据的资料按历史时期的不同而大不相同：研究印度河流域文明（哈拉巴文明）的历史，主要是依靠考古发掘的资料（该时代文明只是由于考古发现才为人所知；而这个时代的文字也还未释读成功）；研究后来的印欧语部落的历史，则主要是依据文献资料，而文物资料却极为有限。题铭学的资料不仅出现得很晚（大约在公元前3世纪才出现），而且数量有限，它们最多只能反映历史的基本轮廓。有关社会经济结构的基本资料，如私法文书也极其贫乏。古代印度的文献资料有如下几个特点：（1）宗教性质的资料（如婆罗门教和佛教的经典）多，而世俗性质的资料少；（2）很多都不能确定其时间（无论是写作的时间，还是其反映的问题的时间）；（3）难于确定其作者；（4）其地理概念也较模糊；（5）缺少政府文告性的文献等。

因此，古代印度的政治史不可能写得十分完全，社会经济关系的历史也只能描绘出一个一般的特征，而且还往往要借助于历史推论的方法，使用相当晚的资料。

一、哈拉巴文明时期

哈拉巴文明是古代印度的早期文明。因为这个文明最早是在哈拉巴（Harappa）这个地方发现的，故名。它也被称为印度河流域文明，原因是这个文明最初发现的遗址都集中在印度河流域。而现在，当我们使用这个名称时，则是有条件的。因为，现在发现了很多哈拉巴文化的遗址，是在印度河流域以外的地方，超出了印度河流域的范围。如鲁帕尔、卡里班干（Kalibangan）等，它们属于这一文明，但却不属于印度河流域。现在，这一文明的南北分布约1 100公里，而东西绵延则达1 600公里；两个最大的遗址中心，哈拉巴和摩亨佐—达罗（Mohenjo-daro）也相距640多公里。

哈拉巴文明早在19世纪中叶就已被发现，但大规模的发掘却是在20世纪的20—30年代，已发掘出的遗址达200多个。

属于这个时代的文字已被发现，说明它已进入文明时代。这些文字都刻于印章上，因而称为印章文字，它们尚未释读成功。因此，研究这个时期的历史，只能依靠考古发掘出的文物资料：城市遗址、民居、卫城、生产工具、青铜器、印章、植物遗物和动物骨骼、艺术作品等。

遗址中发现了大量的铜和青铜工具：斧、刀、锯、镰刀、渔叉，说明已进入青铜时代。发现的金属及金属制品还有金、银、铜、铝等，但未发现铁。

遗址中有牛、羊、狗、猪、象、骆驼等的遗骨，这些动物已被驯化；还发现有小麦、大麦、棉花、枣、椰子等；发现了一条长约227米的灌溉渠道，说明已有人工灌溉。除农业和畜牧业以外，捕鱼业和狩猎业在经济生活中也占有一定地位。

在印度河流域地区发现大量的砝码（说明此时已有较完善的度量衡制度、内部的商品货币关系也较发达）和手工业产品、金属制品、陶器、车、雕刻、装饰品（如项圈、胸饰、臂腕的环、镯、指环等）、武器（如斧、矛、匕首、钉头锤和投石器等）。发达的农业、畜牧业、手工业为内外贸易的发展提供了条件。

在两河流域的一些城市（乌尔、基什、泰尔—阿什马尔等处）、伊朗高原的雅赫雅特普、南土库曼的阿尔顿德普、波斯湾的巴林岛等地，发现了属于哈拉巴文明的典型遗物——印章，说明该文明与西亚有着广泛的经济文化联系。巴林岛大概是古代印度与两河流域联系的中间站。

哈拉巴文明发现了大量的城镇遗址；哈拉巴、摩亨佐—达罗（原意为死者之丘）、强胡—达罗（Chanhu-Daro）、卡里班干等，说明它是一个城市文明。这些城镇中的大城市的布局大都一样：有卫城和住宅区两大部分。卫城或要塞位于城市之中，是人工建造的长椭圆形高台，高度为30～50米，长宽各有300米和180米，围有城墙。卫城的存在，说明战争的经常发生。另外还有谷仓和水池，在谷仓附近有用于磨谷的用具和若干可能是用于磨谷的人居住的小房。城市被街道划分为若干街区，街道平整，主街道宽达10米。房屋通常是两层楼，平顶，用烧制的砖建成。也有宽大的似是宫殿式的建筑。每户都用厚厚的砖墙围着，都有自己的井。城市有完善的供水系统和排水系统。

艺术品有石雕和骨雕，一尊著名的青铜女像，其左臂上有很多镯圈，人体比例精确，风格与后来时代的极为相似，显然为后来者所继承。

大量印章的存在，以及住房大小的差异，说明了私有制和阶级分化的存在。已发现的印章约2 500个，大部分出自摩亨佐—达罗，每个印章上的文字很少，而且缺乏双语言铭文，因此释读起来十分困难。已发现的印章上的文字符号约300～400个，其阅读方向是从右往左。

二、梨俱吠陀时代

公元前1750年左右，哈拉巴文明突然灭亡，其原因迄今未明。公元前1500年左右，印欧语系部落进入到印度河上游，从此，印度古代史上开始了以印欧语系部落为主的时代。

印欧语系部落历史的最早时期称为早期吠陀时期，或称梨俱吠陀时期，因为，研究这个时期的主要资料是《梨俱吠陀》。

印欧语系部落传至我们今天的最早文献是吠陀经，它是婆罗门教的经典、神圣的文献，传统上把它们看做是神的启示的结果。

吠陀文献的内容是颂歌、咒语和祷词，还有一些较晚时期的有关伦理道德、法律、仪式的内容。

吠陀经有四部：《梨俱吠陀》、《娑摩吠陀》、《耶柔吠陀》和《阿闼婆吠陀》。对研究古代印度早期历史来说，吠陀文献的意义是十分巨大的：它们提供了印欧语系部落迁入北部印度、开发恒河流域，以及他们的部落的社会政治制度演进、国家产生等方面的历史知识。

吠陀文献形成的时间问题是一个较为复杂的问题。很多学者认为，它们是在很长的时期里形成的，是一代一代口头传说下来的，经过了不断的加工和编辑。在四部吠陀中，形成时间最早、反映的历史时代也最早的是《梨俱吠陀》。根据语言学的资料判断，《梨俱吠陀》大约形成于公元前 2000—前 1000 年代之交的时期，虽然，其中的某些颂歌反映的观念和概念，可以追溯到更早的时期。在对《梨俱吠陀》的内容研究后，学者们认为，它主要是在旁遮普（Panjab）地区形成的。《梨俱吠陀》的编者显然可以归之于祭司们。

《梨俱吠陀》，又称《颂歌吠陀》，由 1 028 首长短不一的颂歌组成，共 10 462 个诗节。从内容看，它大多是对某个神的赞颂和祈求，是高级祭司在献祭时念诵的诗歌。

《梨俱吠陀》中反映的印欧语系部落的经济生活水平，显然与哈拉巴时代不同。他们不是住在城市中，而是散居于乡村。哈拉巴文明时代的城市已不复存在。吠陀中虽然描写了用石头建成的百道堡垒式的城墙，但可能是土著用以避难的；印欧语系部落自己的城市尚未出现。

梨俱吠陀时代，印欧语系部落已逐渐由游牧向农业过渡。耕地被称为乌尔伐拉或克谢特拉。已懂灌溉，使用肥料，种植大麦和水稻。畜牧业仍占重要地位，饲养牛、马、山羊、绵羊。母牛很受尊重，牛奶仍是重要食品。手工业有木工、金工、制革工、织工和陶工。交换已经出现，仍是物物交换，运输有双轮马车和用牛拉的货车。

分析《梨俱吠陀》的资料，可以有助于恢复早期吠陀时代的政治组织和社会关系、居民的经济活动、习惯和法权；探索等级制度、阶级关系和国家产生的过程。《梨俱吠陀》还提供了一些天体演化、结婚、葬礼、居民日常生活的资料。在祈祷的颂歌中，也有一些可能对历史研究有用的资料。

《梨俱吠陀》还有一些反映印欧语系部落之间的竞争、印欧语系部落同非印欧语系部落之间的斗争、印欧语系部落的迁徙、开发新的地区的一些描述，叙述了婆罗多（Bharata）的国王苏达斯同几十个统治者的战斗。

三、晚期吠陀时代

反映晚期吠陀时期的资料主要是文献资料，它们包括形成较晚的三部吠陀经：《娑摩吠陀》、《耶柔吠陀》和《阿闼婆吠陀》，以及解释这几部经典的书：梵书（Brahmanas）、森林书和奥义书及法经。此外，还有两部大史诗：《摩诃婆罗多》和《罗摩衍那》。也有些考古发掘的资料，但很有限，如关于冶铁遗址的发掘。吠陀文献证明这时确实已进入了铁器时代。

《娑摩吠陀》现存 2 卷，1 549 颂（颂即诗节，一颂为两行）。就其内容而言，只有 75 颂不是重复《梨俱吠陀》的。《耶柔吠陀》是经文和牺牲公式，传下来的有 5 部分，其中卡特哈卡、卡比什特哈拉—卡特哈本集、塔伊提利亚本集和毛特拉雅尼本集称黑耶柔（Krisna Yajur），其余部分称白耶柔。白耶柔由 2 000 首颂歌组成，其内容是关于祭祀仪式的说明。《阿闼婆吠陀》是四部吠陀中最晚出的一部，其中的若干内容与《梨俱吠陀》差不多，它由两部分组成：沙乌那基亚和帕依帕拉达，其主要内容是咒语（但也有颂歌），如诅咒恶毒思想和疾病，乞求得到孩子、财富、权力和长生。它主要用于家庭的各种仪式，在很大程度上带有民间的性质。它出自民间而不是出于祭司，因此，在很长时期里，它不被承认为神圣的知识。它与《梨俱吠陀》不仅在编纂时间、反映时代上有不同，而且在内容与目的上也有差异，反映的地区也不同。《梨俱吠陀》反映的是印欧语系部落初到印度时，在旁遮普地区的情况；而《阿闼婆吠陀》则反映的是印欧语系部落已移居到恒河流域及其以南地区的情况。

梵书的内容为解释进行献祭牺牲的仪式出现的各种征兆，阐明仪式活动和仪式的公式之间的联系。其中有两部梵书（他氏梵书，Aitareya Brahmana 和乔尸多基梵书，Kausitaki Brahmana）是与《梨俱吠陀》有关的；潘恰维姆氏梵书（Pancavimsa Brahmana）等是解释《娑摩吠陀》的；而《百道梵书》（Satapatha Brahmana）中传下来的两个部分（坎瓦和马德鞍维狄那）是与白耶柔吠陀有关的；戈帕扎梵书（Gopatha-Brahmana）则是与《阿闼婆吠陀》有关的。

梵书主要是讲一些正式的仪式的。其中的有些仪式，如登基大典的典礼，具有重要的意义，它对我们了解王权的性质、宫廷中各个集团的地位、人民会议的存在等提供了资料。

梵书中对吠陀宗教仪式的解释往往出自神话。神话和传说是它内容的重要部分。一般说来，梵书的形成时间要晚于吠陀，大约是在公元前 1000 年代前期；创作的地区在北印度，在从印度河流域至恒河流域上游的地区。

森林书是一种在森林中传授的教训，或指在森林中隐修的人们的著作。它讨论了各种仪式的喻义和各种吠陀经的神秘意义，而不涉及献祭仪式本身。它在语言上、内容上和体裁上与梵书有很多相似之处。

奥义书（Upanisads）原意为隐秘的、玄奥的知识，也被称为吠陀的终结。它的有些内容在森林书中已经有了，但也有森林书中所没有的。它更多的是哲学性质的沉思默想，沉思默想的内容为梵天（即宇宙灵魂、上帝）与自我两个概念的关系。奥义书的最早部分，如广林奥义书（Brhadaranyaka Upanisad）和歌者奥义书（Chandogya Upanisad）约形成于公元前 7—前 6 世纪；晚一些的如他氏奥义书（Aitareya Upanisad）等约形成于公元前 6—前 4 世纪；最晚出的如曼都克雅奥义书（Mandukya Upanisad）等则是公元前 2—前 1 世纪的作品。

上述这些晚期吠陀文献反映了印欧语系部落的瓦尔那（Varna）制度的形成、国家形成和新的宗教观念（婆罗门教）的形成。由于它们主要是为仪式服务的，因而不可能完整而平均地反映社会生活的各个方面，因此它们反映这个时期的统治、社会和政治结构的情况是片段且极其简单的。但正因为它们提到这些情况时大多是偶然的，不是刻意的、有倾向性的，因而在反映历史真实性方面也应该是比较可靠的。

史诗《摩诃婆罗多》，意为"婆罗多族的长篇传说"，或"婆罗多族大战的故事"，或"伟大的婆罗多"，是一部长篇叙事史诗。该史诗共 19 卷，82 136 颂，基本上用的是 8 音一句、4 句一节的"颂"体诗律，也有少量的散文。相传史诗为广博仙人（或叫毗耶婆）所作，但实际上，这部史诗是由《婆罗多》（婆罗多族的传说）逐渐扩充、发展而成的。现在的史诗约形成于公元前 4 世纪至 4 世纪，由古代的口头吟诵流传下来。

《摩诃婆罗多》（Mahabharata）史诗说的是婆罗多（Bharatas）王的后代，般度和持国两兄弟的儿子们之间争夺政权的战争。在史诗中，般度的儿子们被称为般度族，持国的儿子们被称为俱卢族。事件发生在恒河（Gange）与朱木拿河（Jumna）上游之间地区。故事说，最初国王般度治理国家，他死时，5 个儿子均未成人，持国的儿子们乘机夺取了政权，般度 5 子被迫流亡。他们来到般遮罗国，娶了该国的公主为 5 兄弟共同的妻子。他们在叶木拿河畔建干帝城，长兄坚战（Yudhisthira）成了国王；持国的儿子用骗术胜了般度 5 子，般度族 5 兄弟被迫在森林中度过 12 年，忍受了各种艰难困苦。后来，他们与持国的 100 个儿子大战 18 天，战胜了他们，夺回了政权，但双方损失都很大。般度族对此结果也不满意。最后，他们让 5 兄弟中一个叫阿周那的人的孙子继承了王位，而他们自己则隐退到喜马拉雅山去了。

《拉马耶那》（Ramagana）的意思是拉马的漫游，其作者相传为蚁垤大仙。这部大史诗是梵语的一部"最初的诗"。全诗共有 24 000 颂，共 7 卷，每卷又分若干章。《拉马耶那》史诗讲的是拉马的故事。故事说，楞伽岛上（Lanka，今斯里兰卡）住着一个名叫十首王罗波那的恶魔，他与诸天大神作战，每战必胜。因此，他不断欺负诸天神与修道仙人。地上只有一个人能战胜他。于是大梵天命毗湿努下凡到地上去寻找这个能战胜十首王罗波那恶魔的人。这个人就是拉马。他找到了拉马。拉马是阿瑜陀国（Ayodhya）十车王的长子，国王原准备让他继承王位，但国王的第二个王后却施展诡计，让国王废除了拉马的王位继承权，而让她自己的儿子婆罗多当上了国王。拉马及其美丽善良的妻子王后悉多被放逐到森林里达 14 年之久。拉马及其妻子、兄弟罗什曼被放逐到森林后，恶魔十首王罗波那将拉马的妻子悉多劫持到了楞伽岛。拉马到处寻找妻子悉多，遇到了也被兄长放逐的猴王。拉马帮猴王恢复了王位，猴王为了报答拉马，决定帮助拉马寻找悉多。拉马经能在空中飞行的神猴哈努曼之助，知道了悉多的下落，并经他告知悉多，说他很快就去解救她。拉马在由猴子和熊组成的大军的支持下，渡海到了楞伽岛，与十首王罗波那进行了激烈的战斗。战斗中，双方都表现了卓越的武艺和勇敢精神。结果，十首王罗波那战败被杀，拉马取胜，解救了妻子。他们结束了被放逐的生活，回国恢复了王位。

这两部史诗都可以说是以一种诗的形式写成的历史文学性质的史诗。其内容丰富，是百科全书式的著作。对于历史研究来说，它们反映了晚期吠陀时代的情况。不过作为该时期的资料，在引用时要慎重。

接近于晚期吠陀文献的，还有一些文献：耶须伽（Yaska）的《尼禄多论》，帕尼尼（Panini）的《八讲书》，帕坦伽利（Patanjali）的《大疏》以及《闻经》、《家范经》、《仪轨经》等。它们被认为是吠陀的辅助文献，是解释吠陀经的铭文和正确执行仪式所必需的教规。

公元前 6 世纪成书的《尼禄多论》是对吠陀文献中的一些难解的话、名字和称呼的解释。《八讲书》是文法书，也是重要的历史资料，被称为印度最大的科学著作。它引用了很多名字、称呼和术语，对研究古代印度的地理、社会和政治制度具有重要意义。《大疏》编于公元前 2 世纪，是注释帕尼尼的《八讲书》的。《闻经》是一种祭酒仪式的规则，它无论是就内容而言，还是就编成时间而言，都接近于梵书。《家范经》指出了日常生活中的各种简单礼节，是用于印欧语系部落每个家庭举行的一种仪式（如结婚、分娩、教育和埋葬及其他仪式），其创作时间大多在公元前 1000 年代中后期。《仪轨经》是阐明人们生活各个阶段的行为规范的书。

古代印度留下了许多名为"法律"文献的著作，但它们都不是世俗政权颁布的，而是由婆罗门教颁布的。这就是"法经"（Dharmasutra）和晚一些的"法论"（Dharmasastra）。不过它们对几乎所有的人都有约束力，它们对研究印度的历史、法律、社会和文化提供了丰富的资料。

吠陀被认为是古代印度法最早的版本。《摩奴法论》说，法的根是全部"吠陀"，"摩奴为任何人规定的任何法，全部是吠陀的教示"。吠陀作为法，包含了下述几个方面：

第一，它提出了古代印度法核心内容的瓦尔那制度的原则，规定了各瓦尔那的法律地位和行为规范。

第二，提出了许多有关司法制度的术语、内容和原则。

第三，吠陀本身不是法典或法律汇编，也未在法律规范和别的社会规范之间划出一条清楚的界限，但它不仅提出了传统印度法的理论基础和基本原则，而且它本身也成为印度世俗政权制定法律的依据。

古代印度的"法律"文献包括"法经"和"法论"两个阶段。

属于"法经"的有如下一些文献：《乔达摩法经》、《磐达耶那法经》、《阿跋斯檀巴法经》、《伐息斯陀法经》。法经的编纂年代，有的学者认为要晚至公元 1000 年代初。

1. 《乔达摩法经》。这是最古老的法经，传至今天的是一部大的仪式汇编的文献。它用散文体写成，纯法律部分只占该法经的很小一部分。其中关于民法方面的有：税制、地下埋葬财宝的处理规则、未成年人的监护、金银借贷、债务偿还、典押和寄存、证据准则、妇女个人的私有财产、12 种儿子、继承权等。关于刑法方面的内容有：诽谤罪、凌辱罪、伤害罪、通奸和强奸罪、盗窃罪、婆罗门在受刑时享有的特权等。关于司法制度方面的内容有：确定法的名称、提出了诉讼程序和调解的术语等。此外，关于各瓦尔那的职业、行为规范、关于宗教仪式、风俗习惯等占了相当大的篇幅。

2.《磐达耶那法经》。该法经中关于民法方面的内容有：遗产的分割以及长子在继承中的优先地位（继承大的份额）、12 种儿子及其有继承权和无继承权的分类、对海上输入货物的征税额（1/12）。其刑法原则是：对谋杀罪的处罚取决于被害者和罪犯所属的瓦尔那，谋杀首陀罗和各瓦尔那的妇女处于如同杀死孔雀、乌鸦、猫头鹰、狗等所处的刑罚，即只处以罚金；对婆罗门不得施以肉刑等。关于司法制度的原则有：国王应在婆罗门辅助下，按照吠陀经、神法，在不与神法相违背、不与瓦尔那制度和家族的习惯法相违背的情况下行使司法权。国王必须始终公正，并通过推理作出判决，法院组成。但该法经的内容不系统、不紧凑，重复部分颇多，纯粹法律部分为内容十分简单、贫乏，有些内容有后人篡改的痕迹。

3.《阿跋斯檀巴法经》。该法经中有关法的内容有，规定了行政法的若干原则：如国王是婆罗门的保护者；国王应在前三个瓦尔那中任命法官以保护人民和征税；在有人被盗的情况下，官吏应赔偿被盗者的损失；规定了免税者的范围（婆罗门、妇女、未成年人、学生、苦行者、为再生族服务的首陀罗、盲人、聋哑人及身体有其他缺陷者等）。有关民法方面的内容有：关于继承权。它规定：同一瓦尔那妻子所生的子女有继承权，不同瓦尔那的妻子所生的子女、与他人妻子所生子女、非婚生子女均无继承权，父亲财产应在儿子中均分（但阉人、精神病患者、不同瓦尔那的人除外）。无子者的遗产继承顺序为：上下各六代在内的共三代世族亲、死者的教师、学生、女儿和国王。关于刑法方面有：通奸罪的处罚原则（不同瓦尔那处以不同的刑罚）；婆罗门犯杀人罪或盗窃罪的处罚是将其眼用布蒙住，关押于隐蔽处，到其悔改自新；如不悔过，则处以流放；首陀罗犯杀人罪或盗窃罪，则处以极刑。该法经还规定了法官资格、疑难案件的判决（用推理的办法和仲裁法判决）等。该法经在内容上比《磐达耶那法经》要简明系统、严谨，但更保守，也否定了《磐达耶那法经》中的若干法律准则。

4.《伐息斯陀法经》。该法经的一个特点是没有刑法方面的内容。民法方面有关于继承权、利率、收养准则等内容。关于司法制度方面，有关于法院的组成、司法行政、三重证据（文书、证人和占有物）、证人资格、伪证行为的处理等方面的内容。

《普兰那》，即《古事记》或《往事书》，包括了许多方面的资料。有时，叙事史诗，特别是《摩诃婆罗多》也被列入《普兰那》之列。大的普兰那有 18 部（其中最重要的如《毗湿奴·普兰那》、《瓦佑·普兰那》等；小的有几十部。它们大多形成于公元前 1000 年代，但个别普兰那的个别部分可能超出这个年代范围。普兰那的主要部分是宇宙构造论、神谱（正是从普兰那中我们知道了大量的印度神话）和国王的系谱（如《王的传说》、《福身王与俱卢王族》、《后期俱卢王族和摩揭陀王族》等），也有关于音乐、美学和造型艺术、天文学等方面的论文，还有相当部分是叙述宗教誓约和举行朝拜的内容。对于历史学来说，特别重要的是下述几个普兰那：《马特夏·普兰那》、《毗湿奴·普兰那》和《瓦佑·普兰那》等。它们有关于王权的起源、王朝名单等资料。虽然普兰那中叙述的政治史是非常简短的，但它对摩揭陀等国家的历史包含了很多可靠的信息。

四、列国时代

公元前6—前4世纪，北部印度社会经济得到较大发展，商品货币关系较为活跃，阶级分化十分激烈，这在各瓦尔那内部都有明显反映。与此同时，北部印度16个大国争霸并最后由摩揭陀统一，君主专制形成，阶级斗争十分激烈。这不仅表现在政治、经济领域，也表现在思想意识形态领域中。此时有六师、六十二见、九十六种外道。佛教和耆那教在此时创立，顺世论也在这时最为活跃。阶级斗争的内容和特点，不仅表现为劳动者反对剥削和压迫、推翻国王统治，尤其表现为广泛地反对婆罗门教、反对瓦尔那制度、反对婆罗门的特权地位；佛教和耆那教与婆罗门教相对立，唯物论的顺世论也与唯心论，尤其与婆罗门教的唯心论相对立。

研究公元前6—前4世纪的文献资料，主要是佛经、耆那教的经典和各学派的文献。其中，佛教的经典最为丰富，反映这个时代社会的情况也更全面。相对而言，耆那教的经典不如佛教。顺世论的文献，早已被毁，只在其他学派的文献中，留下一些反映其基本观点的片言只语。

（一）佛经的资料

佛教是释迦国（Sakya）国王净饭王之子乔达摩·悉达多（Gautama Sidhertha）即释迦牟尼（Sakyamuni）所创立的。佛教的经典即佛经。

佛经的资料十分丰富，但在现在的印度，佛教已不盛行，而主要是在国外流行，佛经也多在国外。汉译佛经、藏传佛教的佛经都十分丰富；另外东南亚各国保存不少小乘佛教的经典。因此，研究列国时代的历史，单是佛教的资料就很多了。当然，佛经中有小乘的经典和大乘的经典之分，并非所有的佛经都是反映列国时代的，需要仔细分析。

佛陀在世时，只是口头给其弟子传教，而并无成文的经文。佛陀灭度后，其弟子们为了使佛陀的教诲能流传下来，用以传教并规范其弟子们的行为和僧团活动，才开始将佛陀生前的言论记录下来；同时，由于佛教在传播过程中，对教义的理解发生分歧，逐渐形成一些学派。为了统一教义，在佛教史上曾多次召集高僧集会（称之为"结集"），统一教义；并由与佛陀最接近的弟子背诵佛陀生前的说教，经大家同意后，确定下来，成为定本。阿含经据说就是在佛陀去世当年雨季以大弟子摩诃迦叶为首的500比丘，在摩揭陀首都王舍城结集时产生的。不过，这时也还未用文字记录下来。它被用文字记录下来，可能是在公元前 1 世纪时。

1 世纪中叶以后，在贵霜帝国的迦腻色伽王召开佛教史上的第四次结集以后不久，佛教正式分裂为两大派，即小乘佛教和大乘佛教。小乘佛教基本上保持了原始佛教（即佛陀创立之时的佛教）的教义，其经典也基本上是早期佛教的典籍，如《佛本生经》、阿含经等。

佛教的经典被称为"三藏"（Tripitaka），"藏"即宝藏，三藏即三个宝藏，即经、律、论三个部分。经藏部分包括有五阿含经（即长阿含经、中阿含经、杂阿含经、增一阿含经和小阿含经）、《佛本生经》、《经集》等。在汉译佛经中只有四部阿含经，没有小阿含经。汉译《长阿含经》原为小乘部派法藏部（一说化地部）所传，共 20 卷，相应于巴利文的《长部》；《中阿含经》原为论一切有部所传，曾两次译为中文，第一次为 59 卷，第二次为 60 卷，相应于巴利文的《中部》；《增一阿含经》原为大众部所传，共 41 卷，相应于巴利文的《增支部》；《杂阿含经》，原为论一切有部所传，共 50 卷，相应于巴利文的《相应部》。

南传佛教的《佛本生经》由 547 个故事组成，它是佛陀转世的故事，其结构一般都是：叙述有关现在的事件（通常是某个和尚的行为）的传说开始，而后佛陀讲述过去曾发生过的某个类似的事件，最后联系过去和现在，把传说的人物视而为一，即把其中之一说成是佛陀的往事。佛本生经的故事都以偈颂结束。实际上，偈颂部分可能是佛本生经中最古老的部分，而散文体故事部分则是偈颂的诠释，说明这些偈颂诗因何流传出来。汉译佛经中无此经全书，只在《生经》中有一部分是《佛本生经》的译文。

《经集》也是一部巴利文佛经，它汇集了部分早期佛教经文，但编纂成集则较晚。它的一些内容在阿育王的一个敕令中已规定为必须学习的经文，如《牟尼经》、《那罗迦经》、《舍利佛经》等。《经集》的主要内容是有关佛教的伦理道德观的，反映了原始佛教的状况，反映了佛教僧团组织形成以前佛教徒独自隐居修行的宗教生活。

《长老偈》，包含了 264 位长老的 1 291 首诗偈，这些长老大多是佛陀的声闻弟子，与佛陀生活在同一时代或稍晚。他们的诗偈大多在佛教的第一次结集时就收入了经藏之中，它对了解佛教僧团在初创时期的情况，以及当时的社会情况有一定的意义。

《长老尼偈》属小部中的第九经典，从长老尼偈及其注疏中，可以了解古代印度的若干社会问题。

上述佛典均属于经的范畴，对历史研究来说，是非常重要的。

"律"，即佛教的清规戒律，是对佛教徒的行为进行规范的文献，它对研究佛教僧团组织的情况是十分重要的。其中有些内容对于了解那时的社会生活、阶级关系、奴隶制度，以及佛教对不同阶级、等级、对于社会的态度提供了重要资料。如它不许欠债者入教，不许奴隶入教，这对了解佛教的众生平等的本质提供了很好的资料。

"论"，是论述佛教的教义及哲学思想的部分。早期佛教承认客观世界的存在，主张"我空法有"。"论"藏的有些部分对佛教不同部派的学说作了叙述，对了解佛教的部派是有用的。

虽然，列国时代缺少司法文书、敕令等资料，仅靠佛经不能确切地说明列国时代每个国家的内政、经济、外交，不能不说是佛经资料的不足之处。但佛经资料所反映的列国时代的情况是多方面的，它在政治、经济、军事、阶级等级关系、文化思想等方面，都提供了大量的资料。如土地关系问题，佛经中记载的土地买卖；国王赐给一些人的梵封、梵分的土地（往往以村落为单位）；关于私人赠送土地给佛陀（说明土地可以转让；说明佛教僧团逐渐有了自己的地产）。另外，反映奴隶制的存在、奴隶的地位、奴隶与奴隶主关系、奴隶在生产中的作用、佛教对奴隶的态度的资料也很多，对认识奴隶制度在古代印度社会中的地位提供了重要资料。

关于佛教史的资料，有"岛史"和"大史"等可供参考，虽然这些文献是印度以外的文献。

关于政治制度及佛教对各种政治制度的态度，佛经也提供了大量的资料。佛经中反映了列国时代各种政治制度存在的事实：王国、共和国等。佛经资料也反映了它对各种政体形式的态度：它主张共和国，佛陀出生于释迦共和国，这不能不给他以影响；佛教僧团的内部组织也采用了这种形式；从它对待阿阇世王想对跋祇共和国发动战争的态度中也可见他对共和国持肯定态度。

佛经对列国时代的社会反映得十分全面而深刻，各个阶级、等级及其意识形态、阶级矛盾和战争，甚至人民起义推翻暴君统治都有反映；列国时代的社会经济的发展在佛经中也有反映，尤其是商品货币关系的发展、铸币的存在、借贷关系、债务奴隶；列国时代大国争霸战争多而激烈，佛经中也有不少反映，它对这些战争的态度各有不同、并不一律反对，也不一律赞同；佛教对婆罗门教、婆罗门等级以及瓦尔那制度的态度、佛教的社会观、自然观等也在佛经中有充分的反映。佛教的社会契约论十分引人注目，它认为随着经济的发展，出现了私有制（土地），于是引发了矛盾，于是需要选举一个王，来"正法治民"，而人民则缴纳赋税："当供给米，以相供给"（供给国王）。

汉译佛经数量很大，但有不少重复的情况。在利用汉译佛经时，要注意分析它有意无意地曲译，或称"格义"，即译者为了使所译的佛经能在中国流传，不同中国的统治者和正统的儒家思想、伦理道德相冲突，而删削了若干东西，或故意地歪曲了原文，这种情况实在多有。

（二）耆那教和顺世论的资料

此外，研究列国时代的历史资料，还有耆那教的经典，它们可能编成于5世纪，用的是中印度语方言。载入耆那教经典的大约有50多种著作，其最重要的部分包含有关耆那教僧侣和俗人的行为规范、信仰基础、同婆罗门教的斗争、关于大雄和其他学者的传说。此外还有关于建筑、音乐、数学和天文等不同方面的知识，也有相当多的故事性质的文学著作载入其中。在耆那教的经典中，也谈到耆那教与古代印度不同国家的统治者的相互关系，有关印度的政治和宗教的问题，古代印度的非君主国的联合即共和国的联合，它们的历史和内部结构等，对研究古代印度政治史提供了重要信息。

此外，存世的顺世论派的片言只语，也对了解那个时代激烈的阶级斗争提供了重要信息。

五、孔雀时代及其以后

公元前 1000 年代后期的孔雀帝国时代，是古代印度奴隶制政治经济的繁荣时代。列国时代社会经济的发展，商品货币关系的发展，为南亚次大陆的统一、帝国的建立准备了一定的条件；经过列国时代阶级—等级的斗争，再加上大国之间的争霸战争，婆罗门势力受到了沉重打击，为帝国的形成创造了良好的政治环境；以佛教和耆那教为代表的反婆罗门势力对婆罗门教的批判、对瓦尔那制度的批判，为帝国的形成奠定了思想基础。公元前 327 年，马其顿亚历山大对印度河流域的入侵，激发了印度人民的爱国热情。旃陀罗崛多（Chandragupta）领导印度人民赶走亚历山大留下的驻屯军，重新统一了北部印度。再经其子频头沙罗（Bimdusara）和孙子阿育王（Asoka）的征战，孔雀王朝实现了对几乎整个半岛（除最南端一部分地区之外）的统治，建立起一个空前的大帝国。

研究帝国时代及其以后时代的印度的历史，主要有四类资料：憍底利耶（Kautilya）的《政事论》；阿育王的敕令；婆罗门教的法经；希腊人的有关记载。

（一）《政事论》（*Arthasastra*）

《政事论》，其字面意义是"关于利益的科学"，所以，中国也曾将其译为《利论》。《政事论》的作者一般认为是孔雀王朝建立者旃陀罗崛多的宰相憍底利耶，不过有不同看法。有的认为它是由几部不同的著作组成的，可能是由不同时代的不同作者著的。其成书时间，一般认为是公元前 4—前 3 世纪，可能是同法经文献平行发展起来的。

《政事论》这部著作曾一度在历史上湮没无闻。1904 年，一位不知其名的人把几乎散失的《政事论》梵文本，连同一小部分布哈特塔斯伐明（Bhattasvamin）所作的注释，交给迈索尔图书馆的 R. 沙玛沙斯特里（Samasastri）。沙玛沙斯特里在 1905—1909 年间，先后将原书译成英文，分段发表在《印度古代》和《迈索尔评论》上。该书的梵文本则于 1909 年出版；1915 年又出版了英译本。很快，德译本和俄译本也都出版问世了。现在，已发现《政事论》的古代印度的不同语种的抄本有七种之多。中世纪时期还有若干种《政事论》传统的著作，它们包含了一些类似于《政事论》的资料，或对它的补充。不过，这些著作比起憍底利耶的《政事论》来，其意义就小得多了。

恪底利耶的《政事论》，全书有 15 卷，其篇幅长短不一，内容也各不相同，有关于政权机构设置、农业、手工业、采矿业、建筑业等多方面的内容。但就其主要部分而言，乃是关于政治技巧（即统治术）本身的理论，即同内外敌人进行斗争的法则，以及关于战争的科学。从历史资料的角度看，最重要的是关于国家行政机构、经济、财政、司法等方面的内容，这些内容是法经和法论所没有或有而不系统的。而且，同法经和法论相比较而言，《政事论》一书较少婆罗门的倾向性。在有关国家管理的理论问题上，《政事论》更多的是从统治者的利益和国家的合理性出发来加以考察的。虽然，它也从宗教、伦理道德义务的角度进行过考察，但它更多的是用非常理性的和实际的态度去对待国家管理的问题的。

《政事论》是一部政治学的著作，但它又不是具体的论述古代印度某个具体时期、某个具体国家的，而是论述现存的一般性的国家的。它也主要不是讲政治实践，而主要是讲政治理论的。

关于国家问题，《政事论》涉及了国家起源问题，但它并未正面阐述国家起源的原因和过程，而是通过两个密探的谈话，说明了国家的起源。恪底利耶有一种社会契约论的思想。他认为国家（在他笔下，实际是以王权为其表现形式）的起源，是由于"人们恐惧为鱼的法则（即大鱼吃小鱼）所左右"，于是，便让太阳神摩奴做了国王。为此，人们要将自己收获的 1/6 和商品的 1/10 交给国王，而国王应给臣民以平安和富裕。居民不付罚金和赋税，便是对国王有罪；反过来说，国王若不带给居民以平安和富裕，便也是对人民有罪。这种社会契约论，与佛经中所说的王权的起源，在精神上有相同之处。

《政事论》中，谈到了国家机构的设置及其职能。它认为，国家构成有七个要素：国王、大臣、国家（这里的国家含有领土和人民双重含义）、卫城、国库、军队、盟友。国家机构中，有管理农业的、管理城市的、征税的、执行司法事务的，此外还有军队，以及确保臣民乃至王室成员的忠诚而设立的密探等。在《政事论》中，国家在地方上被划分为行省、州、区、村四级。

官员的选用是《政事论》的作者十分重视的。该书强调，高级大臣、王室祭司应是本地人，出身高贵，善于自制，多才多艺，目光远大，智慧，坚韧，敏锐，有辩才，勇敢，有才干，精力充沛，有尊严，吃苦耐劳，廉洁奉公，亲善和气，坚贞不渝，品行端正，强悍有力，健康无病，有耐性，不骄不躁，善于结交，不到处树敌。作者认为，这些都是大臣的品质，真可谓是德才兼备。如果上述条件中缺少 1/4 和一半品行者，则为中级和低级大臣。

《政事论》也涉及了财产关系（包括土地关系）、奴隶制度、雇佣关系以及尖锐的社会矛盾（包括王室内部的尖锐矛盾等）。该书是研究古代印度，尤其是帝国时代的重要文献。

（二） 佛经中有关阿育王的传记资料

阿育王，孔雀王朝的第三代国王，其父频头沙罗。汉译佛经中有一篇《阿育王传》，一篇《阿育王经》，是讲阿育王生平的。这两篇经（前者为西晋时期的安息人安法钦所译；后者为梁朝的扶南人僧伽婆罗译的）内容相同，显然属于同本异译。它们记载说，阿育王母为一婆罗门女，此女为瞻婆罗国人，嫁与频头沙罗为妃。阿育王出生后，国王并不喜欢他，甚至在开始时都不让他参选王位继承人。当印度西北部的坦叉始罗（Taksasila）发生人民起义时，阿育王被派去进行镇压，但却"唯与四兵，不与刀杖"，即只给兵卒，不给武器。但阿育王到坦叉始罗后，受到当地人的欢迎，起义自平；国王又派他去征伐佉沙国，那里的人民也"承迎调顺"，归降了他。但国王仍欲以长子苏深摩（或译修私摩）为王位继承人。于是阿育王不得不以武力夺取王位。阿育王在其继位之初十分残暴，因小事杀宫女、大臣，并选大恶人为其建人间地狱。阿育王的这两篇传记文献，也说到他后来弃恶从善，毁了人间地狱，弘扬佛法，甚至让他的弟弟，也皈依了佛教。

据大乘佛经的资料，阿育王晚年很悲惨，他被他的第二个妻子帝失罗所控制，他的爱子被挖了双眼，阿育王甚至被夺了权，等等。

佛经中有关阿育王的资料，当然有很深的宗教色彩；但也为研究阿育王的生平和统治提供了一些线索。如他残暴的统治；如他后来弘扬佛法。公元前253年，他在首都华氏城（Pataliputra）召集佛教高僧，举行了佛教史上的第三次结集，编辑整理佛经，解决佛教传播过程中因对教义的不同理解而产生的分歧和争论，统一佛教教义，等等。

（三） 阿育王的敕令

孔雀王朝时期的历史文献，除了悔底利耶的《政事论》之外，就要数阿育王的敕令最为重要了。而且这些敕令有一个重要特点，就是它的实践性，即它是要在全帝国范围内实施的，而不像《政事论》那样带有更多的理性设想的性质。

现在已发现的阿育王的敕令铭文有150多件。不过，其中大多数是相同文件的抄本。这些抄本的存在有一个好处，那就是可以相互参校以恢复受到损坏的铭文。

阿育王颁布的敕令所用的语言大多是中印度语。但在西北印度和阿富汗地区也找到几个用阿拉美亚语、希腊语、希腊—阿拉美亚语和印度—阿拉美亚语写成的敕令铭文。

阿育王的敕令曾刊刻于帝国各地，有的刻于岩石上、有的刻于圆柱上，还有的刻于洞穴之中。现代学者把那些刻于岩石或圆柱上的铭文命名为岩刻敕令或圆柱敕令；把那些刻在洞穴中的铭文命名为洞穴敕令，这些敕令是将一些山洞赐给正命论隐修者，作为其隐修之所。

阿育王这些敕令的内容，大多是关于宗教宽容（阿育王崇尚佛教，但他又主张对其他宗教采取宽容政策）和正法的。

据佛经的资料和阿育王的铭文，阿育王统治的前期十分残暴，但后来，他皈依了佛教，把佛教定为国教，到处修建堵坡（塔），刊刻诏令，宣扬佛教，统一佛教教义，还派遣佛教僧团到国外去宣传佛教。他对其他宗教也并不排斥，而是要求佛教徒对其他宗教采取宽容政策。他自己也身体力行，他"以种种布施和礼遇对各派宗教团体的人表示敬意，无论他们是出家修行者，还是居家僧人"。他的宽容政策包括："不在不当的场合称扬自己的教派或贬低别人的教派；不论情况如何，即使情况允许，说话也要保持适当的节制。相反，每个人倒是都应该在所有的场合，并以一切方式对别人的教派给予充分的尊重"。显然，这是在当时存在众多教派的情况下，发展佛教和维护他自己统治所必需的。

关于阿育王的正法，除了弘扬佛教以外，从他的敕令看，还"包括少行不义，多做善事，慈悲，慷慨，真诚，纯洁"，即包括社会政治和个人的行为处事、伦理道德的行为规范在内。如服从"母亲、父亲和年长者"，"仁慈地对待生灵"，"说老实话"，"学生也要尊敬老师"，"以适当的方式在他的亲属之间建立起这种行为习惯"；国王不杀生，其他的人包括国王的猎手和渔夫在内，也都放弃了渔猎，"不许杀生献祭，也不准举行宴乐集会"；在他统治的版图之内，安排两种医疗设施，即人用的医疗设施和动物用的医疗设施，"凡是缺乏益人益兽的药草的地方"，要将它们引入并且加以栽培；派人凿井、种树，"为的是给人和动物享用"；任命名为"达磨摩诃马陀罗"的官员（正法大臣或正法官员），"他们不仅为奴仆阶层、商人和农民阶层、婆罗门和统治阶层、为穷苦人谋求幸福和快乐，而且帮助他们之中那些诚爱正法的人从束缚下解放出来"，"他们要确定一个人仅仅是赞同正法，坚信正法，还是天生性好仁爱"。同时他的正法中，大概也包含了国王及其官吏的"勤政"："汇报人为了上达民情，可以随时随地前来见我，无论我在进膳，正在后宫，正在寝殿，正在散步，正在乘车或者正在赶路。我在任何地方都一心致力于人民的事务"；放弃杀戮战争，因为在征服羯陵伽战争中，有15万人和牲畜被俘并从这个国家带走，有10万人死于疆场，更有数倍于此者亡于战祸。因此，他感到"悔恨"，等等。显然，阿育王早年的残暴统治和征战带来了严重的后果：尖锐的阶级矛盾和经济的破坏。为了维持其统治，他不能不采取措施，休养生息，缓和矛盾。而所谓正法和宗教宽容都是为此目的服务的。

不管阿育王的这些敕令目的为何，都为我们提供了他统治时期，乃至整个孔雀王朝统治时期政治、经济、军事、社会、伦理道德、宗教、语言等各方面的第一手资料，而且主要是非宗教的世俗性的资料、王家铭文资料，这在古代印度史上确实是独一无二的。当然，阿育王自己宣称的与实际的真实情况如何，需要分析、研究。

（四）　法论著作

"法论"是"关于义务的科学"。法论阶段的著作在时间上显然要比法经著作晚，它们被认为是婆罗门教在经历了列国时代的冲击而衰落后，在公元前后复兴时期的产物，也是其复兴运动的基本组成部分。它们强调坚持吠陀的正统主张，维护婆罗门至高无上的特权地位，强化瓦尔那制度。它们规定了瓦尔那制度、婚姻、家庭、妇女的地位、王权、行政机构、司法制度、18 项法律等的原则和具体内容。属于法论阶段的著作有《摩奴法论》、《祭言法论》、《那罗陀法论》、《布利哈斯帕蒂法论》、《迦旃延那法论》等。

1.《摩奴法论》。该书约成书于公元前 2—公元 2 世纪，是古代印度最重要的一部法论，也是古印度法制史上第一部可以称之为正规的法律典籍，最有权威的法律著作，其影响也最大。该法论的现行版本共分 12 卷，其中纯法律部分包括 18 项法律及其他各项法规，约占全书 1/4 强。该法论还包括了创世神话，梵我如一的玄谈。不过，尽管它论及的方面很广，但其核心内容归结起来看，还是维护瓦尔那制度：它宣扬瓦尔那制度起源的神话，罗列各瓦尔那的不同地位、权利和义务，规定依违瓦尔那制度的奖惩，并以"来世"苦乐作为补充。宣扬维护瓦尔那制度的精神贯穿了全书，即使是在论述国王的法的第 7 卷～第 8 卷也是如此。

《摩奴法论》神化王权，认为世界上本没有国王，是梵天从各位神的本体中取永久的粒子创造了国王："国王是一个寓于人形的伟大神明"。该法论还规定了国王的各项职责任务、与婆罗门的关系。

《摩奴法论》对研究古代印度的瓦尔那制度、法、社会、国家机构及其职责、奴隶制度等方面都提供了重要的资料。

2.《祭言法论》。又译为《述祭氏法论》、《耶遮那瓦勒基法论》。编于公元前 1—2 世纪。它是以《摩奴法论》为底本，并加以压缩而编成的。它比《摩奴法论》更为简明和系统。其主要内容为行为准则、司法、赎罪和苦行。它与《摩奴法论》不同的是，该书明显地对佛教采取了敌视态度，而《摩奴法论》则不那么明显。在法律方面，《祭言法论》更为系统地论述了法律和诉讼程序，更为完整地提出了证明的手段、扩大了神裁法的内容。

3.《那罗陀法论》。该法论约成于 1—4 世纪，也有的学者认为它编于 3—5 世纪。该书是古代印度原文保留下来的一部较完整的法论。从很多方面看，它是在《摩奴法论》和《祭言法论》的基础上编纂而成的，提出了比较纯粹的法律语言，表现了更为纯粹的法律特征，同时也更为世俗化。如它准许高等瓦尔那的男子娶低等瓦尔那的妇女为妻；准许无子寡妇从亡夫的兄弟和改嫁；准许对新郎进行体检；认为国王敕令具有最高权力。这可能反映了帝国时代王权的加强，以及国王不一定遵守法论等传统经典的现实。

4.《布利哈斯帕蒂法论》。该法论没有直接传下来，现在可知的该法论的内容，是保存于评注和论集之中的。现今学者整理成的该法论，有的为 84 节，有的为 711 节。学者们认为，该法典虽然编纂得比《那罗陀法论》晚，但却比它更少偏离《摩奴法论》

的原则。它将 18 项法律分为两大类：一类源出于财产；一类源出于伤害。这是在印度法中第一次将民法与刑法、民事诉讼和刑事诉讼加以区分。该法论谴责执法过程中的武断专横现象，强调在判决案件时必须检验文书和其他证据。

5.《迦旃延那法论》。该法论约编于 300—600 年间，原文未完全保存下来，其内容散见于评注和汇集之中。这部法论的突出特点是在私法方面，它对妇女的私有财产作了明确定义，给予妇女在处理私有财产方面以完全的权力。对其他类型的私有财产，也较其他法论的论述更为详细，并进行了分类。它将判决分为两类：一类为经过诉讼双方的激烈辩论和法庭调查的四个阶段（起诉、答辩、举证或审问、判决）而作出的判决；另一类为仅根据诉讼一方的具体情况而作出的判决。该法论规定，法院诉讼应吸收商人参加，让其倾听审判和监督法律的执行，这是在诸法论中颇具特色的。这可能反映了当时商业的发达和商人在社会生活中的作用加强了，其社会地位也相应提高了。该法论对国王的权力作了某些限制，如认为国王并不一定对土地拥有绝对所有权；它还强调国王在执法时也必须遵守法论中规定的准则。

由婆罗门制定的众多法经和法论，均是以瓦尔那制度作为法和行为规范的基础的，因此，它并不能完全取代世俗政权制定的法律，而世俗政权也并不是在任何情况下都以它为法律的准绳。但它在很多情况下又确实具有某种法律的效力。法经和法论都随着社会的变迁而发生一定的变化，但它维护瓦尔那制度的核心内容决未大变（只在有的情况下，作了一些变通）。

古代印度法中有 18 项法的提法，它们是：债务、典押和寄存、合伙事业、不兑现布施、违反服务协议、不付工资、出售他人财物、主人与牧人的争议、撤销买卖、违反合同、边界争议法、夫妇法、分家法、极凶残的犯罪、凌辱罪和打人罪、赌斗、盗窃罪、奸淫妇女等。可能各法论在 18 项法的具体名称上会略有不同，但都提到 18 项法律这个概念。

在中世纪时，几乎对所有法经和法论均有注释。

由于法经和法论编纂延续的时间很长，且不断有变化，其内容涉及古印度社会的方方面面，因此，它们是研究印度古代社会最为重要的资料来源之一。当然，由于它们打上了瓦尔那制度和婆罗门教的色彩，所以在利用这些资料时不能不仔细分析。

此外，研究古代印度历史的某些阶段，还有戏剧、钱币和题铭学的资料。

（五） 希腊作家的著作

希腊人对印度的了解始于公元前 1000 年代中叶。那时，希腊人关于印度的知识，只是从波斯人那里听来的，而不是亲身访问得来的。现在所知最早记载有关印度知识的是希腊作家希罗多德，他说大流士将波斯帝国划分为 20 个行省，印度是第 20 个，每年要向波斯人交纳税赋 360 塔连特金沙。他的记载只是片段的、模糊的。

后来，当马其顿的亚历山大东征征服波斯帝国，并占领印度河流域以后，希腊人对印度的了解多了一些，并且也真实了一些。亚历山大的部将们回去后，写了一些他们看到、听到的有关印度的情况。如尼亚库斯（Nearchus）回去后写了有关印度的东西，可惜未保存下来。不过麦伽斯蒂尼（Megasthenes）和阿里安（Arrian）转述了他的若干记载。在亚历山大帝国崩溃以后，其部将塞琉古（Seleucus）建立了一个地跨西亚和印度广大地区的国家，并派遣了使节驻在孔雀帝国，这就是麦伽斯蒂尼。他写了《印度志》，把他在印度期间了解的有关印度的地理、居民、风土人情、政治状况、社会状况（如印度的等级制度），特别是孔雀王朝的政治状况（如他讲到那时的国家机构）记载了下来。这些记载比起希罗多德的著作来，要丰富得多、真实得多。不过他们的著作也未传下来，而且他们是用希腊人的眼光来看待印度的，因此，所记录的东西未必完全符合印度的实际情况，把他们的记载当资料引用时，必须谨慎。后来，阿里安（Arrian）在《亚历山大远征记》（卷六、卷八）、斯特拉波的《地理志》（卷十五）等著作中都转述了他们的资料。

第二节　古代印度史的研究概况

古代印度虽也有过类似《古事记》（普兰那）那样的著作，但总的说，它缺乏历史传统：它既未出现过像中国、希腊和罗马所有过的可称之为历史学家的人，也没有像《春秋》、《左传》、二十四史、希罗多德的《历史》、修昔底德的《伯罗奔尼撒战争史》、李维的《罗马史》等那样的历史著作；更没有阐述历史发展思想的著作传世，直至近代。

一、欧洲各国对古代印度的研究

（一）近代英国对古代印度的研究

对古代印度进行研究，首先是从近代欧洲各国开始的。随着新航路的开辟，欧洲人来到印度，首先是英国、法国的商人。17世纪，他们在印度建立了东印度公司。还有一些传教士也来到印度。这些商人和传教士把他们的所见所闻带回欧洲，引起了欧洲学者尤其是英国人的广泛兴趣。

为了长久统治，也为了同印度当地土著居民进行交流，英国人开始学习、研究本地语言，出版了词典和文法书籍，并开始对印度的不同社会阶层和种族集团的关系、土著居民的风俗习惯进行了解。他们逐渐认识到，对印度的历史和文化进行研究，对他们在印度的统治具有重要意义。于是，西方学者开始研究古代印度的语言，研究、搜集和出版古代印度的文献，研究古印度的宗教、哲学、文学，而后又逐渐扩展到社会、政治等各方面。

自然，欧洲人最初在学习、研究古代印度的语言时，老师都是印度人。

在对印度进行研究的英国人中，在初始阶段，起过重要作用的是琼斯（Johnes）。他被认为是科学的印度学的奠基人。琼斯于1783年来到印度的卡勒库特（Kalekutta），担任法官职务。他将《摩奴法论》由梵文译成了英文，还将迦梨陀娑的著名戏剧《娑恭达罗》以及其他一些古代印度文学和宗教文献翻译成了英文（他是先将其译成阿拉伯文，然后再译成英文的）。他的最大贡献，也许莫过于发现古代印度的梵语与希腊语和英语实际上是有着共同起源的相近的语言。他同威尔金斯（Wilkins）、科勒布鲁克（Kolebruk）等人在比较语言学、古印度哲学和宗教等方面的研究作出了重要贡献。

1784年，琼斯建立了"孟加拉亚洲协会"。这个协会培养、聚集了早期从事印度学研究的人才，为印度学的建立和发展做了许多工作。1791年，在印度的瓦朗纳西开办了第一所专门的梵语学校。1832年，出版了《孟加拉亚洲协会杂志》，1874年，又出版了《印度文库》，100年后，该文库出版了古代印度著作达300卷之多。

1837年，普林西帕（Purinicipa）读通了阿育王的敕令，这在古代印度史研究中是一个巨大成就，使古代印度史的世俗资料和政治资料大为增加。

1844年，M. 艾尔芬斯顿（Elphinstone）出版了《印度史》，该书在谈到古代印度的土地关系时认为，古代印度土地属农村公社所有。

1857年，英国人在印度的卡勒库特、孟买和马德拉斯建立了三所大学，它们很快便成为研究古代印度的中心。

从1857年起，在英国牛津大学任教的德国人马克斯·穆勒（Marx Muller）主编出版《东方圣书》丛书，共50卷，包括了不同东方国家的文献的英译文，其中主要是印度的典籍。此外，威尔金斯译有《梨俱吠陀》、《毗湿努·普兰那》、迦梨陀娑的《滭云公报》等；而由穆勒策划，由萨扬评注的《梨俱吠陀》的出版，被认为是在吠陀文献研究中开辟了一个新阶段。

1861年，梅因的《古代法》一书出版，该书也涉及古代印度的农村公社问题、土地关系问题。1871年，他又出版了《东西方农村公社》一书，对东西方的农村公社作了比较。

对古代印度文字的研究，是研究古代印度政治、经济和文化史的前提条件。梵文和巴利文是古印度文献中广泛使用的文字，因此，西方学者十分重视对这些文字的研究。1819年，由威尔森（Wilson）编纂出版了第一部梵英词典；而蒙埃尔—维勒雅姆则于1851年，出版了另一部梵英词典和梵语文法，在梵语的研究方面作出了重要贡献。他还帮助牛津大学建立了"印度学系"。1872—1875年，柴德尔斯出版了第一部大的巴利语词典，这对研究佛教具有重要意义，因为佛经大多是用巴利语写成的。

从1872年起，英国人开始出版发行考古杂志《印度古代》；1888年，又出版了刊印古代及中世纪碑铭的杂志《印度碑铭》。

在19世纪的欧洲，形成了一个新的研究方向——佛学研究。在英国，霍杰松被认为是英国佛学研究的创始人之一。他在 1828 年出版了概括性的著作《佛学概论》。而对佛学研究卓有贡献的英国学者还有大卫·黎斯，他在 1881 年，首创了"巴利语圣典协会"，出版了《佛教的印度》（在该书中，也涉及土地关系问题和农村公社问题）；1912—1925 年出版了《巴利语英语词典》。他也是《剑桥印度史》的重要作者（该书1922 年出版了第一卷）；他还发表过其他一些有关佛教和印度世俗史的著作。1922 年他去世后，黎斯夫人继续了丈夫的事业，从事古代印度史和佛教史的研究。1930 年，渥德尔的《印度佛教史》出版。该书利用了广泛的资料，其中也包括汉译佛典的资料、考古学、民族学、人类学的资料。作者熟悉历史和佛教哲学，因此该书写得很扎实（该书已由王世安译为中文，商务印书馆出版，1987）。

在古代印度史研究方面的另一个重要人物是斯密特。他于 1904 年出版了《早期印度（从公元前 600 年至穆罕默德占领）的历史》一书。在该书中，他以愀底利耶的《政事论》的一条注释为根据，认为古代印度土地属国有、王有；他的另一著作《牛津印度史》（1919 年出版），叙述了从古代到第一次世界大战时期的印度史。这两本书都不断再版，后一本书还长期成为高校教科书。斯密特特别强调亚历山大对印度的征服，对亚历山大极为崇拜。他认为"东方专制主义是印度存在的不可或缺的条件"。

巴登·鲍威尔在 1913 年出版了《不列颠印度的土地岁入及其行政管理简报，以及土地使用权》（*A Short Account of the Land Revenue and its Administration in British India, with a Shetch of the Land Tenures*），探讨了农村公社问题和土地关系问题。他认为古代印度土地属于私有，从《摩奴法论》看来，没有任何类似于共同占有土地的痕迹。

1922 年，《剑桥印度史》第一卷出版，这本书可以说是给近代英国的古代印度史研究作了一个总结。参加该书写作的有几乎所有英国的大印度学家。该书对经济、社会关系和文化问题给予了显著地位。此后，在英国出版的有关印度的概括性著作均无出其右者。还有一些大学者在对印度史的诸多论述方面进行研究。如佛教专家孔泽，梵文学专家和达罗毗荼学专家巴罗伊，梵文学家、语言学家和佛学家布拉弗，语言学家荷尔曼，法学家和历史学家德列塔，梵文学家和佛学家渥德尔等人。

1871 年，名为"北印考古调查"的机构成立，它为在印度进行科学的考古发掘奠定了基础，其领导人是林格赫姆。这个机构有系统地刊印了有关它进行考古发掘、发现的活动情况，其内容包括叙述居民点的发掘情况、发现的物质文化文物、题铭资料、建筑物、钱币等。1902 年，又建立了专门的印度考古处，著名英国考古学家马尔沙尔是其第一任干事长。现在英国有关印度考古的最杰出的学者是英尔提麦尔·威列尔、奥尔清等。对印度历史具有重要意义的发掘是 20 世纪 20 年代在印度河流域发现的古印度早期文明——哈拉巴文明。从 19 世纪起，英国在印度的一些大城市开办了博物馆和科学图书馆。

（二） 德国对古代印度的研究

欧洲其他一些国家对古代印度也有浓厚的兴趣，他们在古代印度的语言、文化、历史和宗教等方面都有不少成就，出现了一些著名学者。如德国的波普，他在比较语言学、印欧语言学、梵语等方面都进行了很多研究。他的研究使英国的琼斯提出的印度雅利安语同欧洲语言有亲属关系的论断得以证实，这对推动欧洲人对古代印度的研究起了很大作用。

斯勒格尔兄弟（弗里德里希·斯勒格尔和奥古斯塔维勒格尔曼·斯勒格尔）是德国印度学的首创者，他们最先在德国出版了梵文铭文及其译文；1808 年，弗·斯勒格尔发表了论印度人的语言与智慧的著作，奥维·斯勒格尔（曾在巴黎学习梵文）1818 年在波恩成为讲授梵文这门新学问的教授，刊行了《拉马耶那》的校刊本。兄弟二人还派拉森（按出身应是丹麦人）去巴黎抄写这部史诗的手稿。在他们的帮助和支持下，拉森成了德国第一个真正懂行的印度学家。他的著作《印度古物志》（共四卷，1855—1871 年在莱比锡出版）编纂精确，资料丰富。书中除了政治史（到 12 世纪）以外，还详尽地考察了宗教、文化、社会风俗和经济，是一部百科全书式的著作。不过，在今天看来，它的很多方面已经陈旧了。

1848 年，德国仿照英国皇家亚洲学会的方式，建立了德国东方学会，其会刊刊行了一百多年，同时它还刊印了《东方丛书》，出版过《印度学及伊朗学杂志》，不过只出版了十多期便因资金原因而停刊了。

总起来看，第二次世界大战以前，德国的印度学兴趣是在文字和宗教方面。1823—1824 年，从事古印度哲学研究的科勒布鲁克发表了 4 篇有关印度哲学体系的内容丰富的文章。黑格尔的《哲学史讲演录》的第二章对印度哲学进行了论述，但他并非印度哲学史专家，只是利用了科勒布鲁克的成果。19 世纪初，有广博的梵文知识的吕克特把若干梵文作品译成德文，如《那罗插曲》、《阿闼婆吠陀》诗歌选译、《婆恭达罗》等，他著有《婆罗门故事集》、《婆罗门的智慧》，研究过《净行书》和《奥义书》等。1852—1875 年，罗特与俄国人波特林格合编的梵文字典由圣彼得堡皇家科学院出版，即著名的《大彼得堡字典》。1859 年在莱比锡出版了《五卷书》，在牛津大学任教的马克斯·穆勒的著作一部分出版于英国，一部分发表于德国。他们刊过印度最古老的文献《梨俱吠陀》和 15 世纪时印度人婆衍那的注疏。雅可比译了耆那教的经典。布莱尔译了《摩奴法论》。布莱尔曾对印度古文字和铭文进行了研究，且因此而颇负盛名，他发起出版了《印度雅利安语言学及考古学概论》丛书。已出版 23 卷，包罗了当时已知的这个领域的一切著作。如 1899 年梯波特关于天文、星术和礼仪方面的著作，约理 1896 年关于医学、法律和礼仪方面的著作，希勒布兰德 1897 年关于仪轨文学的著作，盖格尔 1916 年关于巴利语语言和文学的著作，舒布林 1935 年出版的《耆那教教义》等。不过，这部丛书拟定的一些著作迄今还未出版。如梵文文法、梵文学、印度史、印度哲学、音乐、造型艺术等。

20世纪初，在我国新疆古龟兹和高昌等地的石窟中，发现了大量有关印度的壁画，不少西方国家都来人"考察"。实际上是来掠夺这里的文物，其中"考察"次数最多，劫掠文物、壁画最多的就是德国人。柏林人类博物馆的格伦威格尔和勒柯尔等前后四次到新疆"考察"石窟。第一次是1902—1903年，带走46箱文物，1906年出版了有关的报告；第二次在1904—1905年，切割走大量壁画，共106箱；第三次是1906年初，切割了36个石窟的壁画，盗走许多塑像、木雕和珍贵的文献手抄本，后又盗走了两袋文书、佛像、刺绣和舍利盒等，这次共盗走文物128箱；第四次是在1913—1914年，盗走文物156箱。他们盗走的大量壁画和文物，大都存于柏林印度艺术博物馆，有些毁于"二战"的战火中。德国人对这些石窟中的文物进行了整理、研究，出版了《古代库车》（格伦威格尔）、《古代后期的中亚佛教》（勒柯尔和瓦尔德斯密）、《犍陀罗、库车、吐鲁番》（瓦尔德斯密）。有的学者指出，这些遗迹的发现，使印度学获得了一个新的部门。

"二战"以后，德国学者的研究方向发生了变化，如鲁宾出版了6卷本的古代印度社会、经济和文化的著作，这是概括了他多年研究成果的著作，他提出许多有争议的问题和很少研究的问题；李兹契尔和斯切特里兹合著的《〈憍底利耶政事论〉研究》一书，对古代印度的土地关系问题提出了他们自己的看法。他们不同意在古代印度国王对土地拥有最高所有权的说法，而认为土地属于传统的农村公社，个别农民（准确地说是大家庭）只是作为公社分地的世袭占有者的资格出现。国王只是对部分土地拥有所有权，即王室土地，且分散在全国各地。

二、苏联对古代印度的研究

在十月革命前的俄国，学者们的兴趣也是在印度的宗教和文化，对经济、社会关系、政治制度等方面的问题研究的很少。开始时，俄国学者对古代印度的研究，是同比较语言学的研究联系在一起的。在这方面的第一本著作，是彼得堡的语言学家阿德林格在1811年出版的《论梵语同俄语的类似》。

19世纪的上半叶，在俄国开始了对梵语的系统教育。1842年，别列洛夫在喀山大学建立了第一个梵语教研组。1846年，他出版了《梵文文选》，这标志了俄国梵学学派的诞生。波特林格同德国人罗特合编的《大彼得堡字典》（梵文字典），被认为是到目前为止在此方面最基本的出版物，它在印度已被译成英文。他还翻译了《奥义书》、《娑恭达罗》等古印度文献，编译了主要是梵文的文选。1839—1840年，他出版了帕尼尼的文法书。

1854年，科索维奇开始刊印梵—俄词典。

米那耶夫被认为是俄国印度学的奠基人。1887年，他出版了自己的主要著作《佛教研究和资料》。他的学生舍尔巴茨基和奥登贝格继续了他的研究。前者专门从事大乘佛教的研究，他曾多次同德国的雅柯比一起进行合作。十月革命后，以他为首的一个小组翻译出版了《政事论》。其第一部分的译者是奥登贝格。奥登贝格的著作有《关于最晚时期佛教徒的意识和逻辑的理论》等。他还首创了佛教图书馆，从事古印度神话学、文学、宗教和艺术的研究。1909 年，他也曾到我国新疆"调查"，带走了大量石窟中的文物和壁画珍品，它们珍藏于彼得堡艾米尔塔什博物馆。他对这些文物进行了很多研究，尤其对其中的唯一无二的古印度原稿进行了研究。

十月革命后，在马克思主义影响下成长起来的一代苏联研究古代印度史的学者，开始注意对古代印度的社会经济、等级制度、政治制度的研究，印度佛教的研究也有了新的发展。如奥西波夫的《十世纪前印度简史》（1948），科切托夫的《佛教的起源》（载 1957 年苏联科学院出版社出版的《宗教与无神论处历史博物馆年鉴》第 1 集），苏列金的文章《古代印度史分期的主要问题》（载《太平洋研究所科学杂记》第 2 卷，1949）。在苏列金的文章中提出了古代印度的阶级结构、历史分期、剥削形式、意识形态等问题，他还翻译出版了若干古代印度的文献，如《梨俱吠陀》、《阿闼婆吠陀》、《奥义书》（部分）、两部大史诗（部分）、《政事论》、部分佛经、迦梨陀娑的著作选集、《摩奴法论》，等等。

20 世纪 50 年代以后，在苏联和现在的俄罗斯，从事古代印度史研究的学者中，最著名的要算伊林和邦迦尔德—列文。前者是 50 年代苏联科学院出版的《世界通史》（十卷本）中关于印度部分的作者（第 2 卷第 17 ~ 第 18 章）；后者最近几十年来发表的有关古代印度史不同方面的论文和著作甚多。如 1966 年《古史通报》第六期上发表的《古代印度共和国（问题与主要资料）》；1973 年，在《古史通报》上发表了有关古代印度的土地关系的文章。他认为，古代印度土地所有制具有多重性，在国家和国王所有的土地外，还存在土地私有制和农村公社的土地；不同形式的土地财产的相对重要性，在不同历史时期有所变化，可以确定这样一种发展的一般趋势，即在牺牲村社土地的情况下，私有土地和国王所有的土地趋于增加。1960 年，他出版了麦伽斯蒂尼的《印度志和阿育王的铭文》；1985 年，与伊林合作，出版了《古代印度》一书；1985 年，在印度新德里出版了他的《孔雀王朝的印度》一书（英文版）等。

三、印度人对古代印度的研究

印度的历史科学是在 19 世纪末、20 世纪初才形成的。最初的印度历史学家大多是在英国的一些大学学成的，即使是在印度本国大学中学成的，也是在英国的教师指导下，用的英文的教材。所以，在那时，他们叙述历史的风格、思想方式都是英国式的。

19 世纪后期，随着印度的民族觉醒，民族意识的增强，印度的历史科学也逐渐摆脱了对殖民主义宗主国的完全依附状态，逐步形成了自己独立的历史科学。米特拉，参加过"孟加拉亚洲协会"的活动，并于 1885 年成为协会第一位印度人主席。著名的民族主义者、国大党创始人提拉克，著名的政治活动家达塔，均曾以历史学作为武器，宣扬民族精神。如达塔的著作《古代印度文明史》（1893），提拉克的 *Orion*（1903）和 *The Arctic hume in the Vedas*（1903）等。这些著作既是学术性著作，也是政治性很强的著作。

20 世纪前期，印度人对自己的古代历史的研究有了巨大发展。布罕达尔卡尔，印度的梵文学家，印度中部方言、古印度文学和宗教哲学家，被认为是印度民族历史学派的奠基人，他的历史著作主要有《印度早期历史一瞥》（1920）。

1917 年，在普林建立了作为印度重要梵学中心的（Bhandarkav Oriental Research Institute），出版了很多古代铭文和文献，以及古代文献的今译本，如《摩诃婆罗多》等；建立了很多博物馆；培养了许多的历史学家、语言学家、哲学家；批评欧洲中心论及其影响。

19 世纪末发现，而在 20 世纪 20—30 年代进行的对印度河流域文明的发掘，是对印度古代史研究的一大贡献，也大大增强了印度人的民族自豪感，它把古代印度的文明提早了近 1 000 年。

1947 年，印度获得独立，这促进了印度历史科学的发展。研究古代史的机构、教学机关建立起来，或在原有基础上得到发展。出现了若干古代史的专家，如夏尔马、雷超杜里、高善必等；出版了古代的文献、铭文，如巴利文佛教经典、梵文佛教经典、吠陀文献（如十卷本的《梨俱吠陀》）、两大史诗；出版了 20 卷的梵语词典，以及预计为几十卷的古代手稿的完整目录；定期召开印度的历史学家、东方学家和考古学家会议；出版了《古代印度》和《古代》等杂志；出版了像《印度的历史与文化》（十卷本，第 2 卷和第 3 卷的一部分是有关古代印度史的）、三卷本的《法论史》（卡涅著，1930—1962），1980—1983 年出版了三卷本的《古代印度简史》和五卷本的《古代印度哲学史》（1932—1955）、四卷本的《印度文化遗产》、丹吉的《从原始社会到奴隶制瓦解时期的印度》、阇那那的《古代印度奴隶制度史》、高善必有关首陀罗的多卷集著作等。

四、中国对古代印度的研究

我国对古代印度了解的历史源远流长，二十四史中有关南亚、印度的记载一直不断。佛教东传至中国后，一方面历朝历代有高僧翻译佛经，另一方面常有高僧西去取经。法显的《佛国记》、玄奘的《大唐西域记》就是他们西去印度取经的经历的记录。这些书中记载了古代印度的政治、经济、文化、风俗民情、宗教信仰等多方面的情况，如阿育王设立人间地狱一事，在《佛国记》和《大唐西域记》中均有记载，它们与佛经中的记载相吻合。

近代以来，我国对印度的研究与古代中国对印度的了解有着很大不同。一方面从内容看，已越出了佛教的范围，而扩大到了古代印度的哲学方面，如梁漱溟的《印度哲学概论》（北京大学丛书，商务印书馆，1920）；另一方面，这种研究已与西方的研究接近，概念比较规范化，如《印度哲学概论》中，对古印度各宗各派哲学的论述，讲到它们的本体论、一元、二元、多元、唯物与唯心等。翻译了一些国外的研究著作（基本上是以佛教和哲学为主），如商务印书馆发行的尚志学会丛书中的《佛学研究》，作者为法国的普记吕司基（M. Przyluski）（初版，1931）；以及日本的秋泽修三所著《东方哲学史》，该书第一部分为古代印度的哲学史；木村泰贤著、欧阳翰存译的《原始佛教思想论》（商务印书馆发行，1934）。

新中国成立以后，特别是改革开放以来，我国对古代印度的研究有了突飞猛进的发展，不仅发表的文章、专著数量大增，而且在内容上有了巨大的变化。

1955—1957年，在东北师大举办了一个世界古代史的研究班，参加这个班学习的人员后来成了我国世界上古史教学和研究的骨干（包括埃及学、亚述学、印度学和古典学多个方面）。在学习期间，他们准备了不少论文，翻译了不少原始资料，这在后来北京师范大学历史系和东北师范大学历史系合编的《世界古代史资料选辑》中反映了出来。其中，关于古代印度的资料有：《梨俱吠陀摘录》、《瓦佑·普兰那摘录》、《阿巴斯檀巴法经汇编与高塔马法律汇编摘录》、《政事论摘录》、《亚里安的"印度志"摘录》、《摩奴法论摘录》等。这在当时为高等学校历史系世界古代史教学提供了基本的资料，只是缺少佛经的资料。

1962年，由孙用译、人民文学出版社出版了印度著名史诗《腊玛延那　玛哈帕腊达》的节译本；1964年，由商务印书馆出版了张若达、冯金辛、王伟合译的印度学者辛哈、班纳吉合著的《印度通史》；1960年，民族出版社出版了苏联学者科切托夫著、李渊庭译的《佛教的起源》；1957年，三联书店出版了奥西波夫著、李稼年译的《十世纪前印度简史》。

但更重要的成果，是我国学者自己的研究。在这方面，北京师范大学历史系的刘家和于1962年在《北京师范大学学报》上发表了《印度早期佛教的种姓制度观》一文，文中对到那时为止的国外学者（英国和印度学者）对这个问题的研究作了评述，尤其引用了大量的佛经资料（汉译佛经和巴利文佛经英译本），深入地分析了佛教对于在印度和整个南亚广泛流行、并且影响极为深远的种姓制度（瓦尔那制度）的态度。他指出，佛教虽然曾在一定程度上反对、批评过种姓制度，但它对种姓制度的批评不彻底，只是在争取刹帝利高于或相等于婆罗门的地位。文章还分析了佛教对种姓制度这种态度的社会根源和阶级根源。不久，他又在同一杂志上发表了《古代印度的土地关系》一文，文中介绍了国外对这个问题的研究状况，并利用大量资料谈了自己对这个问题的观点。文章十分重视运用中外两方面的文献资料。

可惜，"文化大革命"打断了这一发展势头。改革开放以来，印度史研究有了突飞猛进的发展，这表现在以下几个方面：

第一，资料的积累。1989年，由崔连仲等选译，商务印书馆出版了《古印度帝国时代史料选辑》，此前，在1998年已出版了《古印度吠陀时代和列国时代史料选辑》。

这两本资料集选编选译了古代印度的若干重要史籍及汉译佛经中的若干片段，对高等学校世界古代史教学提供了基础性的资料。

此外，在这20多年中，还翻译出版了不少古代印度的典籍：1982年，由马香雪转译出，商务印书馆出版了迭朗善的法译本《摩奴法典》；1986年，又由蒋忠新译出，中国社会科学出版社出版了一本《摩奴法论》；1985年，人民文学出版社出版了由我国著名印度学家、梵文学家、北京大学季羡林的两位弟子郭良鋆、黄宝生翻译，季羡林作序的《佛本生故事选》；1990年，中国社会科学出版社出版了由郭良鋆译的《巴利语佛经经集》。我国古代翻译的多为梵语《佛经》，而《经集》属南传佛教经典，是早期佛教经典之一，对研究佛教的伦理道德观等提供了重要资料；1993年，中国社会科学出版社又出版了由金克木、赵国华、席必庄译的大史诗《摩诃婆罗多》的第1卷，此前已出版了《拉马耶那》的第1卷；1984年，徐梵澄翻译的《五十奥义书》由中国社会科学出版社出版；北京大学南亚研究所编辑了《中国载籍中南亚史料汇编》（上、下），由上海古籍出版社出版（1994），辑录了从西汉到清代典籍中有关南亚的记述等。这些典籍的出版，对研究古代印度的政治、经济、文化思想等提供了丰富的资料。不过，像㤭底利耶的《政事论》这样的著作，至今未全文译出，不能不说是件憾事。

第二，在我国的杂志上发表了不少有关古代印度的文章。1983年在《南亚研究》上发表了刘家和的《公元前六至四世纪北印度社会性质和发展趋向蠡例》一文，对古代印度的奴隶制社会性质谈了自己的看法；1989年，崔连仲发表了《早期佛教的社会思想和伦常观》（《世界历史》，1989年第1期）；1989年，《北京师范大学学报》第5期上发表了刘家和的《论古代的人类精神觉醒》一文，对公元前8—前3世纪发生于中国、希腊和印度的人类精神觉醒的历史背景、内容和特点作了相当的分析；刘欣如在《世界历史》上发表了《印度孔雀王朝时期的奴隶制特殊性》（1987年第3期）；《古代印度的共和国》（1996年第3期）。

第三，出版了若干部著作。崔连仲的《从佛陀到阿育王》（辽宁大学出版社，1991）；吕澂的《印度佛学源流略讲》（上海人民出版社，1979）；方立天著《佛教哲学》（中国人民大学出版社，1986）；季羡林的《原始佛教的语言问题》（中国社会科学出版社，1985）；姚卫群著《印度哲学》（北京大学出版社，1992）、《佛教般若思想发展源流》（北京大学出版社，1996）；郭良鋆著《佛陀和原始佛教思想》（中国社会科学出版社，1997）；陈峰君主编的《印度社会述论》（中国社会科学出版社，1991）；刘欣如著《印度古代社会史》（中国社会科学出版社，1990）；任继愈任总主编、杜继文任主编的《佛教史》（中国社会科学出版社，1991）。关于古代印度的艺术，有法布里著，王镛、孙士海译的《印度雕刻》（文化艺术出版社，1987）；叶公贤、王迪民著《印度美术史》（云南人民出版社，1991）。此外，还有宽忍编著的《佛教手册》（中国文史出版社，1991）；郑孝时著《释迦牟尼成佛秘录》（上海人民出版社，1995）；弘学主编的《佛学概论》（四川人民出版社，1997）等。

第四，翻译了若干著作。如沃德著、王世安译《印度佛教史》（商务印书馆，1987）；A. C. 巴沙姆主编、闵光沛等译《印度文化史》（商务印书馆，1997）；舍尔巴茨基著、立人译《小乘佛学》和《大乘佛学》（均为中国社会科学出版社，1994）。在艺术方面也有两本译著：H. 因伐尔特著、李铁译《犍陀罗艺术》（上海人民美术出版社，1991）；穆罕默德·瓦利乌拉·汗著、陆水林译《犍陀罗艺术》（商务印书馆，1997）；D. D. 高善必著、王树英等译《印度古代文化与文明史纲》（商务印书馆，1998）。

第五，出版了《南亚译丛》和《南亚研究》两本杂志，上面刊登了若干有关古代印度史的论文或译文。

第六，培养了若干学者。季羡林在20世纪60年代培养了一批梵文学生，以后又送出国去深造。现在，他们已成为这方面的专家。

第七，设立了若干研究机构。如中国世界古代史学会下设有南亚组；中国社会科学院下设有南亚研究所；华中师范大学也有一个南亚研究所等。

当然，我国的古代史研究也还存有一些不足。

首先是懂得古代印度语言文字的人似乎太少。懂得古代语言文字（如婆罗门语、梵语、巴利语等）是研究古代印度史的基础，而这方面的人才太少，不能不影响我国对古代印度史的研究。因为许多人仅是用现代外语或汉译佛经的资料去研究古代印度史的。

其次是对古代印度的政治、经济、文化史的研究也还很不深入，如古代印度的政治制度问题、农村公社问题、经济史、社会史等问题，都还有待投入更多的人力去研究。

再次是资料的翻译工作也还需下大力气，如吠陀文献很少翻译过来（除了《五十奥义书》以外），巴利文佛经、《政事论》等重要资料都应翻译。

最后，应加强理论上的研究。现在出版的一些文章或著作中提出了一些理论问题，如共和国问题，古代印度的共和国是原始民主制的残余，还是像希腊罗马那样的经过平民与贵族斗争后形成的共和国？它们有些什么特点？似乎应深入研究。又如农村公社，古代印度是否一直存在农村公社？有学者提出古代印度是村社性质的，而不是奴隶制或封建制的，这有什么理论根据？又如古代印度的阶级关系问题，有学者认为古代印度"村社农民与国王或国家之间的剥削关系是当时社会的主要矛盾"，这种提法是否准确？因为国王或国家不是阶级，国王或国家是代表某个或某几个阶级的利益，而不是单独构成为一个阶级，等等。

（中国社会科学院世界历史研究所的刘欣如研究员对本章的内容提出过许多宝贵意见，在此表示由衷的感谢）

附录：参考书目

· 《大藏经》。

· E. B. Cowell, *Jataka.* Vol, 1—6, London, 1973.

· *The Kautiliya Arthasastra*, 1972.

· 玄奘：《大唐西域记》，上海，上海人民出版社，1977。

· D. C. Sircar, *Inscriptions of Asoka*, Calcutta, 1975.

· 迭郎善编、马香雪译：《摩奴法论》，北京，商务印书馆，1982。

· 蒋忠新译：《摩奴法论》，北京，中国社会科学出版社，1986。

· 崔连仲主编：《古代印度吠陀时代和列国时代史料选辑》，北京，商务印书馆，1988。

· 崔连仲主编：《孔雀帝国时代史料选辑》，北京，商务印书馆，1989。

· 苏联科学院：《世界通史》，第1—第2卷，北京，三联书店，1959。

· 阿甫基耶夫：《古代东方史》，北京，三联书店，1957。

· *Cambridge Indian History.*

· 邦伽尔德—列文：《印度古代》，俄文版，莫斯科，莫斯科科学出版社，1985。

· G. M. Bongard-Leven, *Mauryan India*, 1985, Sterling Publishers Private Linited New Delhi-110016, Jalandhar-144003, Bangalore-560001.

· R. S. Sharma, *Aspect of Political Ideas and Institutions in Ancient India.*

· D. R. Chanana, *Slavery in Ancient India.*

· H. Raychaudhuri, *Political History of Ancient India*, 1953.

· R. S. Sharma, *Sudra in Ancient India.*

第五章
古代希腊

第一节　古代希腊的史料

古希腊是西方史学的发源地，具有悠久的治史传统和发达的人文研究经验。希腊上古史的文字史料众多，特别是在古代典籍的存量方面，在古代世界堪与中国、罗马相比，属数量相对最多、质量相对最好的国度之列，这点与古代近东、南亚有明显的不同。

但也须看到，希腊上古史绵延两千余年，空间囊括地中海、黑海沿岸及内陆地区的几百个城邦，现有史料的时空分布是非常不平衡的，即使在某个时段之内，史料的形式与内容也相差很大，存在一些或大或小的缺漏环节，如文献史料（包括铭文史料）多与古典时代的雅典和斯巴达史有关，其他时期的史料和古典时代其他城邦的文字史料就非常有限。史料的这种基本状况，严重制约着近现代史家对古希腊史的研究和编纂。

一、文字史料

（一）史著和其他题材作品

这是希腊上古史的主要史料来源，也是我国研究者相对容易得到的史料。从这个意义上说，我国学者与外国学者拥有基本上相同的史料条件。这部分史料包括史著，诗歌（史诗、抒情诗、剧本），记事体散文，哲学，政治学，修辞学，地理学等各种题材的作品。它们多数出自中世纪的手抄本，少数来自真正的古希腊人抄本，经古代晚期、中世纪和近现代学者们的多次传抄、校勘、注释、整理、翻译和出版，林林总总，蔚为大观。其中，伦敦威廉·赫内曼出版公司和波士顿剑桥区哈佛大学出版社出版的"劳埃伯古典丛书"（Loeb Classical Library）收入的古希腊各种典籍（本节介绍的内容均收入其中）的英译本，是世界各国古希腊史研究者，特别是英语世界的研究者常用的译本。由于该译本是古希腊典籍的希腊文原文和英文译文对照本，译文平实严谨，加之我国研究者掌握的外文语种主要是英文，所以这套丛书也是我国古希腊史研究者最常用的文字史料。我国一些大学的图书馆（如北师大历史系图书馆、东北师大古典文明研究所图书馆、西南师大历史系图书馆等）和研究所图书馆（中国社会科学院世界历史研究所图书馆）都拥有这套丛书。

除劳埃伯丛书本外，英语世界还有多种古希腊典籍的其他译本，如企鹅本、人人本，法、德、俄文译本也有多种。中文译本则集中在商务印书馆出版的"汉译世界学术名著丛书"之中。此外国内其他出版社也翻译出版了不少古希腊的典籍（如中国人民大学出版社出版的《亚里士多德全集》），为一般研究者提供了方便。以下依时间顺序扼要评介基本史料的概况：

1. 早期诗歌

古希腊传下来的最早的文字史料是荷马史诗《伊利亚特》（Iliad）和《奥德修纪》（Odysseus）两部姊妹篇。前者写希腊人征服小亚特洛亚（Troy）的一段动魄惊魂的故事，共 24 卷，15 693 行，① 触及人性——理智、愤怒、爱情这类西方文学创作的永恒主题，带有凝重的悲剧色彩。后者写战后生还者伊大卡王奥德修历经磨难、返归故里的传奇经历，带有大团圆的喜剧味道。全诗也分 24 卷，12 110 行。

荷马史诗是希腊人自发的历史意识的反映，有一定的历史基础，这一点已被 19 世纪 70 年代以来的考古发掘所初步证实。但史诗从性质上说不是历史记录，而是带有历史、道德教喻意义的文艺作品，所以它以精心加工的情节取胜，是有关理想化的半人半神和人格化的神灵传说的汇编。因此它只是具有一定史料意义的诗歌。

关于史诗的作者、创作年代和地点、内容所反映的史实等问题，至今没有根本解决。通常认为史诗最初以口头形式产生于小亚细亚希腊人的殖民地，后经游吟诗人传颂加工，约在公元前 6 世纪在雅典形诸文字，基本定型，包含上至迈锡尼时代、下至公元前 11—前 9 世纪的信息。在 20 世纪初叶之前，荷马史诗一直是有关公元前 11—前 9 世纪希腊史的唯一史料，所以该时期又被国外史家定名为"荷马时代"。

希腊还有一些冠以荷马头衔的早期诗歌，部分涉及与特洛亚战争相关的底比斯和阿尔哥斯的神话传说。这类诗歌现已大部失传，传世的仅有只言片语或内容更改。另有少数述及希腊神灵的短诗，即《荷马颂诗》存留下来，是研究希腊宗教、神话和早期希腊人价值观的史料。

赫希俄德（Hesiod）是古希腊第一位写实的诗人。他的生卒年代无从考订，目前只知其为公元前 8 世纪末—前 7 世纪的彼奥提亚阿斯克拉人，传下来两部较长的诗歌《神谱》（Theogony）和《工作与时日》（Works and Days）。《神谱》探讨宇宙起源，企图从历史角度说明希腊众神的世系，带有萌芽般的编年意识，是研究希腊宗教神话的重要依据。《工作与时日》近似农书，描述一年四季的农事和农历，完全是写实性的，标志希腊人历史意识的进步，即从记录神事向记录人事的转变。作者已有历史发展阶段性的认识，将人类史分成黄金、白银、青铜、英雄、铁器五个前后承递的时代，贯穿世道从和谐到冲突的演变，作者所处的铁器时代因私欲横行被定性为最恶劣的时代。这是西方人第一次试图为人类史划分类型的尝试，也是关于原始理想社会和今不如昔的历

---

① 古希腊人（包括古罗马人）著作中的"卷"，相当于现代论著中的"章"，以下依此类推。在引用古代西方作家的作品时必须遵循一定的学术格式，即出处不能以页码标志，而应以原著的卷、章、节、行等细密的划分为准，符号是罗马数字或阿拉伯数字，作者名通常是希腊人名缩写，如"Her. Ⅰ，23"意味"希罗多德：《历史》第 1 卷，第 23 章"。对于诗文来说，长诗分卷、行。西欧中古的著作的结构也通常模仿这种形式。

史观的最初表述。由于公元前8—前6世纪的史料匮乏，更显《工作与时日》作为史料的珍贵价值，它是认识古风时代希腊社会经济史、社会史极为重要的来源。

继赫希俄德之后，希腊出现了一批抒情诗人。他们的诗作感怀伤神，抒发个人心境，针砭时弊，与现实生活联系紧密。这类诗人中最早的一位是帕罗斯岛人阿尔希洛霍斯（Archilochus，公元前7世纪），传说是女奴之子，诗中谈到希腊人的殖民活动。具有较高史料价值的抒情诗有提尔泰（Tyrtaeus，约公元前7世纪，传说为雅典人，后移居斯巴达）、雅典政治家梭伦（Solon，约公元前630—前560年）、列斯波斯岛女诗人萨福（Sappho，约公元前612—？年）、墨加拉贵族特奥格尼斯（Theognis，约公元前540—？年）等人的作品残篇。这些诗歌为城邦形成时期的社会史、政治史和思想史提供了珍贵信息。

2. 希腊城邦时期的史作

公元前6世纪开始，随着古希腊人对自己及周边世界兴趣的增长，在小亚细亚希腊人中首先出现了一种新的文学表达形式——散文，其作者被古希腊人称作记事家（logographoi）。散文以写人为主，题材广泛，主要是力图构筑希腊一些城市和名门望族的历史谱系，以及描述近东一些民族的过去和现状，反映古希腊人追求历史真实的意向。记事家中有些是希腊最早的历史学家，也是西方史学的开创者。但记事家的作品大多只传下来一些断简残篇，它们补充了希腊早期史史料的不足。

米利都人赫卡塔伊奥斯（Hecataeus，公元前6—前5世纪）是见诸经传的第一位记事家。他的《大地环游记》（Periegesis）记述当时希腊人所了解的地中海、黑海广大地区的地理风貌、历史人情，现存约300段。

米利都人狄奥尼修斯（Dionysius，约与赫卡塔伊奥斯同代）、列斯波斯岛人赫拉尼科斯（Hellanicus，约公元前480—前400年）和兰萨库斯人哈隆（Charon，约公元前5世纪）也是留有残余作品的早期历史家。以赫拉尼科斯为例，他著有30多部作品，包括阿提卡史、斯基泰史、波斯史、埃及史等，首次用执政官、祭司和体育竞赛得胜者的名表纪年的方法，从而确立了古希腊史家的纪年标准。

（1）希罗多德的《历史》

小亚细亚城邦哈里卡纳苏人希罗多德（Herodotus，约公元前485—前425年）的《历史》（History）是第一部几乎完整传下来的史著，因而是里程碑式的史著。《历史》着眼于重大历史事件，为后世史家树立了记事本末体的楷模。

《历史》的中心虽是波澜壮阔的希波战争，但在交代战争背景时，将注意力扩展到埃及、美索不达米亚、伊朗高原、小亚细亚、黑海沿岸和西地中海地区。全书计9卷，第5卷第27节以前叙述吕底亚、埃及、小亚细亚、斯基泰、波斯的历史，间或穿插一些希腊史的内容。自第5卷第28节始，专门讲述希波战争的经过，结尾显得突然，离开了主题，写波斯开国大帝居鲁士的一段掌故。

关于《历史》的内容结构，学界始终有整体说和分散说两种意见。前者认为希罗多德从一开始便计划写一部完整的著作。后者则认为希罗多德起初想写几部独立的著作，后来发展成为一部书。《历史》的史料来源主要是口碑，少量出自文献、档案、铭文材料。作者有宏大的记史志向，并因此而广泛云游，收集材料。他写作的年代，尚有不少亲历过希波战争的人健在，给他提供了一些目击者和当事人的记忆。另外，通过与埃及、两河流域等地祭司和世俗人员的接触，同雅典贵族和斯巴达人的交谈，他了解到不少当地的史实和传说。他还利用了温泉关牺牲将士纪念碑和普拉提亚战役纪念碑的铭文，开创了历史记述与考古材料结合的先例。他熟练征引古代作家的诗文、著作、神庙中的神托记录、回忆录等未经加工的原始材料，对于了解古风时代和古典时代早期的希腊史而言，其史料价值是无可替代的。

希罗多德具有初步的史料批判的精神，他不完全相信人们对他讲述的故事，但他采取有闻必录的方法，将一些荒诞不经的传说也收入书中，为后世人留下了认识当时人所思所想的第一手材料，也确立了一种处理史料的方式。但他的著作也有早期史著的弱点，就是结构庞杂，有些卷、节没有必然联系，二手史料居多，较明显地渲染超自然的力量也削弱了书的深度。

在西方史学史上，希罗多德是希腊史学进入成熟期的第一位历史大家。他第一个为早期史学活动进行了理性总结，正确提出史学的研究对象是记载有意义的历史活动，史学的基本任务是真实地记载和解释过去。他的生动表述能力和求真求实的追求为后代史家树立了模仿的榜样。

（2）修昔底德的《伯罗奔尼撒战争史》

雅典人修昔底德（Thucydides，公元前460—前396年）是古典史学最伟大的史家。他的著作结构严谨，与松散博大的希罗多德的《历史》形成鲜明对照。

全书共计8卷，严格按时间顺序展开。第1卷为引言，阐明作者的写作动机和写作方法，追溯战前的希腊史，指出伯罗奔尼撒战争的基本起因。第2～第4卷及第5卷头24章叙述战争的第一阶段（公元前431—前421年）的经过。第5卷后半部写休战期间的各种事件。第6、第7卷记载雅典对西西里的灾难性远征。第8卷写斯巴达进兵阿提卡的狄西里亚，雅典海军与斯巴达海军角逐爱琴海，猝然终止于公元前411年，最后一句是不完整的，表明作者遇到了意外。

该书系当代人写当代事，作者是战败一方的雅典人，但极为难能可贵的是，读者在书中很难发现作者感情用事的地方。全书体现了一位高度理性的历史学家所具有的客观精神。

作者"不相信任何一个偶然的消息提供者的话，也不相信在我看来很有可能是真实的事。我列举的事件，无论是我亲自参与的还是我从其他与此相关的人那里得到的消息，都经过了对每一细微末节精心备至的审核。"① 《伯罗奔尼撒战争史》实现了作

---

① Thuc. Ⅰ，22，2—4.

者的这种史料批判原则。

对于第 1 卷中所写的早期历史，作者没有直接经验，也没有直接经验者可资询问，因此他利用了史诗、传闻、考古和地形学材料。但他认为远古的故事因为"不可能验证，它们中的大多数随着时间的逝去而变为传说，以致难以置信。"① 对于他的著作的主题伯罗奔尼撒战争史，他的部分史料则源自个人的亲身经历，因为他在早期是战争参与者，晚期是目击者，实际经历了战争的全过程，这些经验本身便具有第一手史料的性质。但写作震撼希腊世界的战争仅凭个人的直接经验是远远不够的，因此他还利用了大量的间接经验，包括当事人的回忆、文献档案、神托记录、口头传说，等等。修昔底德著作的长处是他的间接经验均来自他的同代人，因此具有后代人根本不可能的对事件的直感。在处理一些政治家的重要演说时，修昔底德虽然也使用了直接引语，但同其他史家不同，他诚实地向读者交代哪些演说是他亲耳听到的，哪些是他间接听说的，他的任务是尽量接近原演说内容，或者尽量推想出演说者在一定场合最可能说出的话。所以从史实这一点上说，修昔底德的《伯罗奔尼撒战争史》的基本内容属一手史料之列。

此外，作者的价值陈述部分也充满求实精神，对各种事件的远因近因的分析透彻深刻，注意到经济因素、心理因素、社会政治因素和阶级斗争的影响，在解释中完全拒绝任何超自然的力量（神或命运），从而加深了该书的深度和力度。全书蕴涵着有关公元前 5 世纪及此前的希腊史的丰富信息。

（3）色诺芬的著作

雅典人色诺芬（Xenophon，约公元前 430—前 350 年）是多产的作家，全部作品都流传了下来，这在古代颇为少见。作为历史学家，色诺芬的名作是断代史《希腊史》（Hellenica）、回忆录体的《长征记》（Anabasis）和纪传体的《阿格西拉奥斯传》（Agesilaus）。

《希腊史》共分 7 卷，编年范围在公元前 411 至公元前 362 年之间，最初两卷续修修昔底德的《伯罗奔尼撒战争史》，第一句便紧衔着修昔底德的最后一句，保存了公元前 411—前 403 年战争经过的珍贵信息，结束于雅典投降。后 5 卷则是伯罗奔尼撒战争之后的希腊政治史，第 3 卷写斯巴达在小亚细亚同波斯的战争、彼奥提亚反斯巴达同盟的形成，以及斯巴达军遭到同盟军的痛击和科林斯战争的爆发。第 4 卷回忆斯巴达王阿格西拉奥斯在小亚细亚的会战以及科林斯战争的海战。第 5 卷写至公元前 375 年，涉及国王的和平、斯巴达衰落与底比斯崛起的过程。第 6 卷叙述北希腊帖撒利的事件、底比斯军在留克特拉彻底粉碎了斯巴达军不可战胜的神话，并随后侵入伯罗奔尼撒及拉哥尼亚。第 7 卷从雅典和斯巴达结盟开始，结束于公元前 362 年的曼提尼亚会战。这是一部关于希腊两霸雅典和斯巴达先后衰落的记录。作者虽是所述事件的见证人，但由于政治倾向很强，有强烈的亲斯巴达倾向，因而有意隐去了不少对斯巴达不利的重大事

---

① Thuc. Ⅰ, 21, 1.

件，如第二次雅典海上同盟的建立。他还轻描淡写公元前 362 年斯巴达的惨败，对底比斯名将埃帕米浓达斯等人缄默不语。

色诺芬最出色的史作是《长征记》。全书分 7 卷，年代跨度在公元前 401—前 399 年之间。作者以写实的手法，详细描述了个人参加波斯王子小居鲁士争夺王位的战争，失败后又与万名希腊雇佣兵从波斯腹地向希腊撤退的艰苦经过。全书晓畅生动，历来被看做是古典时代阿提卡散文的杰作和了解公元前 5—前 4 世纪之交希腊城邦内部状况的史料来源。

斯巴达国王阿格西拉奥斯对色诺芬有知遇之恩，所以色诺芬在《阿格西拉奥斯传》中对这位国王推崇备至。这是西方最早的传记体作品之一。

色诺芬的作品中还有酷似历史小说的传记题材作品《居鲁士的教育》（Cyropaedia），计 8 卷。书中偶像是波斯帝国的开创者老居鲁士。作者以居鲁士为载体，充分宣泄了个人的政治理想，具体史实经不起推敲。但从书中也可发现许多该时期希腊人的价值观，比如直至公元前 4 世纪初，希腊人还没有充分形成对近东其他民族的歧视观念。另一篇类似作品是《希厄隆》（Hieron），以叙拉古僭主希厄隆和访客西蒙尼德斯的对话形式讨论僭主制问题。

色诺芬留下了一组追忆他的导师苏格拉底的文章，包括《回忆苏格拉底》（Memorabilia）、《家政论》（或译作《经济论》，Oeconomicus）和《宴会篇》（Symposium）。它们均以苏格拉底和他的学生、友人对话体的形式写就，讨论题目非常广泛，涉及公元前 5 世纪末、公元前 4 世纪上半叶希腊社会经济史、思想史、家庭史、民俗史方面的许多知识。由于色诺芬学识博而不精，因此对苏格拉底思想的理解较为浮浅，不及他的师弟柏拉图。

色诺芬还有一篇很重要的作品《拉凯戴梦人的政制》（或译作《斯巴达政制》，Spartan Constitution），专论斯巴达政制与教育制度，是关于斯巴达政制史的极为重要的史料。全文体现作者拥戴斯巴达政体的贵族立场。

色诺芬的作品集里挟有一篇名为《雅典政制》（The Constitution of Athens）的政论文，约创作于公元前 441 年或公元前 418 年。从时间和文风上看，肯定不是出自色诺芬的手笔，因而此文作者被称作伪色诺芬（Pseudo-Xenophon）。这是一篇了解雅典民主制详情的不可多得的一手史料。

除上述作品外，色诺芬的其他著作也有很大史料价值。例如，他的《论收入》（Ways and Means or The Revenues of Athens）重点讨论改进雅典财政收入的途径，有助于对希腊经济史的研究。其他短文《论狩猎》（Cynegeticus）、《论骑术》（On Horsemanship）、《论骑兵指挥官的职责》等也有利于人们对相关题目的了解。

3. 公元前 5—前 4 世纪的其他文字史料

（1）悲剧和喜剧

首先是阿提卡悲剧和喜剧作家的剧本。悲剧作家以神话为主题，也间或写些直接反映时代的作品。雅典悲剧作家埃斯库罗斯（Aeschylus，约公元前524—前456年）的剧本《波斯人》（The Persians）便是明显的一例。作者对希波战争中的萨拉米斯海战有出神入化的描述。因为他是海战的参加者，所以他的描写远较希罗多德的道听途说逼真可信。即使是神话、传说题材的悲剧作品，也能折射出希腊的伦理道德观念和社会、政治思想，对研究希腊思想文化史有重要的史料价值，如幼里披底斯（Euripides，约公元前485—前406年）的《特洛亚女人》（Troades）、《恳求者》（Suppliants）两个剧本，便具有明显的现实意义。

希腊三大悲剧家均为雅典人，这反映出民主政体为悲剧创作提供了良好的政治条件。雅典剧作家创作的悲剧数量十分惊人，据不完全统计多达1 400部，但大多数已经失传，除少数完整保存下来外，还有一些剧本的残片，主要是三大悲剧家埃斯库罗斯、索福克勒斯（Sophcles，约公元前496—前406年）、幼里披底斯的作品。今人能看到的悲剧剧本包括埃斯库罗斯和索福克勒斯的各7部，幼里披底斯的18部。

与悲剧相比，直面人生的希腊喜剧在史料学上的意义要更大一些。民主制雅典的肥沃土壤孕育出一大批喜剧作家。他们的剧本涉及公民关心的政治、社会、经济问题，像公民的权利、派别斗争、战争与和平、奴隶制等问题，均有非常形象的描述。目前保存最好的是阿里斯托芬（Aristophon，约公元前445—前385年）的剧作。阿里斯托芬写有约40出剧，保存下来11部，包括《阿卡奈人》（Acharnians）、《骑士》（Knights）、《云》（Clouds）、《和平》（Peace）、《鸟》（Birds）、《妇女公民大会》（Ecclesiazusae or The National Assembly of Women）、《青蛙》（Frog）等。它们是雅典社会生活的斑斓多彩的风情画。但在利用其剧本作为史料时应注意作者明显的偏颇和文学虚构成分。

（2）哲学家的著作

在希腊上古史史料中，哲学家的著作占有一定分量。自苏格拉底以来，希腊哲人专注于社会人生的研究，论题多种多样，论述旁征博引，因此留下了许多史作无可替代的珍贵信息。柏拉图（Plato，公元前428—前348年）是其中的佼佼者。他传世25篇长短不一的对话录，13封信件和一篇苏格拉底的辩护词。对话录凝聚着苏格拉底哲学思想的精髓，同时也汇集了柏拉图本人及当时雅典知识分子对各种事物的看法。《理想国》（Republic）和《法律篇》（Laws）是两部长篇代表作。前者苦心孤诣地设计出一个理想贵族国家的模式，企图为衰落的城邦开出一付复兴的药方。在构筑自己的理想时，柏拉图对现实中的各种城邦制度进行分析比较，论据具有扎实的历史基础。后者着眼于城邦的宪法问题，立足于对现存政治的改革，具体例证也引自希腊的现实世界。① 由于柏拉图价值倾向性非常明显，因此他的论述中主观成分比较多，这是读者应当加以注意的地方。

---

① 从现代学科分类出发，两部作品的论题已超出哲学的范畴，但在古代并无如此细密的划分，宽泛的哲学一词涵盖了各门知识学科。

古代最渊博的学者亚里士多德（Aristotle，公元前 384—前 322 年）的著作包罗宏富，现存 47 部，内容涉及自然科学与社会科学的许多学科。他同自己的学生一道编写过 158 篇《政制》，即希腊与非希腊国家的政治体制史，内容包括典章制度的沿革，不同政权的社会基础和结构关系，政权运作的方式等重要成分。目前，近于完整存留下来的只有一部《雅典政制》（*The Constitution of Athens*），这是研究古代希腊、尤其是雅典历史的极为重要的史料。

在研究各国政体的基础上，亚里士多德撰写了《政治学》（*Politics*）一书。这部最终没有完成的著作不仅阐释了国家的本质、对各种政体进行了深入的比较研究，而且对国家产生的途径作了自己的探讨。该书是研究希腊政治思想史的一手史料，同时书中也保留了大量关于雅典和斯巴达以外的希腊城邦的宝贵信息。

亚里士多德的其他著作，如《尼科马霍斯伦理学》（*Nicomachean Ethics*）、《大伦理学》（*Magna Moralia*）、《埃于德莫斯伦理学》（*Eudemian Ethics*）、《形而上学》（*Metaphysics*）等著作也是思想史的重要史料。

（3）演说家的著作

从公元前 5 世纪下半叶起，随着公民大会上的演说和法庭辩论的需要，演说辞成为一种具有特殊艺术风格的文学作品。目前流传下来的此类作品总计一百多篇，时间范围在公元前 420—前 320 年之间，内容多为法庭讼辞，其他则系公民大会上的辩论辞和节庆典礼上的演讲稿。演说辞的作者有的是政治家，有的是靠代人撰写演说辞为生的文人，因此绝大多数演说辞与现实生活息息相关，属重要的一手材料。若考虑到公元前 4 世纪史学著作的缺憾，则更显出演说辞在恢复历史原貌方面的突出作用。

安提丰（Antiphon，约公元前 480—前 411 年）撰写的演说辞涉及一些杀人案，是研究雅典法律的重要演说。

安多基德斯（Andocides，约公元前 440—前 390 年）遗留有完整的 3 部长篇演说辞和 4 部演说辞片段，反映公元前 5 世纪末和公元前 4 世纪初雅典政治斗争的一些情况。

吕西亚斯（Lysias，约公元前 459—前 380 年）生于叙拉古，公元前 412 年起长期以异邦人身份居住在雅典。传说他代人撰写的讼辞达 200 多篇，流传至今在他名下的演说辞约 40 篇（但并非都出自他的手笔），内容牵涉公元前 4 世纪复杂的社会经济史、政治史问题。

现存伊萨伊奥斯（Isaeus，约公元前 420—前 350 年）的 11 篇演说辞加 1 篇残片，全部是有关财产继承关系的法庭诉讼辞。

公元前 4 世纪的演说辞写作大家之一是伊索克拉特斯（Isocrates，公元前 436—前 338 年）。以他名义传世的有 21 篇讲稿和 9 封书信，此外还有一些论演说术作品的只言片语。作者不是积极的政治家，而是政治思想家。他的演说辞实际是政治论文。比如《腓力普斯》一文，就是在为马其顿王出谋划策，力陈侵略东方的必要性，以便挽救日暮途穷的希腊城邦。

德摩斯提尼（Demosthenes，约公元前384—前322年）是公元前4世纪下半叶雅典的著名政治家和演说家，与伊索克拉特斯有所不同，他在雅典政坛上经常处于漩涡的中心，指导着国家的政治生活，是众所瞩目的人物。他的演说对希腊政治史、经济史的价值为其他演说无法比拟。在他名义下的作品计有60多篇，包括56篇演说辞和6封信，其中有些并不是他写的。

德摩斯提尼的政敌埃斯希内斯（Aeschines，约公元前390—前314年）留有三部长篇法庭演说，两篇控告他人，一篇是为个人辩护。埃氏在雅典政治舞台上也是颇有影响的人物，其演说汇聚着时代的风云。

需要指出，演说辞虽然与现实关系密切，但它们的真实性却受演说形式本身的制约。演说的目的在于打动听众，事实往往被有意夸大或缩小，曲解或附会，因此对演说辞史料要具体情况具体分析。

（4）罗马统治时期的史料

在公元前3—前1世纪，著名的亚历山大图书馆的学者们曾对希腊典籍作过全面的整理和研究，可惜他们的成果目前所剩无几。希腊在公元前146年被罗马征服的历史主要是根据罗马时期的一些史作和其他有关文学作品恢复起来的。

麦加洛波利斯人波吕比奥斯（Polybius，约公元前200—前118年）著有《通史》（*Universal History*），内含作者生活年代的希腊史史料。《通史》的构思宏阔，共计40卷，旨在说明地中海周边各国从公元前272年到公元前146年并入罗马的历史。现今只存前5卷，其他卷残缺不全。希腊史的内容集中在卷四～卷五当中，填补了晚期希腊史料的不足。作者是古代西方最杰出的史家之一，史料翔实，议论精审，史学思想颇具深度。

西西里人狄奥多洛斯（Diodorus，约公元前1世纪人）的《历史集成》（*Bibliotheca*）是通史性质的巨著，共40卷，是古希腊史的主要史料来源之一。该书第4～第6卷写上古希腊史和欧洲史，第7～第17卷述及特洛亚战争到亚历山大东侵的希腊史，现完整保存下来第1～第5卷和第11～第20卷。其中第11卷写希波战争、提洛同盟和伯罗奔尼撒战争的第一阶段。第12卷写伯罗奔尼撒战争第一阶段结束至雅典准备远征西西里。第13卷关于这次远征和雅典寡头政变及雅典战败。第14卷涉及西西里的历史，雅典人推翻三十僭主政治，斯巴达在小亚的战争、科林斯战争以及国王的和平。第15卷叙述底比斯的崛起，斯巴达军惨败于留克特拉。第16和第17卷是关于马其顿王腓力和亚历山大的历史。狄奥多洛斯是位编者，而非优秀的史家，他运用史料比较草率，年代、史实的错误不时发生。《历史集成》的价值在于辑录了大量业已失传的古代作家的著作，特别是关于公元前4世纪的内容，更是其他史料无法替代的。

在古希腊史中，最后一部具有特殊意义的史著是普鲁塔克（Plutarch，约公元46—120年）的《名人传》，中译名为《希腊罗马名人传》（*Parallel Lives*）。书中收有49篇上古西方著名人物的传记，其中组成对子并列比较的希腊罗马名人传各23篇。另有4

篇单传，包括波斯国王阿塔薛西斯传。所以中文译本名《希腊罗马名人传》是不太准确的。

《名人传》是古代实用教喻史学的典范。普鲁塔克笔下的英雄，均不是他的同代人，但他却能用自己的传神之笔将他们刻画得神采飞扬，栩栩如生，大大补充了以事件为中心的一般史著的不足。或许因为作者是希腊人的缘故，《名人传》中的希腊名人群像较罗马名人要饱满一些。这部著作是我们认识在希腊史上打下深刻印记的众多人物（如梭伦、铁米斯托克里、伯利克里、亚历山大、德摩斯提尼等）的基本史料来源。然而，把古代人物描写得如此精微细致，总要以牺牲部分的历史真实为代价。普鲁塔克治史的目的在于为人们树立仿效的楷模，史实并不是他刻意追求的目标，所以他的书中有不少硬伤，这是在利用其史料时务应注意的地方。

除《名人传》外，普鲁塔克还写过约 250 部作品，现存 1/3。其中之一是论道德的对话体文章，收于《道德集》（Molaria）中，可供思想史研究者参考。

著名历史学家兼地理学家斯特拉波（Strabo，约公元前 64—21 年）撰有 47 卷本的《历史概要》，不幸已经散佚殆尽。但他的 17 卷《地理学》（Geographica）则保存完好，是传至今天的主要的古代地理学著作。其中第 8～第 10 卷专述希腊地理风貌、胜景古迹、民俗人情、历史沿革等，其他卷中也间或穿插一些关于希腊的知识，是重要的辅助史料。

与《地理学》相似的另一本地理志《希腊纪实》（Periegesis or Itinerary of Greece）由波桑尼阿斯（Pausanias，盛年在 150 年左右）所作。全书分 10 卷，包括有关希腊各地的历史、宗教神话、景观、物产、社会风情等方面的描述。所用材料既来自作者个人旅行中获得的直接经验，也有从古代著作和地方资料中获取的信息。尤其是书中关于名胜古迹的记载，已证明惊人的准确。

马其顿王亚历山大东侵是古代作家感兴趣的课题。在这方面最全面、可靠的记载是小亚细亚希腊人阿里安（Arrian，约 96—175 年）的 7 卷本《亚历山大远征记》（Anabasis of Alexander）。他批判地利用了亚历山大同代人的著作和王室起居录，再现了东侵的全过程，可与普鲁塔克的《亚历山大传》互补。

修辞与诡辩学家阿特纳伊奥斯（Athenaeus，盛年在 2 世纪末—3 世纪初）残留一部《智者席间谈》（又译作《餐桌上的健谈者》，Deipnosophistae），以会餐者漫谈的形式讨论哲学、历史、艺术、法律、医学等广泛课题，摘引了 700 多位作家的 1 500 多部著作的段落（所引书籍目前大多遗失）。原书共 30 卷，现存 15 卷。

此外，在尤斯廷努斯（Justinus，2—3 世纪）、波吕阿伊诺斯（Polyaenus，2 世纪）等人的残存著作中，也保留了一些有关古希腊史的资料。

（二）　铭文史料

铭文是希腊上古史的第二大类文字史料来源，均刻写在坚硬耐久的书写材料上。

目前发现的希腊铭文材料至少有 10 万多件，分散保存在希腊、英、法、埃及、土耳其等国的博物馆中。其中数量最多的是镌刻在陶器制品上的铭文。刻写在大理石和其他石料上的铭文数量次之。其余则刻写在金属和泥版等材料之上。古希腊人也经常利用木板作为书写材料，但因木板易于腐蚀，所以均未能保留下来。

古希腊铭文涉及公共和私人两个方面的内容。头一个方面包括国家间的条约，国家法令，宗教规范，公民大会决议，各种官方文件，神庙活动记录，重大事件（如军事和政治活动、工程建筑、喜剧和体育竞赛）的纪实，等等。第二个方面包括一些手工艺品的作者签名，诗歌散文作品，墓志铭，各种有关买卖、租赁、抵押、担保、借贷、存储活动的经济契约。由于古代书写条件的严格限制，铭文均刻写得言简意赅。由此早在古代便出现了一个专门用于评论文章的术语——"石碑式的叙述"（lapidari-us），亦即简洁明快的风格。有些陶器上的铭文，短到只有一个人名、一两个单词，甚至仅有一个字母。但也有篇幅较长的铭文，如在克里特岛上发现的"哥尔廷铭文"，是当地法律的汇编。

铭文史料的重要性在研究希腊早期史上表露无遗。20 世纪 50 年代以前，有关迈锡尼文明时代的历史还仅凭某些实物史料、古代赫梯与埃及的少量文字史料以及荷马史诗的提示，人们对该时代的社会经济关系一无所知。尽管 19 世纪末和 20 世纪初已发现许多铭文，但因无法释读，它们始终只有潜在的史料价值。决定性的突破发生在 1953 年。英国古文字学家文特利斯破译属于公元前 16—前 12 世纪的线形文字 B 泥版文书成功，证实铭文属印欧语系的古希腊语，从而使历史学家得以透视迈锡尼社会的内部结构，构建起文明的基本模式。

泥版文书的发现地主要是派罗斯和克诺索斯。线形文字 B 铭文的内容与在两河流域的泥版文书内容相似，基本是各种经济表报，如劳动力名单，口粮分配目录，税收和土地占有情况的登记等。

线形文字 B 铭文随着迈锡尼文明的毁灭而消失。希腊人使用的新的字母文字是对腓尼基字母体系加以改造的结果。根据目前材料，年代最早的这类铭文属于公元前 8 世纪，不过公元前 8—前 6 世纪的铭文非常少见。看来当时希腊人尚未广泛恢复记载的习惯，识字的人十分有限。

当前积累起来的铭文大多出自古典时代（公元前 5—前 4 世纪末）和马其顿统治时代（公元前 4 世纪末—前 2 世纪中叶），内容极为丰富。尤其以雅典的铭文为多。

因为自然力和人为的破坏，完好保存的铭文十分鲜见，一般在发现时都有不同程度的缺损，有时已破裂为碎片。所以确定铭文的内容及年代，复原缺漏破损铭文的工作便需要由具备专项知识技能的人来完成。这样就产生了一门历史的辅助学科——碑铭学。

系统研究希腊铭文始于 19 世纪，随之各国相继问世了一批大型铭文汇编。这类集子中最具权威性的是德国学者集体编辑的《希腊铭文集成》（*Inscriptiones Graecae*）此外，欧美学者也编汇了多种以某个时期某项内容为主的铭文集，最著名的有托德编的《希腊历史铭文选》（Tod, M. N., *A Selection of Greek Historical Inscriptions to 323 BC*, Oxford, 1946, 1948）和梅格斯与路易斯编的《希腊历史铭文选》（Meiggs, R. and Lewis, D. M., *A Selection of Greek Historical Inscriptions to the End of the Fifth Century*, Oxford, 1969）。

二、实物史料

古希腊的实物史料由古代遗存下来或考古发掘出来的各种古物组成，通常包括古建筑、古器物、古钱币、古艺术作品。就一般情况而言，实物史料是文字史料的补充，意义不及后者。但在缺少文字史料的情况下，比如在爱琴文明时代，它们的作用明显加大。有时实物史料的新发现能改变人们对希腊史的传统认识。

古希腊人建造的城市、神庙、剧场、手工作坊、居民住室、宫殿等废墟遍布希腊半岛、地中海、黑海沿岸及岛屿之上，甚至远在中亚也有所发现。其突出代表是雅典卫城、克诺索斯宫、迈锡尼王宫、特尔斐神庙、奥林匹亚神庙及体育场遗址。它们是古希腊历史无言的见证。

随着一百多年来考古发掘，大批古器物，如各类工具、武器、日常用具、装饰品、服装残片、动植物遗骸纷纷出土，成为古希腊人生产力发展脉络和日常与非常生活景象的指示器。历史工作者常常用工具的区别和陶器器型、风格的变化划分历史时期。

古钱的史料意义也不应低估。它们常常能够提供其他古文物不能提供的信息，比如冶金技术的水平，计量制度的概况，各国间经济贸易的往来，等等。古钱上的某些古希腊浮雕再现了一些业已毁灭的古建筑的风貌，保留了某些著名人物的形象。19世纪以来，西方学者在古希腊钱币学的研究方面硕果累累，著述甚丰。

古希腊人的各种绘画雕塑既是珍贵的艺术遗产，又是形象的一手史料。从克里特文明到希腊化时代，天才的古希腊艺术家留下了无数作品，录下了不同时期希腊人的政治经济活动、社会风貌、殊死战争的景况，其史料功效如同今天的照片。

实物史料的不足在于其本身的性质。它们仅仅孤立笼统地反映人的活动，不能充分表现社会关系、阶级斗争、政治制度、意识形态等非表象化的东西。而且实物史料的年代难于精确测定，科学测定方法，如放射性碳素断代法也存在相对的误差。因此，单纯靠实物史料恢复起来的希腊早期史是苍白的，符号式的，只有抽象的人和具体的物，缺乏具体形象的人。对于我国研究者来说，限于客观条件，能够利用的实物史料非常有限。

第二节　古代希腊史的研究概况

一、国内古希腊史的教学与研究状况

（一）1949 年以前

根据目前材料，我国学人初步接触古希腊史的一点皮毛知识始于明末。[①] 万历三十六年（1608 年），意大利传教士利玛窦用中文撰写《畸人十篇》，内含两篇伊索寓言。天启五年（1625 年），出现法国传教士金尼阁口授、张赓笔录的寓言集《况义》，收入伊索寓言 23 篇。

鸦片战争以后，欧洲列强打开中国大门，作为西方文明源头的古希腊的历史文化伴随着洋枪、鸦片烟及各种洋货一并涌入中国。属于文化史范畴的那些富有表现性、大众化的文艺作品，如荷马史诗、伊索寓言、希腊神话、雕塑艺术品优先受到国人注意，出现为数众多的介绍性文字、译作。很快，带有取鉴喻世作用的外国史，主要是不同版本的西洋史译著也相继印行。古希腊史是其当然的组成部分。在光绪七年（1881 年）出版的《万国通鉴》、光绪二十一年（1895 年）出版的《万国史记》、光绪二十九年（1903 年）出版的《世界上古史》中，古希腊史均占一定篇幅。以作新社译《世界上古史》为例，单辟一编记述上自特洛亚战争、下至罗马灭科林斯的希腊史脉络，虽线条粗了些，但毕竟给人一个古希腊史的完整轮廓。1903 年，国内出版寒山片石子译的《希腊兴亡史》。原作系日本人宫川铁次郎，依次追述雅典、斯巴达、底比斯、亚历山大帝国兴衰的过程，夹叙夹议，旨在警喻世人。当时的东方人写西方古代史，因带有强烈的主观目的，所以史实不免走样。然而这是我国第一部希腊上古史译本，也是新中国成立前唯一一部古希腊史，史学史上的意义应当肯定。

值得一提的是，梁启超在 1902 年写有《斯巴达小志》一文，述及斯巴达政治、军事、教育制度，为专题介绍古希腊史的第一人。

民国期间，我国知识界翻译、编写古希腊史的作品增多，题材范围扩大。在文学方面，傅东华全文翻译了荷马史诗《奥德赛》（1929 年），徐迟节译了《伊利亚特》（1947 年），林纾等译《伊索寓言》（1911 年）、《希腊神话》（1915 年），罗念生译索福克勒斯的《窝狄浦斯王》（1936 年）、幼里披底斯的《特洛亚女人》和《伊斐格那亚》（1936 年）、埃斯库罗斯的《普罗米修斯》（1947 年）。有时同一篇古希腊作品竟有七八

[①]　汉唐之际虽有古希腊雕塑作品可能自安息、大夏流入新疆，但无任何反响。参见李长林：《晚清时期中国关于古希腊文学艺术的介绍》，载《求索》，1987（3）。

个译本，如伊索寓言，反映了读者、译者的热情。

哲学原著的译本的数量也有一定规模。吴献书译柏拉图的《柏拉图之理想国》（1920年），从此为这部《波利泰伊亚》确定了意译的书名。郭斌龢等人译《柏拉图五大对话集》（1934年）。杨伯恺译德谟克利特的《哲学道德集》（1934年）。与此类似的各种古希腊哲学家的著作译本不下十几种。综述性的介绍古希腊哲学的书籍也编了不少。这个时期尽管没有出版过专门的古希腊史，但一些包括古希腊在内的世界史著述仍然不断问世。其中有刘伯明演讲、缪凤林笔记的《西洋古代中世哲学史大纲》（1929年），曹绍濂编纂《西洋古代史》（1934年），吴祥麒撰《西洋上古史》（1942年）等。难能可贵的是我国史学工作者这时已有人走出了简单翻译的阶段，开始编写一些古希腊史的史作。刘侃撰《西洋古代中世纪经济史》（1936年），明显受到马克思主义历史观的影响，在谈到希腊经济时，他从原始公有制写起，到希腊社会因奴隶制而灭亡终止。

综上所述，新中国成立前我国知识界对古希腊史的关注胜过对古代其他地区或其他国家的注意。就学术水准而论，我国学人的史作带有初期的弱点：内容粗略，限于浮光掠影的介绍，缺乏基于史料的研究和深入的分析，尚处于模仿阶段。即使有些个人思想的火花，也属借题发挥，读史有感。这些幼稚影响到大学中的古希腊史的教学。

1949年以前，我国大学历史专业课程设置均以中国史为主体。各校世界史课程一般只有一门世界通史，使用国内讲义或国外教材，主要是美国学者海斯·穆恩编写的《世界史》。任课教师从古代讲到近代，没有定向搞古希腊史的研究者，因而也不存在古希腊史的选修课。通史中的古希腊史部分的课时也非常有限，远未达到"言必称希腊"地步。

（二）1949年以后

新中国成立后至文革前，我国希腊上古史教学与研究步上一个新的台阶，取得显著进步，其表现为从简单介绍和改编国外成果向初步研究的转变，一支教学科研的专业队伍初步形成。

与苏联建国时期的情况大体相近，在20世纪50年代初，国内学术、教育界普遍面临观念更新的问题。由于当时的历史条件，参照的标准只能是第一个社会主义国家苏联，因此苏联学者依据马克思主义、列宁主义和斯大林思想建立起来的学科体系和思想观点、方法便成为全面引进和照搬的对象。由于这是世界史解说新体系的草创时期，所以像古希腊史这样比较细密的专业方向划分的条件尚未成熟，但这时毕竟出现了定向的趋向。在这段时间，一批供历史工作者参考的苏联史家的论文翻译过来，如林茨曼的《论古代希腊商品生产之产生》等文章。一些只有专业人员感兴趣的基本问题也有人提了出来，如雷海宗的《关于古代希腊的一些问题及名词的简译》（1953年）、华明的《希腊人从何时并怎样移入希腊地区的》（1954年）等。

20 世纪 50 年代中叶以后，国内古希腊史领域开始初步的专题研究，刊行了一批学术论文，试图运用马克思主义立场、观点、方法归纳、探讨一些重大问题，如吴于廑的《希腊城邦的形成和特点》（1957 年），胡钟达的《雅典民主政治及其阶级基础》（1957 年），何高济的《黑劳士问题再探讨》（1958 年），日知的《荷马史诗若干问题》（1962 年）。在这些早期探索性的文章中，雷海宗的《世界史分期与上古、中古史的一些问题》一文提出研究古希腊史的重要方法论问题，即不要把雅典等同于整个希腊。

一个学科的建立，除了需要有一批专业人员和一定的理论方法体系之外，还需有一定规模的由论文、专著、典籍等史料构成的学科图书资料。作为基本建设，此间国内陆续翻译了一些古希腊的重要史料，翻译质量较新中国成立前有所提高。如日知等人译亚里士多德的《雅典政制》（1959 年），王嘉隽译希罗多德的《历史》（1959 年），北师大历史系和东北师大历史系编译《世界古代史资料选辑》下册（1958 年），罗念生译《欧里庇德斯悲剧集》（1957 年）、《欧里庇德斯悲剧二种》（1958 年）、《阿里斯托芬喜剧集》（1958 年）、《埃斯库罗斯悲剧二种》（1961 年）、《索福克勒斯悲剧二种》（1961 年），谢德风译修昔底德的《伯罗奔尼撒战争史》（1960 年），北京大学哲学系外国哲学史教研室编译《古希腊罗马哲学》，吴寿彭译亚里士多德的《政治学》（1965 年）等。

1957 年，因高校教学的需要，我国引进了苏联塞尔格叶夫的《古希腊史》作为参考教材。1959—1960 年，苏联科学院主编《世界通史》头两卷译本出版，加强了我国学人对古希腊史的了解。

随着 60 年代各种政治运动的兴起，古希腊史研究同整个世界古代史研究一样，陷入停滞状态，直至 1966 年所谓的"无产阶级文化大革命"的爆发而完全中断。

十年浩劫之后，我国古希腊史研究领域一片萧条。尽管古代史知识的增长和更新速度比较缓慢，不存在令人生畏的"知识爆炸"，但十年空白和封闭造成的损失是惊人的。我国学人的有关知识水准停留在苏联 50 年代末、60 年代初的一般认知水平上，具体研究差得很远。至于西方学者多年来的研究成果，简直闻所未闻、见所未见。这种状况与我国的国际地位极不相称，特别不适合改革开放、面向世界和了解世界的需要。对此，我国世界古代史领域的一些有志之士忧心如焚。以周谷城、吴于廑、林志纯为代表的我国第一、第二代世界古代史研究者一方面向上级主管部门呼吁，一方面苦心孤诣地提携后进，培养世界上古史新人。经过孜孜不倦的努力，在党的十一届三中全会之后 20 年，包括古希腊史在内的世界古代史研究取得令人瞩目的进步，其中古希腊史的进步尤其明显，这表现在：（1）古希腊史的史料建设在世界古代史中表现突出，在整个世界史领域也处于前列。（2）定向研究古希腊史的老中青人员的数量在世界古代史领域相对而言是最多的，因此以论文和论著为代表的研究成果的数量在世界古代史学科内也是最多的。（3）研究人员选题的范围十分广泛，涉及古希腊史的经济史、政治史、社会史、妇女史、思想史等各个领域，且能够参与前沿性课题的讨论，无论在宏观研究还是微观研究方面均已做出了某些不亚于国外学者的成果，积累起了一个分支学科所必需的基本读物储备。

在史料建设方面，改革开放 20 年来，陆续翻译和重版了一大批古希腊典籍，如荷马的《伊利亚特》和《奥德赛》，赫希俄德的《工作与时日》、《神谱》，希罗多德的《历史》和修昔底德的《伯罗奔尼撒战争史》，色诺芬的《雅典的收入》、《回忆苏格拉底》、《长征记》，柏拉图的《理想国》、《游叙弗伦、苏格拉底的申辩、克力同》、《文艺对话集》、《巴曼尼得斯篇》等，《亚里士多德全集》，阿里安的《远征记》，普鲁塔克的《希腊罗马名人传》，《古希腊名著精要》，《古代希腊罗马经济思想资料选辑》。这就为国内古希腊史的学生提供了重要的读物。

除史料建设外，我国学者还译介了一批国外学术著作，如《古代世界城邦问题译文集》（1985 年）、佩迪什的《古代希腊人的地理学》（1983 年）、柯特勒尔的《爱琴文明探源》（1985 年）、涅尔谢相茨的《古希腊政治学说》（1991 年）、伽达默尔的《伽达默尔论柏拉图》（1992 年）、韦尔南的《希腊思想的起源》（1996 年）、泰勒的《柏拉图——生平及其著作》（1991 年）和《苏格拉底》（1998 年）、基托的《希腊人》（1998 年）等。

在专题研究方面，问世了一批具有中国特色的专著。顾准的《希腊城邦制度》（1982 年）从中西古史比较的角度出发，以其扎实的国学功底讨论古代希腊问题，虽然因时代的局限，所据史料尚较粗浅，关于中西方古代迥然有别的结论也未脱旧套，但比较研究中的许多结论却独具慧眼，具有鲜明的个人特点。如关于城邦的自治、民主、公民权、兵制、经济自给、法制等特点的阐释都充满了灵气，给人耳目一新的感觉。

杨适的《哲学的童年》（1987 年）是一部深入浅出的古希腊哲学史力作，作者对所论问题有明晰的了解，具有很强的哲学思辨能力，字里行间闪烁着机智。汪子嵩等人合著的两卷本《希腊哲学史》（1988 年和 1993 年）对古希腊各个时期的哲学思想分别进行了深入细致的考察，是目前我国学者撰写的最全面、最详尽的古希腊哲学史大作。朱德生主编的《西方哲学通史》（1996 年）中，也用相当大的篇幅对古希腊哲学进行了认真的考察。

日知主编《古代城邦史研究》（1989 年）一书从城邦的普遍性出发，分别探讨了世界各地早期国家形态的共性和特性，其中辟出两章专门讨论阿尔哥斯和雅典的政体发展史。郝际陶的《古代希腊研究》（1994 年）就古希腊青铜时代的文明和城邦时期的问题进行了专题研究。郭小凌的《克丽奥的童年》（1994 年）则着眼于古典史学，对世界两大史学发源地之一的希腊的史学形成与发展过程以及在西方史学史上的位置进行了比较详细的探讨。20 世纪 60 年代以来，古希腊经济的属性问题曾经引起西方学者的广泛讨论，黄洋的《古代希腊土地制度研究》（1995 年）一书使我国学者对希腊经济史的研究进入了考据层面，力求证明一个基本论点，即古希腊文明不是商业文明，而是以农业为其主要社会与经济基础的古代文明。在胡庆钧主编、廖学盛副主编的

《早期奴隶制社会比较研究》（1996 年）中，荷马时代的奴隶制得到了认真的分析和探讨。施治生和郭方主编的《古代民主与共和制度》（1998 年）是我国第一部深刻反思古代民主与共和制度史的专著，书中对古希腊民主政体和共和政体的形成过程、内部结构、运作和整合机制等重大问题进行了详细的分析和概括。

改革开放 20 年来，已发表的古希腊史的论文至少在 200 篇以上。从选题的时空范围看，从爱琴文明时期到希腊化时期的论文应有尽有，选题不仅包括经济史、政治史、军事史，而且包括社会史、妇女史、思想文化史等多方面的内容。随着古希腊史研究队伍的扩大，特别是 90 年代以来，中青年学者的论文逐渐占有了较大的分量，显示了这一学科发展的良好前景。

与研究领域的进步相适应，我国高等院校历史系的古希腊史教学也走出了通史教学的范围，在少数大学（如北京师范大学、南开大学、厦门大学等）中开出了希腊史选修课或专题课。不少院校陆续有一些定向古希腊史的研究生毕业，中国社会科学院研究生院和四川大学还分别开办过古希腊语专修班，国外培养的博士生也加入了我国的古希腊史研究队伍。

在肯定成绩的基础上，也需指出不足的一面。我国古希腊史的长足进步是就国内纵向比较而言的。从国际范围内看，我国古希腊史研究在整体上同先进水平还有一定差距，这表现在我们还缺乏足够多的释读古希腊文的人才，因此能够进入考据层面的研究者还为数不多。我国学者的研究选题还局限在一般性的、中观或宏观的问题上，大量的具体问题仍处于我国研究者的视野之外。此外，图书资料建设因客观条件的限制，还存在众多缺漏环节。我国的古希腊史研究者任重而道远。

二、国外古希腊史研究的过去与现状

（一）19 世纪以前的古希腊史研究

如果撇开希腊人本身以及与其一脉相承的罗马人，欧洲人初步开始研究古希腊史是在公元 15 世纪，此前，由于蛮族入主古典文明地区，基督教取得全面胜利，古典文化衰落，欧洲人对古希腊史和古希腊艺术缺乏兴趣，因而古希腊史研究在欧洲有过长时间的空缺。只有个别古希腊人的作品，主要是亚里士多德的著作（如《物理学》和《形而上学》）和柏拉图的个别作品（如《斐顿》和《提迈乌斯》）的拉丁译本，在西欧经院学者中拥有少量读者，但当时还主要是文献学研究，尚谈不上真正的历史研究。有趣的是，中世纪亚里士多德著作的大部分拉丁文本是从西班牙的阿拉伯文本翻译过来的。阿拉伯人为古希腊文化的存续作出了重要贡献。

在东方的拜占庭帝国，情况则有所不同。由于东罗马帝国在 5 世纪后期躲过了蛮族大入侵的打击，帝国的皇帝又注意保存古典教育，因而古典传统得以幸存下来，出现过一些新的古希腊史的研究活动。如在 9 世纪，曾经问世过一部酷似词典的《文库》

(*Bibliotheca or Myriobiblion*)，由君士坦丁堡主教弗提乌斯（Photius，约820—891年）编纂，载有作者阅读过的280部古籍的概要，其中包括部分古希腊史作品。10世纪，继弗提乌斯之后，拜占庭学者编辑了一部百科全书式的辞典和历史文选，辞典名为《休达》（*Suda*），集中了关于古希腊文献的知识。此外，拜占庭学者对希腊古籍进行过整理复制工作，在作品空白处和字里行间点注和作了一些释解，人称这批学者为"注释家"（Scholiasts）。他们实际上从事的是史料学研究工作。1204年，十字军攻陷君士坦丁堡，大批珍藏于该市的古籍毁于大火。从此，古希腊史研究在帝国也同在西欧一样完全中断。

14世纪开始的文艺复兴运动是欧洲古希腊研究的一个转折点。尽管意大利人文主义者首先注意的是古罗马文化和历史，但从一开始，即从人文主义之父彼特拉克（Petrarch）到布鲁尼（Bruni），都注意到了对古希腊人遗作的收集、翻译和出版工作。像彼特拉克还从希腊人教士那里学到了一点古希腊文，从而带动了其他人文主义者（如薄伽丘，Boccaccio）对古希腊文的学习。1360年，佛罗伦萨首次聘用了一位名叫列昂提乌斯（Leontius）的古希腊语教师，由他将《荷马史诗》译成了拉丁文，从而扩大了古希腊典籍的读者面。薄伽丘则撰写了一本有关古希腊神话的教科书。

后来的历史学家布鲁尼是古希腊文的积极研习者，能够熟练阅读希腊原著。他的史著带有明显的古典史著的痕迹。至16世纪，古希腊典籍的各种译本在西欧已得到广泛发行，对古希腊典籍的研究也从意大利扩展到法国、瑞士、荷兰、英国、德国等西欧国家。与古希腊语、古希腊典籍和历史有关的课程随之成为各国大学和古典学校中的重要课程。在此基础上，最初的历史著作也编纂出来。但中古学者还带有初期的幼稚，一般对古代抱着理想主义的态度，满足于古人的记述。

17世纪以降，随着启蒙运动的兴起，古希腊史研究揭开新的一页。文艺复兴运动开启的史料的收集扩大到铭文等考古材料，对已收集整理并发表的古希腊典籍的批判研究也已展开。近代西方历史哲学之父维科（Vico）在其著作《新科学》中，提出荷马史诗的史料意义。德国史家温克尔曼（J. J. Winckelmann）的《古代艺术史》（1764年）依时间顺序分别叙述了古埃及、腓尼基、波斯、埃特鲁里亚、希腊、罗马艺术的产生和发展过程，希腊艺术史是其中用功最勤、内容最精彩的部分。他把希腊美术作品视为希腊精神的体现，而古希腊成为自由的象征。德国史学家沃尔夫（F. A. Wolf）的《荷马史诗导论》（1795年），运用自己的版本校勘、古代语言学和历史知识，对维罗伊森于1788年在威尼斯发现的《伊利亚特》抄本进行了深入细致的研究，证明该史诗的作者是多个佚名游吟诗人，分析出史诗内容属于不同的历史时期，每个时期的内容都在一定程度上反映了该时期的历史真实情况。他指出，后代人试图复原史诗原始文本的努力是徒劳的，但我们经过艰辛的劳动，恢复公元前亚历山大里亚学者所整理的文本内容则是可能的。

自18世纪70年代开始，西欧知识分子的意识发生重大变化，他们从基督徒的思维中挣脱出来，将自己看做是欧洲人，因此欧洲知识界的注意力从意大利转移到了欧洲文明的发源地希腊，处心积虑地在那里搜寻地表和地下的古迹和古文物，并把这种热情一直带进了 19 世纪。

但总的说来，欧洲学术界于 19 世纪以前对古希腊史的研究还仅能说是一个开端，工作基本局限于史料的收集与整理，真正的研究是从 19 世纪以后开始的事。

（二）19 世纪以来的古希腊史研究

对于古希腊史研究来说，19 和 20 世纪无论在史料的收集上，还是在历史复原、解释的广度、深度和精确度上，都远远超过以前所有的世纪。其研究的主力应该说是德、英、法、美、意、俄（苏联）的专业史家、古文献学家和古典考古学家。希腊本国学者也作出了不少贡献。这些专业研究人员主要分布在西方各大学历史系、古典学系、考古学系以及研究所当中。

1. 考古发现

19 世纪希腊考古的第一次重大活动是对奥林匹亚的发掘。希腊于 1828 年摆脱了土耳其统治，为欧洲考古学家造访古典文献记载的各个重要遗址创造了有利条件。一些曾在 2 世纪的地理学家兼历史学家波桑尼阿斯的《希腊游记》中得到过描述的重要遗址，如奥林匹亚和特尔斐的神庙，以及雅典和科林斯等城市，很快成为考古学家优先注意的对象。德国考古学家于 19 世纪 70 年代开始在位于伯罗奔尼撒西部的奥林匹亚发掘，出土了宙斯的整个神殿的地基，以及因地震而塌倒的神殿石柱和大理石雕塑。还出土了宙斯之妻赫拉的神庙以及古典时代的奥林匹克体育场。体育场的直线跑道长一斯塔迪昂（合 192.28 米或 630 英尺），处于两边平行的土垒看台之间，看台上有观众座位。

德国考古学家还在雅典展开发掘。1835 年，路德维格·罗斯提出雅典可能有一座较早的帕特嫩神庙。1885 至 1891 年，德国考古学家对卫城进行大规模发掘，发现了一座早期神庙（属于公元前 6 世纪）的大片地基，并发现神庙的墙基处有埋藏千年之久的大理石雕塑，即闻名遐迩的"科莱"——城市保护女神圣殿中的年轻女子群像。目前卫城遗址已辟为希腊主要的考古遗址，附设一收藏丰富的博物馆。

法国人选择了特尔斐的阿波罗神庙作为发掘对象，陆续发现了波桑尼阿斯和其他作家描述过的特尔斐的许多建筑，包括希腊保存状况最好的跑道，两边的看台可容纳7 000 人。在特尔斐最令人炫目的发现之一是西西里岛盖拉城僭主波里扎洛斯奉献的一尊青铜战车驭手像，以纪念在运动会上赢得的一次胜利。在阿波罗神庙附近，发现了巨大的青铜蛇像的基座，这尊铜像是公元前 479 年在普拉提亚会战中联合抗击波斯人的各城市共同奉献的。特尔斐出土的古文物现在收存于遗址旁的博物馆中。

19 和 20 世纪在希腊最激动人心的考古发现是荷马考古和爱琴文明的出土。19 世纪80 年代以前，古希腊史的上限仅在公元前 1000 年以内，许多严肃的史家都视荷马史诗为传说，无历史基础。然而，德国业余考古学家亨利·施利曼（Heinrich Schliemann，1822—1890 年）却对史诗的内容笃信不疑，矢志发现普利阿姆的特洛亚城。1870 年，他利用自己在俄国和美国经商赚取的大笔钱财，选择小亚细亚西北部俯瞰达达尼尔海峡的希沙里克土墩为发掘点，经过 3 年努力，挖出了一座泯灭已久的青铜时代的名城。虽然施利曼缺乏专业技能，错误地评定并破坏了遗址的文化层次，但他的发现毕竟彻底更新了关于希腊文明起源的观念，开创了一个再认识希腊早期史的新时代。

施里曼随后把注意力转移到了爱琴海地区，即位于希腊伯罗奔尼撒半岛上的迈锡尼。1876 年，施里曼在迈锡尼的城堡内发现公元前 16 世纪的王室竖穴墓以及一些保存完好、打制成形的黄金面具。

1884 年，施里曼再次到伯罗奔尼撒，发掘位于迈锡尼以南 15 公里、濒临大海的提林斯。波桑尼阿斯曾赞美过由独眼巨人建造的提林斯的宏伟防御墙，一些早期的旅行家也描述过它，但这个遗址还没有被发掘过。施里曼同他的助手多普费尔德一起在城堡中发掘出"传奇般的提林斯国王的巨大宫殿"。当他在 1890 年去世时，他除了挖出了特洛亚、迈锡尼、提林斯外，还进一步挖出了古代遗址伊大卡（1878 年）、奥尔霍迈诺斯（1880—1886 年）。他还委托考古学家德普费尔德对特洛亚文化层进行了新的鉴定，计划在克里特进行新的探索。由于他的成果，古希腊史的起点向前延伸了几百年。

英国在 1882 年占领埃及之后，便几乎垄断了对这个古希腊人重要的活动地区的发掘权，出土了数千卷纸草文书，其中包括亚里士多德的《雅典政制》的希腊文抄本。1896—1899 年，英国考古工作者又在昔克拉底群岛的米罗斯岛进行发掘，确认该岛是新石器时代希腊许多地区存在的黑曜石的输出地。

进入 20 世纪，各国考古活动由点向面铺开，旧石器、新石器和青铜、铁器时代的考古齐头并进，发掘现场遍布所有古希腊人活动的区域。大批古代遗存在考古人员的铲下重见天日。新材料一而再、再而三地变更着人们的看法，迫使历史学家们反复修改成说。

英国考古学家伊文思（A. Evans）对克里特岛上的克诺索斯遗址展开了大半生的发掘和研究（1900—1941 年），出土了一座巨大的宫殿群废墟。宫中不仅有大量器物，而且还有泥版文书、其他文字材料和夺目的壁画。伊文思发表《米诺斯的宫殿》（1921—1936 年）一书，根据荷马史诗，将殿名定为"米诺斯宫"，将发现的文字分类成图画文字、线形文字 A、线形文字 B 三种形式，并拟定出今天仍然有效的考古学分期。这样一来，古希腊史的起点进一步推前到公元前 2000 年左右。他还做了一件颇有争议的事，就是对重建的宫殿加以彩绘装修，包括中央庭院、国王的房间、王室成员的居室，以及用石柱装饰的双斧大厅。今天游人看到的便是装修过的宫殿废墟，留下了明显的现代人工痕迹。

1919 年，希腊考古队开始在南希腊的派罗斯展开发掘，发现属于迈锡尼石器的宫殿，遗址保存的状况较迈锡尼和提林斯好得多。1939 年，美国考古学家布利根（Blegen）再次挖掘派罗斯，出土 600 多块线形文字 B 泥版文书，轰动一时，引起人们对文字释读的注意。对迈锡尼遗址的发掘工作自 20 世纪 20 年代以来也一直未断，1950 年在那里同样发现了线字 B 泥版。多年来的材料积累已使人预感到克里特文明与迈锡尼文明系由同一族希腊人所创造。1952 年 6 月，这一预感得到证实，年轻的英国古文字学家文特里斯（Z. Ventris）宣布破译线字 B 成功，后经核实无误，证明线字 B 的使用者是操印欧语的希腊人的直接祖先。这是古希腊史研究的又一重大突破，希腊早期社会内部结构从此被人所洞悉。

雅典在 20 世纪仍然是希腊考古发掘的重点地区。美国雅典古典研究学院（The A-merican School of Classical Studies at Athens）成果最大。该学院由 9 所美国大学于 1881 年创办，依托雄厚的经济基础，一百多年来发展成为古希腊考古、历史、艺术、哲学、语言和文学研究和教学的主要中心。1931 年，学院因得到洛克菲勒 100 多万美元的资助，开始在位于现代雅典市中心的古代广场展开了大规模的、长期的发掘活动，移走了 365 幢近代建筑和 25 万吨渣土，将公元前 5—前 4 世纪雅典公民主要的活动地点重新发掘出来，找到了史书记载的雅典公共建筑的残迹。出土了大批古文物，其中包括对铁米斯托克里实行陶片放逐表决时所使用的陶片。从出土的众多墓葬可以看出，雅典广场这块地方自迈锡尼时期到公元前 6 世纪一直是墓地，文化未曾中断，这对雅典城邦发展史具有重要意义，否定了梭伦改革时工商业得到高度发展的传统看法。这一发现同 20 世纪 30 年代美国考古学家布洛涅在卫城北坡的另一发现（发现迈锡尼时期的城堡废墟）结合起来，为恢复一直模糊不清的雅典早期史提供了新的线索。由于对雅典古代广场的发掘运用了严格的现代发掘方法和技术，因此这次发掘成为古希腊考古的一个典范。

1927 至 1938 年，德国考古人员发掘古典时代雅典的陶工居住区，出土的墓葬表明该地区在古风时代曾是墓地。到第二次世界大战爆发前夕，希腊半岛及爱琴海岛屿上的著名古代遗址（如斯巴达、科林斯、罗德斯、法索斯等）均已得到发掘，考古的范围还越出爱琴海，扩大到两河流域。

第二次世界大战结束以后，一度停顿的考古工作得到恢复，各国考古工作者虽未有惊人之举，但也取得了许多颇为显著的成果。美、英、法三国学者的发掘工作仍以他们在 19 世纪末叶分别于雅典设立的"古典研究学院"①为基地进行的。一些大学研究机构也参加了这项工作。美国考古队在继续发掘雅典广场的同时，着手对底格里斯河流域的塞琉古王国的城市遗址展开挖掘。1948—1951 年，英国、土耳其联合考古队在小亚细亚斯米尔纳发现完整的荷马时代与古风时代的希腊居民点。这一居民点的布

---

① 实际是三个国家设在雅典的考古研究和教学机构，同时也是图书资料中心。其他欧洲国家，如意大利、芬兰、荷兰、丹麦等国也在雅典常设了自己的考古研究机构。

局、建筑形式的变化对摸清希腊乡村向城市演变的脉络具有重要意义。

法国学者积极在特尔斐、马其顿、提洛岛、小亚细亚、克里特、西西里考古，在马其顿发现新石器至青铜时代的文化层。意大利考古工作者在克里特岛南部的法斯特地区发现一座新宫殿。

新发现的材料归根结底是为历史编纂服务的，它们填补了古希腊早期史的空白，补充了中晚期史的不足，印证或纠正了已有的记载，帮助历史学家编写更完备、更真切的古希腊史。在这方面，19世纪以来的进步同样是惊人的。

2．历史编纂

（1）马克思主义史学对古希腊史的研究

马克思主义史学的古希腊史研究方向的认识论和方法论基础，是由马克思主义经典作家奠定的。作为19世纪的知识分子，马克思和恩格斯受过良好的古典学教育，通晓古希腊文，熟读古希腊典籍，对同时代的学术成果颇为注意。马克思的博士论文便是对古希腊唯物主义哲学家伊壁鸠鲁的研究，他们的著作常常引用属于古希腊史的各种掌故和材料。他们读过格罗特、瓦龙、摩尔根等人关于古希腊史的著述，能够追踪到同代人的最新研究成果。在《德意志意识形态》、《资本主义生产以前各形态》《政治经济学批判》、《反杜林论》、《自然辩证法》、《资本论》等著作和笔记中，两人对希腊经济史、社会史、政治史、文化史问题均发表过精彩的论述。尤其是恩格斯的《家庭、私有制和国家的起源》一书，还根据当时所能得到的材料和成说，论证和总结了古希腊从原始社会向文明社会过渡的过程，其经济分析、阶级分析的熟练程度和深度，为其他同代史家所不及。

马克思和恩格斯对古希腊社会有明确的定性分析，多次指出它是建立在奴隶劳动基础上的奴隶制社会，其认定的标准是数量和质量结合的标准，即当奴隶劳动排挤了自由人劳动，成为占主导地位的劳动者之时，这一社会便是奴隶制社会。但他们没有简单地将奴隶制生产关系看做唯一的经济基础，同时也认为独立的小农、小手工业者经济在奴隶制取得支配地位之前是古希腊的主要经济基础。他们还论到古希腊原始公社制解体的起点是在荷马时代，雅典国家形成过程完结的标志是克里斯提尼改革。他们拟出古希腊社会的阶级对立的基本形式是自由民与奴隶、贵族与平民，深刻阐释了城邦的本质是公民联合起来压迫非公民的机器，并说明古代经济的特点，商业、高利贷、货币资本的作用。针对当时废奴主义者对奴隶制全面否定的片面看法，他们指出奴隶制出现的必然性、必要性，对整个西方文明发展的巨大意义。他们还对古希腊史的众多具体问题提出了自己的看法，如对殖民问题、军队问题、城邦危机的根源问题、希腊哲学、科学、文学艺术、宗教的评估问题，等等。

需要指出，马克思、恩格斯从来不是孤立地讨论古希腊史问题，而是一贯把它们放入自己创立的社会经济形态依次演进的庞大体系中加以考察，服务于他们对现存资本主义暂时性的基本论点的论证。他们的认识对于古希腊史研究领域中的马克思主义学派的产生和发展具有决定意义。但他们的看法起初并未引起国外史学界的重视。马克思主义的古希腊史研究方向是随着 20 世纪初社会主义革命的成功，以及马克思主义的广泛传播逐渐形成的，俄国十月革命是一个关节点。

十月革命胜利后，马克思列宁主义在苏联成为占绝对统治地位的意识形态，各门学科都被要求运用这种新的世界观和方法论指导本专业的研究，古希腊史也不例外。由于分布在大学中的专业史学工作者并没有多少人真正了解马克思列宁主义，因此均面临着学习和掌握这一新的历史观，并把这一历史观应用到具体的历史实践中去的重要任务。换句话说，早期苏联史家的马克思列宁主义认识基础是十分薄弱的。在这种情况下，20 世纪 20 年代至 30 年代中期，苏联史学界共同关心的课题便是如何理解和表述马克思主义奠基人关于社会形态演进的理论，为历史确立一个明晰的解释框架。波克罗夫斯基（Покровский）及其学生们是 20 年代解读马克思、恩格斯关于社会经济形态理论的带头人。随后在 20 年代末到 30 年代中期，苏联史学界展开了关于社会经济形态的作用、地位和理解问题以及亚细亚生产方式问题的讨论，最终在古代史领域抛弃了奴隶制—农奴制结合的混合生产方式、商业资本主义生产方式、历史循环论、古代东方存在特殊的生产方式等观点，确立了历史发展统一性的基本解释思路，整个古代世界被置于前后衔接的最初的两种社会经济形态——原始社会和奴隶占有制社会的框架之中，《联共（布）党史简明教程》（1937 年）关于五种社会经济形态演进的表述成为对马克思恩格斯有关思想的唯一正确的诠释被确定下来。于是，古希腊史研究的焦点集中于对奴隶制社会在古希腊发生和发展的规律这样一些问题之上。

老一代史家丘梅涅夫（А. И. Тюменев）于 1920—1922 年发表《古希腊社会经济史纲要》一书，开了用新方法研究古希腊史风气之先。作者在十月革命以前便开始接受马克思主义的历史理论，因此在革命后能够在古希腊史研究中先走一步。随后又发表《古希腊存在资本主义吗？》（1928 年）一书，利用铭文材料和古典作家的史料证明古希腊社会具有奴隶占有制性质，古希腊经济属性为自然经济，坚决否定了古希腊存在资本主义的解释。

1934 年，联共（布）中央通过加强历史教育和历史教学的决议，大大促进了包括古希腊史在内的马克思主义史学研究的发展，其表现为新的历史教科书的问世。塞尔格叶夫（Сергеев）的《古希腊史纲要》于 1934 年出版，随后又扩充为《古希腊史》（1939 年）。这是第一部马克思主义的古希腊通史，该书修订本始终是苏联和俄罗斯大学的希腊史教材之一，为后来类似马克思主义著述的编写体例定下了基调。

1937 年，苏联科学院历史所主持的期刊《古史通报》（Вестник Древнеи Истории）杂志创刊，成为体现苏联和俄罗斯古史研究成果的一个主要窗口。同年，科瓦列夫（С. И. Ковалев）的《古代奴隶制社会史》两卷本出版，第 1 卷专述古代希腊。1939 年到 1940 年，苏联史学界把爱琴文明定性为奴隶制文明。纵观第二次世界大战前的苏联古希腊史研究，大体局限在对新方法的尝试性运用、研究队伍和机构的组建、教材的编纂等基本建设问题上，对马克思恩格斯的有关论述以及列宁、斯大林对马克思主义有关论述的诠释，还存在生吞活剥和贴标签的本本主义、教条主义的弊病。

第二次世界大战以后，一度受战争影响的史学研究重新开始活跃，新一代马克思主义史家逐渐成熟起来，研究课题和研究范围都得到了拓展，不同特色的古希腊通史、断代史、地区史、专史不断出现，注重社会经济关系、阶级阶层斗争、国家机器的形成和演化等问题。这是苏联古希腊史研究的特点，而这些恰恰是当时西方史家不大注意的领域。在肯定苏联史学进步的同时，也应看到斯大林时期以及之后一段时间，僵化、教条的思想对古希腊史研究的巨大影响，如过分强调奴隶阶级斗争的作用，突出一般规律而忽视历史发展的特殊性和多样性，将城邦危机同奴隶制危机混为一谈，等等，结果使生动的历史常常被削足适履，填入到预设好的理论模式中去。

进入 20 世纪 50 年代，拉诺维奇（Ранович）的专著《希腊化及其历史作用》（1950 年）出版，该书以马克思主义方法为指导，运用了大量相关史料，是填补苏联古希腊史研究空白的一部力作。1951 年，科洛博娃（Колобова）的专著《早期希腊的社会史》问世。这部著作同拉诺维奇的著作一样，是体现新一代古希腊史研究者开拓新方向的成功尝试。勃拉瓦茨斯基（В. Д. Блаватский）是另一位具有扎实基本功的史家，他的《古典彩陶史》（1953 年）、《古典黑海北部国家军事史》（1954 年）、《古典时代黑海北部考古》（1961 年）均是运用考古材料复原古希腊专史和地区史的典范。

乌特钦科（утченко）和卡里斯托夫（Каллистов）主编的《古代希腊》（1956 年）出版，这是苏联第一部大部头的古希腊通史新书，包含一些新的考古材料和新的观点。与之同时，苏联科学院编写的《世界通史》前两卷面世（1953—1956 年），集中了苏联史学界几十年在世界古代史研究中的成果，古希腊史是其中的重要组成部分。全书基本观点是将整个古代世界处理为建筑在奴隶制生产方式基础上的奴隶占有制社会经济形态，历史的推动力为阶级斗争，首先是基本对抗阶级即奴隶阶级与奴隶主阶级的斗争。

苏共"20 大"通过《关于克服个人崇拜及其后果》的决议之后，苏联古史学界逐渐改变了过去主要从本本出发、以史实去迎合经典作家论断的做法，注意实事求是地分析史料，更正过去一些过分脱离客观历史的提法，这主要表现在对古典奴隶制问题的重新研究上。由于战后一系列社会主义国家的建立和马克思主义史学影响的扩大，促使西方史学界把部分注意力转移到过去并不很注意的古典奴隶制问题上，提出否定古希腊、罗马为奴隶制社会的看法。美国史家、哥伦比亚大学教授韦斯特曼的《古代希腊与罗马的奴隶制》（1956 年）一书是淡化奴隶制意义的典型之作。1960 年在斯德哥尔摩举行的第十一届国际历史学大会上，西方史家对古典奴隶制问题作出有针对性的报告，从而引起苏联古希腊、罗马史研究者的反应。随后苏联科学院历史所制定了研究《古希腊罗马世界奴隶制史》的七年规划并付诸实施，促成一套史料翔实、议论精审的大型古典奴隶制丛书的出版。① 就希腊奴隶制史研究而言，从迈锡尼时代到希腊化时代希腊各地的奴隶制、奴隶劳动和其他依附人劳动的相互关系等问题均得到深入分析和归纳。在判定社会性质的标准上，苏联学者抛弃原来坚持的数量标准（奴隶社会的标志是奴隶人数众多，奴隶劳动大规模排挤自由民劳动，成为社会生产中的主要劳动者，奴隶起义埋葬奴隶制社会等看法），改为质量标准，强调奴隶制的存在决定着社会关系发展的方向，社会统治阶级主要靠剥削奴隶劳动为生。但苏联学者也客观地指出，古代东方社会与古典社会不同，奴隶劳动即使在古代东方统治阶级的经济中也不占主导地位。

在奴隶制讨论之外，苏联的古希腊史研究者还对从爱琴文明时代到希腊化时代的众多历史现象进行了专题研究，问世了不少颇有分量的专著。在通史方向上，问世了由阿甫基耶夫等人主编的《古希腊史》（1962 年），以及重新修订的塞尔格叶夫的《古希腊史》（1963 年）。

在断代史或专史方面，爱琴文明时代有卢利叶（Аурье）的《迈锡尼时期希腊的文字和文化》（1957 年）一书，利用了不少线形文字 B 的材料，显示苏联史家扎实的治史功夫。勃拉瓦茨卡娅（Т. В. Блаватская）的《公元前 2000 年的古希腊》（1966 年）、《公元前 2000 年的希腊社会及其文化》（1976 年）根据考古材料深入分析了爱琴文明的

---

① 林兹曼：《迈锡尼与荷马时代的奴隶制》（Рабетво в Микенскойи Гомеровской Гредии），莫斯科，1963 年；施塔耶尔曼：《罗马共和国奴隶制的繁荣》（Расдвет рабовладелъческих отношений В Римекой республике），莫斯科，1964 年；耶里尼茨基：《公元前 8—3 世纪罗马奴隶制的产生和发展》（Возникновение и развнтие рабства в Риме в VIII–III вв. дон. з.），莫斯科，1964 年；伽里斯托夫、涅尔哈勒特、施夫曼、什绍娃合著：《古典世界周边地区的奴隶制》（Рабетво на периферии античного мира），列宁格勒，1968 年；布拉娃特斯卡雅、高卢伯佐娃、巴甫洛芙斯卡雅合著：《希腊化列国的奴隶制》（Рабство в зллинистических государствах），莫斯科，1969 年；施塔耶尔曼、特洛菲莫娃：《早斯罗马帝国的奴隶制》（Рабовладелъческие отношения в ранней Римекой империи），莫斯科，1971 年；库基辛：《公元前 2—1 世纪的罗马奴隶制庄园》（Римско ε рабовладелъческоε помεстъε II в. до н. I в. н. з.），莫斯科，1973 年；施塔耶尔曼、斯米林、别洛娃、卡拉索芙斯卡娅：《公元 1—3 世纪罗马帝国西部行省的奴隶制》（Рабоство в западвых провиндиях Римекой империи в I-III вв.），莫斯科，1977 年；马利诺维奇、高卢伯佐娃、施夫曼、巴甫洛夫斯卡雅：《公元 1—3 世纪罗马帝国东部行省的奴隶制》（Рабство в вост очных провиндиях римской империи в I–II вв.），莫斯科，1977 年；多瓦多尔：《公元前 6—5 世纪阿提卡的奴隶制》（Рабства в Аттике в VI–V вв. дои. з.），列宁格勒，1980 年。在古典世界奴隶制史丛书之外还问世了丹达马耶夫的《公元前 7—4 世纪巴伦尼亚的奴隶制》（Рабство в Вавилонии VII–IV вв. дои. з.），莫斯科，1974 年。

分布和特点。兹拉特夫斯卡娅（Златковская）的《欧洲文化的源头：特洛亚、克里特、迈锡尼》（1961 年），西多罗娃（Н. А. Сидорова）的《爱琴世界的艺术》（1972 年）则是关于上古希腊文化史的基本读物。

关于荷马时代和古风时代的代表作可举出安德列耶夫（Ю. В. Андреев）的《早期希腊城邦》（1975 年），重点讨论希腊城邦的形成和早期发展问题。他认为公元前 11—前 8 世纪的定居点是后来形成的希腊城邦的基础。杰林 К. К. Вельин 的《公元前 6 世纪阿提卡各政治集团的斗争》（1964 年）则详细论述了雅典民主制形成时期错综复杂的派别斗争。

古典时代历来是各国史学研究的主要对象，苏联史家也同样如此，这体现于相关著作的数量和质量上。弗罗洛夫（фролов）编辑的《公元前 5 世纪雅典的社会政治斗争》一书是这一时期政治史的重要史料集。科尔宗（Корзун）的《公元前 444—425 年雅典社会政治斗争》（1975 年）则是深入细致释解雅典内部政治斗争史的专著。戈鲁勃佐娃等人（Е. С. Голубцова）编著的《古典希腊》（1983 年）一书着眼于古典城邦史的经济和政治史专题，集中了当时苏联史学在这个方向上的主要成果。马里诺维奇（Л. П. Маринович）的《公元前 4 世纪希腊的雇佣兵制与城邦危机》（1975 年）从兵制变革的角度分析了城邦危机的原因。卡扎玛诺娃（Л. Н. Казаманова）的《公元前 5、4 世纪克里特社会经济史纲》（1964 年）的注意力集中在古典希腊边缘地区居民的社会经济生活与政治制度。多瓦杜尔（Доватур）撰写的《政治与亚里士多德的政治学》（1965 年）探讨了古典时代末期的政治状况与亚里士多德的政治思想之间的密切关系。

继拉诺维奇的著作之后，20 世纪 60 年代以来对希腊化时代的研究也成果显著。鲍克夏宁（Бокшанин）的《帕提亚与罗马》（1960 年）、杰林（Вельин）的《公元前 2000—前 1000 年埃及土地关系史研究》（1960 年）、绍弗曼（Шофман）的《马其顿古代史》（1960 年）是同年推出的三部颇具功力的著作。彼库斯（Пикус）的专著《公元前 3 世纪埃及的王室农民（直接生产者）与手工业者》（1972 年）同样是史料翔实的大作。

1970 年，第 13 届国际历史学大会在莫斯科召开，苏联史家季雅科诺夫（Дьяконов）与乌特琴柯（Утченко）在会上宣读了合写的论文《古代社会的社会分层》，根据马克思主义经典作家的有关论述，提出古代社会是阶级与等级结构的观念，与资本主义时代的阶级简单化的状况是不一样的。这就突破了仅以阶级划分为基础的传统做法，使苏联学者对古代社会的认识更接近于客观的历史。

此外，库齐辛（В. И. Кузишин）的《古典历史的历史编纂学》（1980 年）、涅米罗夫斯基（А. И. Немироясий）的《克丽奥的诞生》①（1986 年）等史学著作填补了古希腊史研究的缺漏环节。苏联学者在古希腊哲学史、文学史方面的研究也多有建树。

---

① 克丽奥（Clio）为古希腊神话中的记忆女神之长女，九缪斯之一，司历史。

至于刊载在《古史通报》和各大学学报上的论文，为数更为可观。总的看来，苏联史家的研究虽然仍有本本主义的痕迹，方法论上也没有新的突破，但他们重视理论和稳健的学风、扎实的基本功都代表了马克思主义学派在古希腊史研究的最高水平，毫不逊色于欧美史学。其选题、观点对其他社会主义国家的史学有重大影响。

苏联解体之后，俄罗斯的古希腊史研究因经费缩减，受到一些影响，论著的出版有所减少，论文的选题更多地趋向于考据，而较少涉及理论的探讨。

（2）非马克思主义史学对古希腊史的研究

① 19世纪

国外古希腊史研究中的非马克思主义学派没有马克思主义学派那样定于一尊的统一历史观和方法论，历史审视观念的多样化是其固有的特色。这一特色有助于新旧认识的较快更迭，却不利于理论总结的深化和完善。因此西方古希腊史研究多偏重于实证研究，历史解释或个人评估一般只是就事论事。但这并不等于说西方史学界在古希腊史领域缺少目光宏阔、才思横溢的思考型研究者，无论是19世纪晚期还是20世纪，都有一些功力很深的古希腊史专家。19世纪的德国史家迈尔（K. Meyer）和20世纪的英国史家芬利（M. I. Finley）是这方面的典型代表。

迈尔是位多产的史家，他关于古希腊经济具有商品经济属性的认识对后世影响甚远。1895年，他发表《古典世界的经济发展》一文，同坚持古代西方经济为纯粹自然经济说的德国经济史家布克（Bücher）进行争辩，认为古希腊与古罗马经济与近代资本主义雷同，荷马时代是希腊的中世纪，古典与希腊化时代是资本主义的发展期，公元前5—前4世纪的雅典如同18世纪的英国与19世纪的德国，而罗马帝国时期则为古代资本主义的完成期。这样，迈尔和布克的分歧便开启了西方史学界、经济学界存续一百多年的有关古代西方经济性质的论争。众多参与者虽见仁见智，但始终没有脱离布克与迈尔定下的基调。争论一开始就朝着有利于迈尔的方向倾斜，这不仅因为布克的观点有明显偏执之处，同古代存在简单商品生产的史实相违，而且因为迈尔是古史权威，其把古史现代化的方法是19世纪末刚问世不久的新方法。加之当时在西方享有盛誉的一代德国学者都持相同立场，并以个人的研究充实了迈尔的观点，于是商品经济或市场经济说被西方史学界所广泛接受，原封不动地、更多地以某些变异形式转述在一部又一部著作中，成为20世纪60年代以前占优势的一家之言。

经众人完善后的迈尔派思想概括地说就是：第一，工商业在古代西方经济中起决定作用，而农业主要是面向市场生产，受竞争法则的制约。第二，工商业者（马克思主义史学术语为"工商业奴隶主"）在社会政治领域也起主导作用，构成极重要、独立的政治力量，在政治生活中经常提出自己的要求，对外则为争夺销售市场、原料、劳动力来源同异邦展开斗争。第三，提倡重商主义。总之，工商利益是解释古代西方内外冲突的钥匙之一。

有必要指出，迈尔的思想并不局限于19世纪的西方史学界，而是与黑格尔思想有联系。早在 19 世纪上半叶，德国古典哲学最杰出的代表之一黑格尔便对古希腊经济打上了海洋文明和工商业文明的印记。他在名著《历史哲学》中指出地理环境是民族精神的主要基础，不同地理舞台孕育出不同的生活和生产方式。古希腊人属于沿海地区，因此对航海和工商业有天然的偏爱，冒险探奇和崇尚自由民主是希腊人的天性，等等。所以大河流域的东方和沿海地区的西方之间的差异是预设好了的。① 迈尔的思想显然是黑格尔思想在史学界的共鸣和发展。

19 世纪和 20 世纪初的德国学者不仅在古希腊史的大局解释方面居于西方史学的前列，在各种通史、专史、专题研究中也表现突出。柏林大学教授伯克（A. Boeckh）的 3 卷本专著《雅典国家经济》（1817 年）是利用大量铭文材料研究工资、价格、税收、利率等问题的名作。他主持编辑的《希腊铭文集成》（1829—1859 年）收集了约 1 万件经过整理注释的铭文，从而奠定了碑铭学的基础。伯克的学生德罗伊森（J. G. Droysen）所撰《希腊化史》（1833—1843 年）共 3 卷，研究了尚为人所忽略的重要历史时期——亚历山大东侵至罗马东侵期间的希腊史，首创了"希腊化"术语，流行至今。迈尔的同代人彼洛赫（K. J. Beloch）是古史现代化方法的另一典型代表。他在自己的《伯利克里时代以来的雅典政策》一书中否定民主制，并古为今用地把古代民主运动与他所处时代的革命运动相提并论。后来他又在 4 卷本大作《希腊史》（1894—1904 年）发展了这一看法，认为古代与现代仅有量的区别，而无质的差异。希腊早在公元前 6 世纪即由封建社会进入资本主义社会。在奴隶制问题上，他也同迈尔一样，对 19 世纪史学充分肯定奴隶制巨大意义的做法持相反态度，认为奴隶制在希腊社会经济中的作用有限。

将古史现代化的另一突出代表是波尔曼（R. Pöhlman），其代表作《古代共产主义和社会主义史》（1893—1901 年）把纵向比较推到极端，完全以近代阶级斗争的模式来图解古希腊、罗马的社会斗争，反映历史学的选题和立论具有鲜明的时代特征。

英国史学界因在 19 世纪上半叶受到国内政治斗争的影响，主要表现在围绕选举法改革而展开的党派斗争的影响，因此对古希腊史产生了特殊的兴趣，出版了两部容量颇大的古希腊史著作，这就是瑟德沃尔（C. Thirdwall）编写的 8 卷本《希腊史》（1835—1838 年）和格罗特（D. Grote）的 12 卷本《希腊史》（1846—1856 年）。两部书都以政治史为主线，但学术水准差别较大。前者是部平庸的著作，后者则是 19 世纪古希腊史的杰作。格罗特立志要写一部真实的希腊史，其主要史料是古代典籍，但他对古人记述采取批判吸收的态度，在书中拒绝采用神话传说，认为荷马史诗不足凭信，因此他把希腊历史的起点定在有案可查的第一届奥林匹亚赛会举行之年，即公元前 776 年。他的著作史料翔实，事实陈述准确到位，具有透彻的分析力、庞大的信息量，文字表述生动流畅，所以具有广泛的读者面，至今仍不失参考意义。格罗特是热情的民主主义者，在写作时具有明显的古为今用的动机，他力图证明，希腊高度发展的思想

① 参见黑格尔：《历史哲学》，123～163 页，北京，三联书店，1956。

文化以及各种对欧洲文化产生重要影响的价值观念正是在民主制度基础上实现的。所以他的《希腊史》侧重于雅典的政治史，满怀激情地赞美雅典民主政府是世界历史上出现过的最好的政府。这种明显的倾向性使他的价值陈述的价值有所降低。

19世纪的法国史家在古希腊奴隶制研究中贡献突出。1837年，法国道德和政治科学院专设科研奖金，奖给在解决古代奴隶制灭亡原因和在什么时代西欧仅仅存在农奴制这两个课题的优胜者。课题提出本身已证明法国学术界已认识到奴隶制是区分欧洲古代与中世纪的基本标志。得奖作品之一是瓦龙（A. Vallon）的里程碑式的著作《古典世界的奴隶制史》（1847年）。这是西方第一部全面揭示古希腊、罗马奴隶制史的力作，共3卷。作者承认奴隶制的巨大作用，并作为废奴主义者，激烈抨击奴隶制是造成古典文明衰落的根源。书中汇集大量有关史料，虽然其中有些未经筛选考证而失之轻率，但其参考价值却保留至今，而且正是这部大作，拟定了后来奴隶制研究的基本选题。

谈及19世纪法国的古希腊史研究，不应忽略吉罗（P. Guiraud）。他是迈尔现代化方法的反对者，在《罗马占领前希腊的土地所有制》（1893年）等专著论文中，强调古代与近代不能相提并论。

史学研究总是打有时代的烙印，这一点也表现在19世纪末叶的法国古希腊史研究中。关于雅典民主制的评价问题引起了激烈的争论，一些史家因惧怕近代工人运动而对古代民主严厉批评，视其为无政府状态，平民是痞子，平民领袖是空谈家和蛊惑家，反对意见则对古代民主予以充分肯定。争论一直持续到20世纪初。

对希腊早期社会制度史进行新颖研究的是美国民族学家摩尔根（L. Morgan）。他的名作《古代社会》（1877年）的主题虽然是易洛魁人的氏族制，但他的基本历史观却是历史发展的统一性，因此也把古希腊早期社会处理为氏族社会，使马克思、恩格斯受到了启发。

② 20世纪前半叶（1945年以前）

如果说19世纪西方古希腊史研究领域是德国人的世纪，那么20世纪上半叶便是英、法、美学者的世纪。

20世纪上半叶，随着世界史各研究领域的进步，编纂综合性的世界通史和断代史的条件已经成熟，因此撰写大型世界古代史的工作也提到日程上来。这类史著规模宏大，门类齐全，工作量大，非一人可以完成，需一般为某个研究方向的学术带头人合作执笔。由阿克敦（Acton）主编的《剑桥近代史》是剑桥大学主持的第一部综合性历史。随后由伯里（Bury）等人主编的《剑桥古代史》（1928—1930年）出版发行，这是当时英语世界最翔实的世界古代史。全书正文12卷，另附地图、插图5卷，以年代为经、事件为纬，同步叙述古代世界各地区、民族的历史过程，古希腊史是其中的重要组成部分。由于准备充分，人选适当，尽管出自多人之手，体例风格却协调一致。同时，由于当时正是客观主义治史方法在史学界凯歌行进的时代，所以整个著作能够做到考据精详，实例整齐，论述谨严，是 20 世纪难得的一部学术巨著，尽管古希腊史部分能看到迈尔观点的明显影响。

与《剑桥古代史》相似的另一部综合性世界上古史是由法国史家格洛兹（G. Glotz）主编的《通史》（1923—1939 年）。该书分为 3 部，每部分成若干卷，卷内依需要分册，共计 13 册。《通史》编写体例与《剑桥古代史》不同，以传统的地区、国别史划分展开叙述。古希腊史是继古代东方史后的第二部，作者皆系法国古典学专家，格罗兹本人也是治希腊史的大师。书中高度评价古希腊文明，认为正是在古希腊，拟定了人类文明社会的一些基本原则。书中的社会经济史部分能看到年鉴学派总体史思想和注重社会经济史研究做法的影响。

英国史家伯里是 20 世纪前半叶的著名史家，专长古希腊史、中世纪史和史学理论。他的《希腊史》（1900 年第 1 版）史料翔实，线索清晰，迄今经一再修订，一直是英语世界最好的古希腊史教科书之一。莱斯特纳（M. L. W. Laistner）也著有一部很有名的古希腊断代史《希腊世界史：从公元前 479—前 323 年》（1936 年），至今仍未失去意义。

伴随通史编纂时代的到来，古希腊史专史、专题研究园地也百花竞放。考古学、碑铭学、纸草学、钱币学在英美发展很快，出了一批专家和专著，代表作有克里特文明的发现者伊文思的 4 卷本《克诺索斯的米诺斯宫》（1921—1935 年），彭德尔伯里（J. D. S. Pendlebury）的《克里特考古》（1939 年），韦斯特（A. B. West）等人于 1939 年陆续出版的《雅典贡款一览表》，塞尔特曼（C. T. Seltman）的《希腊铸币：希腊化王国倾覆前的货币流通与钱币铸造史》（1933 年），米尔内（J. G. Milne）的《希腊罗马铸币和历史研究》（1939 年）。

美籍俄人史家罗斯托夫采夫（М. И. Ростовцев）是古典世界社会经济史专家，他的力作之一《希腊化世界社会经济史》（1941 年）在史料收集的广度上，至今尚无人可望其项背。罗斯托夫采夫师承迈尔，事实陈述方面扎实可靠，在把古史现代化、以现代术语和现代社会关系铸造古代方面，也有过之而无不及。哈斯布鲁克（J. Hasebroek）的《古希腊的贸易和政治》（1933 年）则是具体事物具体分析的良好著作。

希腊古风时代以降的城邦史是古希腊史研究的重点。乌尔（P. N. Ure）对希腊早期僭主制进行了深入研究，他的《僭主制的起源》（1922 年）一书是这方面成果的体现。弗里曼（K. Freeman）的《梭伦的工作和生平》（1926 年）是对雅典改革家和民主政体形成的关键人物梭伦的详尽研究。邦内尔（R. Bonner）的《雅典民主制面面观》（1933 年）理想化了雅典民主。格伦迪（G. B. Grundy）的《伟大的希波战争及其准备》（1901 年）是 20 世纪前期研究这场战争的最佳之作。帕克（H. Park）的《从上古时代到伊普斯会战的希腊士兵——雇佣兵》（1933 年）是关于希腊军事史的重要著作。作者认为小农经济的破产是公元前 4 世纪雇佣兵泛滥的原因。皮卡德—坎布里奇

（A. W. Pickard-Cambridge）研究了希腊城邦衰落期的具体问题，著有《德摩斯提尼和希腊自由的末日》（1914 年）。

英国史家格洛弗（T. R. Glover）的《古代世界的民主制》（1927 年）追溯了希腊民主政体的起源和发展历史，指出在荷马时代，希腊政治和社会中就存在民主的因素。《伊利亚特》中可看到社会成员要求民主的诉求，其表现是争取平等权利。《奥德赛》中反映存在经常性的民众大会，与会民众拥有一定程度的自由讨论的参与权。民主制的形成与大殖民时期经济和社会变革有密切关联，从此希腊进入经济自由和思想自由的阶段。梭伦改革是民主制形成的关键事件。作者反对把古代民主视为无知无识的痞子政治，认为正是这些像是自发流动的河流的平民统治虽非理想政治，却没犯过什么大错，取得击败波斯、镇压海盗、保持商业和贸易繁荣的成就。古代西方精神和思想文化最辉煌的时期正是同雅典公民大会的统治期间密切联系在一起的。但在苏格拉底被处死后，希腊民主便进入衰落阶段，其证据是修昔底德和色诺芬的记载。

另一英国史家海德勒姆（J. W. Headlam）选择雅典民主政治的一个重要体现——抽签选举制度加以研究，于 1933 年发表专著《雅典的抽签选举》。作者指出抽签选举制的起源因史料的匮乏而很难说明，所以说克里斯提尼改革确立了这一制度是不可靠的。作者个人认为抽签制很有可能是在公元前 7 世纪的贵族制出现的，用于从贵族家族中挑选执政官。

第二次世界大战前英美史家对希腊化时代的研究充满了热情，出版了众多专著，涉及政治史、军事史、经济史和思想文化史。贝文（E. R. Bevan）的《托勒密王朝统治下的埃及史》（1927 年），朱格特（P. Jouguet）的《马其顿的帝国主义和东方的希腊化》（1928 年），塔恩（W. W. Tarn）的《巴克特里亚和印度的希腊人》（1930 年），格里菲思（G. T. Griffith）的《希腊化世界的雇佣兵》（1935 年），罗宾逊（C. A. Robinson）的《邦联：希腊的政治经验》（1941 年）等专著是关于马其顿统治希腊和希腊化近东和印度地区的代表作。思想文化史的成果也很显著，辛格（Singer）的《希腊的生物学和医学》（1922 年），莫瑞（G. Murray）的《希腊抒情诗的兴起》（1924 年，第 3 版）和《埃斯库罗斯：悲剧的创造者》（1940 年），泰勒（A. E. Taylor）的《苏格拉底》（1933 年），比伯（M. Bieber）的《希腊罗马剧院史》（1939 年），尼尔松（M. P. Nilsson）的《希腊的流行宗教》（1940 年）等著作都是有关专题的力作。

法国史家在经济史研究中成果显著。图泰（J. Toutai）的《古典经济》（1927 年）一书不落俗套，一反 19 世纪以来在史实上贴标签的做法，冷静地铺陈自荷马时代到西罗马帝国灭亡的经济史实。彼利阿德（R. Biliard）的两本专著《古典世界葡萄种植业史》（1913 年）与《古典世界农业史》（1928 年）是古代西方农业史的上乘之作。加尔德（A. Jarde）的《希腊古典时代的谷物》是当时关于这个专题的最佳专著。古史权威格罗兹的一系列专著，如《古希腊的劳动》（1920 年）、《爱琴文明》（1923 年）、《希腊的城市》（1928 年），都是有关课题的代表作。与英美史家不同，格罗兹充分肯定奴隶制的重大作用，将这一制度作为古代与近代的基本区分标志。他看到城邦一定程度的普遍性，认为个人、家庭和城市三种成分决定城邦命运，个人主义的发展导致城市衰败，产生了更大的国家。他关于希腊经济发展程式的基本看法与迈尔小异大同，认为荷马时代是由畜牧业向农业的过渡期，土地关系从集体所有制向私有制转变。围绕地方市场形成了城市，诞生了商业经济。古风时代因货币经济发展，产生手工业者和商人反对农业贵族的斗争，出现不同城市的商业竞争。到希腊化时代，经济极盛，形成世界市场。

德国因在第一次世界大战中败北，陷入经济危机，古典学研究受到严重影响。一些学术期刊停办，新著减少，原来的领先地位丧失。战后初期，德史家较多注意希腊化时代的历史，反映了对建立新秩序的要求。1933 年，法西斯夺取政权后，真正的学术研究为法西斯的政治需要所窒息，各大学和学术刊物受到整肃，历史学成为宣扬民族沙文主义的工具。

③ 20 世纪后半叶（1945 年以后）

第二次世界大战以后，世相巨变，西方历史思想发生深刻变化，出现空前多元而庞杂的思想氛围，汤因比的历史多元发展、循环论和英雄史观，韦伯的新康德主义，萨特的存在主义，克罗齐、柯林伍德的历史相对主义等都是具有强大影响的流派，以否定绝对价值和主观唯心论为核心的悲观主义笼罩着西方史学界，不同程度地影响到古希腊史的研究。就专业史学而论，最有影响力的是法国年鉴学派提出的总体史、社会文化史的研究方向。马克思主义史学也对古希腊史研究的进步起到了显著的促进作用。

战后，英语世界的古希腊史的基本成果集中体现在埃德沃兹（I. E. S. Edwards）、哈蒙德（N. G. L. Hammond）等人主编的《剑桥古代史》第 2、第 3 版中（1970 年以次）。古希腊史分别收入目前已出的第 1 至第 5 各卷的分册内，如迈锡尼文明列在第 3 版第 2 卷第 2 分册，荷马时代在第 2 版第 3 卷第 1 分册，古风时代在第 2 版第 3 卷第 3 分册等。每一分册均有巨大篇幅，内含丰富的信息量，是研究古希腊史的必要参考书。

就古希腊史的一般性"问题研究"而言，最突出的问题是希腊的经济属性、社会属性和民主政治问题。起初，即在战后初期，英美古典学界因袭迈尔思想的表现仍然很明显，博茨福德（G. Bortsford）等人的《希腊史》（1948 年）和埃伦贝格（V. Ehrenberg）的《阿里斯托芬的人民》（1961 年），以及戴维森（W. J. Davison）等人的《欧洲经济史》（1972 年）都是这方面的代表作。但否定把古史现代化的意见也自 20 世纪 60 年代开始逐渐强烈起来。许多英美史家积极对新材料进行理论总结，对旧材料进行重新审订，对旧观点进行深刻反思与检验，从而就西方古代经济属性多方面的问题作了广泛深入的研究，新作不断面世，一个普遍的重新认识是：古代与近现代有质的区别，农业是古希腊罗马最重要的生产部门，土地是古人最基本的财产形式。剑桥大学教授芬利（M. I. Finley）是这一新解释的主将。

芬利是 20 世纪最出色的古典学大家之一，不仅能够进行精细的考据研究，而且具有西方史家中少见的高度理论概括能力，在每个论题上都有自己的新颖结论。他的研究对象主要是古希腊史，代表作有《古代土地和债务研究》（1952 年），《奥德修的世界》（1954 年），《古希腊人》（1963 年），《古代面面观》（1968 年）、《古代西西里》（1968 年），《早期希腊：青铜和古风时代》（1970 年），《祖宗之法》（1971 年），《古代与近代的民主制》（1973 年），《古代经济》（1973 年），《古代奴隶制和近代的思想意识》（1980 年），《古希腊的经济和社会》（1981 年），《古代世界的政治学》（1983 年）。此外他还讨论了与古代史有关的史学理论问题，出版了史学理论代表作《利用和滥用历史》（1971 年）和《古代史：证据和模式》（1985 年）两部论文集。还主编并参与撰写了出色的综合性著作《希腊的遗产》（1981 年）。

在《古代经济》等著作中他提出研究古代需要返璞归真，回到古代，古希腊社会不仅有别于资本主义社会，也有别于古代东方。古代西方人根本不懂资本、市场、需求、投资、信贷、劳动等一系列近现代经济术语，不存在技术不断进步的有益性和可能性。古代世界的大多数人以土地为生，他们承认土地是一切物质收益或道德善的根基。古代西方城市是消费中心，不是生产中心，没有世界市场，没有现代意义上的国家经济政策，更没有为销售市场和商业利益进行的战争。作为有关国民财富的学说的"政治经济学"概念仅仅在 18 世纪才得以出现。古代经济始终同自然经济密切相连，它的经济关系源于农民家长制家庭经济。人们的社会地位由财产、等级、门第、阶级因素所确定。

他还认为，奴隶是众多依附人类型之一，在希腊罗马初期和末期都是多种依附形式并存，中期奴隶制繁荣，形成奴隶制社会，其他依附人劳动受到奴隶劳动排挤，但在农业领域，因自然和社会条件的限制，应用奴隶的规模是很小的。换句话说，芬利把奴隶制社会看做是一种偶然现象，他的《古代奴隶制与近代的思想意识》一书指出，世界史上只有五个奴隶制社会，古代两个（希腊和罗马），近代三个（美国南部、加勒比岛屿和巴西）。古代西方世界的毁灭是由于城邦制度被官僚君主制所替代。为了维持庞大的军队和官僚机器，统治者对社会成员征收沉重的赋税，导致生产的崩溃。芬利的宏观认识虽有矫枉过正之嫌（如古代城市只是消费中心的说法），但毕竟比迈尔的解释更加合理，因此已被西方史学界所广泛接受，现在的分歧只限于在承认古代自然经济为主的大前提下，如何为工商业发展作出最适当的定量分析上。

与农本思想相适应，芬利在《古代土地和债务研究》和《古希腊的经济和社会》等专著中一反习见说法，认为公元前 4 世纪的雅典并不存在土地的大量集中和小农广泛破产的现象。过去作为小农经济破产证据的债碑，经他具体分析考证，原来并非是普通小农负担沉重债务的标记，而主要是富人负债的证明。公元前 4 世纪雅典的土地兼并问题并不突出，土地买卖的动机是多种多样的，许多买卖活动和贫困无关。有必要指出，芬利的《古代土地和债务研究》是他的第一部力作，显示出他不仅具有准确的概括能力，而且有深厚的考据功底，是具体研究的佳作。芬利的研究表明，现有的"定论"都是相对性的，看上去不成问题的问题，往往是很成问题的问题。

爱琴文明是英美史家专注研究的又一个领域，线字 B 的破译对此给予了决定性的推动。伦敦大学因此建立专门的研究所，并出版学术期刊《米诺斯》（Minos）。着眼于不同研究的专著相继问世。在考古学方面，有沃斯（A. J. B. Wace）的《迈锡尼：考古史和考古指南》（1949 年），系统叙述发掘迈锡尼的经过。一生致力于希腊考古的美国考古学家布利根（C. W. Blegen）集个人发掘和研究的体验著有《特洛亚和特洛亚人》（1963 年），合著有《美塞尼亚西部派罗斯的内斯托宫》（1966 年），编有《特洛亚：1933—1938 年辛辛那提大学的发掘》（1950—1958 年）等书。格雷厄姆（A. J. Graham）的《克里特宫殿》（1962 年），泰勒（M. Taylour）的《迈锡尼人》（1964 年），弗穆利（E. Vermeule）的《青铜时代的希腊》（1964 年）注意分析古代遗址和遗物。在根据考古材料重构经济和社会史的方向上，哈钦森（Hutchinson）写出《史前克里特》（1963 年），将探铲伸到前爱琴文明时期。帕尔默（L. R. Palmer）的《亚该亚人与印欧人》（1955 年）和《迈锡尼人与米诺斯人》（1962 年）提出派罗斯存在着印欧人固有的封建关系。芬利的《早期希腊：青铜古风时代》（1970 年）则在克里特、迈锡尼和近东宫廷经济之间找到了共同点，但克里特王权缺乏迈锡尼王权那样的黩武特征。米洛纳斯（G. Mylonas）的《古代迈锡尼》（1957 年）和《迈锡尼和迈锡尼文明》（1966 年）两书是有关迈锡尼文明的全面论述。柴德维克（J. Chadwick）的《线字 B 的释读》（1958 年）和《迈锡尼的世界》（1976 年）以及威利茨（R. F. Willetts）的《古代克里特文明》（1977 年）等书都是详细介绍和讨论爱琴文明的发现和特征的代表作。

荷马史诗研究的发展很有戏剧性。施里曼在 19 世纪的发现确定了荷马史诗内容的历史意义。但线字 B 的破译使一些史家越来越感到史诗描述的社会与爱琴文明的社会毫无共同之处，而只在一定程度上反映以特洛亚战争为素材的公元前 9—前 8 世纪的希腊史状况。佩奇（D. Page）在其著作《历史与荷马的［伊利亚特］》（1959 年）便这样提出了问题。随着考古材料的日益积累，史诗作为史料的价值明显贬值，研究荷马时代更多地依靠考古材料。德斯巴勒（V. R. Desbourough）的《最后一批迈锡尼人和他们的后继者》（1964 年）和第 2 版《剑桥古代史》第 3 卷第 1 分册（1982 年）便是运用考古材料恢复历史实际的佳作。尤其后者，填补了伊庇鲁斯、马其顿、帖撒利、中南希腊许多地区与海岛希腊早期史的空白。剑桥大学教授斯诺德格拉斯（A. M. Snodgrass）是当代另一治希腊史的名家，他的《希腊的黑暗时代》（1970 年）则是运用考古材料研究荷马时代的典范。近年来莫瑞（O. Murray）是英国比较活跃的古希腊史专家，他的《早期希腊》一书证明荷马时代并非完全封闭的时代，存在着与周边地区频繁的贸易往来。

在对古风时代的研究中，有关殖民运动的动机、过程以及殖民地与母邦的关系等课题得到人们的关注。过去那种强调发展工商业为早期殖民动因的说法已被彻底抛

弃，芬利的《早期希腊》、格雷厄姆（A. J. Graham）的《古希腊的殖民地和母邦》
（1964 年）、鲍德曼（J. Boardman）的《海外希腊人》（1973 年）都对此作了充分论
证。芬利的《奥德修的世界》是迄今对荷马社会所勾勒出的最简洁、清晰的图像说
明，截止于公元前 9 世纪。斯塔尔（Ch. G. Starr）的《早期希腊经济与社会发展》
（1972 年）利用考古和文字史料再现古风时代希腊农业、手工业、商业以及城市发展
的状况，证明铸币在希腊的出现与雅典城的形成均较原来估计要晚后，他的这部著作
几乎原封不动地被第 2 版《剑桥古代史》第 3 卷第 3 分册所采用。斯诺德格拉斯的另
一本专著《古风时代的希腊》（1980 年）则是对古风时代希腊史的综合研究和表述，
其中重新估价制陶业的规模，纠正了过去不切实际的高估做法。莫里斯
（I. M. Morris）的《墓葬和古代社会》（1987 年）是依据考古材料复原和解释古风时
代社会史的代表作。伯卡特（W. Burkert）的《东方化革命》（1992 年）证明近东文
化对希腊文化的巨大影响。

实物史料与文字史料最为丰富的古典时代始终是英美史家特别重视的研究对象，
专著、论文和史料整理的著作数量十分可观。牛津大学教授德圣克鲁阿（De Ste. Croix）
是利用西方马克思主义史学方法研究古希腊史的带头人。其大作《伯罗奔尼撒战争的
起源》（1972 年）推翻传统解释，证实战争与雅典同科林斯、墨加拉的商业竞争无关，
希腊各邦商人的政治影响微不足道，领导人大多是土地所有者，根本没有重商主义的
对外政策、商业竞争之说。德圣克鲁阿的另一部著作《古希腊世界的阶级斗争》（1981
年）是西方史学中第一个公开运用马克思主义阶级分析方法研究古希腊社会史的人，
也是最为成功的人。该书的风格同前部书的风格一样，不仅有明确的方法论，而且有
极为详细的考证和史料证据，两部书证明运用马克思主义方法同样可以做出世所公认
的一流成就。

20 世纪 50 至 80 年代，奴隶制是西方史学界讨论的热点论题。美国史家韦斯特曼
的《古希腊罗马的奴隶制》（1955 年）是继瓦龙之后第二部全面论述古代西方奴隶制
的专著，希腊部分重点在古典时代。他集成迈尔的观点，认为希腊奴隶数量一般有限，
生活境况良好，罗马共和末期的情况只是例外。书内利用了 19 世纪以来陆续发现的新
史料，具有同瓦龙著作一样的史料价值。著名英国古希腊史专家琼斯（A. H. M. Jones）
在论《雅典民主制的经济基础》（1952 年，收于论文集《雅典民主制》中）一文中指
出雅典民主的基础既不是奴隶劳动也不是同盟国的贡款。理由是民主制在奴隶制尚不
发达时便已形成，在提洛同盟瓦解后仍然存在和发展。它的基础是靠个人及家庭劳动
为生的中等阶层的普通公民。芬利在其主编的《古典古代的奴隶制》（1960 年）论文
集中认为，奴隶劳动是古希腊文明的基本成分之一。以后在前列《古代奴隶制与近代
的思想意识》一书中进而指出，如果奴隶数量比例并不算高的美国南方被看做是奴隶
制社会，古希腊的奴隶制社会性质就更是合理的了。在反对夸大盟邦贡金对雅典民主
制的作用方面，梅格斯（R. Meiggs）走得更远。他在《雅典帝国》（1972 年）中干脆

否认雅典为本邦公民福利而剥削盟邦的说法。帕特森（O. Patterson）在其著作《奴隶制和社会之死》中从世界范围内对奴隶制的社会影响进行了深刻分析。费舍（N. R. E. Fisher）的《古典希腊的奴隶制》（1993 年）是对多年来希腊奴隶制争论成果的总结性著作。

战后法西斯政权的崩溃和"冷战"的兴起，影响到欧美史家对希腊民主体制的深入研究，古为今用、肯定古代民主政体的倾向成为西方史学的主导倾向，尤其是在 20 世纪 80—90 年代，随着社会主义国家政治经济改革的展开和苏联、东欧社会主义国家的解体，古希腊民主制成为炙手可热的研究课题，问世了许多很有分量的著作。

英国史家希格尼特（C. Hignett）的《雅典宪政史》（1952 年）是详尽考据雅典政体发展史的名著，其特点在于缜密地具体分析每个可能的细节，至今仍是研究雅典或希腊政治制度史的必读书。

反对过分理想化雅典民主制的麦肯德里克（P. Mackendrich）和戴维斯（J. K. Davies）分别在《雅典的贵族制》（1969 年）和《雅典的有产家族》（1973 年）两书中认为贵族和富人在民主制的鼎盛期间也颇有实力。但他们的观点遭到几乎所有主要古典学家的批评。琼斯的论文集《雅典的民主制》（1955 年）是关于古代民主特征、性质、结构、社会基础和运作方式的翔实可靠的论证，充分肯定古代民主政体的积极意义，至今仍是同类问题的最好论述之一。罗德斯（P. J. Rhodes）的《雅典的议事会》（1972 年）进一步剖析雅典民主体制的具体构成。弗雷斯特（W. G. Forrest）的《希腊民主的出现》（1972 年）是深入探讨民主政体起源的专著。康纳（W. R. Connor）的《公元前 5 世纪雅典的新政治家》（1971 年）是具体分析民主政治的风云人物在成分上发生根本转变的优秀著作。他认为伯利克里时代的结束是一个转折点，雅典政治家从此不再是清一色的大贵族，而是反映平民大众意愿的、来自不同出身的政治家。

奥斯特瓦尔德（M. Ostwald）的《诺莫斯和雅典民主的开端》（1969 年）和《从平民主权到法治》（1986 年）两部著作同样充分肯定了雅典民主政治，证明民主制是一个经过长期磨合的、复杂的政治体系，在后一部书中，他认为平民统治在厄菲阿尔特时期达到顶点，而在推翻三十僭主政变后逐渐确立起法律的统治，成为一个法治的国家和社会，这是古代民主政治自我调整的结果。他的这部著作篇幅很大，史料翔实，考据精审，是 20 世纪 80 年代以来古典学研究的佳作。

辛克莱（R. K. Sinclair）的《雅典民主和参与》（1988 年）是对民主体制各个侧面的深入研究，分析了平民参与的各种方式，充分肯定了古代民主对古希腊文明发展的重大作用。

华莱士（R. W. Wallace）在《战神山会议》（1985 年）一书中探讨了与雅典民主政治始终密切相关的贵族会议的历史，是自 1874 年菲力普关于战神山会议的专著之后的第一部全面系统研究贵族会议生衰际遇的书。作者指出，亚里士多德和普鲁塔克关于贵族会议由梭伦所建的说法是错误的。这一机构出现在梭伦之前，起初是国王的资讯机构，后来成为统治机构。这是雅典从个人治权走向集体治权的第一步。在梭伦之前，任何有关战神山会议（即贵族会议）的解释都是建立在假设基础上的。实际上贵族会议的开会地点不是战神山，而是普里塔尼昂，战神山只是这一机构行使司法权的地点。关于希波战争时期贵族会议政治保守的普遍认识实际上也没有任何可靠的根据。汉森（M. H. Hansen）的《德摩斯提尼时代的雅典民主》（1991 年）是关于晚期雅典民主细部的刻画。这样，古希腊民主政体的演化过程乃至详细内容都已得到了充分的研究。

1989 年，西方古希腊史学界鉴于现实国际政治的需要，筹划召开一次题目为"古代和现代的民主"的国际学术讨论会，并计划在雅典美国古典研究学院召开"民主2500 周年"的纪念大会。这些举动极大地促进了西方学界对古希腊民主政治的研究，充分反映出古代史研究与现实的密切关系。1992 年，拟议中的"民主 2500 周年"纪念会在民主的发源地雅典举行。这一会议的召开时间本身说明，公元前 592 年的梭伦改革是希腊民主政治产生的关节点这一古代希腊学者的认识被西方学界所接受。会后出版了论文集《雅典的民主与文化》（1996 年），系统讨论了古代民主产生的根源、特征、深远影响以及与现代民主的区别。1993 年春，"古代和现代的民主"的学术会议在华盛顿国家档案大厦召开。会后发表的论文集《民主制》（1996 年）前言中特别指出这一选题是由芬利的《古代与现代的民主》一书提出来的，具有重大的现实意义，即"我们今天特别需要具有历史基础的政治上的反思"。编者前言认为，随着东欧社会主义国家制度的解体，自由主义的民主体制也失去了它的对应物，这导致有些学者宣称：历史本身是辩证发展的，就政治制度而言，是在集权形式和自由民主形式之间的对立统一中发展的，苏联、东欧的解体同时也意味资本主义民主制已经终结，民主是一种终极的、最好的政府形式。编者批评这种简化历史的做法，指出历史仍然按照它自己的规则在运行，以个人为中心的传统自由主义作为当代社会政治实践的理论基础，对许多人来说，已经日益显露出了它的不足。所以需要深入研究古代和现代的民主，而古代民主制研究目前已成为政治理论和古典研究的一个方向。

与《民主制》一书的撰写思路相同，20 世纪 80 年代至 90 年代在美国相继问世了一批有关古希腊民主制研究的新作，反映西方古希腊史研究在选题方面的现实性和实用性。库莫利德斯（J. Koumoulides）主编的《好主意》（1995 年）、尤本（J. P. Euben）的《雅典政治思想和美国民主的重建》（1994 年）和奥伯（Josiah Ober）的《民主雅典的群众和精英》（1989 年）和《雅典革命》（1996 年）是其中的代表作。前两部文集是古代史研究与现实需要相结合的例证，书中都对古代民主的意义和对现代的正面影响进行了充分阐释。后两部是美国古希腊史研究的新锐、普林斯顿大学教授奥伯的专著和论文集。作者着眼于古代民主的思想史，认为雅典民主的历史是一种具有连续性思想和制度结构的起源与发展的过程，一种相对稳定和持久的、由人民统治的制度史。

古代民主同现代民主一样，不是纯粹的民主。但作者也反对一种比较流行的说法，即雅典真正的政治是在幕后进行的，由一些富裕的贵族所操纵，这些贵族构成党派、派别等，因此人们应该忽略平民统治的表象，集注于权力享有者之间的关系（政治联盟、婚姻联系、广泛的家族纽带、固有的氏族仇恨）。作者认为，事实上有大量可靠的证据说明雅典普通民众是政治统治者，这就是150篇左右的公共演说，大部分由演说家在法庭和公民大会上发表的。这组材料对研究雅典政治的人极端重要，因为它们是相对直接的贴近雅典法庭和公民大会上发言的精英们的语言。分析他们与群众交流的语言工具，能证明或证伪古代人关于雅典是否是民主国家的说法。雅典民主为直接民主提供了一个群众反对精英政治权力的范例。雅典普通平民通过对公共演说的控制维持了自己的统治。

罗伯兹（J. Roberts）的专著在民主制的选题上相当新颖，专门考察民主的对立面，著有《审判台上的雅典：西方思想中的反民主传统》（1993年），对反民主传统持严厉批评的态度。萨克森豪斯（A. W. Saxonhouse）的《雅典民主制》（1996年）同样高度评价雅典民主对当代的意义，认为其比任何文化都更接近于当代的价值标准。但对雅典民主政体的研究不要功利地实用和滥用，而是要理解它的意义。当代对古代民主的历史分析往往用当代模式铸造古代，实际上古代民主延续了150年，但文献史料却很有限，所以古代民主常常成为当代人的一面盾牌，它的后面常常是我们的价值准则。

风格独具的斯巴达历史没有被英美史家忽略，总体上说，战后的英美史家与古代作家和近代作家通常欣赏斯巴达政制的做法不同，对斯巴达多持批判态度。克赖姆斯（T. M. Chrimes）的《古代斯巴达》（1952年）一书基本观点是早期斯巴达属分权制君主封建国家，来库古改革改编了封建制，使国家统一化。米歇尔（H. Michell）在其著作《斯巴达》（1952年）中认为希洛制是奴隶制，但希洛人地位较其他邦的奴隶要高些。他赞扬斯巴达政制可避免极端民主制。赫克斯利（G. L. Huxley）的《早期斯巴达》（1962年）标新立异，认为斯巴达并非一直是封闭的社会，只是在波斯控制地中海后，斯巴达市场受限，从而引起经济衰落，制度僵化，形成森严的军国主义。书中能嗅到重商主义的气息。剑桥大学高级讲师卡特利奇（P. Cartledge）的《斯巴达和拉哥尼亚》（1979年）是关于斯巴达经济史、政治史的比较充分的总结，认为斯巴达平等者公社并非平等，存在严重的社会财产差别，希洛制决定了斯巴达的整个制度和政策。他的另一本专著《阿格西拉奥斯和斯巴达危机》（1987年）则用大量史实证明斯巴达在公元前4世纪的严重社会危机。芬利在《古代希腊的经济和社会》中认为斯巴达国家的基本职能是警察性质的暴力机器，而非军事性质的文职政府，这种特殊的国家结构源于公元前6世纪的政治革命，"平等者公社"代替了贵族制。

英美史家对马其顿统治时期或希腊化时期一直比较重视，战后有关研究继续取得很大成就。以亚历山大个人史的研究为例，至少有10个以上的不同作者所写的《亚历山大传》。希腊化时代的经济、政治、社会、思想文化史的问题得到全面的研究。综述性的著作有塔恩和格林菲思合著的《希腊化世界》（1951 年）以及沃尔班克（F. W. Warbank）的《希腊化世界》（1992 年）。哈蒙德（N. G. L. Hammond）多年治马其顿史，是西方最著名的马其顿史专家。他的大作《马其顿史》（1972 年）是这一课题最好的综合性论著。他还著有《亚历山大大帝：国王、统帅和政治家》（1980 年）一书，是有关亚历山大的优秀评传。威尔（E. Will）的《希腊化世界的政治史》（1966—1967 年）、奥尔德斯（G. J. D. Alders）的《希腊化时代的政治思想》（1975 年）等都是比较著名的政治史和思想史专著。

社会史和经济史是现代西方史学成果最为丰硕的方面之一。古希腊史研究并没有脱离这一主流。上述埃林伯格的《阿里斯托芬的人民》（1951 年）是详细分析雅典平民社会的佳作。伯福德（A. Burford）的《希腊罗马社会的手工业者》（1972 年）、伊萨格尔和汉森（S. Isager and M. H. Hansen）的《公元前 4 世纪的雅典社会面面观》（1975 年）、怀特黑德（D. Whitehead）在《雅典外邦人的思想意识》（1977 年）和安黑姆（Arnheim）的《希腊社会中的贵族》（1977 年）、帕克（H. W. Parke）的《雅典人的节庆》（1977 年）则或是全面分析或是个体分析希腊社会各个组成成分的专题性著作，把有关问题的研究引向深入。多弗（K. Dover）的《希腊的同性恋》（1978 年）则是关于古希腊颇为突出的男性同性恋问题的全面考察。弗伦奇（A. French）的《雅典经济的增长》（1964 年）、霍珀（R. J. Hopper）的《古典希腊的贸易和工业》（1979 年）都是综述性的经济史代表作。

战后法国的古希腊史研究的规模虽不及英美，但质量绝不比英美逊色，法国设在雅典的考古学院继续对克里特、法素斯、提洛岛、马其顿等地进行发掘和研究，出土了许多新的古文物。其考古学、碑铭学、纸草学、钱币学出版物在西方古典学领域很有影响。罗伯特（L. Robert）主编的《碑铭学通报》每年在《希腊研究学刊》（*Revue des Etudes Grecques*）上发表一期，汇总最新发现，享有盛誉。他的专著《希腊货币》（1967 年）则是希腊钱币研究的力作。里德尔（G. Le Rider）的著作《塞琉古与帕提亚王朝统治下的苏萨》（1965 年）对所有在苏萨发现的古希腊钱币一应搜罗，并据此重建这一希腊化中心城市的政治经济史。作为一定历史文化综合的文明史研究是法国古典学家一贯注重的课题。克洛阿塞（A. Croiset）主编的多卷本《世界文明史》的第 1 卷（1953 年）专述东方与希腊文明，可谓面面俱到。加兰（Y. Garlan）的《古代战争》（1972 年）认为古希腊、罗马战争是社会存在的必要经济条件之一。他的名著《古希腊的奴隶制》（1982 年）是继威斯特曼之后的西方世界最优秀的古希腊奴隶史的专著。作者认为，可以将古希腊的某些城邦在某个时间里看做是奴隶制社会，如雅典和古典时代及希腊化时期的许多其他城市的社会。巴黎大学教授摩塞（C. Mosse）勤于笔耕，成书众多，荦荦大者有《雅典民主制的终结》（1962 年）、《古希腊的僭主制》（1969 年）、《古代的殖民》（1970 年）、《衰落时期的雅典》（1973 年）。他认为城邦危机系农民失地引起阶级斗争的尖锐化所致，认为殖民是希腊史上经常性的活动。亚历山大东侵和希腊化史同样受到广泛的注意，仅法文本亚历山大传从 20 世纪 50 年代到 70 年代就出版了 4 部，作者多从亚历山大个人的才能出发说明东侵的成功。马顿斯（P. Martens）专长于宗教问题，他的著作《希腊宗教》（1976 年）指出希腊不存在统一的宗教。

综上而言，古希腊史研究仍是现代西方最具活力的史学研究领域之一。

附录：期刊和参考书目

· *Annual of the British School at Athens.*

· *Вестник Древней Истории .*

· *Bulletin of de Correspondence Hellenique.*

· *Bulletin of the Institute of Classical Studies.*

· *Classical Philology.*

· *Classical Quarterly.*

· *Classical Review.*

· *Greek，Roman and Byzantine Studies.*

· *Harvard Studies in Classical Philology.*

· *Journal of Hellenic Studies.*

· Andrewes, A., *The Greeks*, London, 1962.

· Blundall, S., *Women in Ancient Greece*, London, 1995.

· Burckhardt, J., *The Greeks and Greek Civilization*, Edited by O. Murray, New York, 1998.

· Bury, J. B. and Meiggs, R., *A History of Greece*, Macmillan Press Ltd, 1981.

· Cary, M., *The Geographic Background of Greek and Roman History*, Oxford, 1949.

· de Ste Croix, G. E. M., *The Origins of the Peloponnesian War*, London, 1972. *The Class Struggle in the Ancient Greek World*. London, 1981.

· Ehrenberg, V., *From Solon to Socrates*, London and New York, 1973.

· Finley, M. I., *Slavery in Classical Antiquity*（Ed.）, Cambridge, 1960. *The Ancient Economy*, Berkeley and Los Angeles, 1973. Ancient Slavery and Modern Ideology, London, 1980. *The Legacy of Greece*, Oxford, 1981.

· Grote, G., *A History of Greece*, new ed., London, 1888.

· Glotz, G., *Ancient Greece at Work*（trans.）, London, 1926.

· Hammond, N. G. L., *A History of Greece*（third ed.）, Oxford, 1986.

· Hasebroek, J., *Trade and Politics in Ancient Greece*（trans.）, London, 1933.

· Harrison, A. R. W., *The Law of Athens*, Oxford, 1968（vol. 1）and 1972（vol. 2）.

· Hignett, C. , *A History of the Athenian Constitution*, Oxford, 1952.
· Jeffery, L. H. , *Archaic Greece*, London, 1976.
· Jones, A. H. M. , *Athenian Democracy*, Oxford, 1978.
· Konstan, D. , *Friendship in the Classical World*, Cambridge, 1997.
· Sallares, R. , *The Ecology of the Ancient Greek world*, London, 1991.
· Snodgrass, A. M. , *Arms and Armour of the Greeks*, London, 1967.
· Rose, H. J. , *Ancient Greek Religion*, London, 1946.
· Zimmern. A. , *The Greek Commonwealth*, Oxford, 1961.

第六章
古代罗马

第一节　古代罗马的史料

在世界上古史领域，有一种表示希腊罗马二者之间密切联系的说法，即"希腊罗马不分家"。在史料方面，情况尤其如此。罗马人在文化领域虽然不是杰出的创造者，但他们确实是卓越的模仿者和大胆的实践者。他们的第一批史学家实际上是希腊化的罗马人：著史的文字是希腊文，治史的方式是希腊式。罗马最杰出的历史学家有相当部分是希腊籍人。因此，提到罗马上古史的史料，前章论述的希腊上古史史料中的一些基本特点也基本适用。

一、文字史料

（一）史著和其他题材的作品

今天通行的古代罗马的史著和其他题材的作品大部分出自中世纪的抄本，是罗马上古史的基本史料。它们大多成书于公元前 3 世纪到公元 3 世纪之间，尤以 100 多年的内战史最为集中，所以这段历史也就成为罗马上古史最富色彩和最具魅力的部分。此外，帝国后期有关基督教方面的材料也相当丰富，它对于我们了解当时的基督教和帝国社会状况有很好的作用。

任何民族的早期历史都因缺少文字资料而处于扑朔迷离的模糊状态，既充满了古人的传说，又融进了众多今人的假说。在这一点上，罗马早期史更为突出。罗马人始终没能把自己先贤们的故事汇编成一首类似"伊利亚特"或"奥德赛"那样的史诗。罗马早期不仅缺少大诗人，连小诗人也极为罕见。它的史学产生得也相当晚。这或许是因为罗马位置偏西，接受到东部文明的辐射较晚和早期忙于生存竞争、尚武轻文的缘故。

拉丁文大概于公元前 6 世纪出现在罗马。大约公元前 5 世纪中叶，罗马出现了由大祭司编制的所谓《年代记》（Annals），即一年之中的大事记，以当年在任高级官员定年。这类记载虽然有一定的连续性和具体性，但记录极其简单，而且绝大多数毁于公元前 387 年的罗马大火。

公元前 3 世纪初，罗马的势力扩展到南部意大利，开始正面接触希腊人，从而引起了希腊史学家的注意。西西里岛的希腊人提迈伊奥斯（Timaeus，约公元前 356—前 260年）曾在其著作《历史》中提到了罗马的南征。

第二次布匿战争（公元前 218—前 201 年）过后，罗马成为西地中海霸主，眼界日益开阔，加之希腊文化流入罗马，引起罗马人对自己历史的反思。追述先辈艰苦创业的过程，认识当前胜利的来之不易，寻找进行战争的历史依据等，这些都促进了罗马史著的诞生。在罗马，最早算得上史学家的是两位同时代人，即法比乌斯·皮克托（Fabius Pictor，公元前 3 世纪下半叶人）和路基乌斯·金基乌斯·阿利门图斯（Lucius Cincius Alimentus）。两人均出身名门望族，系罗马元老，参加过关系罗马生死存亡的第二次布匿战争，在康奈打过仗。他们分别用希腊文撰写了一部罗马史，人称《年代记》，按年代从神话传说的时代写到作者所处的时代，前略后详。两部作品的命运也大体相同：多半已亡佚，少半残留在波吕比奥斯、狄奥多洛斯、李维等人的著作中，成为他们的重要史料来源。

老迦图（Cato the Elder，公元前234—前149 年）是第一位用拉丁文记述罗马历史的作家，是拉丁史著的奠基人。他从公元前 168 年动笔写《起源》（*Origines*），公元前 149 年成书，依编年顺序叙述罗马形成和强大的过程。全书共 7 卷，卷一写罗马建城和王政时期，推定出与法比乌斯·皮克托、金基乌斯·阿利门图斯大体相近的罗马建城之年。卷二～卷三写意大利各邦起源。卷四记述布匿战争。卷五～卷七重点叙述政治史。从这部史著中，保留了皮克托作品的断片、希腊传说、铭文等方面的材料。但从历史编纂技巧上看，《起源》还有许多不成熟的地方。目前仅有残篇传世。

老迦图的另一部著作是《论农业》（*De Agricultura*）。该书讲农业生产技术，也讲奴隶制庄园的如何经营管理，不含政治色彩，具有充分可信性。这一著作保存完好，是人们了解公元前 2 世纪中叶意大利（尤其是中部意大利）奴隶制庄园内部结构、不同类型、发展状况的极为重要的史料。

波吕比奥斯的《历史》在史料学上的意义主要是就罗马大征服史而言的，属断代史范围。全书的中心是罗马史，就是要再现罗马征服地中海世界的过程和揭示其中的因果关系。作者的注意力集中于政治史和军事史。头两卷追述第一次布匿战争到公元前 220 年止，是个引子，类似修昔底德《伯罗奔尼撒战争史》的写法。卷三～卷二十九重笔泼墨，主要叙述动人心魄的第二次布匿战争。卷三十～卷三十九写公元前 168—前 146 年之间的历史，包括第三次布匿战争。卷四十是一个全书内容概要和年代总览。作者是古典史学中以直书求实著称的历史大家，他的著作在史实记载上相当客观，没有罗马人自己写罗马史时那种自我标榜的成分，具有珍贵的史料价值。现今完整存留的前 5 卷中，卷三截止于康奈之战，卷四、卷五是同时代的希腊与西亚史。此外还有其他卷的残篇。

波吕比奥斯之后，罗马进入长达百年之久的内战震荡期。奴隶主与奴隶、平民与贵族、被征服者与征服者、统治阶级的这一派与那一派之间的矛盾激化，战争不断，英雄辈出。时代为历史学家提供了丰富的素材，这一时代的史著和其他作品也洋溢着时代的气息。首先是由于古代和现实的冲突，出现了相当带有怀古情调的作品，专门收集各种古代知识，史学史上称其作者为"博古学家"。这类人中的典型是瓦罗（varro Marcus Terentius，约公元前 116—前 27 年）。他知识渊博，既是政治家又是学者，一生写了 74 种 620 卷不同的著作，内容涉及历史、语言、诗歌、农学、数学、哲学、航海、医学等诸多知识部门，是位地道的杂家。他写过一部包括 700 个希腊、罗马名人的传记集，开创了比较传记文学的新领域。可惜的是瓦罗的绝大多数著作已失传。目前残留一部语言学著作《论拉丁语》（*De Linqua Latina*）。原著 25 卷，现有 5 ~ 10 卷。其中卷五和卷六保存完整。书中主题是拉丁语的起源、词意的演化、语法的归纳。在提到辞源和释义时，有相当多的历史信息可以摄取。瓦罗著作中唯一全部传下来的著作是《论农业》（*Rerum Rusticarum Libri*）。此书重点讲述奴隶制庄园的管理和各种农牧技术，与老迦图的《论农业》一样，它是我们了解当时罗马经济状况的重要材料。

除了博古学家的作品外，内战时期产生出一些紧扣现实的史著。作者往往从小处着眼，以内战的某一阶段为题，淋漓酣畅地发挥，达到展示个人意图的目的。其中首先值得一提的是撒路斯特（Sallustius，约公元前 86—前 35 年）的两部专史《喀提林纳阴谋》（*Bellum Catilinae*）和《朱古达战争》（*Bellum Iugurthinum*）。《喀提林纳阴谋》描写公元前 66—前 63 年波澜起伏的罗马政治斗争。书中主角喀提林纳出身贵族，一度活跃于罗马政坛，被刻画成残忍、堕落、野心勃勃的人物。他几次阴谋发动政变，后举行公开暴动被杀。《朱古达战争》记一场规模不大的地方战争。由于元老院无能，将领腐败，战争久拖未决。作者是罗马贵族蜕化变质的目击者，对此感触颇深。因此他对贵族道德腐败的描写和揭露不惜笔墨，入木三分。但他并未停留在简单的揭露上，而是进一步探讨腐败的根源，提出解决的办法。他的深入细致的历史分析、心理分析，精致典雅的描述能力使他跻身于罗马最优秀的史家行列。他的著作是恢复共和末年政治史的重要依据。不过，在利用撒路斯特的作品时应考虑他在时间和地点交代上的一些失误和引用材料上的某些偏颇。

内战时期频繁的战争，动荡不定的社会给人以一种人事无常的感觉，因此罗马知识分子中对个人史的关注强烈滋生，希望论述个人生平，判断个人得失，将个人经验传诸后世。这促成了传记体裁作品的很大发展。内波斯（Nepos，公元前 99—前 24 年）是多部传记集的作者。他不仅为罗马著名人物立传，也为外邦国王、将领、诗人和演说家作传。可惜他的作品大多已丢失，只有《名人传》等少量作品传世。罗马独裁官苏拉和元老卢福斯等人也写过自传体作品，但同恺撒（Caesar，公元前 101—前 44 年）的《高卢战记》（*De Bello Gallico*）和《内战记》（*De Bello Civili*）相比逊色很多。

恺撒是共和末年罗马政治舞台上叱咤风云的领袖，也是才气横溢的文学家、历史学家。《高卢战记》是在他同政敌矛盾深化的情况下写成的，据说是为元老院所写的年度述职报告，后汇集成书。全书共 8 卷，其中第 8 卷为他人所补。经略高卢是恺撒一生极为重要的时期。他奋斗 9 年，为个人赢得了一块牢固的根据地与一支只知恺撒不知共和国为何物的精锐部队。《高卢战记》的写作手法是明抑实扬，表白自己的功绩却又令人感觉不到刻意的自我吹嘘以及对政敌的攻击。全书笔调简朴、平静、不露声色，凡涉及恺撒处均不用第一人称而直呼恺撒，显示出作者的心计和聪明。该书有较高的史料价值。恺撒是一位亲身进入山外高卢、不列颠、莱茵河以东地区的罗马著名政治家，是详细记述这块广大的未开化地区的地理概貌、风俗民情的第一人。因而他的《高卢战记》是近现代学者研究罗马时代克尔特人和日耳曼人的重要材料。同时，恺撒还是拉丁文写作的高手，他的文笔洗练自然，西塞罗赞美其"朴素、直率和雅致"。所以至今他的《高卢战记》仍然是人们学习拉丁文的范本。《内战记》体例与《高卢战记》相同，篇幅稍短，计3卷，是恺撒与其政敌庞培殊死战争的纪实。编年范围也很窄，仅写公元前49年1月1日至公元前48年11月17日期间的事件，集中记述军事行动。即便粗心的读者也能发现该书与《高卢战记》的巨大差别：毫不掩饰的派别宣传和对政敌的敌视，突出个人作用，行文也较粗糙，显然系仓促完成。由于这些原因，加之内战史已有众多文献，所以这部作品对后世的影响不如前部作品大。

恺撒的同时代人西塞罗（Cicero，公元前106—前43年）的大量著述是关于内战这一特定时期的另一重要材料来源。他的作品可分作四大类：第一类，演说辞58篇；第二类，书信900多封；第三类，关于修辞学、哲学、政治学等题目的论文多篇；第四类，诗歌若干。因为作者是具有很大影响力的政治家，积极参与自己时代的政治斗争，并始终处于风口浪尖之上，所以他的作品，特别是演说辞和书信便极为敏感地反映当时罗马社会政治斗争实况，对于精确测定各种事件的前因后果，了解统治集团内部情况具有重大意义。西塞罗是一位学识渊博的政客，讲话、做文章常常带有明显的政治性，有时甚至有意识地歪曲事实以达到政治目的。他自己对此也不加避讳。因此，引用他的材料要小心谨慎，具体情况具体分析。

奥古斯都元首制确立以后，罗马有一个长达200年左右的安定繁荣时期，历史编纂也在和平的环境中得到发展，产生了一些很具分量的拉丁文作者。

元首制时期最有成就的史家之一是意大利人李维（Livius，公元前59年—公元17年）。他早年受过良好的教育，写过一些哲学、历史作品，后来定居罗马，历经40年，完成了一部卷帙浩繁的编年史《罗马建城以来史》（Ab Urbe Condita Libri），简称《罗马史》。这部著作叙述从公元前742年至公元9年的罗马历史。全书共142卷。卷一～卷五叙述罗马最初的历史，始自公元前742年，止于公元前390年高卢人攻陷罗马城；卷六～卷十五叙述罗马早期的领土扩张以及意大利的征服；卷十六～卷三十载第一次布匿战争的过程；卷三十一～卷四十五记载第二次布匿战争以及罗马征服希腊和马其顿的经过；卷四十六～卷七十记载第三次布匿战争以及罗马用兵东地中海的经过，结束于公元前90年的"意大利同盟战争"；卷七十一～卷八十叙述了马略和苏拉之间的党争；卷八十一～卷九十叙述罗马党争的继续，直至公元前78年苏拉的逝世；卷九十一～卷一一六，主要叙述庞培的兴起，前三头政治的形成，庞培和恺撒间的战争，止于公元前44年恺撒被刺；卷一一七～卷一三三叙述后三头战争的始末，止于公元前31年的亚克兴之战；卷一三四～一四二记载奥古斯都时代的故事，止于9年德鲁苏斯之死。李维的《罗马史》一书大部已毁于兵祸战乱，少部存留至今，计35卷。其中卷一～卷十是关于公元前293年以前的历史，卷二十一～卷四十五是关于公元前218—前167年的历史。其他卷也遗存有一鳞半爪。该书是第一部由未曾担任过公职的民间知识分子撰写的历史，因此他的史料来源便基本上来自前人的著作，如波吕比奥斯、皮索、安提阿斯等许多已传或完全失传的史家作品。书中也有一些他个人的直接经验以及公共档案材料，一些家族的遗嘱、契约等。在史料的处理应用上，李维不及前代的史家。他缺少实际调查研究，疏于考据辨伪，对前人著作不加分析地吸收利用，有时大段大段抄录，这就不免造成许多地理、年代及史实上的错误。阅读他的著作，确定其引用的史料出处至关重要。所以严格地说，他的作品只是一部编著，其在史料上的重要价值主要是保存了大量已经失传的古代作家的作品，弥补了后人知识的不足。尤其是关于遥远的罗马早期史，李维提供的信息最多。至于他在作品中表现出的出色描述和综合才能，因已越出了史料学所应评述的范畴，所以不在这里赘述。

奥古斯都时代的其他著名史家多为希腊籍人。在希腊上古史的史料一节中提到的狄奥多洛斯便是其中一位。他是希腊传统的体现者，读万卷书，行万里路，修纂30年，完成了代表作《历史集成》。该书具有世界通史性质，起自宇宙生成、生命起源，终至恺撒占据高卢；空间包括当时欧洲人目力所能及的广大地区，卷一写埃及，卷二记美索不达米亚、印度、阿拉伯、斯泰基，卷三叙述北非其他地区，卷四～卷六为希腊和欧洲其他地区，卷七～卷十七系希腊通史，卷十八～卷四十则是罗马史。不过，这样庞大的作品显然不是作者个人研究的结果。作者只是对有关历史著作作了认真的编辑和转述而已。近代研究者认为，他的罗马上古史史料主要来自皮克托的著作。

再一位史家是希罗多德的同乡，小亚哈利卡尔纳索斯的狄奥尼西奥斯（Dionysius of Halicarnasus，约公元前1世纪后半叶）著有《罗马古事记》（Roman Antiquities）一书，共20卷，现遗存前10卷，主要讲述公元前7世纪至第一次布匿战争的史事。他本人是修辞学家，治史也以一种修辞学家特有的论辩态度，选择一些令罗马人风光的题目来写，借以颂扬罗马的伟大，说服希腊人承认罗马的成就和统治。在叙述罗马著名历史人物时，他注意进行比较对照，用罗马的贵族去比照帖撒利贵族，以罗马执政官同斯巴达国王相比。他所参考的前人著作主要是业已失传的所谓小年代纪作家（产生于公元前2世纪末）的作品。对史料不加批判，客观分析不足，主观歌颂有余是其作品的明显缺点。但《罗马古事记》毕竟是我们关于早期罗马史的主要信息渠道之一，可以同李维、狄奥多洛斯的作品相互印证。

斯特拉波的《地理学》从卷三到卷十四，基本是关于罗马帝国的地理。讲地理不能离开人情，讲人情不能回避以往和现在。因此《地理学》一书对于罗马史来说具有对希腊史同样的史料价值。

无独有偶，普鲁塔克的《传记集》作为史料在价值上对罗马史和希腊史也是等值的。他的著作是我们认识罗马著名历史人物迦图、格拉古兄弟、庞培、恺撒、安敦尼等人以及与之相关的历史事件的重要或主要的史料来源。正因为有了他塑造的罗马名人杰士的群像，罗马前半段的历史才丰腴充实，意趣横生，不至于流为干瘪可憎的符号集合。但如同前一节已指出的，普鲁塔克不是严肃的历史学家，而是优秀的伦理道德家，他并不醉心于历史求真，而专注于英雄人物的个人命运和道德完美程度，因此他笔下人物的各种行为和心理活动的真实性是要打一些折扣的，不应盲目笃信。当然，这些缺陷无碍于他所得到的"古代传记家之王子"这一美誉。

与普鲁塔克同时代的罗马著名传记家苏维托尼乌斯（Suetonius，约 69—122 年以后）。其代表作之一是《十二恺撒传》（De Vita Caesarum），又译《十二帝王传》，记述了从恺撒到多米提亚努斯共 12 位罗马统治者的生平，包括政治活动、杰出成就、个人生活等多方面的内容细节。书分 8 卷，卷一~卷六各写一帝，卷七和卷八则各记 3 帝。作者大约在图拉真统治时出任过皇室秘书，并可能在此之后或同时负责皇室图书馆。哈德良即位后他进一步跃升为国家最高行政官员之列，负责皇帝的官方信件，与哈德良过从甚密。由于特殊的地位，他熟悉宫廷内幕，披阅过皇室档案和各种典籍，这使他的记述具有历史真实性。与普鲁塔克的《传记集》相比，他的著作的特色是对宫廷细节的描写，用大量篇幅记载每一件引人入胜的琐言逸事，精雕细刻一些在他看来是坏皇帝的嗜血行为与污秽色情，加深了我们对元首制时期最上层社会的了解。苏埃托尼乌斯文字流畅生动，历来受西方读者欢迎。不过他的写作水准低于普鲁塔克，心理分析、政治道德评述比较肤浅，局限于直观的纪实。除《十二恺撒传》外，他还有论希腊竞技和罗马戏剧、历法、习俗等题目的论文以及关于语法修辞学的论著等，但遗存下来的极少。

屋大维以后为罗马史研究提供史料最多的人是历史大师塔西佗（Tacitus，约 55—117 年）。他出身贵族，政治上相当成功，当过行政长官、执政官等显赫官职，积累了相当丰富的历史素材和经验。其历史著作主要有 4 部，两部系小册子。其中之一《阿格里古拉传》（De Vita Iulii Agricolae）写于公元 98 年，是关于他岳父经营不列颠岛的文治武功的记录，充满溢美之词。但书中也用相当笔墨记载了不列颠的地理、民情，以及从恺撒在公元前 1 世纪 50 年代初登这个岛屿到他的岳父作为总督时期的不列颠岛的简史，写法与一般传记有所不同。再一部为《日耳曼尼亚志》（De Origine et Situ Germanorum），原义是"日耳曼人的起源与地区分布"，同样作于 98 年，记述莱茵河与多瑙河北部日耳曼各部落的风俗习惯与社会制度。作者不像恺撒，没去过日耳曼人地区作过实地考察，完全因袭成说，因此相当多地方都已陈旧过时，如关于日耳曼人居住区和罗马的疆界等都是 100 年前的说法。这部著作的价值是保留了许多前人有关日耳曼人从氏族制向国家过渡阶段的情况记载，在这一阶段文字史料普遍匮乏的情况下，越发显示出它们的史料意义。塔西佗写这本小书的意旨不在于介绍北方民族，而在于用蛮族的勇毅、质朴和爱好自由来映衬当时罗马贵族的腐败堕落和卑躬屈膝。这是读者在阅读时应该注意的地方。

塔西佗的另外两部史著则是长篇大作。一部名为《历史》（Histories），25 卷，从 69 年 1 月 1 日写起，大概终于多米提亚努斯被杀的公元 96 年年末。因目前仅存前 4 卷与卷五的前 26 章，此事无从考证。残余部分是关于 69 年到 70 年两个多事之年的政治史。另一部叫做《编年史》（Annals），起自奥古斯都去世的 14 年，包括朱理亚—克劳狄王朝的大部分时期，可能结束于尼禄之死或同年末，以便与先前完成的《历史》衔接。这部作品同样残缺不全。前 6 卷大部幸存，写 14 年至 37 年的史事。中间各卷遗失。卷十一～卷十六完整，包括 47 年到 66 年的重大政治事件。结尾各卷损失殆尽。无论如何，两部著作大体把 1 世纪的帝国史线索按编年顺序连接了起来。

塔西佗是希腊、罗马史传统的优秀继承者。他对自己的写作要求是尊重史实，避免感情用事。这两部著作中所用的材料部分出自他个人丰富的直接经验和公共档案记录，部分来自已经失传的巴苏斯、老普林尼、卢福斯等人的作品。他从反对君主制的立场出发，以他深厚的从政经历，考究、精练的笔法刻画出一个个人君、大臣被服儒雅、行若狗彘的伪善面目，但又能把握落笔的分寸，没有陷入让情感左右理智从而歪曲穿凿史实的地步，反映出一位成熟史家的修养。他的记载基本是诚信无欺的。

较塔西佗稍晚的亚历山大里亚人阿庇安（Appian，约 95—165 年）用希腊文著有《罗马史》（Roman History）一书，原 20 卷，现完整保存卷六～卷九和卷十一～卷十七，卷一～卷五尚有个别片段传世。该书叙述方式是记事本末，按时间先后把罗马史上的诸次重大事件，主要是战争事件单独成篇，自始至终逐次叙述，使读者对所述具体事件一目了然，但削弱了各事件间有机的过程联系，各卷间内容多有重复，酷似今日的历史"大事记"。残存各卷涉及大征服时期和内战时期的罗马史，其中内战史描述甚详，补充了后人的不足。阿庇安类似狄奥多洛斯，是位材料的汇编者。他的作品主要依据早期编年史家波里比乌斯、撒路斯特、李维、阿西尼乌斯等人已传或失传的著作，缺少对材料的认真分析，史实、人名、地名等多有失误。但在处理史实和解释事件原因时，阿庇安有独到之处。他把斯巴达克起义也列入内战史，从而使这场惊天地、泣鬼神的奴隶大起义的经过流传至今。他对格拉古兄弟改革产生的原因问题解释得相当深刻，认为原委是大小土地所有者斗争使然。马克思对此有很高的评价。

犹太史家约塞夫斯（Josephus，约 37—100 年）是 66—70 年犹太人反对罗马统治的大起义的参加者，并在加利利担任起义军指挥，兵败被俘，后获释放，受弗拉维王朝统治者的宠幸，赐姓弗拉维。他留有 3 部史著和一篇论文，是我们研究犹太历史的重要史料。其中 7 卷本《犹太战争》（Bellum Judaicum）和 20 卷本《犹太古代》（Antiquitates Judaicae）价值突出。前者起初用叙利亚—迦勒底闪语写就，后译为希腊文，是关于 66—70 年犹太人大起义的记录。作者因是当事人，所以记载比较可靠。后者是犹太通史，模仿希腊罗马史学手法，从犹太起源写到 66 年为止。

早期帝国时期是罗马经济文化相对繁荣时期，罗马文库中不仅汇集了大量社会、政治史新著，而且还吸纳了众多具史料价值的其他题材的作品。其中，维吉尔（Vergil，公元前 70—公元 19 年）、贺拉斯（Horace，公元前 65—公元 8 年）、奥维德（Ovid，公元前 43—公元 18 年）留下的作品最为著名。

维吉尔是罗马史上最卓越的诗人。他的早期作品为田园抒情诗《牧歌》。《牧歌》包括 10 个诗章，是模仿希腊的田园诗而作。诗歌描写了意大利田野的自然景色，歌颂了农村生活的恬静。发表后受到普遍赞扬，引起了罗马元首屋大维的高度重视。公元前 37—前 30 年，维吉尔受麦凯纳斯的委托，写成《农事诗》4 卷。其中卷一谈种庄稼；卷二谈种葡萄和橄榄；卷三谈畜牧；卷四谈养蜂。诗中表现了诗人对农业生活的热爱，歌颂了意大利优美的环境和富饶的资源。从公元前 29 年起，维吉尔开始从事史诗《埃尼阿特》的创作工作。这部史诗共 12 卷。它记述了罗马人的祖先埃尼阿斯在特洛伊城陷落后，带着老父、幼子及少数特洛伊居民，渡海到达意大利第伯河口，并在这里定居建城的经过。诗人企图通过这部史诗证明屋大维是神的后代。这些诗篇不但在文学上占有重要地位，而且在史学方面也有相当的价值。

贺拉斯是罗马最主要的讽刺诗人、抒情诗人和文艺批评家。他出生于意大利南部，是一位被释奴隶的儿子。他的主要作品是《颂歌》和《诗简》。《颂歌》共 4 卷，主要是歌颂奥古斯都的统治以及奥古斯都统治时期罗马道德的复兴。《诗简》共 2 卷，卷一是生活哲理；卷二以文学评论为主。这篇诗论在欧洲古典文学中影响深远。

奥维德是奥古斯都时期第三位重要诗人。他出生于意大利中部的一位骑士家庭，曾写过许多爱情诗。在奥维德的作品中，以《变形记》最为著名。在《变形记》中，他用希腊、罗马的神话题材，描写神怎样把人变成各种植物和动物，并巧妙地穿插爱情故事。因为他的作品违背了屋大维恢复古老道德习俗的意图而遭到流放，被放逐到荒无人烟的黑海之滨。在那里，他写了《悲歌》和《本都来信》，充满了对故土和亲人的思念之情。

此外，提布路斯（Tibullus，公元前 54—前 18 年）、普罗派尔提乌斯（Propertius，约公元前 50—前 2 年）、卢卡努斯（Lucanus，39—65 年）、斯塔提乌斯（Statius，45—96 年）、马尔提阿利斯（Martialis，约 38—104 年）等人的诗作不同程度地反映了这一时代罗马乡村与城市的社会风貌以及人们的心态，有较好的史料价值。

老普林尼（Plinius, The Elder, 23/24—79 年）的《自然史》是全方位研究、记载罗马科学、工艺史的杰作，全部 37 卷保存完好，对恢复罗马经济文化史弥足珍贵。

罗马教育家、修辞学家克文提利阿努斯（Quintilianus，约 40—96 年，又译昆提良）是古代修辞学教育的权威。他的 12 卷本著作《雄辩说原理》（*Institutio Oratoria*）包括了从少儿到成人的修辞教育的全部课程，是了解罗马贵族教育的指南。

老普林尼的侄子小普林尼（Plinius, The Younger, 61—112 年）是塔西佗好友，拉丁散文大师。他原有许多诗歌和演说，现均已失传，只留下一部《书信集》（*Epistulae*），计 9 卷，汇集了他同朋友们就社会、政治、法律、人事关系等方面所交换的意见，年代范围在 97—108 年之间。书信集外加一个第 10 卷，主要收集了作者任比提尼亚总督期间与皇帝图拉真往来的官方信件，对了解当时帝国对行省和基督教的政策至关重要。小普林尼还有一篇在元老院宣读的致图拉真的《颂词》（*Panegyricus*）流传下来，文中充满阿谀不实之词。

有关早期帝国经济史的情况也可到西班牙人科路美拉（Columella，1 世纪）的著作《论农业》（*De Re Rustica*）中去寻找。这部作品建筑在对前人有关著作的研究利用和个人在西班牙、意大利和亚细亚等地获得的直接经验基础之上，全书共 12 卷，意在说明农牧业的经营方式。它与迦图、瓦罗的农书一起，可以追寻出罗马庄园经济的发展和演进轨迹。

格里乌斯（Gellius，约 130—180 年）的 20 卷著作《阿提卡之夜》（*Noctes Atticae*）是一部包容了丰富历史信息的散文集。作者在雅典居住期间，利用冬夜闲暇，大量阅读古代作品。后返回罗马，将所收集的材料和个人读书感想合成一部集子，目的在于教导子女和个人消遣。书中内容庞杂，题材多样，三教九流，无所不包。其中摘引了许多希腊、拉丁作品片段，引用了一些同时代学者的评论。全书除头尾小部分与第 8 卷外都保存完好，在中世纪享有广泛读者。

希腊籍修辞学家、哲学家狄奥·克里索斯托莫斯（Dio Chrysostomus，约 40—120年）留下 80 篇演说，涉及哲学、道德、政治、文学等不同论题。作者本为行省人，游历广泛，能言善辩，人称"金嘴"。他的作品对恢复当时的思想文化史、行省地方史很有帮助。

进入 3 世纪，随着帝国危机的降临，罗马整个文化走向衰落，史学、文学和其他著作日渐凋零。十分有趣的是，为罗马写最后一部历史的是狄奥·卡西乌斯（Dio Cassius，约 155 年—3 世纪上半叶）。他费时 22 年完成一部《罗马史》（*Roman History*），洋洋 80 卷，用希腊文写成，从假想的罗马人祖先埃尼阿斯亡命意大利写到他自己任执政官的 229 年，远略近详，他所处时代的历史写得最细。目前头 35 卷仅有个别片段存在。第 36 卷短缺，内容是关于庞培对海盗的清剿和米特里达梯战争。第 37 ~ 第 54 卷保存完好，截止于阿格里巴去世。第 55 ~ 第 66 卷部分保留。后 19 卷则同前 35 卷一样仅剩零星片段。因此，狄奥的史料主要适用于元首制早期和内战期间的部分历史。《罗马史》在史料处理上并不严谨，作者是帝制的拥护者，常从个人政治立场出发筛选材料。尽管他企图模仿修昔底德和波里比乌斯的风格，但其史学成就远逊于前两位历史大师。

由于 3 世纪的史料奇缺，一部粗制滥造的传记集《帝王传略》（*Scriptores Historiae Augustae*）便显得重要起来。该书由埃利阿努斯·斯帕提阿努斯（Aelianus Spartianus）等 6 位作家编写，成书于戴克里先和君士坦丁在位之时。书中包括 117 至 284 年间，即从哈德良到努迈里阿努斯之间的诸皇帝本纪，中间有一段不长的中断。传记材料取自 3世纪初的一位续苏埃托尼乌斯的传记家马利乌斯及其他传记家的作品。

罗马史学的最后一位著名代表是生于安提阿的希腊人阿米阿努斯·马尔凯努斯（Ammianus Marcellinus，约 330—395 年）。他用拉丁文修撰一部名为《历史》（*Rerum Gestarum Libri*）的罗马史，续塔西佗的《历史》，从 96 年写起，一直写到 378 年瓦伦斯之死。原书共31卷,现存18卷(卷十四至卷三十一),包括353年到378年的罗马内政、外交、军事史的基本线索和史实。作者是这段历史的目击者,阅历丰厚,参加过朱里亚努斯对波斯的远征,有丰富的生活经验;同时,他有作为优秀史家的深厚修养,追求历史真实,落笔小心谨慎,因此他的记述翔实可靠,是晚期帝国史的主要史料来源。

阿米亚努斯是古代西方史学优秀传统的最后一位体现者。在当时,基督教发展迅速,已经变成了统治阶级的宗教,希腊、罗马史学求真唯实的传统为基督教神权主义所排挤,历史成了神学家任意涂抹的画布,很少有真实可言。但在早期基督教史家的作品中也可找到某些有益的史料。例如,基督教史学的奠基人攸塞比乌斯(Eusebius,约264—340年)的10卷本《教会史》曾谈及公元3世纪后半叶一些皇帝的史事,如著名的"米兰敕令"颁布过程等情节。

(二)罗马的法律和法学文献

古罗马是世界古代史上少见的拥有发达、完备法系和法学思想的国家。古罗马传下来大量法律及法学文献,对近代西方法律的影响至深。这些文献是我们借以重建罗马上古史的史料来源之一。透过它们,不仅可以了解罗马法本身的发展史,而且更重要的是可以窥见不同时期罗马社会结构的层次网络,政治制度的变异转换,经济关系的格局规范,摸到跳动着的罗马历史的脉搏。可资参考的法律、法学文献主要有两种:

第一种是法学家们的著作。公元前1世纪以后,罗马出现了许多法学家学派,其中以普罗古路斯派和萨比努斯派最为典型,两派互相争鸣,以解答和著述的方式对行政长官法从法理上予以论证并使之增添许多新的内容。公元前2世纪中叶,两派逐渐接近,观点渐趋一致,其后百年间,罗马先后涌现出了盖乌斯、伯比尼阿努斯、保罗斯、乌尔比阿努斯、莫迪斯蒂努斯五大著名的法学家。他们著书立说,从法理等方面对万民法、自然法和公民法以及它们的相互关系作了阐发,其中盖乌斯(Gaius,117—180年)的《法学阶梯》(*Institutes*)是保留至今最为完备且最具影响力的著作。从这里,我们不仅能够看到罗马的一些典型法规,而且也能够接触到被查士丁尼立法删略的部分法律材料和案例。

第二种是皇帝下令编定的法典。其中著名的有由罗马皇帝提奥多西二世命令编定的《提奥多西法典》(*Codex Thedosianus*)。此法典于438年公布,计16卷,是从君士坦丁以来颁行的法令汇编。此外,还有6世纪东罗马皇帝查士丁尼在位时编制的《国法大全》。《国法大全》由《法典》、《学说汇编》、《法学阶梯》和《新律》四部分组成。《法典》,即法律、法令总汇。初为10卷,后修改为12卷,其内容主要包括教会法、私法、刑法及行政法等,法典收录了自哈德良以来诸皇帝发布的各项法令4652个。流传至今的这个法律汇编是9—12世纪的手抄本。它是我们研究罗马法的主要文献资料。《学说汇编》,即法学家的阐释,全书共50卷,其内容主要包括:关于法律和习惯中所表现出来的比较古老的罗马法摘录，关于最高行政长官法的摘录，以及关于法学家的重要著作的摘录。《学说汇编》是我们研究帝国时期罗马法律的最好资料。《法学阶梯》是东罗马官方法律教科书，且具有法律效力。全书共4卷，卷下设章，章下设节，主要是关于人法、物法、继承法、契约法等方面的规定。它的体系和结构对后世立法者有很大的影响。《新律》主要收录了自534年《查士丁尼法律汇编》修订本颁布后至565年查士丁尼去世时所颁布的168条敕令。其内容多关系到公法、宗教法规等，并对继承法也有新的规定。后世所称的罗马法主要是指《国法大全》，它对欧洲各国私法的发展产生过重大影响。19世纪初拿破仑制定的《法国民法典》，就是以此为主要蓝本的。

（三）铭文与纸草文书

罗马上古史的铭文材料甚多，往往能起到史著和其他文学作品所无法替代的作用。根据已发现的材料语种，可将它们大体分成埃特鲁里亚铭文，拉丁铭文和希腊铭文。

目前利用率最低的铭文材料是埃特鲁里亚铭文。这类铭文已发现的约有1万多件，年代属于公元前7世纪至奥古斯都时代，内容主要是墓志铭。虽然各国古文字学家在释读埃特鲁里亚铭文方面付出了极大努力，但迄今为止仍然不能说找到了破译的钥匙。专家们比较一致的看法是埃特鲁里亚语可能为史前地中海居民所特有，是一种尚未系统化、固定化的语言，肯定不属于印欧语系。

拉丁铭文史料为数最多，分别刻写在各种石质、金属等器物之上。最早的此类铭文是定年在公元前7世纪末的一根金饰针上的标号。最古老的拉丁铭文则是在古罗马广场发现的刻在一块石碑上的宗教法规。相对而言，帝国以前的铭文数量不多，特别是公元前3世纪以前的铭文微乎其微。共和时期的铭文史料基本上属于公元前3世纪以后。到了帝国时代，铭文史料剧增，现收集到的数字已远远超过10万，多数产生于早期帝国，其中罗马、意大利和西部行省、埃及的铭文居多，东部行省的铭文较少。

拉丁铭文涉及古罗马从中央到地方的社会、政治、经济、宗教、工人生活的方方面面，包括皇帝的敕令，帝国中央政府和行省政府的法规，元老院颁布的决议，行政官员、市议会、宗教社团、各种机构的文书，行政与军事官员的名表，个人的奉献记录，修筑某建筑的赞助者名单，公共或个人纪念碑文，手工艺制作者签名，等等。同希腊铭文一样，大部分铭文十分简短。从共和晚期开始，铭文刻写日益艺术化，讲究字形线条的美化，刻写深浅、宽窄、高低均很讲究，注意整体视觉，有时还把金属字母固定在石板上，为铭文着色。

欧洲人对拉丁铭文研究可以上溯到800年。从18世纪和19世纪开始出现了质的飞跃。大量铭文被收集、整理出来，供研究者使用，这直接促进了罗马史研究的发展，充实了我们的知识。权威性的拉丁铭文史料汇编是德国学者于1863年陆续编成的16卷《拉丁铭文集》（*Corpus Inscriptionum Latinarum*，1863—1943年）。按铭文内容、牵涉地区分卷。卷一为共和时期，卷二至卷十五分别是各地区的铭文，卷十六包括在器物、砖上印刻的铭文和军事文书。

罗马上古史的史料还可以部分地从希腊文铭文中去探究，尤其帝国时期的希腊文铭文本来就反映了罗马史的内容。如著名的关于奥古斯都个人生平业绩的"安启拉纪念碑"（Monumentum Ancyranum）等。据记载，奥古斯都在其去世前三个月写了一份遗嘱。遗嘱写在两本册子上，另外有三卷密封的文书，其中有一卷是奥古斯都亲自撰写的他自己一生的成就。奥古斯都叮嘱把这份文卷的全文铭刻在铜牌上立于陵墓的入口处以作纪念。后来帝国境内其他地方的许多神殿也纷纷抄刻了这一自传的全文。但这些铭文绝大部分都随着建筑物的毁灭而湮没无存了。1555 年，有学者在小亚的安启拉城（现在土耳其的安卡拉）的一座罗马女神和奥古斯都庙中发现了这一铭文的拉丁原文和希腊语译文。铭文几乎全部完好保存。后来在小亚比西狄亚的阿波罗尼亚和安条克也发现了其中的一部分。此后，欧洲史学界对这一重要发现作了大量的抄录、校订、考证、翻译和评论解释工作，使这一铭文成为一切古代铭文中最卓著的一个。蒙森称之为"拉丁铭文的女皇"。这一铭文因其发现地点而以"安启拉纪念铭文"一名闻名于世。

奥古斯都这一自传铭文共 35 段。全文概括了他一生的经历和成就，大致分三部分：（1）关于他历任官职和所获得的荣誉；（2）他用自己的资财为罗马和公众举办的事业；（3）他在战时和平时所完成的业绩。这一自传是按罗马历来纪念名人一生成就的传统写法写成的，与古代东方功德碑之类铭文相似，是政治性文献，不是历史年表。但它是研究奥古斯都时代很有价值的史料。

与史著和文学作品、铭文史料相比，纸草文书的意义就小得多，但它仍然是罗马上古史史料总和中的一个不可缺少的组成部分。

拉丁纸草文书发现较少，多数出自埃及，由私人信件、法律文件、学生教材和作业等构成。有些纸草材料，如撒路斯特、李维、西塞罗、维吉尔等人的作品片段的抄本对补正有关作品很有帮助。官方和私人文书则有益于加深后人对罗马行省历史的认识。

二、实物史料

古罗马历史悠久，幅员辽阔，人口众多，因而遗留下了难以计数的实物史料，它为罗马上古史的研究提供了极为重要的实证，解决了许多文字史料难以解决的问题。

如果说古希腊人以其善出各种思想著称于世，那么古罗马人则以其高超的建筑技术蜚声世界。的确，从不列颠到幼发拉底河，从莱茵河与多瑙河到北非，到处都留下了古罗马人的建筑遗迹。有规模宏大的城市废墟，有城墙、要塞、桥梁、水道、大路，有皇宫、市政厅、庙宇、广场、剧场、斗兽场，还有不同种类的居民住室、庄园、墓穴，以及歌功颂德的凯旋门、纪念碑，等等，这些组成了一部绵长、壮丽、凝固的交响乐，再现罗马史前时期到灭亡时刻沉浮枯荣的历史过程。这类实物虽然不像克诺索斯宫那样具有惊人的作用，但对于恢复罗马史全貌的意义仍然是不可低估的。例如，近些年来，史学界对罗马城研究取得了较大的进展，其直接原因就是因为人们对罗马七丘和罗马广场上的建筑遗址进行认真的考察。

古罗马人像古代其他地区的居民一样，利用了他们所能利用的一切原材料，并以此制作形形色色的生活资料和生产资料。最常见的是石器、青铜器、铁器、陶器、亚麻羊毛织品、银制品、骨器、象牙、琥珀等奢侈品，形式包括五光十色的农业和手工业工具、武器装备、车船残骸、宗教用具、个人衣饰用品等，木器也是古罗马人必用的器物，但遗下很少。古罗马艺术家还创作了许多雕像、浮雕、壁画，他们均具有前已述及的史料功能。古钱币是古罗马留下的特殊实物史料，价值较高。从形象上看，罗马古钱币曾有过多次变化。早期古钱上往往铸有神话传说中的形象，如哺育罗慕洛的母狼就是一例。共和末年的钱币上开始出现著名政治家的头像，帝国时期则出现了皇帝的形象。有些钱币还铸上些话语或艺术象征，代表某一特定时期的政治口号和形势，如意大利同盟者发行的钱币上便有公牛顶死母狼的场面。罗马古钱币作为史料对于经济史意义要大于对政治史和艺术史。

第二节　文艺复兴以来国外罗马史的研究概况

日耳曼人的入侵摧毁了西罗马帝国，也中断了罗马帝国的文化发展。从此，欧洲对古罗马史保持了近千年的沉默，古罗马作家作品被束之高阁，深藏于中世纪的修道院；服务于神学的基督教史学完全替代了富有生气的古典史学，历史真实为一片臆想和注经式的呓语所湮没；只有罗马法与拉丁文适应新政治与精神统治者的需要幸存下来，受到注意和研究。

但在地中海另一侧的拜占庭，起初毕竟还有些古罗马的遗老感怀往昔罗马的光荣，写出若干追述过去的文字。君士坦丁堡的高级官员左西莫斯（Zosimus）在 492 年以后著有一部罗马帝国史概要《新历史》（*Historia Nova*）。书分 6 卷，从奥古斯都时代写至410 年。卷一有些缺漏，其他各卷保存完好，成为晚期帝国史的重要信息来源。左西莫斯之后，拜占庭亦无人专注于罗马古代史。这种情况一直持续到文艺复兴时代。

14 世纪开始，意大利人文主义的先驱们掀起复兴希腊、罗马文化的波澜，热心搜求古典作家的作品。彼特拉克成功地找到西塞罗《致阿提库斯的书信集》及李维著作的若干段落。他还撰写了两部关于男女名人的传记，包括从罗慕洛到恺撒等一系列罗马史上的英雄人物。

15 世纪，意大利学者比昂多（F. Biondo, 1392—1463 年）在自己的罗马史著作中首次把罗马陷落的 5 世纪至 15 世纪划为一个完整历史时期，为古代与中世纪的划分奠定了基础，他的论点，后来逐渐为大多数历史学家所接受。

比昂多的继承者列图斯（Laetus，1427—1497 年）则是罗马文化的狂热崇拜者和弘扬者，他以古罗马人的方式生活，创立"罗马学园"，整理出版了瓦罗、小普林尼、撒路斯特等人的作品，译注了维吉尔的全部诗作。

在罗马上古史方面，最初的人文主义史学一味信赖古人，后来才逐渐过渡到冷静地评判古人。其中的主要代表人物是意大利人瓦拉（L. Valla，1407—1457）。他对李维、亚里士多德等人的说法进行大胆分析辨伪，成为后来启蒙时代理性主义史家的先驱。瓦拉的最大成就是对《君士坦丁的赠与》这一历史文件的辨伪。

从 16 世纪起，对罗马古代的研究已经深入到政治史领域。著名史学家兼政治学家马基雅弗利（Machiaveli，1469—1527 年）就是这方面的代表。他著有《论李维》一书，认为罗马贵族与平民斗争的结果才导致罗马完美的贵族制、君主制和民主制三位一体的国家结构和法律的出现。

从 15 世纪起，文艺复兴运动开始于意大利逐渐扩展到东西欧其他国家，人文主义史学也在法国、尼德兰、英国、波兰、俄国发展起来。普遍的活动是收集、翻译古典作家的作品，并尽可能从历史本身而不是超历史的神的意志去解释古代史。

进入 18 世纪，罗马上古史的材料收集范围扩大，除了各种新的古代作品出版发行外，考古材料也成为重要史料来源。1748 年开始的庞培古城的发掘取得重大成果，各类新材料汇编纷纷问世，新的罗马史著也接踵而来。法国启蒙学者孟德斯鸠（Montesquieu，1689—1755 年）在自己著作中不断引用古罗马作家提供的材料，并专门完成了一部古为今用的史著《罗马帝国盛衰原因论》（1734 年），抨击专制主义。意大利史学家兼哲学家维柯（Vico，1668—1774 年）强调罗马共和早期平民与贵族斗争的意义，并将其定性为等级斗争。18 世纪在编撰解释罗马史方面各国史家成果卓著，著述甚多，其中最不同凡响的是英国史学家吉本（Gibbon，1737—1794 年）。他的巨著《罗马帝国衰亡史》与那些直接为反封建现实服务的启蒙思想家的功利主义作品不同，是一部具有专业水准的严肃史作，包罗公元前 2 世纪到公元 1453 年君士坦丁堡陷落这一漫长过程中的各种史事，重点在古罗马与拜占庭的政治史，也顾及经济、法律、文化各个方面。他把康茂德时代作为由盛转衰的关节点，认为基督教、专制皇权是帝国衰败的原因。他对古典史料的考据利用，对历史因果关系的探寻解释以及挥洒不凡的文字都为其他同时代罗马上古史研究者所不及，表现了 18 世纪西方史家的日益成熟。

19 世纪以来，国外罗马上古史研究者在承继前人初步成就的基础上，向罗马史的广面不断扩展开拓，向深层持续发掘探微，新材料、新观点层出不穷，可以毫不夸张地说：目前我们所占有的关于罗马上古史的知识绝大多数是在近两个世纪里积聚起来的。

同其他上古史领域的情况一样，在利用现成材料再现并解释罗马史的工作中，19世纪的德国学者起初处于领先地位。

跨世纪的历史大师尼布尔（Niebuhr，1776—1831 年）是对罗马上古史研究拟定较系统、科学方法的第一人。他一生从事古代史教学、科研，主要注意力集中于罗马史，特别是史料匮乏、搞起来难度较大的早期罗马史。他的代表作《罗马史》第 1 卷出版于 1811 年，是成功使用历史批判和历史比较方法的典范。他虽然与晚期人文主义和启蒙史家的看法相同，认为古代作家关于早期罗马的记载充满失误、歪曲，但他并不采取虚无态度。在他看来，没有一种史料不以这样或那样的方式反映历史真实，载有传说的晚后的史料一定程度上建立在远古真实证据基础之上，史学家的任务便在于从传说中筛选出真实的内核，搞清造成讹误的原因，然后根据剔出的可信的史料和运用比较方法恢复罗马上古史的真貌。尼布尔在其著作中正是这样做的。他对罗马传统说法进行缜密考证，去粗取精，去伪存真，认为有关初期国王的传说是以史诗形式传到西塞罗与狄奥尼修斯时代的。他指出不同的民族在其历史发展过程中均经过同样的阶段，在史料不足时，可以应用其他民族的可信材料与自己的研究对象作横向对比，如希腊巴塞勒斯存在的荷马时代便可与罗马王政时代相比较。他甚至进一步扩大比较的范围，把不同时代的历史现象放到一起进行比较研究，如法国大革命的一些历史事件被用来说明罗马共和后期的政治斗争，中世纪的城市贵族与古罗马贵族相提并论，从而创造出历史纵向比较的新方法。他所重建起来的罗马早期史大厦如此坚固、完整，以致后人的研究只不过在他的研究上修修补补而已。他创造了以血缘纽带联结的罗马氏族的理论，认为国家组织后来代替了氏族组织，而国家是以地域划分为原则的，塞尔维乌斯·图里乌斯改革则是这一过程的转折点。他把罗马早期内部史看做是贵族与平民之间的等级斗争，这种斗争主要由大小土地所有者之间的矛盾所引起。他关于罗马早期贵族与平民起源的解释至今仍是可行的选择之一。

图林根大学教授斯韦格勒（Schwegler, 1819—1857 年）继续尼布尔对罗马传统的反省批评，且走得较尼布尔要远。他在自己的《罗马史》（共 3 卷，1853—1858 年）一书中否定罗马传统源自民歌、史诗的说法，认为它们皆出自对已经形成的制度、习惯、仪典所作的杜撰性解释。在他看来，七王的传说全系子虚乌有的虚构，而不像尼布尔所说后五位国王具有一定的历史基础。

围绕尼布尔对罗马上古史传统的批判研究，德国以及英国、意大利、俄国史家在 19 世纪中叶前后展开了热烈讨论，从而推动了罗马史研究的发展。

蒙森（Mommsen, 1817—1903 年）是继尼布尔之后在罗马上古史研究方面作出巨大贡献的学者。他学识渊博，毕生勤奋，留下大量著述。他的《罗马国家法》（*Romisches Staatsrecht* 1—2, 1887; 3, 1888 年）、《罗马刑法》（1899 年）、《恺撒与元老院之间的法权问题》（1899 年）三部专著浸透着他对罗马法研究的心血。他主持编注的《拉丁铭文集》属罗马史研究的基本建设，影响深远。他在钱币学方面造诣很深，完成一部《罗马钱币史》大作。他发表的论文多达 1500 余篇，但给他带来最大知名度的仍然是他的不朽之作《罗马史》。这部书的前三卷发于 1854—1856 年间，从罗马形成写到公元前 46 年塔普斯会战。卷四原拟写恺撒的"民主的君主制"，却因不大明了的原因始终未能动笔。卷五出版于 1885 年，专述罗马诸行省。全书中心是政治、社会史，兼及法律、经济、文化、年代学等多方面问题。书中博纳各类史料，包括古典作家作品、罗马法文献、碑铭、钱币等。由于作者出发点与尼布尔不同，他的《罗马史》致力于雅俗共赏，而非仅供沙龙中的学者阅读，因此书中没有或很少使用烦琐的考证和艰涩的史学评论，寓个人对史料及问题的看法于晓畅可诵的叙述当中。他认为罗马的信史仅从皮洛士战争开始。在七王有无问题上，他巧妙地避开细节问题而笼统地去写一个王政时期。他是继尼布尔之后进行纵向比较研究的又一位实践者。他企图证明罗马历史上有过民主的君主制和在这种制度下的国家统一，以便影射说明 19 世纪中叶德国统一的道路。他高度评价恺撒的历史作用，指出他的独裁即是统一罗马的民主性君主制的体现。他甚至得出早在公元前 5 世纪罗马便有资本家和资本主义的结论，可以说是迈向"现代化"理论的先导。蒙森的叙述才能超群，文字精练，树立起一块极富可读性的历史写作模本。该书曾于 1902 年获得诺贝尔文学奖，以历史学著作荣获诺贝尔文学奖这在历史上还是第一次。

尼布尔与蒙森的光辉遮盖了同时代德国史家所写的其他罗马上古史著作，但也有一些作品在新的方向上有所探索，颇引人注目。例如弗利德伦德（L. Friedlaender）的《罗马风俗史画》便是有关帝国社会文化史的上乘之作。作者用大量文献、实物史料编排出罗马城市与社会生活的景况，很受人欢迎。布伦奈尔（H. Blumner）的《希腊人与罗马人的工艺技术和术语》则独树一帜，细心考察了不被人注意的课题。

法国史学界在 19 世纪对罗马上古史的研究总体水平处欧洲前列，在某些方向上超过德国学者。迪罗·德·拉·马朗（Dureau de la Mallemm，1777—1857 年）的两卷本《罗马人的政治经济学》（1840 年）是一部借鉴英国政治经济学学派成果来研究罗马史的开创性著作。他运用大量史料说明意大利与行省中存在的社会关系和生产关系，认为奥古斯都时代意大利的居民大约一半为奴隶，自由民劳动为奴隶劳动所排挤。书中还探讨了罗马的计量、铸币制度，食品与劳动力价格等经济学范畴，是有关经济史的优秀作品，曾得到马克思的赞赏。

19 世纪的史家古典学功底均很厚实，一般兼通希腊罗马历史，然而偏重一头。论著也常常以二者为对象，体现出两史不分家的原则。法国学者古朗士（F. de Coulanges，1830—1889 年）便是这样一位历史大家。他的代表作《古典城邦》（1864 年）强调公民公社在两地的普遍性，指出希腊罗马城邦的显著特点是存在公民集体，并标新立异地认为公社的基础是宗教。在《古典法兰西社会制度史》中，他把古代高卢的历史放在罗马帝国的背景之下进行考察，发挥了个人关于社会发展的理论。他认为希腊、罗马在类型上一致，因而在研究二者社会制度时应注意并列比较。他赋予宗教极大的历史意义，把它看做是理解古代社会内部史的一把钥匙。他坚持历史发展连续性的认识，反对把蛮族入侵说成是欧洲历史的中断。古朗士另有一部论隶农制的专著《罗马隶农制》（1885 年），也很有新意。

杜里（V. Duruy，1811—1894 年）编写的 8 卷本《罗马史》和《罗马共和国与帝国的政治地理学》同样是法国 19 世纪关于古罗马史出版物中的重头作品，但新颖之处不多。列南（J. E. Renan，1828—1892 年）对基督教史的研究则比较深入，他在《基督教起源史》等著作中指出耶稣其人具真实基础，基督教起源于道德因素而非社会经济原因，它胜利的根源在于心灵对悔改的需要。它的积极意义是改善了习俗，确立了人们在神面前一律平等的原则，奠定了法国启蒙学者关于人仅仅应当属于自己的原则的基础。

19 世纪的英国史家在罗马上古史研究方面所作的努力不如在希腊上古史方面大，但也有些独到的地方。梅里维尔（Ch. Merivale，1808—1894 年）所著 8 卷本《帝国时代的罗马史》（1850—1862 年），把共和制过渡的起点选择在第一次三头同盟。作者后来对此表示遗憾，认为应从格拉古兄弟改革写起。他从道德评价出发否定恺撒的个人生活，从历史评价出发则肯定恺撒的社会活动。他认为专制主义始于帝国末期，意大利人因其对行省专制而被迫接受专制政权。弗里曼（E. Freeman，1823—1892 年）则利用历史比较方法研究古代的西西里史，产生一部 4 卷本的地区史，内容以政治史为主。

在专业史家的圈子之外，马克思、恩格斯也曾就罗马上古史问题进行过多方面的论述，以此作为自己对现代资本主义社会全面分析批判的一个组成部分。就这一点而言，马克思和恩格斯对罗马上古史的研究同启蒙时代以来的许多西方资产阶级学者的研究一样，是古为今用、着眼于现实的。虽然他们有关论述在 19 世纪的史学领域没有引起多少反响，但却为 20 世纪马克思主义学派在古代罗马史研究领域的形成打下了坚实的基础，提供了历史解释的指南。

马克思、恩格斯的论述散见于他们自 19 世纪 40 年代以来所写的文章、著作、书信、笔记中，直接涉及罗马上古史的言论比较集中在《神圣家族》、《德意志意识形态》、《共产党宣言》、《政治经济学批判序言》、《资本主义生产以前各形态》、《西西里和西西里人》、《资本论》、《反杜林论》、《路易·波拿巴的雾月十八》、《布鲁诺·鲍威尔和早期基督教》、《自然辩证法》、《摩尔根〈古代社会〉一书摘要》、《家庭、私有制和国家的起源》、《论早期基督教的历史》等一系列作品之内。在大多数场合，他们是在利用罗马上古史的某些内容来说明自己所关心的其他题目和论点，然而也有一部分著作和书信、笔记专注于古代罗马史一些问题的探讨，形成一些精彩的论点。

搞清马克思、恩格斯有关论述的材料来源十分重要，因为这是他们立论的依据。从两人的许多有关例证和结论看，他们主要从同时代人如蒙森、摩尔根等人作品中批判地吸取材料；其次则从古典作家的作品内择取素材。在不同的时间和地点，由于审视角度的变化与认识的发展，他们本身或彼此之间就某一问题的议论有时也会有出入，不过总的认识是明确的、一致的，这就是：在社会经济方面，农业是包括古罗马在内的整个古代世界决定性的生产部门，不存在古代资本主义。古代人没有想到把剩余产品转化为资本，他们的生产没有超出手工业劳动，很大一部分剩余产品被用于非生产性开支，而且这些剩余是很有限的，只因集中在少数人手中，才显得多了。因此古代没有生产过剩，只有富人消费过剩。就不同生产关系的单位而论，奴隶制是古希腊、罗马社会生产的广阔基础。但在奴隶制生产关系真正支配生产以前，独立的小农经济和小手工业者经济曾构成占统治地位的经济基础。在社会制度方面，古罗马盛行着氏族制，随着贫富分化和私有制、阶级的产生，以个人血缘关系为基础的制度被破坏，代之而起的是一个新的、以地区划分和财产差别为基础的真正的国家制度。这一变革的转折点是塞尔维乌斯·图里乌斯改革。在马克思、恩格斯看来，罗马的阶级对立形式是平民与贵族、奴隶与奴隶主之间的矛盾斗争，各阶级之间的斗争总是历史发展的伟大动力。但马克思和恩格斯并未简化历史，他们指出古罗马的阶级斗争只是在少数享有特权的自由富人和自由穷人之间进行，其典型形式是大小土地所有者，奴隶只是这些政治斗士们的消极的舞台台柱。穷人被剥夺了土地之后，并不像近代变为雇佣工人，而是成为靠社会过活的无所事事的流氓无产者。西罗马帝国毁灭的根源在于作为生产主要形式的奴隶制。

除开上述对古罗马的基本认识外，马克思、恩格斯还就意识形态、古典所有制等重大问题阐述过自己的看法，如关于基督教的起源、早期基督教的社会基础等他们均表述过明确意见，其影响持续至今。

19 世纪各国学者的成果为 20 世纪古罗马史研究准备了丰富的材料和现成的观点方法，同时也把许多争论问题遗留给下一个世纪。各国史家对已有的成说进行验证，对遗留的问题进行讨论，对没有接触的领域进行探索，不断推动罗马上古史研究向前发展。

20 世纪初，德国学者保持了在罗马上古史研究中的优势。在这些学者中，首先应推古史现代化方法的集大成者迈尔。他曾著《古代史》一书，其中包含了古罗马史的内容。他还撰写过罗马上古史专著与论文，论及罗马政治制度问题。他在《恺撒的君主制与庞培的元首制》(1919 年) 一书中，反对蒙森关于奥古斯都继承和发展了恺撒奠基的政治制度的看法，认为奥古斯都发展的是庞培的元首制，而恺撒创立的毋宁说是沿至君士坦丁时代才真正出现的东方型君主制。屋大维是共和国的恢复者，所谓元首——第一公民就是共和国的保卫者。

格尔策 (M. Gelzer) 专题研究罗马派别斗争。他的专著《罗马共和国的豪门贵族》(1921 年) 针对蒙森把共和早期贵族与平民斗争归结为贵族党与民主党的斗争一说提出不同意见，认为罗马史上从未有过如此明确的政治原则分歧，实际上贵族氏族及其领袖指导着政治生活，"平民派"一词并不意味政治纲领，而只是个别新贵族领袖的策略。类似于格尔策的专著还有蒙策尔 (F. Munzer) 的《罗马贵族党与罗马贵族家庭》(1920 年)。作者相当看重贵族各代表人物的氏族、家庭及个人关系，认为他们在政治生活的作用较人们想象的要大得多。罗马政治首先是由争夺影响和权力的贵族的斗争所决定的。

在断代史方面，伯洛克完成《希腊史》之后，还撰写了一部《布匿战争以前的罗马史》（1926 年）。斯坦因（E. Stein）则写了一部《晚期罗马帝国史》，卷一问世于1928 年，编年范围在 284—476 年。卷二出版在 1949 年，论及国家制度的演化。

德国法西斯夺取政权后，曾经一度领先的罗马上古史研究走向衰落，学术圣坛被压倒一切的政治所污染，一些 20 世纪三、四十年代出版的罗马史著失去了主体意识，浸透着民族主义和纳粹精神。当然也能间或遇到少数仍然或多或少地保持了德国史学优良传统的作品。其中较好的有海切尔海姆（F. M. Heichelheim）的《古代经济史》和克罗尔（W. Kroll）的《西塞罗时代的文化》等。

第二次世界大战后，德国一分为二，史学也明显分成两大阵营。就联邦德国而言，虽然史学传统得到恢复，某些课题的研究具有新意，但十多年的浩劫已经使其失去了在罗马上古史研究领域过去的领先地位。

1948 年出版的柯尔内曼（E. Cornemann）的遗作《从马其顿王腓力二世到穆罕默德时代地中海地区通史》是将罗马史放入地区性联系中加以考察的一部地区史，作者视地中海区域古代史作为文化历史统一体的欧洲形成的最初界定，至古代末期即罗马帝国，"欧洲"扩大到多瑙河流域。以后"欧洲"才逐渐将最北部包容进来。古代欧洲文明的体现者不是欧洲大陆的全体居民，而是诸如希腊人、伊朗人、罗马人和日耳曼人这些主要印欧民族，他们的"创造精神"决定历史的发展。这种观点显然是不够准确的，它明显地带有印欧民族优越论这一色彩。

伏格特（J. Vogt）是战后联邦德国世界古代史学界最有影响力的人物之一。早在1932 年，他就出版过《罗马史》一书，虽然此书只写了共和国，但它确实为他以后的发展打下了基础。从 20 世纪 50 年代开始，伏格特带领图林根大学和美因兹科学院的一些学者开始对世界古代史上的奴隶制问题进行系统研究。他带头写了一些论文，主要是关于古代奴隶制与晚期罗马帝国的。同时，也发表了一部概论性的著作《古代奴隶制与人类的理想》，在这一著作中，他回顾了 19 世纪初叶以来史学界对奴隶制的研究状况，探讨了古代奴隶制的结构、奴隶起义、主奴关系、奴隶的地位等一系列问题，承认希腊人把奴隶看做是自由公民体制存在的先决条件，但他又不恰当地夸大了古代奴隶主人道和奴隶对主人忠诚的一面，以致让人看不出二者之间的矛盾和对立。从历史观上说，伏格特的著作带有明显的倾向性，其目的就是向苏联等国的古史学者挑战。在伏格特的紧密组织下，其他联邦德国学者在古代西方奴隶制的研究方面也取得了突出的成绩。到 70 年代中叶，伏格特主持的古代奴隶制研究丛书已达相当规模，陆续出版 15 部以上的专著，收集汇总的《古典奴隶制书籍目录》共发了 1 700 多期。其中不乏许多学术上过硬的作品。例如，钱特雷恩（H. Chantrain）的《罗马皇帝麾下的被释奴隶》（1967 年），材料丰富，尤其在题铭材料的运用上颇具特色。还有基希勒（F. Kiechle）的《罗马帝国中的奴隶劳动与技术进步》（1969 年），批驳苏联史家关于奴隶制为技术进步的阻碍的观点，认为在晚期共和时期和帝国头两个世纪罗马手工业进步明显，具有相当的说服力。

当然，20 世纪西方在罗马上古史研究中进步最为明显的是英、美学者。平稳的政治环境、雄厚的物质基础以及不愿在人文科学方面落后于他人的追求促使两国的古典学研究跃居世界前列。尤为值得指出的是两国学者至今的密切合作，经常交换学者、成果，共同开发研究某些课题，体现出学术无国界的开放精神。

20 世纪前 40 年英国学者的研究成果集中于 12 卷本《剑桥古代史》的后五卷中，主编为罗马上古史专家库克（S. A. Cook）等人。卷八写早期史，兼及地中海地区史。卷九为共和末期的历史，自公元前 133 年到公元前 44 年。卷十是奥古斯都帝国史，终于 70 年，卷十一涉及 70—192 年帝国繁荣期的历史。卷十二则写帝国危机与复苏，止于 324 年。这样就构成了一部几乎完整的古罗马通史。由于书中引用材料翔实，史实复原小心谨慎，具博大精深的特点，问世以来，很有权威性。但它长于实证却短于理论概括，带有将古代历史现代化的弱点。从 80 年代以来，此书又作了新的修改，新版《剑桥古代史》增加了许多新的材料，纠正了一些旧的过时的观点，汇集了近些年来罗马史研究方面所取得的众多成绩，是我们研究罗马史的重要教科书。

英美学者在古典学研究中十分注意社会经济史问题，这点与马克思主义史学很为接近，当然二者的出发点和方法存在着差异。美国史家弗兰克（T. Frank，1876—1939年）的《古罗马经济史》（1920 年）和 5 卷本《古代罗马经济研究》（1933 年）是这方面的代表作。他同样热衷于时髦的纵向比较方法，把罗马被保护民与中世纪英国贵族采邑上的农民相比拟，把迦图的奴隶制经济与现代资本主义企业混为一谈。这种方法虽能揭示不同历史事物的共性联系，予人以新的启示，却不利于发现属于不同时间、地点内的事物间的特殊性，从而极易简化历史。因此，弗兰克的著作在史料学上的意义胜过在解释学上的意义。

在罗马社会经济史研究中具有很重分量的专著是罗斯托夫采夫①的《罗马帝国社会经济史》（1926 年）。该书在材料运用上颇具特色，不仅引用大量的文献资料，而且广泛利用了形形色色的考古材料。但在解释罗马社会经济的发展与衰落过程方面，他也犯了把古史现代化的时代病，即用现代概念、术语、社会经济结构去比照套用古代，虽然其中不乏合理成分。他的专著从内政写起，但编年范围基本限定在 1—3 世纪。在他看来，朱理亚·克劳狄王朝的社会基础是意大利城市资产阶级，帝国创造统一市场。后来元首们的基础扩大到行省资产阶级，帝国经济的繁荣与城市中产阶级的发展紧密连在一起。然而后来帝国统治者因需要金钱，大肆掠夺城市富有的资产者，由无产阶级和农民组成的军队也协同皇帝摧残资产者，从而导致这个阶级的衰落，帝国繁荣的消失，开明君主制为东方专制政体所代替，于是古代西方文明的没落便不可避免。作

---

① 罗斯托夫采夫 1870 年出生于俄国的基辅，1917 年任圣彼得堡大学教授，1920 年移居美国，先后担任威斯康星大学和耶鲁大学教授，1952 年死于美国。

为一位目睹激烈的现代无产阶级革命的史学家，罗斯托夫采夫不时表露出对群众运动的恐惧、怀疑，提出文明衰落的原因在于有教养阶级逐渐被群众吸收而造成整个政治、经济、社会、文化的简单化。他甚至在专著的结尾还表述了个人的忧虑："是否每一种文明一旦渗入群众中去的时候就注定了它要立刻开始趋于衰落呢?"

进入 20 世纪 70 年代，出现应用计量方法研究罗马经济的著作，即杜坎—琼斯（R. Ducan-Jones）的《罗马帝国的经济》（1974 年）一书。作者试图以古代为数很少的数字材料来解决争议许久的复杂问题，认为罗马经济水准低下，若在现代只属于"发展中国家"。但在材料上该书并无新的突破，方法上也远未成熟。与之相比，伯福德（D. A. Burford）的《希腊与罗马社会中的手工业者》（1972 年）似乎史学价值更大一些。他的选题本身是新颖的，有些结论也别具一格。如他认为古代与近代的区别在于古人缺乏依赖改变生产方式来增加利润的愿望。罗马奴隶制发展的原因之一是公民身份的技工不足。他反对某些人关于奴隶众多致使技术发展停滞的说法，并举出 18 世纪至 19 世纪初西方劳动力丰富却并未阻碍技术进步的论据来驳斥上述论点。他解释古人不愿改进生产方法的缘由是社会观念，即古希腊、罗马社会固有的保守主义和传统主义。

专题研究罗马经济某个部门的著作可以举出怀特（K. D. White）的《罗马世界的农具》（1967 年）、《罗马农业》（1970 年）和《古典时代的乡村生活》（1977 年）。前两部作品带有罗马农业百科全书的特点，详述农业活动的各个细节。作者认为罗马农业技术相当发达，适应整个经济体系的各种条件。后一部则是关于希腊、更多的是关于罗马乡村生活的材料汇编，附有作者的评论。怀特认为应该留意绝大多数居民所在的乡村生活。

古罗马的奴隶制问题一直受到部分英美史家注意。已经提到的威斯特曼的《古希腊罗马的奴隶制》一书便是这方面的典型之作。作者收集了可资利用的各种史料，对奴隶制在罗马世界的诸种表现进行了研究。他承认罗马部分地区在共和末期奴隶制得到很大发展，数量激增，但认为这是例外而非常态。在公元前 2 世纪以前，手工业不发达地区广泛流行的是荷马时代那种温和的奴隶制形式。而且即便奴隶制一度繁荣，也并未对社会、政治、文化有多少影响。奴隶的地位很易改变，至帝国时代，其作用已趋于零。技术的进步并未受到奴隶制的阻碍，西罗马帝国的灭亡与奴隶制无关。

韦弗（P. R. C. Weaver）所著《恺撒们的家奴》（1972 年）则深入考察帝国皇室奴隶与被释奴隶的命运，指出一些奴隶与被释奴隶在法律与现实生活的地位的区别，有些皇帝的奴才甚至在国家机关中占据相当高位。贝克兰（W. W. Buckland）的《罗马奴隶制度法》一书虽然出版较早（1908 年），但其研究之精深、分类之细、材料之多、举例之具体，后人一直未能超越，实在令人叹服。20 世纪 80 年代以后，布拉德雷（K. R. Bradley）在罗马奴隶制研究方面取得了较大的成就，他的两部专著《罗马世界的奴隶制和奴隶暴动》（1989 年）、《奴隶制和罗马社会》（1994 年）就是这些成就的具体体现。

第二次世界大战以来，运用社会学的方法来研究罗马奴隶制的文章和著作越来越多，而霍普金斯（Hopkins）撰写的《征服者与奴隶》（1978 年）则是这些年来写得较为成功的一部。本书共分 5 章。第一章论证了罗马对外扩张对意大利经济和政治带来的影响；第二章作者通过奴隶与自由人在法律上的区别以及奴隶在获取自由后的服役状况论证了罗马奴隶制的发展；第三章，以特尔斐被释奴隶为例，来论证奴隶获得自由权的途径和方法；第四章，作者分析了后期罗马帝国时期宫廷奴隶和被释奴隶的权力和作用；第五章，作者论述了皇帝与帝国的统一性，认为皇帝崇拜在维系帝国的统一中起了相当重要的作用。本书的最大特点是在历史研究中运用了社会学、人口学和计量学等方法，从而弥补了单纯历史学研究的不足。作者提出的观点和结论具有较强的启发作用。

谈及 20 世纪英美学者对罗马政治史的研究，首先应提到赛姆（R. Syme）的专著《罗马革命》（1939 年）。该书基本观点某种程度上与罗斯托夫采夫近似，即把共和制向帝制过渡及其伴随的内战看做是一场革命，由武装的无产者构成的罗马新军则为革命的动力。罗马政治斗争并非政党和政纲之争，而是贵族家族及其追随者之间的角逐。在赛姆看来，恺撒只是机会主义者而非革命家，屋大维才是革命领袖。尽管赛姆的革命概念是相当含混的，但他关于政治过渡的看法却在西方史学中产生较大影响。

根据钱币线索探究罗马政治发展史的尝试者是格兰特（M. Grant）。他的专著 *From Imperium to Auctoritas*[①] （1946 年）考察了公元前 46 年至 14 年罗马权力的演变过程，所引材料主要是钱币材料，很有特色。进入 20 世纪 70 年代以后，英美学术界又有两部重要著作问世，它们分别是克劳福德（M. H. Crawford）的《罗马共和时期的铸币》（1974 年）、《罗马共和制下铸币和货币制度》（1994 年）。这两部著作的主要特点是：作者对罗马境内的钱币作了较为深入、全面和系统的考察。因为作者都是罗马史研究专家，所以常常能从政治和经济的角度来研究钱币，发前人所未发，给人以耳目一新的感觉。

运用阶级分析方法研究罗马政治史的著作并不少见。怀斯曼（T. P. Wiseman）写的《公元前 139 年至公元 14 年罗马元老院中的新人》（1971 年）在其中较为突出。书中强调：从社会结构角度看，共和末期罗马已形成包括意大利城市上层在内的统一的统治阶级，但从政治角度上看，这个阶级还分为罗马贵族和意大利贵族两个集团。采用阶级分析法的作品还有布里斯柯（J. Briscow）的《罗马与希腊国家中的阶级斗争》（1974 年）和格伦（E. Gruen）的《第三次马其顿战争期间的阶级冲突》（1976 年）。两书均认为罗马的对外政策以自身利益为本，从未无私地支持希腊统治阶层。

为罗马对外扩展辩护的著作虽为数不多，但也不时可遇到，如埃林顿

---

① imperium 是一种荣誉性的最高权力，auctoritas 则是一种实质性的创制权和决策权，难以译出准确意思。

（R. M. Erington）著《罗马的诞生，罗马上升为世界强国》（1973 年）就指出罗马在扩展的每个阶段上都主要出于对自身安全的考虑。

对西罗马帝国灭亡原因的探索一直是史学家们感兴趣的课题，近 30 年来这一兴趣有增无减。英国史家琼斯（A. H. M. Jones）的 2 卷本《晚期罗马帝国》（1964 年）认为灭亡是多种因素综合作用的结果。如经济和社会变革、行政机器的缺陷、习俗道德的衰败、外敌入侵的打击，等等。其学生阿伦海姆（M. Arenheim）在自己的专著《晚期罗马帝国的元老贵族》（1972 年）中用东西罗马帝国作为比较来说明帝国崩溃的原因。他认为东西罗马帝国的不同之处在于西部贵族拥有大地产和政权，尤其在自己地产分布的地区这种权力更明显。因而西部皇权较弱，封建化倾向强烈，从而最终导致帝国灭亡。

英美史家对行省的研究一直未断，尤其英国史家始终保持着对罗马不列颠的浓厚兴趣。20 世纪 50 年代以前，较为著名的专著有布鲁敦（T. Broughton）的《总督辖下阿非利加的罗马化》（1929 年），琼斯的《罗马东部行省的城市》（1938 年），苏特兰德（C. Sutherland）的《西班牙的罗马人》（1939 年），史蒂文森（G. Stevenson）的《安敦尼王朝时期罗马行省的行政机构》（1939 年），霍克斯（J. Hawkes）的《史前不列颠》（1948 年）等。50 年代以后，这些研究进一步深化，课题越发多样化，方法也更加完善。如里维特（A. Rivet）著《罗马不列颠的城市与乡村》（1958 年），托马斯（S. Thomas）著《罗马不列颠》（1965 年），萨尔维（P. Salway）撰《罗马不列颠的边境人民》，都详细考察了克尔特人部落的生活。杜德雷（D. K. Dudley）与韦伯斯特（G. Webster）合著的《罗马对不列颠的侵略》（1965 年）论及罗马部队状况和对不列颠侵入的过程。波特（T. W. Poter）的《罗马不列颠》（1997 年）以及马尔恩（J. C. Marn）的《不列颠与罗马帝国》（1996 年）则从不列颠与罗马之间的关系入手，探讨了不列颠在整个罗马帝国中所处的地位和作用。安东尼·金（Anthony King）的《罗马的高卢和日耳曼》（1990 年）一书又根据高卢和日耳曼行省的共性和特殊性，研究了这两个行省的罗马化过程。

适合广大读者需要的传记体裁史作与古罗马各种文学作品的介绍、注释以及对各学科作家的评述等著作在英美两国出版量非常大。专述罗马的 5 卷本《剑桥古典文学史》（1982 年）是其中一套优秀作品。对于研究罗马上古史的人来说，这套书是深入结识罗马史家及其他各方面作家作品的途径之一。

20 世纪的法国史学界在罗马上古史研究方面未居人后，在各个研究方向上能紧跟史学发展大势，在某些方向上，如高卢地区史保持着自己的优势。

格罗茨主编的巨著《通史》第 3 部共计 4 卷 8 册，集中 20 世纪上半叶法国学者在罗马考古、碑铭、纸草学及历史考据、解释方面的成果，是反映当时法国古典学研究水平的代表作。

与格罗茨《通史》同时的许多综合性史著也均把罗马上古史作为重要组成部分。

如哈尔芬特（L. Halfent）等主编的 5 卷本《民族和文明通史》，已经介绍过的图坦的《古代经济》这类大作便是例证。图坦把古代地中海地区看做是经过不同发展阶段的一定的统一整体，意大利和埃特鲁里亚人经济极盛，原孤立发展的东西地中海地区经济融为一体。蛮族入侵破坏了罗马经济，摧毁自由企业体系，最后导致了经济与社会瓦解。

年鉴派重要成员之一皮加尼奥尔（A. Piganiol）曾专注于罗马史，发表过不少论文，并在 1939 年出版《罗马史》一书。在他的著述中，论及罗马起源及罗马由城邦国再到帝国的发展。他认为罗马的衰落与 3 世纪末形成的官僚君主制、个人主动性被压制和宗教革命直接有关。他的思想打有年鉴派自由主义的烙印。

20 世纪前期法国的另一位优秀罗马上古史研究者是霍摩（L. Homo）。他重点研究早期罗马帝国，极为多产。1925 年他的《罗马帝国》一书出版。之后参加格罗茨的《通史》写作，完成《早期罗马帝国》卷。接着便是《罗马政治制度，从城市到国家》、《罗马文明》（1930 年）、《奥古斯都》（1935 年）、《罗马帝国的黄金时代》（1947 年）、《从多神教罗马到基督教罗马》（1950 年）、《帝制罗马与古代的城市化》（1951 年）等一系列著作问世。他的作品带有叙述史特点，可读性强，材料相当丰富，论说却很贫弱，体现了一种修史风格。

法国史学习惯于在一个宽泛的"文明"术语下探讨古罗马生活的各个侧面，总结古罗马人的物质和精神文化成就。霍摩在 50 年代前是这方面的一位出色代表，格利马尔（P. Grimal）则为 50 年代以来的突出人物。他的专著《论西塞罗时代》（1953 年）、《布匿战争时期的罗马与希腊化》（1953 年）、《罗马文明》（1960 年）、《罗马城市》（1961 年）、《奥古斯都时代》（1961 年）、《恺撒之前的罗马》（1967 年）等强调在文明发展中政治因素或精神因素的意义，与法国古典学中存在的社会经济关系在历史过程中起主导作用的观点相对立。格列涅尔（A. Grenier）的 4 卷本《罗马与高卢考古学教程》（1958—1960 年）讲述城市建筑等物质文化成就的系统知识。杜迈基尔（G. Dumezil）的《古朴的罗马宗教》（1966 年）、厄尔贡（G. Heurgon）的《布匿战争前的罗马与地中海两地区》等著作从意大利以及地中海地区大背景考察了罗马文明的起源。近些年来，活跃于法国罗马史学界的重要人物之一是尼克莱（C. Nicolet），他曾因出版《罗马共和时代的公民世界》（1980 年）而享誉罗马史学界。此书出版不久，便被译成英、意等多国文字。1988 年，他又完成了另一力作，《古典罗马的经济和社会》，赢得了史学界的广泛赞誉。

意大利是古罗马的发祥地，意大利史家当然的对祖先的历史抱有特殊的兴趣和感情，其研究带有其他国家史家所不具备的浓烈乡土气息，并在法西斯统治时发展到极端，异化为令人讨厌的一味美化罗马古典的宣传。但这并不等于说 20 世纪上半叶意大利史学在罗马上古史编撰方面无所贡献。相反，意大利产生了一些在西方古典学界很有影响的大家和成果。例如，在第一次世界大战之前菲列罗（G. Ferrero，1871—1942

年）便以其 5 卷本著作《罗马的兴衰》而饮誉国内外。在书中作者对古罗马史有明晰的历史哲学观点，从社会经济角度考察罗马史的演变，并赋予演变一种命定的性质。在他看来，历史是一个自发的过程，各种事件处于相互联系之中，它们的发展不以置身于这些事件中的历史人物的意志为转移。渺小的事件可能引起巨大的变革，而事件的参加者却无力改变它的进程。罗马早期是个纯粹农民社会，民风淳朴。公元前 3 世纪打出意大利境外，"商业精神"和"投机"活动侵入罗马。公元前 2 世纪"资产阶级"从中产阶级中脱颖而出。这一过程伴随农民的破产、奴隶制的发展、占据国家统治职务的旧贵族的经济恶化，导致"真正的罗马帝国主义"的出现。格拉古兄弟改革企图实现"农业共产主义"理想，结果是富豪寡头政治的加强。萨图尔尼努斯和格拉提乌斯事件是"古代无产阶级大起义"。恺撒只是天才的冒险家和荣誉追逐者，奥古斯都则是共和制的真正恢复者。遗憾的是他的著作结束于奥古斯都之死，对于帝国以后的历史没有涉及。

即便在法西斯夺取政权以后，意大利在罗马上古史的材料积累、梳理方面仍然有明显进步。为了利用史学，为宣传民族主义和法西斯运动提供历史依据，墨索里尼政府在掌权后鼓励对意大利史的研究。意大利各地成立了从事地方古代史研究的组织，进行考古发掘，发表考古成果，召开学术会议，建立各种研究所和博物馆，促使大批罗马史著作问世。在这类书中，除了那些刻意涂饰性的人为解释文字之外，能够发现许多有价值的东西。比如法西斯主义拥护者、历史学家杜卡提（P. Ducati，1880—1944年）的《古代埃特鲁里亚》（1925 年）、《意大利史》（1936 年）、《罗马的起源》（1939年）等著作就提供了不少考古新材料，某些观点也较合理。他认为罗马城是从各部落的定居点逐渐发展而来，经过了石器时代到王政时代这一漫长的时间。他承认埃特鲁里亚侵略者在罗马国家形成中作出的重要贡献。

在这一时期还有一批反法西斯的罗马史研究专家，其中最著名的有古阿塔诺·德·桑克提斯（Guatano de Sanctis）和莫米格利亚诺（A. Momigliano）。前者的主要著作有 4 卷本《罗马史》。在这部著作中，他广泛搜集了各种史料，不仅叙述罗马的历史，而且还对罗马的对手迦太基作了深刻的分析；除了对政治史有深入研究外，此书还对罗马的经济和文化作了全面的探讨。他希望《罗马史》成为一部包罗万象的大型百科全书。当然，这是不现实的。后者是德·桑克提斯的学生。他在 20 世纪 30 年代主要写了《克劳狄》和《马其顿腓力》两部著作。这两部书虽然篇幅不大，但功力扎实、史料丰富、见解独到，受到史学界的高度赞赏。此后，他又有一些罗马史和史学史方面的著作问世，在史学界有很大的影响。

第二次世界大战后，意大利史家摆脱了法西斯影响，转入健康发展的轨道，在古罗马史的各研究方向上均取得了成绩。意大利史家通力编写的 30 卷本《意大利史》中，古代史占有 19 卷，面面俱到。1952—1961 年出版了 6 卷本《罗马及罗马世界史》。1968 年以来陆续出版 8 卷本《意大利史》，其中头两卷是罗马古代史，从原始时代写起，帝国部分得到详细介绍。

专史研究可以列举卢扎托（G. Luzzato）的《意大利经济史》（1949年），包含古意大利各地农、工、商的众多史料。对于生产组织、技术、奴隶制、土地立法等经济史课题，近几十年来意大利许多史家也进行了多方面研究，提出了不少有益的看法，其中包括马克思主义的看法。

由于腓尼基人在西西里、撒丁尼亚的殖民点被相继发现，意大利史家开始追寻埃特鲁里亚人和腓尼基人联盟反对希腊殖民者的痕迹。关于埃特鲁里亚人的起源，意大利史家与传统说法一样，有由东方外来说与欧洲土生说。如现代意大利埃特鲁里亚学专家帕洛提诺（M. Pallotino）认为在同一些城市和墓地中存在着微兰诺瓦原始文化成分与发达的埃特鲁里亚文化遗迹，说明二者之间的必然联系，有利于欧洲起源说。埃特鲁里亚人在北意大利及坎帕尼亚的殖民史也随着考古新发现被意大利史家提了出来。总之，埃特鲁里亚学的任何一点进步，都同考古发掘工作的进展密切相关。

在社会政治史方面，马丁·德·奥利维拉（Martins de Olivera）的4卷本《罗马宪政史》（1958—1962年）较有新意。作者力求揭示罗马国家制度的社会基础，认为氏族是家族的政治统一体，氏族的解体促使被保护民的出现；被保护民成分则为外邦商人与手工业者，在平民与贵族的斗争中，它们站在贵族一边。

十月革命前的俄国在古罗马史研究方面已有一个良好基础：教学科研队伍已经形成，成员分散于诸如彼得堡大学、莫斯科大学、喀山大学等学校之中。有关学者能够运用题铭、纸草、钱币等新材料从事著述。一些欧洲史学界热门的课题也能在俄国学者中引起反响，提出自己的答案。学者们同欧洲学术界，主要是德国大学保持着经常性的学术联系，翻译或独立完成了不少罗马上古史的著作。但总的看来，俄国的罗马上古史研究与欧洲相比还有一定的距离。

十月革命以后，苏联古罗马史研究的发展脉络与古希腊史是一致的。前17年（1917—1934年）是马克思主义史学的确立时期。苏联史家付出很大精力去整理、理解马克思主义的历史观，将五种社会经济形态理论和阶级斗争学说应用于历史实际，同形形色色的非无产阶级史学观点决裂。这一过程到20世纪30年代中期结束。

随着联共（布）中央对历史教育的高度重视，20世纪30年代后期开始至50年代，苏联古罗马史研究者着手编写适合自己世界观需要的新教材，产生了一批凝结着苏联史家研究成果的罗马史教科书，较有影响的如塞尔格叶夫的《古罗马史纲》（1938年）、科瓦略夫的《古典世界奴隶制史》（1937年，卷二为希腊化与罗马奴隶制史）、《罗马史》（1948年），马什金的《古罗马史》（1947年）等。这些教科书及与此相关的同期论文的一个重要特点是历史观的明确性和方法论上的划一性。所有作者从社会经济形态的新角度考察罗马上古历史，赋予罗马社会形态以奴隶制属性，并在此基础上探讨罗马生活的各个方面，特别注重研究奴隶与奴隶主阶级的斗争，因为这是推动历史前进的基本动力。如同我们在前面所谈到的，早期苏联史家在把马克思主义普遍原理应用于具体历史实践时还不可避免地带有幼稚弱点，往往把活生生的历史模式化、概念化、现代化。表现在古罗马史领域的最典型例子便是过分夸大奴隶与奴隶主阶级斗争的作用，把其他社会矛盾均看做是从属矛盾，因而整个罗马共和国向帝国过渡、帝国的危机和灭亡便主要与两大对抗阶级的矛盾当然地、逻辑地紧密联系在一起。科瓦略夫和米舒林根据斯大林关于奴隶革命的评价，提出革命运动两阶段说，即共和制危机与帝制确立时期是奴隶革命第一阶段，3世纪危机到5世纪帝国崩溃为第二阶段。在长期革命运动中，奴隶是领导阶级，农民及其他劳动者是革命同盟军。由于古罗马留下了世界古代史上关于奴隶起义的最为可靠和众多的史料，所以这些看法很有吸引力，除了局部作了某些修正（如帝国末叶的奴隶革命改为奴隶、隶农和被压迫居民的社会大革命）外，一直流行到50年代。这样，苏联史家在正确批判西方史学的传统英雄史观以及漠视劳动群众历史作用的做法的同时，又矫枉过正，把历史颠倒到了另一个极端。

20世纪30—50年代的苏联史家始终不是孤立地研究阶级斗争问题，他们努力将这一斗争置于一定的经济基础之上，非常重视对奴隶制进行经济学分析，后来这成为苏联史学在罗马上古史领域的特色之一。在他们看来，罗马作为发达的奴隶占有制社会，其基本生产细胞是奴隶制大地产，基本生产者是广大奴隶。奴隶主对奴隶进行骇人听闻的剥削，力求在最少的时间榨取最多的产品。在残酷的生活与劳动条件下，奴隶很快死亡。但胜利的战争和掠夺来的廉价战俘很快对此加以补充，战争成为奴隶制经济再生产的最主要源泉。当胜利的掠奴战争减少或停止时，奴隶来源枯竭，奴隶价格昂贵，隶农制发展，家生奴隶流行，奴隶制出现危机。

在关于奴隶劳动的经济估价上，苏联史家持否定态度，认为劳动者被强迫劳动，缺乏积极性，阻塞了技术进步的通道。对奴隶非人的剥削压迫，最终导致阶级矛盾尖锐化，造成奴隶制社会的毁灭。

这一时期苏联史家的马克思主义专史研究的范围还很有限，但也出现少量颇具功力的著作，如马什金的《奥古斯都的元首制》（1949年）、古德略夫采夫的《公元前2世纪巴尔干半岛的诸希腊行省》（1954年）。

史学具有鲜明的时代性，在这个意义上任何历史都是当代史。苏联史学明显地体现了这一点。苏共"20大"结束了斯大林时代。之后，苏联史学发展进入了一个新阶段，开始放弃过去那种主要从本本出发的研究方法，注意具体史料与马列主义基本观点的和谐联合，使奴隶制社会经济形态的整个力量体系日趋成熟完善。罗马上古史研究因此也随之获得新的进步。

由于西方史家自20世纪50年代以来对古典奴隶制问题的兴趣日增以及否定奴隶制社会形态的呼声日高，也由于赫鲁晓夫变革所引起的某种程度的思想解放，60—70年代苏联古典史学界深刻反思以往对奴隶制的宏观、微观认识，从史实与理论上对西方同仁的挑战进行了回答。就罗马上古史而言，此间陆续发表了列入前已述及的"古典世界奴隶制史研究丛书"中的一系列专著，如叶利尼茨基的《公元前 8—3 世纪罗马奴隶制的发生和发展》（1964 年）、《早期罗马帝国（意大利）的奴隶制》（1971 年）等著作，以及库基辛的《罗马奴隶制地产》（1973 年）和《意大利奴隶占有制大地产的起源》（1976 年），施塔耶尔曼的《古代罗马，经济发展问题》（1978 年）等专著与众多相关论文。乌特琴柯、施塔耶尔曼两人的《关于奴隶制史的若干问题》（1960 年）一文则是这次奴隶制史再认识活动的先导。

和以往国外史家及苏联史家在这个问题上的做法不同，当代苏联史家考察的范围不限于一时一地，而是几乎覆盖整个古希腊、罗马史，包括行省的奴隶制考察对象，涉及奴隶制的各个细部。为此，他们收集了迄今所能见到的全部史料，讨论了诸如"奴隶制"概念本身，奴隶制生产方式的表现形式、演化过程、历史作用、商品生产和超经济的强制在奴隶制生产关系形成中的功用，社会阶级结构特点，阶级斗争的不同形式、意义等一系列重大理论与现实问题。总的结论仍然与 20 世纪 30—40 年代相同，即西方古代文明是建筑在奴隶制生产方式基础之上。该方式发端于氏族制末期，呈上升趋势，在第二次布匿战争之后与早期帝国达到极盛，广泛流行于地中海区域，决定着社会面貌。苏联史家认为，罗马发达的奴隶制是一种复杂的社会经济体系，它以诸种超经济的强制和具有一定简单商品生产水平的经济依附关系的结合为前提。仅发达的罗马农业中，奴隶制地产就包括多种类型，如与市场关系密切的兼有商品生产与自然经济双重性质的庄园经济，带有粗放性质的中等规模地产，自给自足的奴隶制大地产，等等。并且，为数众多的小农经济始终没有被排挤干净。苏联史家的研究表明，对奴隶劳动的效率必须具体分析，一些奴隶劳动与生产组织是高效的。奴隶制社会的阶级结构常常以阶级和等级两种既互异又重叠的关系表现出来。比如奴隶就不再是铁板一块，它是包含着不同阶级的等级。等级与阶级利益的种种差异导致奴隶不同的地位和在阶级、等级中的态度，农业奴隶是受压迫最深的生产者集团。古罗马不存在奴隶革命，奴隶阶级斗争的形式多样，作用不同，这些斗争也包括宗教斗争在内。奴隶的来源多向，战俘奴隶并非决定一切的因素等。这样，苏联史家就使自己对奴隶占有制社会的认识有了更大的合理性。

在关注奴隶制问题的同时，苏联史家也对罗马上古史的其他课题进行了卓有成效的研究。如扎列斯基、哈尔谢金等人的专著在埃特鲁里亚学方面填补了苏联史学的不足。涅米诺夫斯基、涅卡、马雅克的专著则着眼于早期罗马与意大利史。其中涅米诺夫斯基的《早期罗马与意大利史》（1962 年）详细归纳了国外史学在这一课题上的成果，用马克思主义的立场、观点、方法对罗马及意大利氏族社会瓦解至早期国家产生的过程予以自己的解释。他的《早期罗马的意识形态与文化》（1964 年）一书在苏联史学很少涉猎的罗马思想文化史领域作了较多的探讨。

在晚期共和国史的研究方面，乌特琴柯成就突出。他的《罗马共和国的危机与倾覆》（1965 年）一书讨论罗马史的热门题目——从共和国向帝国过渡问题。他把这一过渡看做是由一种社会经济和政治文化系统向另一种系统质变的一场革命。他为晚期共和时期的两位著名人物西塞罗和恺撒所写的评传（分别出版于1972年和1975年）除了真实再现两人生平活动之外，还探讨了一系列政治史问题，如贵族派、平民派问题，帝制的真正奠基人问题，等等。他特别注意到统治阶级不同派别间政治斗争的作用。

苏联史家在帝国史研究方面，对行省地方史兴趣较大，成书较多。鲍克萨宁的两卷本著作《安息与罗马》（1960—1966年），基里金斯基的《4—5世纪的北非》（1961年）、柯鲁鲍茨娃的《1—3世纪小亚社会政治史纲》（1962年）、《公元前3世纪至公元3世纪小亚独立的农村公社》（1977年）等是这方面的代表作。选题新颖的民俗史兼及社会经济史的专著是谢尔格寅柯的《古罗马的生活》（1964年）、《古意大利的普通人》（1964年）、《古罗马的手工业者》（1968年）、《意大利的农人兼学者》（1970年）等书，它们再现了古罗马的社会景象，集中了许多有益的史料。

在西罗马帝国灭亡的老课题上，苏联史家结合奴隶制的讨论形成了两种意见。一种认为帝国封建化已走得很远，这种生产方式的更换最终由关心这种更换的各阶级与入侵的蛮族一道自发的交互作用得以完成。再一种则认为新的封建生产方式根本没有形成，不构成奴隶制社会灭亡的原因。总之，理论与史料结合上没有重大突破。

19世纪以来，考古学对罗马史研究的影响越来越大。无论是空中考古，还是地下考古，或者水下考古都大大地拓宽了罗马史研究的新领域，加深了人们对罗马社会、政治、经济、风俗、文化等方面的了解，促进了罗马史研究的深入发展。

罗马考古的主力始终是占有天时、地利、国势的意大利自身的考古人员。他们在近两百年里，除了继续工程庞大、旷日持久的庞培古城的发掘外，在19世纪还发现了埃特鲁里亚城市马尔扎波托，为意大利人的起源提供了新的线索。19世纪末叶始，由波尼（Boni，1859—1925年）领导的考古队对罗马广场进行挖掘，首次找到远古时期的居民定居点和墓葬，揭开罗马城市发生史新的一页。与此同时，南意大利和西西里的考古调查、发掘也陆续展开。一批批新材料得以面世。到了20世纪，意大利考古人员的足迹遍及亚平宁半岛，引人注目的成果包括一系列新的埃特鲁里亚城市、拉提乌姆城市、罗马地区新的居民点等的发掘。

其他国家的考古工作者主要是在20世纪加入到意大利境内考古活动的。英国、美国在20世纪初分别在罗马设立"考古学院"，以此为中心展开田野发掘与后期整理研究。在原罗马帝国的各个行省，近现代各国利用地理和政治条件之便，对埃及、迦太基、高卢、西班牙、不列颠、小亚等地进行认真发掘，出土大批古文物，充实了罗马上古史史料的库存。尤其是不列颠罗马学院考古队不但参与意大利等地的考古工作，而且还创办了专业杂志《不列颠罗马学院年刊》，并将其最新成果及时向世人通报，大大地促进罗马史的研究进程。

纵观20世纪以来，特别是最近30年来世界各主要国家罗马史研究的成就，我们就能发现，与19世纪相比，罗马史研究确实有了很大的发展。这些发展主要表现在：

首先，人们日益重视考古学的重要成果，并使之与历史学的研究紧密联系起来，从而纠正了古典文献中的一些错误，使罗马史研究更具科学性。第二，研究的范围越来越广，内容越来越丰富，研究越来越深入。第三，各国罗马史研究者之间的接触和交流越来越频繁，合作研究越来越为人所重视。第四，研究的视野越来越开阔，除了政治史和经济史外，还出现了社会史、文化史和宗教史等，从而拓宽了罗马史的研究领域。

第三节　中国古代罗马史的教学和研究概况

我国学者对罗马史的接触还是比较早的，大约在明末清初，一些学者像徐光启等就已经接触到罗马史的一些内容。到 20 世纪初期，有了更多的罗马史著（译）作在中国出现。清光绪二十九年（1903 年）作新社译《世界上古史》中的第 3 卷（实为第 3 节）为罗马史内容，从王政时期叙述到公元 375 年，是我国最早的较完整的罗马上古简史。同年由林纾、魏易译《汉尼拔布匿第二次战纪》也出版发行。1929 年张乃燕著《罗马史》问世，篇幅不大，系我国学人编写的第一部古罗马史。以后有王文彝译撰的《罗马兴亡史》（1934 年）等类似编著零星发表。尤其值得一提的是，曾留学瑞士的阎宗临博士还发表过学术水平较高的史学研究专文——《李维史学研究》，此文刊登在1946 年 9 月出版的《国立桂林师范学院丛刊》的创刊号上。李维是著名的古代罗马史学家，对李维的写作思想、动机和目的进行系统的研究，在中国这还是第一次。阎宗临在这篇论文中虽然批评了李维《罗马史》一书的写作缺陷，但更多的是肯定了李维历史观的进步性。他认为"李维的历史观念，便在适用。他的罗马史缺点很多，没有严密的方法，时常夹着情感的冲动。可是他能握住史实重心，用心理分析，使过去的史事再现出来。"他在序言中还说："倘使历史知识是有用的，便在静观过去壮丽的遗址，或者为自己，或者为国家，使人有所法。"这是一篇有一定研究价值的文章，可惜这样的文章在 20 世纪上半叶所见甚少。

20 世纪 50 年代，中国的各行各业都开始向苏联学习，中国的世界史和国别史体系也在学习苏联的过程中逐渐建立起来。罗马上古史也是如此。一般来说，我们把新中国成立以后的罗马史研究分为两个时期。

第一个时期是 20 世纪 50—60 年代。这是引进和吸收苏联史家有关成果并在此基础上进行一些尝试性分析的时期。在此期间，我国翻译出版了科瓦略夫的《古代罗马史》（1957 年）一书，经由《史学译丛》杂志发表了一些苏联史家论作的译文。我国学者还就奴隶起义、西罗马帝国灭亡等问题作过一些初步探讨。因缺乏独立研究的历史，分析鉴别能力很弱，所以我国年轻的罗马上古史工作者起初只能照搬苏联史家的解释体系，人云亦云较多，根据史料进行认真研究较少。同期我国学人还开始从事古罗马史的基本建设，即译介古代作家的原著，如在"文化大革命"前出版了阿庇安的《罗马史》中译本（上半部），塔西佗的《日耳曼尼亚志》，普鲁塔克著作中的个别罗马史著名人物传，等等。

第二个时期是"文化大革命"结束以后，是我国罗马史研究的发展期。1978 年以来，我国的政治、经济、文化教育等方面都有了很大发展，我国罗马上古史的教学与科研的进步幅度明显加大。一些高校，如北京师范大学、东北师范大学、山东曲阜师院等一度开设了古罗马史选修课，陆续培养出部分罗马上古史研究生。罗马史研究也进入了新的阶段，取得了可喜的成果，有关罗马史的专著相继问世。它们分别是陈同燮的《希腊罗马简史》（山东教育出版社，1982 年）、于贵信的《古代罗马史》（吉林大学出版社，1988 年）、朱龙华的《罗马文化与古典传统》（浙江人民出版社，1993年）、李雅书和杨共乐的《古代罗马史》（北京师范大学出版社，1994 年）、胡庆钧和廖学盛的《早期奴隶社会比较研究》（中国社会科学出版社，1996 年）、杨共乐的《罗马史纲要》（东方出版社，1994 年）和《古典罗马经济研究》（北京师范大学出版社，1998 年）等，发表论文数百篇，研究领域日趋广泛，研究水平日益提高。从最近数年的情况看，人们对罗马史的如下问题比较感兴趣。

第一，罗马早期的社会性质。

罗马早期的社会性质始终是国内学者关注的重要问题。最流行的观点是明确肯定原始社会瓦解之后最早产生的社会必然是奴隶社会，认为实际上最早的国家，就现在所知道的，都是城市公社，城市国家，或简称城邦。城邦本质是奴隶制的。

另一种观点却认为，"在罗马，最初产生的国家不是奴隶制国家，而是公民国家"。罗马的奴隶制社会并非来源于原始社会，而是来源于从原始社会发展起来的公民社会。"在罗马，这种古代社会（即公民社会）一直存在了三个多世纪，只是到公元前 2 世纪中叶以后，由于奴隶制的发展，才破坏了这种社会赖以生存的基础，导致了公民社会的灭亡。"公民社会之所以赖以生存的基础是古代所有制，在古代所有制下，土地一般分为两种形式，一种是公有地，一种是公民的私有地，而这种所有制在很大程度上还从属于公社公有制的形式，其所有权主要还是掌握在国家或公社手中，国家有权分给或限制每个公民的份地，所以从严格意义说，这些份地还不是真正的私有地，而只是由国家控制、归公民长期使用的公有地而已。而且，这种公民私有地的存在，本身就是以国家这一共同体的存在为前提的，离开了共同体这一先决条件，它就无法存在。在这一形式下从事生产的主要力量是自由的土地私有者和手工业者，而不是奴隶。小农经济是当时的经济基础，建立在小农经济基础上的社会当然不可能是奴隶社会。这种观点的主要理论依据是马克思的《资本主义以前诸形态》一文。

第二，债务奴隶制问题。

债务奴隶制问题一直是罗马早期最重要的社会和经济问题。一种观点认为，罗马早期债务奴隶制盛行，平民反对贵族斗争的原因之一就是破产的平民反对沦为贵族的债务奴隶，而公元前 326 年波特里乌斯法的颁布，也就意味着罗马债务奴隶制的废除。罗马由此也就走上了剥削外族奴隶的道路。

另一种观点则完全否认公民间债务奴隶制的存在。认为：（1）罗马人没有将罗马公民沦为自己的奴隶的习惯。（2）罗马人把因负债而受奴役的人称为"nexus"。"nexus"与奴隶不同，他们虽然是"处于受奴役状态的人"，但他们是自由人，是自由公民（Civis Liber）。把"nexus"与债务奴隶，把奴役"nexus"的制度与"债务奴隶制等同起来显然是不正确的。（3）债权人的最大特权是对债务人躯体的执行，这种躯体执行包括拘捕债务人，将债务人处以死刑或卖到外国，摧残债务人的躯体，所以史书上经常把"nexus"说成是"Servitus"，即像奴隶那样的人，像奴隶那样的人不是奴隶，他们与奴隶有着本质的区别。（4）共和早期，罗马反债务奴役的导火线一般都是债权人对债务人身体的摧残，而不是债权人剥夺债务人的自由，并将其沦为奴隶。把债务奴役和惩罚制说成是债务奴隶制显然是不符合历史事实的。

第三，格拉古改革的原因和失败原因。

格拉古改革在罗马历史上有着十分重要的地位，学者们对这次改革原因和失败原因的研究都十分重视。一种观点认为改革的根本原因是由于大土地所有者的不断兼并以及廉价奴隶劳动的竞争，致使自由农民破产失地现象日益严重，最后导致了格拉古的改革。

另一种观点认为，改革主要是要解决罗马领土不断扩张与公民人数相对减少，帝国军队需要量增加与公民兵无法满足上述需要之间的矛盾，格拉古只是想通过分配土地来解决这一矛盾。

关于格拉古改革失败的原因，主要有以下三种观点。

第一种观点认为，公元前 2 世纪后期，罗马正处于奴隶制经济高度发展的时期，土地兼并和小农的破产是历史的趋势，所以格拉古土地改革的失败，与其说是由于反对者的阻挠，毋宁说是罗马奴隶制经济发展的使然；与其说在于反对派，毋宁说在于经济。公元前 2 世纪末，在奴隶制全盛时期，不可能凭人力使小农经济复活，而生活本身便扫除了土地改革中那些空想的因素。或说，在当时奴隶制已经完全充分发展和高利贷猛烈发展的情况下，恢复和保持小土地所有制已经不可能了，故必然失败。或说，提比略·格拉古改革以土地为中心，其着眼点是恢复小农经济和公民民主，逆历史潮流而行，因而为历史的发展所否定。

第二种观点把提比略·格拉古改革失败的原因归结为主观和客观两方面，认为从客观方面看，他们（指改革者）的政敌——元老贵族过于强大；从主观方面看，改革派不仅比较软弱，而且缺乏策略。

第三种观点认为，造成格拉古改革失败的主要原因，并不在于单纯的奴隶制发展，也不在于元老贵族的反对，而是由于：（1）改革派自身力量的弱小。（2）改革派制定的政策不够严密。（3）罗马土地占有和使用情况的复杂性。（4）在改革过程中，格拉古采取无视传统、破坏惯例的做法。

第四，罗马奴隶的释放问题。

罗马奴隶的释放问题是罗马历史上非常重要的问题，学者们对此都很关注。一般认为，罗马被释奴隶的增多是古代的奴隶制业已失去活力的结果，是奴隶制不能在生产上提供足以补偿所耗劳动的收益的产物，是奴隶制日趋灭亡的标志。因此，只有到奴隶社会末期才会出现大量的被释奴隶。

另一种观点认为，奴隶的释放并不影响奴隶制的延续，因为每一奴隶在释放以前必须向主人交纳相当于再购买一名奴隶的钱财。因此，更为重要的是，通过释放奴隶的办法，主人使奴隶看到了获得自由的希望，从而无形中也就提高了奴隶劳动的积极性，促进了社会生产的发展，因此从根本上说，罗马奴隶的大量释放并不标志着奴隶制的衰亡，它既没有导致奴隶制基础的削弱，也没有对奴隶制构成严重的威胁。它完全是奴隶制发达形式的一种表现，是奴隶制高度发展的反映。主人们通过释放奴隶的方法，不但达到了最大限度地剥削奴隶的自由，而且还在很大程度上起到了巩固奴隶制生产关系的作用。

此外，许多古典名著，如恺撒的名著《高卢战记》、《内战记》，阿庇安的《罗马史》，撒路斯特的《喀提林阴谋》、《朱古达战争》，普鲁塔克的《传记集》，塔西佗的《编年史》、《历史》，苏维托尼乌斯的《罗马十二帝王传》，瓦罗与迦图的《论农业》等中译本分别出版，具有一定篇幅的共和与帝国时期的史料汇编得以问世，其中较为重要的有任炳湘选译的《世界史资料丛刊初集·罗马共和国时期》（上、下册）、李雅书选译的《世界史资料丛刊·上古史部分·罗马帝国时期》（上、下册）、杨共乐选译的《世界史资料丛刊·上古史部分·罗马共和国时期》（上、下册）等。虽然目前这类译作的数量还很有限，但这毕竟是一个良好的开端，是我国罗马上古史研究未来发展的基点。

当然，从总体水平上讲，我国的罗马史研究与世界先进水平相比，还有相当的距离。但这并不意味着我们在所有方面都不能超过外国学者。我们相信，只要我们不断努力，充分利用自己的特长，在方法论上有新的突破，中国学者完全能够在世界罗马史研究领域占有一席之地。

附录：期刊和参考书目

· *Journal of Roman Studies*（JRS）1991.

· *American Journal of Philology*（AJPhil）1880.

· *American Journal of Archaeology*（AJArch）1897.

· *Archaeological Journal*（Arch. Journ）1845.

· *Papers of the British School at Rome*（BSR）1902.

· *Classical Quarterly*（CQ）1907.

· *Corpus Inscriptionum Latinarum*（CIL）1863.

· *Harvard Studies in Classical Philology*（Harv. Stud.）1890.

· A. Pauly，G. Wissowa and W. Kroll，Real-Encyclopadie D. Klassischen Altertumswis-senschaft（PM）1893.

· *Transactions of the American Philological Association*（TAPA）1870.

· Alan Watson，*Roman Slave Law*，The Johns Hopkins University Press，London，1987.

· G. Alfody，*Social History of Rome*，Croom Helm Press，London，1985.

· Arnold，Roman Provincial Administration，Ares Publishers Chicago，1914.

· A. E. R. Boak，*A History of Rome to A. D.* 565，Macmillian Publishing Co. New York，1977.

· J. B. Bury，*History of the Later Roman Empire from the Death of Theodosius to the Death of Justinian*（395—565A. D.），Macmillan Co. Ltd.，London，1923.

· M. Cary and Scullard，*A History of Rome*，*down to the Reign of Constatine*，St. Martin'S Press，New York，1977.

· M. Crawford，*Roman Republic*，Willian Collins Sons & Co. Ltd.，Glasgow，1988.

· J. Crook，*Principis*：*Imperial Council and Counsellors from Augustus to Diocletian*，Cambridge University Press，Cambridge，1987.

· D. Donald，*The Romans*，Hutchinson，London，1970.

· R. Ducan-Jones，*The Economy of Roman Empire*，Cambridge University Press，Cambridge，1982.

· G. Ferrero，*The Greatness and Decline of Rome*，Vol. 1，2，3，4，5. Books for Librar-ies Press，New York，1971.

· T. Frank，*An Economic Survey of Ancient Rome*，Vol. 1，2，3，4，5. The Johns Hop-kins Press，Baltimore，1933—1940.

· T. Frank，*An Economic History of Rome*，The Johns Hopkins Press，Baltimore.

· K. Hopkins，*Conqueror and Slaves*，Cambridge University Press，Cambridge，1980.

· A. H. M. Jones，*The Later Roman Empire* 284—602，Vol. 1，2. Basil Blackwell，Ox-ford，1973.

· C. Nicolet，*The World of the Citizen Republican Rome*，California University Press，1980.

· T. W. Potter，*Roman Italy*，Butler & Tamur Ltd. Frome，Somerset，1987.

· A. N. Sherwin-White，*The Roman Citizenship*，Clarendon Press，Oxford，1980.

· Chester G. Starr，*Roman Empire 27B. C.* ——476A. D.，Oxford University Press，New York，1982.

· E. T. Salmon，*The Roman World*，Methuen Co. Ltd.，London，1959.

第七章
世界古代文明史
工具书导读

世界古代文明史是历史的开端，也是文明的起源，它是一门基础文化学科，内容十分丰富。对世界古代文明史的了解和掌握，不仅标志着一个民族的文化素养，而且也是贯彻"面向现代化、面向世界、面向未来"方针的重要因素之一。

我们在深入学习和研究世界古代文明史时，常常会遇到这样或那样的问题，有时会如大海捞针，茫茫然不知如何下手。如，一些事件，不了解其来龙去脉；一些人物，不详其生平；一些地名，难以辨认；一些神名，不明其义；一些古代纪年，不知如何转化成公元纪年等。又如，研究某一课题，需要读哪些书，如何广泛而系统地搜集与该课题有关的参考资料，怎样精确而迅速地找到所需的资料、专著、论文，还需要了解过去学术界对此问题的研究成果，清楚今后应从何处下工夫，如此等等，不一而足。

怎样解决问题呢？古人云"工欲善其事，必先利其器"。要在较短的时间内解决遇到的有关问题，精确而快速地找到有关资料，使学习和研究更加有的放矢，收到节省时间和精力、提高效率、事半功倍之效，就要了解并善于使用有关的工具书。

所谓工具书，又称参考书，是指广泛收集某一范围的知识和资料，按一定的方式编排，供人检索的一种特殊类型的图书。与一般图书相比，其特点在于准确、实用、方便，其作用在于提供基本知识、解决疑难问题、汇集有关的专题资料、提供研究问题的线索等。它是我们不可缺少的良师益友，是我们打开知识宝库的金钥匙和治学的利器。在使用工具书时，要熟悉工具书的种类和用途，掌握检索方法；要学会根据自己的问题，准确地选择和利用工具书，不断地总结经验，力求少走弯路，省却"踏破铁鞋无觅处"的烦恼。

世界古代文明史工具书种类很多，限于条件和水平，这里只能选择一部分加以介绍。所介绍的工具书，以中国国家图书馆（原北京图书馆）馆藏西文图书为主，包括百科全书、书目、索引、辞典字典、年表、手册、指南、传记资料、历史地图、历史图谱、文献汇编等。每本书，都著录有中文书名、外文原文书名、编著者、版别、出版地、出版社、出版时间、卷数、页码，以及内容介绍，并注出国家图书馆馆藏代号，以便进一步查找和阅读。在编排上，基本参照《中国图书馆图书分类法》中历史类中世界史的体例。

1. 《世界史百科全书：古代、中世纪和现代》（*An Encyclopedia of World History：Ancient，Medieval，and Modern Chronologically Arranged*，Compiled and Edited by William L. Langer，5th ed，Boston，Houghton Mifflin Co.，1972，1569P. 国家图书馆索书号：2G/Z2）

该书是在美国哈佛大学名誉教授威廉·兰格主持下由美国一批著名历史学家编撰的一部世界史编年体百科全书，在西方是一部有影响的历史工具书。

该书初版于1940年，1948年第2版，1953年第3版，1958年第4版，到1972年出第5版。1975年出版了该书的插图版，但文字内容和1972年版一样。

该书以编年体形式，对从远古到20世纪70年代初的世界历史分段给予了简略介绍，叙述的重点放在政治、军事以及外交方面，科学技术和文学艺术也略有介绍。全书按历史时期分为 8 编，各个时期又按地区、国家来划分章节，书末有索引。

该书的第 1、第 2 编分别是史前时代和古代史，已有中译本，由刘绪贻、李崇淮、施子愉译，吴于廑校，三联书店 1981 年出版，改名为《世界史编年手册（古代和中世纪部分）》。

2.《西方文明手册：自起源至公元 1700 年》（*Handbook of Western Civilization：Beginning to* 1700，Edited by Sidney A. Burrell，New York，John Wiley and Sons，INC.，1972，195P. 国家图书馆索书号：2/K103/BSA）

该书以历史年代为线索，对各个历史时期的世界文明史，特别是 1700 年前的西方文明发展过程中的重要事件和思想进行了简明扼要的总结，在书的左页，有大事年表和名词解释；在书的右页，是关于各种事件的专题文章，使用方便。

全书分为 10 章，其中第 1、第 2、第 3、第 4 章是关于古代西方文明史的内容。第 1 章：西方文明的内容及主题，介绍了人类对自然的征服、人类对一个有秩序的有目的的世界及世界历史进步的信念、欧洲的扩展、权力作为西方文明中统治人民的一种政治形式的出现、世界史概念的发展；第 2 章：人类及其过去的历史，包括人类的特性、人类的起源、新石器革命、城市革命；第 3 章：东部地中海的早期文明，介绍了两河流域文明、埃及文明、东部海上文明、古代希伯来人；第 4 章：希腊—罗马文明，介绍了希腊文明、希腊化时代、罗马文明。

3.《古代文明百科全书》（*The Encyclopedia of Ancient Civilizations*，Edited by Arthur Cotterell，London，Macmillan Pub. Ltd.，1983，367P. 国家图书馆索书号：2G－85/K103－61/E56）

该书由研究古代文明的世界著名学者编著，具有材料新、解释准确、内容丰富等特点。

全书包括 58 篇专文，系统地介绍了史前世界及人类的起源，追溯了古代世界各个主要文明——埃及、西亚、印度、欧洲、中国、美洲——的发展，内容涉及文化、语言、艺术、宗教、建筑、年代学以及地理环境等。书中有精选的照片、地图、插图以及图表等；书后有参考书目和索引。

4.《古代史手册：从原始社会到萨珊王朝的结束》（*A Manual of Ancient History：From the Earliest Times to the Fall of the Sassanian Empire*，2nd. ed，Edited by George Rawlinson，Oxford，The Clarendon Press，1880，ⅻ，608P. 国家图书馆索书号：D59/R26）

该书特点是专而全。涵盖的时间包括从人类历史起源到萨珊王朝波斯的灭亡，涉及迦勒底、亚述、米底、巴比伦、吕底亚、腓尼基、叙利亚、犹太、埃及、迦太基、波斯、希腊、马其顿、罗马、帕提亚等文明古国的历史。该书编者罗林生是英国著名东方学家。

5.《古代史简明辞典》（*Concise Dictionary of Ancient History*，Edited by Percival

George Woodcock, New York, Philosophical Library, 1955, 465P. 国家图书馆索书号：R/D54/W88）

该书是一部简明而内容丰富的关于古代重要的人物和事件的世界古代史专科辞典，尤其侧重古代希腊和罗马历史，对于其他早期文明，如犹太、埃及以及波斯等也有收录。

该书所收辞条时间段限大致是从地中海世界有历史记载开始到罗马帝国的灭亡，共收录辞条 3 000 余条，主要是古典作品中常见的。内容包括人物传记、历史、地理、神话传说、文学、艺术、哲学、自然科学、法律、政治、服饰、日常生活，等等，简明扼要，一目了然。其中，人物传记包括军事、政治、哲学、艺术等方面的名人；历史辞条包括希腊和罗马历史上重大的政治事件；有关地理的辞条包括城镇、城市、行省、农村及其他经常出现在古典作品中的地名，它们通常按古代的名称列出；在关于神话的辞条中，可以找到出现在希腊罗马，甚至犹太和埃及神话中的人物。

书中辞条按拉丁字母顺序排列。书后有附录，包括赫梯、吕底亚、米底、埃及、波斯、斯巴达、马其顿、叙利亚、比西尼亚、庞图斯、罗马国王年表；重要的拉丁作家一览表；希腊作家、艺术家和哲学家一览表；参考书目。

6.《古今科技名人辞典》（*Asimov's Biographical Encyclopedia of Science and Technology*, Edited by Ⅰ. Asimov, New York, Doubleday & Company, Inc., Garden City, 1982, xxxv, 941P. 国家图书馆索书号：2G/K816.1/ABE/1982）

该书是美国著名学者阿西莫夫的名著之一，1964 年初版，1972 和 1982 年两次增补和修订，共收录 1 510 个科技名人的传略。其中，涉及古代的科学家传略的辞条有 74 条，包括古埃及、古希腊、古罗马、古中国、古印度、古巴比伦的建筑师、医生、植物学家、天文学家、数学家、地理学家、解剖学家、炼金术士等，传略按年代先后顺序编排。在这些传略中，可以看到关于他们的丰富的材料和轶事及每个人的贡献。该书有中文译本，由科学出版社 1988 年出版。

7.《古代史纪念论文集索引：古代近东、旧约、希腊、罗马、罗马法、拜占庭》（*Articles on Antiquity in Festschriften, An Index: the Ancient Near East, the Old Testament, Greece, Rome, Roman Law, Byzantium: Edited by Rounds Dorothy: Cambridge, Mass., Harward University Press., 1962, 560P.* 国家图书馆索书号：R/Z6202/R85）

该书收入 1863 年到 1954 年发表的所有关于古代史的纪念文集目录索引共 613 种。论文集中的论文涵盖的时间从新石器时代开始，其中，埃及、美索不达米亚、叙利亚、小亚及相邻地区（不包括印度）到阿拉伯人的征服，爱琴海地区、希腊到公元前 30 年罗马帝国，拜占庭到 1453 年，意大利及罗马文明影响的整个地区到 410 年。所收论文内容涉及人类学、生物学、人种起源学、地理学、医学、动物学等。所收论文集一般包括纪念某一位学者的文集，也有一些是为纪念多位学者而编辑的文集。

全书按被纪念的学者或机构的字母顺序排列，著录项目有：被纪念者（人或机构），用黑体字标出；纪念文集的书名，用斜体字标出；如果发表在期刊上，则包括期刊名称、卷数及页码；如果有图版，则标出页码；如果有插图，则用缩略词标出；文集中的参考书目；出版商；出版地；出版时间；如果美国国会图书馆有藏，则标出索书号。

8. 《有关古典学及相关学科研究的美国博士论文目录索引》（*A Bibliography of American Doctoral Dissertations in Classical Studies and Related Fields*, Edited by Thompson, L. S. Hamden, Conn., Shoe String Press, 1968, 250P. 国家图书馆索书号：2/K12-7/TLS）

该书按作者姓氏字母顺序排列，所收录论文，其时间上溯希腊和意大利的史前史，下迄 500 年，内容涉及古代希腊和罗马文化的各个方面，包括文学、历史、艺术、建筑、考古、民间传说、宗教、法律、语言学、科学、哲学、政治学、行政管理、风俗习惯、社会经济等。此外，还收录了对古典语言学、语义学及文献研究有用的论述新约的博士论文。书后有主题索引、标题索引、地名索引，以及希腊文、拉丁文词汇索引。

9. 《泰晤士世界历史地图集》（*The Times' Atlas of World History*, Edited by Barraclough, Geoffrey, London, Times Books, 1979, 360P. 国家图书馆索书号：2-87/K991/T58）

该书是国外世界地图中影响最广、最具权威的综合性世界地图集。全书约有 600 多幅彩色地图，反映了从人类世界的起源到现代的第二次世界大战的世界历史的运动和发展。另有 127 篇文字叙述，分别由 80 位西方历史学家执笔，它们既是有关地图的说明，又是人类历史重要主题的高度概括，文中还有一些文物图录和历史图表。

该书按历史进程分为七个部分，其中，第一部分是早期人类的历史；第二部分介绍在美索不达米亚、埃及、印度、中国、爱琴海最早出现的城市和帝国，以及文字的发明、贸易的发展（公元前 3500—前 1000 年）；第三部分介绍公元前 1000 年至前 500 年间的希腊、波斯、印度、中国、世界宗教的传播、游牧民族的入侵与古代世界的崩溃；第四部分介绍美洲早期文明。图集卷首是世界历史大事年表，书后有专名汇编、词汇索引。该书已有三联书店出版的中译本。

10. 《拉鲁斯考古学百科全书》（*Larousse Encyclopedia of Archaeology*, Edited by Charles-picard, Gilbert, New York, G. P. Putnam's Sons, 1972, 432P. 国家图书馆索书号：2G/K85-61/LEA）

该书初版于 1969 年，法文；1972 年译成英文再版于美国。全书共分为两大部分。第一部分介绍了考古学的基本知识，包括什么是考古学，遗址是怎样残存下来的，怎样确定考古遗址，发掘、确立考古年代，复原、展示及出版等。第二部分介绍了不同时期、不同地区的考古文化遗址，包括：史前考古、亚历山大以前的西亚、尼罗河谷、爱琴世界、古典希腊、伊特鲁里亚、印度、巴基斯坦、阿富汗、远东、东南亚、中国等。各部分都由对该部分造诣颇深的专家撰写，每章都有参考书目，供进一步研究参考。书中收入了相当数量的插图，印刷精美。书后有索引。

11.《插图本考古学百科全书》（*The Illustrated Encyclopedia of Archaeology*, Edited by Clyn Daniel, New York, Thomas Y. Crowell Company, 1977, 224P. 国家图书馆索书号：2G/K85-61/IE)

该书介绍了从石器时代到现代初期的中东、远东、非洲、澳洲和美洲的考古文化，包括重要文化遗址、主要考古方法、考古的先驱者、技术名词及其他相关学科。

12.《剑桥考古学百科全书》（*The Cambridge Encyclopedia of Archaeology*, Edited by Andrew Sherratt, Cambridge, Cambridge University Press, 1980, 459P. 国家图书馆索书号：2G/K85-61/CEA)

该书共分三部分，第一部分介绍现代考古学的发展；第二部分介绍各个考古时期、地区，考古学的研究等知识；第三部分介绍考古发掘日期和遗址分布。每部分都有参考书目。

该书是自 16 世纪航海家初探非洲东部以来，对四五百万年以前人类历史的发掘和研究成果的总结。它介绍和论述了人类的进化、旧石器的发展、人对火的使用和保存、艺术的诞生、新石器的使用、农牧业的发展，以及铁的发现和使用等。该书不仅论述了人类历史的发展和演变，而且还综述了当代考古学家的研究状况，介绍了发掘技术、推断年代的方法以及考古资料的使用等。

13.《考古学家年鉴——国际考古学和人类学指南》（*Archaeologists' Yearbook*: *An International Directory of Archaeology and Anthropology*, Christchurch Hants, Dolpnin Pr.; Park Ridge N. I., Noyes Press, 1973. 国家图书馆索书号：2/K85-54/AYB)

该书收录了有关考古学、人类学、人种学和民俗学的博物馆、大学、协会和其他机构，包括英国和国际两部分，国际部分又按国别复分，书末有人名索引。

14.《企鹅考古学辞典》（*The Penguin Dictionary of Archaeology*, 2nd ed, Edited by Warwick Bray, Harmondworth, Middlesex, Penguin Books, 1982, 283P. 国家图书馆索书号：2G/K85-61/PD)

该书初版于 1970 年，1982 年再版，改正了初版中的一些错误，一些条目进行了重写，增加了新的考古遗址及考古方法方面的内容。

该书的内容涉及从史前时代到古典时代，尤其侧重史前时期。全书共收录辞条1 600个，按字母顺序排列，简明扼要，包括遗址、文化考古年代、考古技术、考古术语以及重要的考古学家。书中有插图，书后有附录，包括按地区分类编排的考古遗址地名索引以及 16 幅考古遗址分布地图。

15.《古代考古地图集》（*Atlas of Ancient Archaeology*, Edited by Jacquetta Hawkes, New York, McGraw-Hill Book Company, 1974, 272P. 国家图书馆索书号：2/K852/HJ)

该图集追溯历史上各种不同文化的发展，介绍重要的遗址，但不包括古典时期的希腊和罗马。

16.《考古地图集》（*The Atlas of Archaeology*，Edited by K. Branigan. London：Macdonald，1982，240P. 国家图书馆索书号：2/K86-64/BK）

该书是一部重要的记载过去文明以及考古学发展史的参考工具书，内容十分丰富。撰稿者都是本专业的著名学者，主编布拉尼干是英国谢菲尔德大学史前史及考古学系教授。全书按时间顺序排列，前言部分全面评述了早期学者们的创业事迹，追溯了考古学的发展历程；其后，分为 8 章，按地区分别介绍考古遗址，包括欧洲、古典世界、非洲、尼罗河谷地、近东、印度次大陆、远东、美洲。每个遗址都从两个方面加以介绍：一方面通过考古发掘，展示使用的考古发掘技术以及考古发现；另一方面则根据遗址再现当时人们的生活状况。世界主要地区都被加以介绍，并配有全面介绍该地区考古历史的地图，还收入了相当多的图片和插图，附有详细的文字说明。书后有词汇表、地名索引、重要词语索引。

17.《古典考古地图集》（*Atlas of Classical Archaeology*，Edited by M. I. Finley，London，Chatto and windus，1977，256P. 国家图书馆索书号：2/K85/FMI）

该书是一本系统介绍古代希腊罗马历史文化遗址的地图集，涵盖的时间从大约公元前 1000 年希腊青铜时代文明即所谓"迈锡尼文明"的瓦解到大约 500 年罗马帝国的分裂为止，共 1 500 年，包括了分布在欧、亚、非三大洲的遗址，有地图、图解和照片。

全书分为 14 部分，分别介绍了分布在不列颠、莱茵—多瑙河畔、普罗旺斯、伊比利亚半岛、北非、西西里、意大利、伊利里孔、米西亚、达西亚、希腊、塞浦路斯、黑海、小亚、叙利亚—巴勒斯坦等地大约 103 处考古遗址，图文并茂。书后有附录，包括大事年表（公元前 1000 年至 540 年）、罗马皇帝一览表、主要词汇表、古代希腊建筑式样图、索引等。

该书编者芬利（1912—1986）是当代西方著名的古希腊罗马史专家之一，尤以研究古代社会经济著称，他的著作对西方古代史学界产生了极大的影响。他曾任剑桥大学古代史教授、剑桥达尔文学院院长。

18.《剑桥古代史图版集·第三卷：公元前 6 世纪之前的中东、希腊及巴尔干地区》（*The Cambridge Ancient History*：*Plates to Volume Ⅲ*：*The Middle East*，*the Greek World and the Balkans to the Sixth Century B. C.* – New ed，Cambridge，Cambridge University Press，1984，299P. ill. ，maps. Edited by John Boardman. 国家图书馆索书号：2-88/K12/C17）

该书是一部与《剑桥古代史》第三卷配套使用的图版集，收入了大量的图片，其中涉及各个地区、各个民族、各个时期具有历史意义的实物图片。它既是对《剑桥古代史》第三卷的补充，又可以作为一部残存下来的物质资料的概览而独立成书。编者博阿德曼是牛津大学古典艺术与考古学教授。

全书共分 14 章：公元前 1000 年的巴尔干地区史前史、巴比伦、亚述、乌拉尔图、叙利亚—赫梯诸国、腓尼基和迦太基、以色列和约旦、埃及、塞浦路斯、安那托利亚的本土、诸国、色雷斯人、斯基泰人、字母与希腊等。各章都由著名学者撰稿，介绍当时的历史背景及图版内容，图文并茂。此外，每章都有参考书目及评论等。

19.《剑桥古代史图版集·第四卷：大约公元前 525 年到公元前 479 年的波斯、希腊及西部地中海地区》（*The Cambridge Ancient History: Plates to Volume Ⅳ: Persia, Greece and the Western Mediterranean. c. 525 to 479 B. C*, Edited by John Boardman, Cambridge, Cambridge University Press, 1988, 248P. 国家图书馆索书号：2-89/K12/C17）

该书是一本与《剑桥古代史》第四卷配套的图版集。全书以波斯帝国的兴起、波斯帝国行省制以及波斯帝国与希腊的冲突为框架，时间范围起于约公元前 525 年，迄于公元前 479 年。

全书分成三大部分，共 15 章。第一部分，波斯帝国，包括伊朗西北部米底王国的考古遗址，古代波斯帝国早期首都帕萨尔加德、比西吐恩、苏萨、波斯波利斯，帝国诸民族，宗教与统治者，社会生活与手工艺品（风俗、装饰品、贵族的狩猎与战争生活、安那托利亚的希腊波斯人），与东方、埃及以及欧洲的贸易，波斯艺术（建筑、雕塑、绘画、奢侈品），贸易与手工业，体育，宗教，希腊人与波斯人。第二部分，西方世界，包括西方的希腊、意大利。第三部分，硬币。各章都由著名学者撰稿，介绍当时的历史背景及图版内容。

书中有 8 幅地图，分别是阿黑美尼德帝国、米底、法尔斯、色雷斯、中部希腊和伯罗奔尼撒、东部希腊、南部意大利和西西里、北部意大利。

20.《古代世界年代学》（*Chronology of the Ancient World*, Edited by Bickerman, Elias Joseph, 2nd. ed. Ithaca, Cornell University Press, 1980, 223P. 国家图书馆索书号：2/K04/BEJ）

该书是一部关于古代年代学的参考工具书。它详细而系统地介绍了古代日历的结构，古人纪年的原则和方法，以及怎样把他们这些纪年方法同我们现在的纪年方法联系起来的规律。

全书共分三部分。第一部分介绍了关于日历的各种知识，包括古人对日、月、年的看法，希腊的各种日历，埃及人的太阳年，罗马人的日历，雅典人的日历，在埃及的马其顿人的日历，公元前 46 年罗马恺撒大帝定的儒略历，1582 年由教皇格里戈利八世决定采用的格里历，黄道带，以及星期等。第二部分介绍了纪年的各种方式，包括年表、名年制度、纪元等。第三部分介绍了年代学的应用，包括记时器等。

书中有 8 张图表，包括月亮的循环期、希腊日历月份名称表、儒略历在各地的差异、地球的绕行轨道、太阳在不同季节的轨迹、太阳和恒星日、行星类别、星期。书后附有索引及 10 个表格：天文学的规则、星辰的升起与落下、奥林匹克诸年、罗马儒略历、王表、雅典执政官表、罗马执政官表、罗马诸皇帝表、早期罗马年表、古罗马历史大事年表（公元前 776 年—476 年）。

21.《历史文献指南》（*Guide to Historical Literature*, G. F. Howe et al, New York,

Macmillan，1961，962P. 国家图书馆索书号：R/Z6201/A51）

这是一部在历史科学领域中颇为重要的指南，由美国历史协会组织编写，收录内容广泛，提供历史研究较全面英文参考资料。全书中涉及世界古代史的有三部分：总论、史前史和古代。各条目除提供完整的书目信息之外，还有内容提要。

书前有较详的目次表，书后附著者索引等。

22.《全球经验：公元1500年前的世界史阅读材料》（*The Global Experience：Readings in World History to* 1500，Edited by Riley，Philip F. Englewood Cliffs，N. J.，Prentice-Hall，Inc.，1987，V. L. 285P. 国家图书馆索书号：2-88/K10/G56）

该书是一本内容简洁而丰富的原始资料选集，内容编排按时代发展顺序，涉及世界历史上的许多方面。从这些史料中，我们可以看到世界变化与交往以及各主要文明所建立的辉煌成就。

该书有两个基本特点：其一，史料按时代发展顺序分地区编排，使读者一方面可以了解不同时代、不同地区历史发展的异同，另一方面也可以有选择地阅读自己有兴趣的资料；其二，在每条史料前都有对该史料的基本介绍，在每条史料后都有供进一步探讨的问题。

全书共分五部分。第一部分：早期诸文明，包括苏美尔的神话；埃及、美索不达米亚、希伯来人的宇宙观；阿卡德国王萨尔贡的传说；汉谟拉比法典；中国文字的起源；埃及的宗教改革；古埃及国王梅内尔普塔的赞歌；摩西法典；亚述帝国等。第二部分：古典文明，包括早期的希腊人和他们的神；印度教；中国思想史的黄金时代；亚洲文化中的佛教；希腊和罗马经典等。第三部分：基督教和伊斯兰教。第四部分：中世纪的西方及其他地区。第五部分：变化的世界。

23.《各个时期、各个国家的著作词典》（*Dictionnaire des Oeuvres de tous les Temps et de tous les Pays*，Société d' Edition de Dictionnaires et Encyclopédies，1968—1980，7 Volums. 5370P. 国家图书馆索书号：2G‒86/23/D551）

该书是由意、法两国学者多年合作编成的巨著，共7卷，介绍了世界古今名著16 000部，其中，前4卷介绍古代埃及、古代中国的名著。著作涉及文学、哲学、戏剧、美学、音乐、社会学、法学、政治学、史学等学科。该书条目详尽地阐述了名著的内容及其思想，并适当介绍作者情况。

24.《古代史阅读材料》（*Readings in Ancient History*，Edited by William Stearns Davis，… With an Introduction by Willis Mason West，Boston，New York（etc.），Allyn and Bacon. 454P. 1912—国家图书馆索书号：D59/D26）

该书共分10章：古代埃及，巴比伦和亚述，波斯帝国，希腊远古时代，希腊历史早期，来自波斯的威胁，雅典的黄金时代，从伊格斯波特米海战到凯勒尼亚战役，东西方的征服者亚历山大，希腊化时代。该书史料以古代希腊和古代东方为主，包括莎草纸文书、铭文、泥板文书、圣经、古典及现代学者的记载等。

25.《世界通史资料选辑》（上古部分）（林志纯主编，商务印书馆1962年初版，1993年重印，453页）

本书是为配合周一良、吴于廑主编的大学教材《世界通史》而编写的参考资料之一。全书分为古代埃及，古代苏美尔和巴比伦，古代亚述和新巴比伦，赫梯、腓尼基、巴勒斯坦，古代中亚和伊朗，古代印度，古代希腊，托勒密埃及、条支、大夏、安息，古代罗马，古代越南、朝鲜、日本十个部分，主要根据考古发掘出来的泥板文书、纸草文献、铭文及文献材料编选，内容涉及各国的年代记、法典或法律汇编、条约、文告、文书、契约、书信、史诗传说、政治经济文献、传记、宗教典籍等。

26.《与〈旧约圣经〉相关的古代近东文献》（*Ancient Near East Texts Relating to the Old Testament*，2nd edition，corrected and enlarged，Pritchard，James B. ed. Princeton，Princeton University Pr. 1955，542P）

这是一部内容十分丰富的文献集，涵盖整个古代近东，包括埃及、美索不达米亚、小亚、叙利亚—巴勒斯坦。全书根据文献类别编排，每条材料都有介绍，包括内容、出处、年代及参考书目等。全书主要内容有十部分：（1）神话、史诗、传奇：①埃及神话、故事及墓葬文书；②苏美尔神话史诗；③阿卡德神话和史诗；④赫梯神话、史诗和传说。（2）法律文书：①美索不达米亚和小亚的法典；②埃及和赫梯的条约；③赫梯国王敕令；④法律文书残片。（3）历史文书：①埃及历史文书；②巴比伦、亚述历史文书；③赫梯历史文书；④巴勒斯坦铭文。（4）宗教礼仪、咒语：①埃及宗教礼仪及咒语文书；②阿卡德祭祀文书；③赫梯祭祀文书。（5）赞美诗、祈祷文：①埃及和苏美尔的赞美诗、祈祷文；②苏美尔—阿卡德赞美诗；③赫梯祈祷文。（6）教谕文学：①寓言；②格言和箴言；③对生命及世界秩序的看法；④神谕、预言。（7）哀歌。（8）风俗诗歌。（9）书信。（10）杂类。

书前有前言、常用缩写词表，书后附有参考书目、索引等。该书东北师范大学古典文明研究所有藏。

27.《古代近东图片集》（*The Ancient Near East in Pictures*，Edited by James B. Pritchard，Princeton，Princeton University Pr.，1954，351P）

该书是一部重要的关于古代近东的图片集，共收录图片769幅，地图4幅。全部图片分为九大部分：民族及服饰、日常生活、文字、纪念物、王室及达官贵人、神祇及象征、宗教、印章、考古，每一部分进一步按主题、地区或年代划分。书前有前言和缩写词表，书后有对每幅图片的详细介绍及相关的参考书目、索引等。该书东北师范大学古典文明研究所有藏。

28.《古代西亚、埃及大事年表》（*The Chronology of Ancient Western Asia and Egypt*，With a Synchronistic Table in Four Sheets，2nd.，rev. ed，Edited by Van der Meer，Leiden，E. J. Brill，1955，95P. 国家图书馆索书号：DS61/V23）

该书共分八部分。编者按年代顺序把亚述、加喜特王朝、巴比伦、伊朗、北部美索不达米亚、叙利亚和巴勒斯坦、埃及、小亚的古代年表编排起来，不仅有助于人们从史事的发展和演变中了解有关历史事件的进程，而且提供了了解古代年表的资料线索。

29.《亚述学手册》(*The Antiquity of Iraq*：*A Handbook of Assyriology*，Edited by Svend Aage Pallis，Copenhagen，Ejnar Munksgaard，Ltd.，1956，814P. 国家图书馆索书号：DS78/P16)

该书涉及亚述学的各个方面，包括美索不达米亚史前史、年代学、历史、文化、宗教、语言等。全书共分14部分：自然环境，早期探险，楔形文字的释读，楔形文字，语言，1842—1954年的考古发掘，史前史，年代学，从苏美尔城邦到巴比伦王国，汉谟拉比及其时代，亚述人，城镇日常生活、祭祀和节日，艺术，文学和科学等。书前有缩写词表、楔形文字泥板，书后有每部分的参考文献、姓名索引、作者索引以及两幅地图。

30.《亚述学辞典》(*The Assyrian Dictionary* of the Oriental Institute of the University of Chicago，Chicago，Chicago University Press，1964—)

该辞典由美国芝加哥大学东方研究院组织编撰，参加编撰的学者都是国际上著名的一流的亚述学家，包括盖尔布（I. J. Gelb）、兰兹伯格（B. Landsberger）、奥本海姆（A. L. Oppenheim）、赖纳（E. Reiner）、西维尔（M. Civil）、布林克曼（J. A. Brinkman）等。辞典按拉丁字母顺序分卷，基本上是每一个字母为一卷，词汇量大的则分为两卷或更多卷，目前已出版至S字母，共20余卷，辞典中的所有例句均选自各不同历史时期的法典、铭文、契约和书信等，其编撰工作目前仍在继续。它不仅是亚述学者必备的语文工具书，而且对研究古代美索不达米亚也具有极高的史料价值。该辞典东北师范大学古典文明研究所、中国社会科学院世界历史研究所有藏。

31.《阿卡德铭文手册》(*Manuel D'epigraphie Akkadienne*，Edited by R. Labat)

该书是阅读阿卡德楔形文字时必备的工具书之一。初版于1948年，1952年第2版、1959年第3版、1963年第4版、1976年第5版。全书包括序言、美索不达米亚语言分布图、引论（介绍楔形文字符号的起源和演变、楔形文字符号的意义、楔形文字的读音、有关研究著作）、符号表、楔形文字的演变、字音表和表意文字以及字顺音值表七个部分和四个补遗：（1）字顺音值表补；（2）废弃不用的表意文字；（3）罕见音值；（4）亚述月份名称。书后有阿卡德单词词汇表，南、北美索不达米亚地图。该手册东北师范大学古典文明史研究所有藏。

32.《美索不达米亚地图集：美索不达米亚文明和历史概览：从石器时代到巴比伦的陷落》(*Atlas of Mesopotamia*：*A Survey of the History and Civilization of Mesopotamia from the Stone Age to the Fall of Babylon*，Edited by H. H. Rowley，London，Nelson，1962，164P. 国家图书馆索书号：G2251. E6/E4)

该书是一部采用地图集方式介绍古代美索不达米亚历史和文明的重要参考工具书。

收集和运用了丰富的资料，图文并茂。该书包括22幅彩色地图，大约296张图片，并附有大量的文字说明。它以古代美索不达米亚文明发生、发展、兴盛、衰落为主题线索，以合乎逻辑的章节，对古代美索不达米亚的土地和气候、首次考古发掘、楔形文字的释读、20世纪的考古、史前时期、苏美尔文明、阿卡德王国、汉谟拉比时代、加喜特王朝时期、年代学问题、亚述的兴起、文学繁荣时期、从那波帕拉萨尔到巴比伦的陷落、巴比伦人的宗教、文明摇篮美索不达米亚等都作了系统而简洁的介绍。在体例上，先述政治的演进，次论社会、经济及学术、艺术的发展。

该图集收入的大量图片，有的质量很高，且有一定审美价值，有的更是难得的艺术珍品。这本地图集是我们了解古代美索不达米亚历史与文明的一个窗口。

33.《赫梯文献总目录》(*Catalogue des Textes Hittites*，Edited by Emmanuel Laroche，Paris，Editions Klincksieck，1971，273P)

该书由法国著名赫梯学家拉劳什汇编，内容包括缩写词表、参考书目、历史文献、行政文献、法律文献、学校用书、神话文献、圣歌、宗教仪式文书、占卜文书、节日及祭礼文书、非赫梯语文书、苏美尔—阿卡德文书、杂集等。书后附有索引。该书东北师范大学古典文明研究所有藏。

34.《芝加哥赫梯语辞典》(*The Hittite Dictionary* of the Oriental Institute of the University of Chicago，Chicago，Chicago University Press，1980—)

该书由美国芝加哥大学东方研究院赫梯学和亚述学研究所的一批赫梯学家倡导，世界各国许多优秀的赫梯学家参加编写。1980年英文字母L卷出版，迄今已编撰完字母M和N卷。编撰者们注意吸收赫梯学研究的最新成果，在词汇量的收集、引文例句和译文等方面有独到之处。它不仅是赫梯学者必备的语文工具书，而且对研究古代小亚历史也具有很高的史料价值。该书东北师范大学古典文明研究所有藏。

35.《埃及象形文字字典》(*An Egyptian Hieroglyphic Dictionary*，Two Vols，Edited by E. A. W. Budge，New York，Dover Publications，1978)

该书词条按拉丁字母顺序排列，内容包括读音、象形文字、英文解释等。书前有导言（介绍了埃及学的研究情况）、引用书缩写表、象形文字表、克普特语表、塞姆语表、波斯楔形文字表。书后有埃及王表，乡村城镇名称表，克普特语、希腊语、希伯来语、亚述语、叙利亚语、阿拉伯语地名索引，字典中引用的克普特语、希腊语、希伯来语、亚述语、叙利亚语、阿拉伯语词汇表等。该书东北师范大学古典文明研究所有藏。

36.《埃及历史辞典》(*Historical Dictionary of Egypt* (African Historical Dictionaries，No. 36)，Edited by Joan Wucher King，Metuchen，N. J. and London，The Scarecrow Press，Inc. 1984，719P. 国家图书馆索书号：2G-85/K411-61/H67)

该书是《非洲历史辞典丛书》的第36卷，所收资料较新，反映了新的研究成果。

该书在导言中对古老的埃及文化给予了很高的评价，并按照历史阶段，对从公元前30年到1952年的每段历史都作了描述。辞典正文按拉丁字母顺序排列，内容涉及埃及历史上的重要事件、著名人物、地理名词等。书后附有年表和参考文献目录。参考文献目录多达 60 页，包括专著和重要文章，按主题编排，对研究埃及历史（包括埃及古代历史）很有参考价值。

37.《古代埃及指南》（*An Introduction to Ancient Egypt*，Edited by British Museum，London，British Museum Pub. Ltd.，1979，286P. 国家图书馆索书号：2/K411.2/BM）

该书共分 8 章。第 1 章：埃及的土地及自然资源；第 2 章：古代埃及历史概况；第 3 章：文字的释读及书写材料；第 4 章：埃及的文学；第 5 章：埃及人的宗教信仰及主要神祇；第 6 章：埃及人的墓葬；第 7 章：艺术和工艺；第 8 章：罗马及基督教时期的埃及。每章后都附有本章的参考书目。书后附有详尽的索引、21 幅彩色图版、101 张黑白图片。

38.《埃及文明辞典》（*A Dictionary of Egyptian Civilization*，Translated by Georges Posener from the French，With the Assistance of Serge Sauneron and Jean Yoyotte，London，Methuen，1962，323P. ills. 国家图书馆索书号：R/DT58/P85）

该辞典收录 402 个辞条，涉及埃及古代文化的各个方面，详细介绍了古埃及的文学、经济、宗教、伦理、种族，以及古埃及文化的特征，例如金字塔、木乃伊等。该书的一个特点是它包括大量关于古埃及动植物的资料，介绍了埃及自然地理环境下生长的一些动植物，以及它们对埃及宗教和生活的影响。

全书辞条按拉丁字母顺序排列，时间断限从史前时代到埃及为罗马所征服。书中图文并茂，其中有许多彩色图片，十分难得。书后附有辞条索引、图片索引、专有名词索引，以及古埃及地图等。

39.《科那乌尔埃及文化辞典》（*Knaurs Lexikon der Agyptischen Kultur*，Edited by Georges Posener，München，Knaur，1978，390P. 国家图书馆索书号：2G–88/K411.03–61/K67）

这是一部系统介绍古代埃及文化的专科辞典，所收录的辞条按拉丁字母顺序排列，内容涉及宗教、艺术、文学以及科学等诸方面。书中有大量的插图，图文并茂。书前附有古埃及历史大事年表（公元前 5 000 年—641 年），书后附有索引。

40.《埃及神祇辞典》（*A Dictionary of Egyptian Gods and Goddesses*，Edited by George Hart，London，Routledge and Kegan Paul，1986，299 P. ill；maps. 国家图书馆索书号：2G–87/B929.411–61/D55）

该辞典以埃及诸神为主题，共收录了 400 多个古埃及神话、日常生活，以及来自叙利亚、努比亚的神或女神名字，并对它们的起源、发展等有关内容作了详尽的介绍。书中有许多生动的图画，提供了生动的视觉材料，如神的特征、节杖、头饰、动物外形等。

书前有历史年表及上、下埃及地图，书后有参考阅读书目及一些神祇的异名参见表。

41. 《埃及学文献目录年鉴》（*Annual Egyptological Bibliography*，Edited by International Association of Egyptologists，England，Aris and Phillips Ltd，Teddington House，Warminster，Wilfs，1980. 国家图书馆索书号：2/K411—7/IAE）

该书由国际埃及学家协会编辑出版，收录了 1 031 本（篇）关于埃及文明的图书和论文，是一本关于埃及学的专题文献目录。

全书正文按类排列，分为十大部分。第一部分是通论，介绍了埃及学历史，今日埃及学，研究工具：书目、索、引、百科全书性著作，埃及的遗产，希腊化世界。第二部分是文字和语言类，包括文字、语法、词典学、专有名词称号等。第三部分是文献和语言文献学，包括铭文，文学史料、自传，宗教和巫术文献，社会经济、司法、行政文书、书信、通俗文体文献，克普特语文献，埃及与圣经文学的关系等。第四部分是历史，包括新王国以前、新王国以后、国际交往。第五部分是艺术与考古。第六部分是宗教。第七部分是社会和文化。第八部分是科学与技术。第九部分是乡村及邻近地区。第十部分是努比亚研究。每本书的著录项包括作者、书名、出版地、出版商、出版时间；每篇论文的著录项包括作者、篇名、出处（包括期刊名称、卷数、页码）。每本书或每篇论文都附有简明扼要的内容介绍。

该书所收的图书及论文主要是 1980 年以前出版或发表的，也有一些是 1980 年出版或发表的，书后附有作者名和书名（篇名）索引，按字母顺序编排。

该书以英、法、德等多种文字出版。

42. 《埃及学目录》（*Egypt Subject Catalogue*，Cairo，Egyptian National Library Press，1957. 国家图书馆索书号：R/Z965/C131）

该书由埃及国家图书馆编辑出版。上册分总类、自然科学、社会科学、应用科学、艺术和地理；下册分历史、考古和建筑、宗教、哲学、语言、文学等。

43. 《古代埃及地图集》（*Atlas of Ancient Egypt*，Edited by John Baines Jaramír Malék，Oxford，Phaidon Press Ltd.，1980，240P. 国家图书馆索书号：2—87/K411.2—64/B16）

该书是一部采用地图集的形式介绍古代埃及历史、文化的重要参考工具书。事实上，它已远远超出传统意义上的地图集概念的范围。其中除了许多历史地图和地形图外，还有详细的文字说明，供稿者是一些著名的埃及学家。

全书收录 36 幅地图、530 幅插图，其中 380 幅是彩色的。有些图片质量很高，且有一定的审美价值，是难得的艺术珍品。

全书共分三部分，展示了古代埃及文明的各个方面。第一部分介绍了古代埃及的历史和地理，包括王朝一览表及对各个朝代的叙述；第二部分采用导游的形式，介绍了尼罗河沿岸及周围地区的名胜古迹；第三部分详细论述了古代埃及社会的特点。

全书内容包括：古代埃及的地理环境，古代埃及研究简介，考古，历史背景，古埃及诸法老，法老画廊，艺术和建筑，艺术品的表现风格，墓碑，尼罗河上的各式船只，上埃及南部，底比斯，上埃及北部，中埃及，孟斐斯，金字塔，金字塔名录，下埃及，努比亚，边缘地区，日常生活，书吏和文字，军队，妇女的地位，宗教生活，诸神，墓葬风俗，埃及人对西方艺术的影响，收藏古埃及艺术品的博物馆，等等。书中还介绍了英国的埃及学先驱威尔金森，象形文字复杂的书写体系，等等。

该书收录的地图包括：埃及的地理环境，上埃及的诸州，下埃及的诸州，尼罗河谷地的人口密度，尼罗河三角洲的地形，古埃及的自然资源，公元前 1800 年前的埃及，前王朝时期的第二瀑布，古王国和第一中间期时的埃及，中王国和第二中间期时的埃及，中王国的第二瀑布城堡，新王国和第三中间期时的埃及，埃及和近东（约公元前 1530—前 1190 年），第三中间期晚期时的埃及，后期埃及时代的埃及、爱琴海和近东，希腊罗马时代的埃及，希腊罗马时期的法尤姆，希腊罗马时期的埃及和东部地中海地区，上埃及南部，阿斯旺地区，底比斯地图，上埃及北部，中部埃及，法尤姆、孟斐斯地区，各金字塔的位置，下埃及，下努比亚，上努比亚，西部沙漠中的绿洲，西奈半岛，收藏埃及艺术品的各地博物馆的分布等。每幅图均有简要说明。

该书的第二部分是重点，它借助地图、图片、遗址平面图等，介绍了 90 多处重大考古遗址和纪念物。

图集卷首是大事年表，选列了从公元前 6500 年到公元 1 世纪埃及、努比亚、叙利亚、巴勒斯坦、美索不达米亚、埃兰、安那托利亚、爱琴海地区的重大历史事件；书后有附录，包括书中出现的重要名词词汇表、插图一览表、参考书目、地名索引，以及补充文献索引。

44.《印度古典辞典》（*A Classical Dictionary of India*, New Delhi, Oriental Books Reprint Corp., 1986, 793, 160P. 国家图书馆索书号：2G—89/B929.351—61/C61）

该辞典收录辞条近 1 000 条，内容涉及古代印度神话、哲学、文学、风俗习惯、制度、地理、艺术等。辞条按拉丁字母顺序排列。附有参考书目。

45.《印度百科全书》（*Encyclopedia Indica*, 2nd. rev. ed, Edited by J. S. Sharma, New Delhi, S. Chand and Co. Ltd, 1981, 700P. 2V. 国家图书馆索书号：2G/Z235.1/EI）

该书是第一部印度出版的英文百科全书，由新德里的钱得出版公司出版。

该书主要是参照一些欧美比较有名的大百科全书的最新版本编纂成的，其中特别撰写的 1 万多条有关印度哲学、历史、地理、文学、美术、音乐、舞蹈、种族、宗教等条目构成了这部小百科全书的印度民族特色。附有较详细的索引。

46.《印度学辞典》（*A Dictionary of Indology*, Edited by Ashim Kumar Roy and N. N. Gidwani, New Delhi, Oxford and IBH Pub. C., 1983—1986, 4 V. 国家图书馆索书号：2G—86/K351.07—61/D55）

这套辞典共分 4 册，按拉丁字母顺序排列。第 1 册：A—C, 1984 年出版；第 2 册：D—K, 1984 年出版；第 3 册：L—R, 1985 年出版；第 4 册：S—Z, 1986 年出版。

全书共收录辞条 5 000 多条，内容涉及印度学各个方面，包括行政管理、古代地理、考古、建筑、天文、占星术、文化、铭文、人种史、历史、艺术、肖像学、法律、语言学、文学、数学、医学、神话学、古文书学、哲学、宗教、科学技术、社会学、诗学、韵律学，等等。书中还介绍了约 200 多位著名的印度学专家，以及一些重要的研究印度学的团体和机构。

书中所涉及的国家和地区包括印度、巴基斯坦、斯里兰卡、尼泊尔、阿富汗、泰国、越南、马来西亚、印度尼西亚、中国、日本、朝鲜等。

47.《牛津古典辞书》（*The Oxford Classical Dictionary*, 2nd, Edited by N. C. L. Hammond and H. H. Scullard, Oxford, Clarendon Press, 1970, 1176P. 国家图书馆索书号：2G—91/K126—61/O98/1970）

这是一部重要的介绍古代希腊、罗马历史与文化的参考工具书。其内容十分丰富，涉及人物传记、文学、神话、哲学、宗教、自然科学、地理等，尤其侧重于人物传记和文学方面，时间截止到 337 年。编者的研究成果也尽量收录在内，每个辞条后都有一个有关本题目的重要的综合评述，并附有参考书目，这些参考书通常是一些必读书；关于著名的古典作家的辞条，一般包括正文、评述、翻译、专门词汇、风格、生平、评论等。大部分辞条的解释都比较简洁。

该辞书初版于 1949 年，1970 年再版。在第 2 版中，对所有的辞条都按照新的发现和新近的研究成果重新加以修订，参考书目截止到 1968 年，增加了一些新的考古材料，收录的人物及地名辞条有所增加。书中的辞条按照主题字顺排列，罗马人姓名按姓氏排列，如果重名，则按年代排列，国王和皇帝一般放在前面。

书末有三个附录：（1）一般目录；（2）希腊与拉丁文学史目录；（3）希腊文法目录。

48.《小型希腊罗马古迹辞典》（*A Smaller Dictionary of Greek and Roman Antiquities*, Edited by William Smith, London, William Aowes and Sons, 1874, 474P. 国家图书馆索书号：2G—89/K12—61/S63）

该书收录辞条 300 多个，按拉丁字母顺序排列，内容涉及古代希腊和罗马的政治、经济、军事、文化艺术、科技、典章制度、民族、宗教、民风民俗等各个方面。书中有大量的图画与辞条相配，生动形象。

书后附有希腊罗马度量衡、货币表，公元纪年与奥林匹亚纪年对照表，希腊文索引，拉丁文索引，英文索引等。

49.《小型古典辞典》（*A Smaller Classical Dictionary*, Edited by E. H. Blakeney, London, J. M. Dent and Sons, Ltd., 1910, Reprinted with Supplement, 1913, 632P. 国家图书馆索书号：2G/Z3/SC）

该书 1910 年初版，1913 年再版。全书共收词目 40 000 条，内容涉及古代希腊、罗马的各个方面。词目按照拉丁字母顺序排列，每个词目下都附有参考书目，供进一步阅读。

书前有推荐书目、主要希腊作家表、主要拉丁作家表、希腊主要艺术家表、希腊主要哲学家表、关于古典建筑的评论等。书后有关于希腊戏剧的评论，词目补遗，以及多幅图片。

50.《罗姆古典辞典》（*Room's Classical Dictionary*，Edited by Adrian Room，London，Boston，Melbourne and Henley，Routledge and keganPaul，1983，343P. 国家图书馆索书号：2G—85/B932—61/R77）

该书对古代希腊、罗马重要的人名、地名、神祇名、历史事件等都作了简洁明了的介绍，共收录辞条千余种，按字母顺序排列。书后附有附录和参考书目。

51.《普林斯顿古典文化遗址百科全书》　（*The Princeton Encyclopedia of Classical Sites*，Edited by Richard Stillwell Princeton，N. J. Princeton University Press，1976，1019P. 国家图书馆索书号：2G/K86 – 61/PEC）

该书收录了2 200多条关于公元前750年到565年希腊和罗马文化考古遗址的条目，全部辞条按拉丁字母顺序排列。每个辞条后面都有供进一步研究、阅读的参考书目，书目按发表年代为序。

书前附有著作一览表、本书所引用的古代文献及相关论著的缩写词表。书后附有词汇表、16幅考古遗址分布图、各国地图索引。

52.《古典世界地图集》（*Atlas of the Classical World*，Edited by A. A. M. Van der Heyden and H. H. Scullard，London，Nelson. 1959，221P. 国家图书馆索书号：R/DE29/H61）

该书用不同的色彩和标记，描绘出古典世界的宗教、经济、军事、文学艺术以及政治的发展和影响，附有大量的图版和插图，以反映希腊、罗马的文化和遗迹，说明地图的内容。此外，还有详尽的文字说明，帮助了解古希腊和罗马历史的发展。

该书的撰稿者大都是与古代史有关的学者，并且得到许多国家的学术机构，特别是考古和博物馆方面的合作。

53.《哈泼斯古典文学和古代风俗辞典》（*Harper's Dictionary of Classical Literature and Antiquities*，Edited by Harry Thurston Peck，New York，Harper and Brothers，1923，1701P. 国家图书馆索书号：R/DE 5/P36）

该辞典出版于1886年，次年再版，1963年第二次重印。编者佩克，曾任美国哥伦比亚大学拉丁文教授。

该辞典的辞条按拉丁字母顺序排列，内容涉及人物传记，希腊、罗马文学作品中出现的人物，古典作家作品中提到的国家、行省和城市，希腊、罗马历史上的重要政治事件，希腊、罗马作家著作和文物，等等。重要辞条附有供进一步阅读的参考书目。

该辞典后面附有古希腊和罗马度量衡表。

54.《牛津古典文学指南》　（*The Oxford Companion to Classical Literature*，Compiled and edited by Harvey，Paul，Oxford，Oxford University Press，1937，468P. Reprinted in 1986. 国家图书馆索书号：2G—87/I1—61/O98）

该书出版于1937年，1986年重印。它对古典文学（公元前600年—500年）的发展、主要的作家以及他们的重要作品，结合历史、政治、社会和宗教背景加以描述。以英文字顺为序，包括古典文学中的史诗、悲剧、喜剧、韵律等的解释和主要作家介绍。作品中主题或内容在作家或书名下予以阐述。书后附古典文学年表，有关建筑及人物形象描述，古希腊、罗马地图等。

55. 《古典戏剧手册》（*A Handbook of Classical Drama*, Edited by P. W. Harsh, California, Stanford University Press, 1944, 526P. 国家图书馆索书号：R/PA3024/H32）

该手册分为四个部分：希腊悲剧、希腊喜剧、罗马悲剧、罗马喜剧。每部分先作综合介绍；再分别就主要剧作家，简述其生平，分析他们的作品；并在书中各章正文后的注释中，说明引用的资料。

56. 《古典戏剧手册》（*The Handbook of Classical Drama*, Edited by Hathorn, Richmond Y, London, Arthur Barker, 1967, 350P. 国家图书馆索书号：2G/I106.3—62/HKY）

该书对现存古典戏剧中的每个专有名词都予以解释，涉及神祇、地名、人物等。辞条所引用的古典戏剧的台词主要选自古典洛布丛书（Loeb Classical Library），辞条按拉丁字母顺序排列。有关古典剧目的辞条，一般包括故事发生的地点、剧情简介以及评述等。

书前有三幅地图，分别是罗马意大利、希腊小亚细亚、地中海世界。

57. 《拉鲁斯神话百科全书》（*Larousse Encyclopedia of Mythology*, With An Introduction by R. Graves, London, Hamlyn, 1959, 500P. 国家图书馆索书号：R/BL303/L33）

该书从法文版译出并加以修订，内容非常丰富，世界各国神话传说中的典故、主要人物等，在该书中大都可以找到。

全书首先介绍史前神话，之后分埃及、亚述-巴比伦、腓尼基、希腊、罗马、波斯、印度、中国、日本、南北美洲、大洋洲和非洲等分别介绍各地神话。书中附有插图，书后附参考书目和索引。

拉鲁斯（1817—1875）是法国辞典和百科全书编辑，他还曾编著《19世纪万有大辞典》（*Grand Dictionnaire Universel du XIXe Siécle*）等。

58. 《古典神话百科全书》（*The Encyclopedia of Classical Mythology*, Edited by A. R. A. Van Aken, Englewood Cliffs, N. J., Prentice-Hall, Inc., 1965, 155P. 国家图书馆索书号：2G—89/B932—61/E56）

该书按拉丁字母顺序编排，内容均选自古典作家的作品，包括荷马、奥维德、维吉尔、李维以及迦图、塔西佗等。收录辞条千余个，每个辞条后面一般都有参考资料。书后附有古代希腊地图及古爱琴海诸岛分布图。

该书作者 A. R. A. 范阿肯对古典文学有很深的造诣，曾获得尤特来西特大学（The University of Utrecht）博士学位。该书最初由荷兰阿姆斯特丹的埃尔斯菲尔（Elsevier）出版公司出版，原名叫"Elseviers Mythotogische Encyclopedia"，由 D. R. 威尔斯

（D. R. Welsh）译成英文。

59.《古典神话辞典》（*Dictionary of Classical Mythology*，Edited by J. E. Zimmerman，NewYork，Harper and Row，1964，300P. 国家图书馆索书号：2G/I106.7—61/DC）

该书共收条目 2 000 余条，涉及古希腊、罗马神话中的主要神祇、英雄、神话群体、神话术语、神的标志、圣物、圣地以及与古希腊、罗马神话有关的一些内容。如古代作家与作品，古典文学，成语典故，历史地名，著名雕刻艺术品和建筑物，宗教、节庆、传说中的历史人物和事件等。荷马和维吉尔的史诗中以及古希腊、古罗马著名悲喜剧作品中的一些次要人物也酌情收录。

全部辞条按拉丁字母顺序排列，每一辞条都注明了出处。书前有编者导言，介绍了古典神话对世界文明的影响；书后附有供进一步阅读的参考书目。

该书编者 J. E. 齐默尔曼是美国亚利桑那州立大学（Arizona State University）教授。

60.《希腊和罗马传记、神话与地名辞典》（*A Classical Dictionary of Greek and Roman Biography*，*Mythology and Geography*，Edited by W. Smith，rev，throughtout and in part re-written by G. E. Marindin，23 rdimpression，London，J. Murray，1925，1018P. 国家图书馆索书号：R/DE5/S63）

该辞典 1848 年初版，1894 年第 4 版经过全部修订并部分改写。1925 年，修订第 4 版，第 23 次印刷。编者史密斯是英国 19 世纪著名的古典学家。全书收录的辞条包括希腊和罗马作品中出现的人名与地名，时间从远古到 476 年。

61.《公元前 800 年至公元 1000 年间的希腊和拉丁作家》（*Greek and Latin Authors*：800*B. C. – A. D.*1000，Edited by Michael Grant，New York，The H. W. Wilson Company，1980，490P. 国家图书馆索书号：2G/K815.6–61/GM）

该书收录了从荷马到中世纪希腊、罗马古典作家 376 名，按拉丁字母顺序排列。主要作家的传文平均为 4 000 字，次要作家平均为 800 字。每一条目的内容有：作家的生平、对其作品的分析和评述，以及该作家对后世的影响等。书后附有参考书目。

62.《希腊罗马神话辞典》（*Dictionnaire de la mythologie*：*Grecque et Romaine*，Edited by Joel Schmidt，Larousse，Paris，1985，319P. 国家图书馆索书号：2G—86/B932—61/D552）

该辞典收录古代希腊、罗马神话中的人物、事件，以及有关的宗教、文化名词。书中有家谱插图、文物照片；书前有人物与家谱对照表索引；书后附有主要神话文学著作目录。

63.《希腊罗马神话辞典》（*Who's who in Greek and Roman Mythology*，Edited by David Kravitz，New York，Clarkson N. Potter，1976，246P. 国家图书馆索书号：2/B93—61/WW）

该辞典收录约 3 000 个辞条，详细介绍了古代希腊、罗马神话中出现的人物与神祇。

64.《希腊研究指南》(*A Companion to Greek Studies*, 4th ed., rev, Edited by Leonard Whibley, Cambridge, The University Press., 1931, xxxviii, 790P. 国家图书馆索书号：DF77/W6)

该书1905年出版，1906年、1916年再版，1931年修订后第4次出版。

在第4版中，增加了关于宝石、音乐、钱币、格律等方面的内容，并对有关植物群、文学、哲学、度量衡、妇女的地位、医学、人口、奴隶和奴隶制、爱琴海地区早期历史、雕刻等部分加以重新修订。

该书分成8章，每章都由对此有造诣的学者撰写。第1章介绍了古希腊的地理、民族、动物群、植物群；第2章介绍了希腊的历史；第3章介绍了古希腊文学、哲学和自然科学，包括史诗、哀歌、短长格的诗、抒情诗、戏剧、历史散文、修辞学、演讲、亚历山大和罗马时期的文学、前苏格拉底哲学、苏格拉底、柏拉图、亚里士多德和亚里士多德学派、古希腊唯物主义伊壁鸠鲁学派、斯多噶学派、怀疑论学派、数学、几何学等；第4章介绍了古希腊的艺术，包括史前时期的艺术、建筑、雕刻、绘画、花瓶绘画、赤陶、金或铁器、宝石雕刻、音乐等；第5章介绍了古希腊的神话、宗教；第6章介绍了法律、财政、人口、奴隶、奴隶制、殖民地、商业和手工业、度量衡、钱币、军事、战船、历法等；第7章介绍了出生、结婚、死亡的礼仪，教育，图书，妇女的地位，服饰，日常生活，住宅，家具，医学等；第8章介绍了各种方言、铭文、古文书学、文献评价、计量器、学术成就史。每章都附有必要的注释和参考书目。

书中有大量的图解、照片；书前附有插图一览表；书后附有索引，包括人名、神祇名、民族名索引，地名索引，希腊词或短语索引等。

65.《荷马研究指南》(*A Companion to Homer*, Edited by Alan J. B. Wace and Frank H. Stubbings, London, Macmillan Press, 1962, xxix, 595P. 国家图书馆索书号：2—85/I545. O62/C73)

该书是有志于荷马研究的人员了解史诗的形式、语言及产生的历史背景等诸问题的一部不可多得的参考工具书。编者韦瑟教授曾任雅典英国学院院长、剑桥大学考古学教授，另一位编者斯塔丙斯博士曾任英国剑桥大学古典学教授。

该书各个章节都由造诣颇深的学者撰写。全书分两大部分。第一部分：荷马史诗及其作者。论述了格律、文体和写作、荷马史诗的语言和语法、荷马史诗的历史地位，总结了关于荷马史诗及其流传的有关问题。第二部分：历史背景。介绍了英雄时代的史诗及由考古所揭示的迈锡尼世界，回顾了关于荷马时代考古的历史，简要概述了希腊的史前时代的历史，论述了荷马时代的社会、宗教、墓葬习俗及物质文明的各个方面，诸如房屋、服饰、军队、食物、手工艺、手工业、文字等，还介绍了史诗中提到的重要的考古遗址：特洛伊、迈锡尼、伊沙卡和皮洛斯。第一部分共分7章，第二部分共分16章，每章都附有必要的注释和参考论文或书籍。每章之前都有一段导言，介绍本章的主旨。

书前附有插图一览表、图版一览表、参考文献缩略词表以及一篇关于荷马史诗及其影响的导言。书中有大量的插图、照片、图解。书后附有本书所引的荷马史诗词语索引、关键词索引。

该书在1963年、1967年、1970年、1974年重印。

66.《希腊文明辞典》(*Dictionnaire de la Civilisation Grecque*，G. et. M. F. Rachet，Paris，Librairie Larousse，1985，255P. 国家图书馆索书号：2G—88/K126—61/D55)

该辞典以收录古希腊的重要人物和重大事件为主，内容涉及科学家、艺术家以及社会、宗教生活等。辞条按字母顺序排列。书中附有地图、插图、文物照片等。

67.《希腊名人录：公元前776年到公元前30年》(*Who was Who in the Greek World*：775 *B. C.*—30 *B. C*，Edited by Diana Bowder，Oxford，PhaidonPress，1982，227P. ill. 国家图书馆索书号：2G/K811—61/WWG)

该书是一本内容丰富而简洁可靠的关于古希腊人物传记的参考工具书。全书收录了近1 000个希腊历史上的著名人物。那些非希腊人但与希腊有密切关系的人物也酌情收录，包括来自小亚殖民地、北爱琴海、黑海、西西里、南意大利、北非，以及后来的希腊化国家。该书以收录历史人物为主，神话传说中的人物一般没有收录。该书涵盖的时间：从公元前776年第一次奥林匹克大会到公元前30年最后一个希腊化国家——托勒密埃及结束。

该书书前有公元前776年到公元前30年希腊历史大事年表；两篇专题论文：一篇是"荷马时代的英雄们"，一篇是"公元前776—前30年史概述"。书后附有词汇表、参考书目、地图、重要人物家谱等。

68.《希腊史文献资料集》(*The Documentary Sources of Greek History*. Edited by M. Cary. Oxford：B. Blackwell，1927，149P. 国家图书馆索书号：DF12/C25)

该书收录的希腊史文献资料涵盖的时间是公元前8世纪到公元前3世纪。文献资料主要来源于纸莎草纸文书和刻在石头、泥板或铜器上的铭文。

全书资料分类编排，包括法律、政令、行政档案、司法文书、官员的来往文书、私人纸文书、硬币、口碑史料等，对所引用的史料都有评论。

卷首附有导言，介绍了希腊历史上文献记录的发展概况、本书的资料来源以及涵盖的时间，还介绍了使用书中资料应注意的一些问题。书末附有参考书目，参考书按资料来源分为碑文、纸莎草文书、硬币、口碑四类。

69.《希腊城邦：史料集》(*The Greek City States*：*A Source Book*，Edited and Translated by P. J. Rhodes，London，Croom Helm，1986，xx，266P. 国家图书馆索书号：2—88/K125/R47G)

该书是一本以希腊城邦制度的兴衰发展为主题的史料集。书中史料翻译全部出自编者之手。编译者罗得斯是英国达勒姆大学(University of Durham)的古代希腊史教授。他收录的史料既有人们较常见的如荷马、希罗多德、修昔底德、亚里士多德等的，又有人们较不熟悉的希腊化时代以及罗马末期甚至拜占庭帝国时代的学者们摘抄、引用的文献。此外，还有许多近代从纸莎草纸上看到的古希腊作品残篇，这些残断的纸莎草纸抄卷是 19 世纪末、20 世纪初在埃及发现的。

全书采用兼顾时代发展顺序和专题的方式编排，篇首简介希腊史发展及相关史料。全书分成 8 章：荷马时期的国家，古代国家，从君主制到贵族制，政治与经济的发展，僭主政治与僭主以后的政治，斯巴达，雅典，其他城邦，城邦以外的邦国组合，希腊化与罗马统治时期的希腊城邦。全书以希腊城邦制度的兴衰发展为框架，并呈现不同城邦具有的不同制度。

每段史料都有介绍、注解和评论。在评论部分，编者注意到史料之间的矛盾和冲突、真伪以及现代学者不同的意见等。该书分章节，相关史料未置于同一节中的，编者都随时提醒读者可参考某页某节。书后附有参考书目及索引。

70.《从亚历山大到罗马征服时期的希腊化世界：史料选译》（*The Hellenistic World from Alexander to the Roman Conquest*：*A Selection of Ancient Sources in Translation*，Edited and Translated by M. M. Austin，Cambridge，Cambridge University Press，1981，488P. 国家图书馆索书号：2/K545. 3/AMM）

该书共分 7 章：亚历山大的统治、亚历山大的继承者、罗马征服与征服前的马其顿和希腊大陆、希腊城市的社会与经济、塞琉古王朝与亚洲、阿塔利王朝、托勒密王朝与埃及。书前有地图、史料简介；书后有统治者年表、大事年表、参考书目以及索引。

编译者奥斯汀是圣·安德鲁斯大学（University of St. Andrews）的古代史教授，他收录了 279 条史料，每条史料都附有原出处与注释，有些还有简短的评论或进一步的参考书目。

71.《从伊普瑟斯战役到克娄巴特拉七世之死的希腊化世界》（*The Hellenistic Age from the Battle of Ipsos to the Death of Kleopatra* VII，Edited and Translated by Stanley M. Burstein，Cambridge，Cambridge University Press，1985，xx，173P. 国家图书馆索书号：2—2007/K125/H477）

该书共选择了 112 条史料，涵盖的时间从公元前 300 年到公元前 30 年，主要是第一手的铭刻和纸莎草纸史料。编译者布尔斯坦是美国洛杉矶加利福尼亚州立大学（California State University，Los Angeles）的历史学教授。

在公元前 4 世纪末叶，东地中海与近东的一些奴隶制国家进入了它们的历史发展与文化发展的新阶段，即所谓希腊化时期，这本史料集反映的正是这一历史时期的情况。希腊化时代的历史不再是一个单一的政治或文化实体的历史，而是一系列不同的经历了各自发展道路的代表各种成分相融合的地区的历史，该书较成功地描绘了这一特点。

全书共分 6 章：从伊普瑟斯战役到科勒皮迪昂战役（公元前 301 年—前 281 年），塞琉古王国，巴克特里亚和印度的希腊人，马其顿和欧洲的希腊人，帕加马，托勒密时的埃及，王国和帝国。每章中的史料按照每条史料的时间顺序排列。每条史料都附有原出处与注释，部分还有简短的说明或进一步的参考书目。

书前有书中所提及的书及期刊的缩写表；书后附有被翻译的史料索引、希腊化时期各主要王朝统治者年表、词汇表，以及书中提及的人名主题索引。

72.《希腊世界地图集》（*Atlas of the Greek World*，Edited by Levi，P，Oxford，Phaidon，1980，239P. 国家图书馆索书号：2—87/K125—64/L66）

该图集对古代希腊的历史、文化作了全面的评述，内容丰富，自公元前3000年历史的开端，到亚历山大大帝时代。全书收录87幅地图，大约500面插图，其中350面是彩色的。每幅地图后面都附有简明的地图说明表和大量的文字说明，内容项目基本上紧密配合地图。

全书共分6部分：土地、青铜时代、僭主政治时代、伯里克利时代、亚历山大时代、希腊文化的命运。卷首是大事年表，涉及历史、陶器、文体、艺术、文学、科学等方面的重要事件；书后附有词汇表、参考书目（按章节排列）、插图一览表、地名索引等。地名索引注明所在图的页码和经纬网络，页码用阿拉伯字母，纬度格用拉丁字母，经度格用阿拉伯数字，地名索引按拼音字母排列。

73.《希腊艺术手册：古代希腊视觉艺术概览》（*A Handbook of Greek Art*：*A Survey of the Visual Arts of Ancient Greece*，Edited by Gisela Marie Augusta Richter，9th ed. ，Oxford，Phaidon Pr. Ltd. ，1987，431P. 国家图书馆索书号：2—88/J154. 502—62/R52）

本书作者里克特（1882—1972）曾任牛津大学古典艺术部负责人和美国大都会博物馆希腊、罗马艺术部负责人，是20世纪研究希腊艺术的最著名的学者之一，著有《古风时期的希腊艺术》（*Archaic Greek Art*）、《希腊雕刻和希腊雕刻家》（*The Sculptures and Sculptors of the Greeks*）、《美国大都会艺术博物馆希腊艺术藏品手册》（*Handbook of the Greek Collection*，*Metropolitan Museum of Art*）、《希腊的肖像作品》（*The Portraits of the Greeks*）等著作。这本手册被誉为研究古代希腊艺术的权威著作。

74.《拉丁研究指南》（*A Companion to Latin Studies*，Edited by John Edwin Sandys，Cambridge，The University Press，1921，891P）

该书共分10章，介绍了罗马的地理和人种学、动物学、编年史和年表、宗教和神话学、罗马人的姓氏、婚丧嫁娶、服饰、房屋、日常生活、语言、教育、图书和文学、哲学、法律、财政、人口、社会等级、奴隶、罗马自治市、殖民地、罗马行省制、农业、手工业和商业、道路和交通、罗马人的度量衡、罗马货币、罗马军队、罗马建筑和艺术、罗马自然科学等，是一部系统了解古代罗马历史的入门书。该书藏于东北师范大学世界古典文明研究所。

75.《罗马帝国的统治：史料集》（*The Government of the Roman Empire*：*A Source Book*，Edited by Barbara Levick，London，Groom Helm，1985，260P. 国家图书馆索书号：2－85/K126/L66）

该书是一本以罗马早期帝国的统治为主题的史料集。编者莱维克是英国牛津大学的教授，她收录的材料包括传统的著作文献、碑刻、纸莎草纸文书、硬币的铭文，共230条。

该书按主题分成12章：导论、帝国结构、军事、法律、财政、交通运输与物资供应、皇帝的职权、官吏的任命、帝国各地的罗马化、帝国统治的弊端、被统治者的反抗、帝国的危机。全书以帝国前两个世纪的统治为主体，对3世纪危机以后帝国的变化则简略涉及。每章前有说明；每段资料都有出处，有时编者还在一段资料之后，对资料的性质、价值略加评述，对有争议的则注出可以进一步参考的资料。

76.《罗马帝国：从奥古斯都到哈德良》（*The Roman Empire：Augustus to Hadrian*，Edited and Translated by Robert K. Sherk，Cambridge，Cambridge University Press，1988，xxii，302P. Translated Documents of Greece and Rome；Edited by E. Badian and R. K. Sherk. V. 6. 国家图书馆索书号：2—89/K126/R753）

该书是别丁和谢克主编的丛书《希腊罗马史料译丛》中的第6卷，是一本以奥古斯都到哈德良统治时的罗马帝国为主题的史料集。编译者谢克是美国纽约州立大学古典学教授。

全书按时间顺序编排，收录了大量有关这一历史时期的碑铭、纸莎草纸文书等，这些资料有助于我们加深对古典作家提供的史料的理解。全书共分两大部分，第一部分介绍了在战争与和平时期的帝国政府，内容包括奥古斯都、提比略、卡里古拉、克劳狄、尼禄、伽尔巴、奥托、维特里乌斯、韦斯巴芗、提图斯、图密善、涅尔瓦、图拉真、哈德良时期的重要历史事件、制度、法令等，几乎涵盖了整个罗马早期帝国。第二部分介绍了罗马社会的日常生活，内容涉及社会阶层、宗教生活、行省风貌等问题。

该书中有许多史料第一次由编者译成英文。每段资料都附有资料来源及必要的参考书目。书前有缩略词及译文中使用的代号一览表；书后有专有名词词汇表及两个附录：罗马人的姓名简介、罗马帝国年代学简介，还有索引。

77.《罗马人的业绩：罗马社会史史料集》（*As the Romans Did：A Source Book in Roman Social History*，Edited by Jo—Ann Shelton，New York，N. Y，Oxford University Press，1988，492P. 国家图书馆索书号：2—89/K126/S54）

该书是一本以古代罗马社会史为主题的史料集。书中史料全部由出自古典作家之手的用拉丁文和希腊文写成的文献翻译而成。

该书内容丰富，向人们展示了一幅古罗马社会各个阶层、各个侧面的生动画卷。该书收录的材料包括私人信件、法律文书、石刻、诗歌、农事手册、食谱、医学文书、商业合同以及碑文等。这些材料原来被写、刻或画在纸莎草纸、金属、石头、蜡、石板或泥板上。

全书按主题分成15章：（1）罗马社会结构；（2）罗马家庭；（3）罗马婚姻；（4）罗马的住房与城市生活；（5）罗马家政；（6）罗马教育；（7）罗马人的职业；（8）奴隶；（9）自由人；（10）罗马人的政府与政治；（11）罗马军队；（12）罗马诸

行省；（13）罗马社会中的妇女；（14）罗马人的娱乐生活；（15）罗马人的宗教与哲学。每章前都有内容简介，介绍材料写作的时间及地点等。

该书书后附有三个附录：附录一包括所有被翻译的材料作者的简介及作品的拉丁文名称，以及关于铭文、纸莎草纸法律文书的介绍；附录二介绍了古罗马的币制；附录三是从公元前753年至565年罗马大事年表。此外，书中还有5幅地图，分别介绍了罗马城、中部意大利、意大利和西西里、希腊和小亚、罗马帝国的情况。书后有参考书目及索引。

78.《罗马的衰落：参考书指南》（*The Fall of Rome：A Reference Guide*，Edited by Alden M. Rollins，Jefferson，North Carolina，McFarland and Col，Pub.，1983，130P. 国家图书馆索书号：2/K126—7/R75）

该书收录了约260本关于罗马衰亡的论著，并对这些论著作了解释，有助于人们对这段历史的理解。书中收录的参考书，既有学术上的论著，又有通俗性的文章，内容丰富。其中，大部分是英文的，也有一些是法文和德文的，且大部分都是20世纪以后出版发表的。

该书的一个最大特点就是编者对所收录的每本参考书都有简介，在这些简介中，含有丰富的关于罗马帝国晚期的历史资料。

全书按所收论著作者姓名拉丁字母顺序排列。卷首有大事年表（161—787）；书后附有作者姓名索引，按拉丁字母排列。

79.《罗马名人录》（*Who was Who in the Roman World*，Edited by Diana Bowder，New York，N. Y.，Pocket Books，1980，655P.：il1.，maps. 国家图书馆索书号：2G—87/K81l—6l/W624）

该书是一本内容丰富而简洁可靠的关于古罗马人物传记的参考工具书。全书收录了1 000位罗马历史上有名的人物，既有伟大的政治家、著名的演说家，也有祭司、圣徒，还有卑鄙的恶棍；不仅收录罗马人，而且还收录了那些与罗马人有关系的外国人，诸如邻近国家的国王或王子，以及撰写罗马史的希腊历史学家等，神话人物不列。该书涵盖的时间包括了从传说中的公元前753年罗马建城到476年西罗马帝国灭亡。

书中辞条内容包括姓名、职业、生卒时间、担任官职的时间、生平介绍。每个辞条下都附有参考书目，便于进一步查阅有关资料。

该书附有许多有用的资料：（1）书后附有辞条中提到而它本身没有专项辞条的人名的索引；（2）多幅展示罗马各个发展时期的地图，许多辞条中提到的地名都可以在地图中找到；（3）重要人物（尤其是皇室家族）家谱；（4）参考书目，包括在文献中使用的所有缩写词表及供进一步查阅的参考书；（5）词汇表，包括辞条中所使用的重要名词的解释；（6）书前有公元前753年到476年罗马大事年表及罗马历史简介。

80.《古代罗马地图集》（*Atlas of the Roman World*，Edited by Tim Cornell and John Matthews，Oxford，Phaidon，1982，240P. 国家图书馆索书号：2—87/K126—64/C81）

这是第一部用英文出版的关于古代罗马的专题地图集。全书约收录54幅彩色地图，内容包括意大利的地理环境、气候、降水量、地质学、奥古斯都时期的意大利、青铜时代和铁器时代的遗址、公元前6世纪时的伊特鲁里亚和伊特拉斯坎的城市、公元前450—前400年罗马的语言、西部地中海中的希腊和腓尼基殖民地、王政时期的罗马及其邻邦、凯尔特人时的北部意大利、古拉尔姆地区的考古遗址、征服战争、共和国时期的罗马道路、公元前3世纪罗马的陶器贸易、罗马同盟的发展、第一次布匿战争、公元前2世纪意大利的殖民、格拉古兄弟的土地改革、公元前146—70年的罗马和地中海世界、意大利和公元前91—前89年的同盟战争、公元前1世纪意大利的殖民、恺撒的崛起、罗马公民向行省的移民、罗马帝国的行政管理区域、68—70年的战争、从公元前300年至300年地中海的船只失事、诸行省及罗马帝国到106年时的疆域、阿尔卑斯山的日耳曼人的侵略、罗马帝国的语言分布、诸行省图解、阿非利加行省、西班牙行省、高卢和日耳曼行省、不列颠行省、多瑙河诸行省、希腊诸行省、小亚和塞浦路斯诸行省、东方诸行省、埃及、克里特、昔兰尼加诸行省、罗马皇帝戴克里先的防御体系："萨克逊岸"、蛮族入侵和3世纪罗马帝国的疆域、戴克里先时的晚期帝国、戴克里先时的东部边界、3世纪和4世纪早期基督教会的分布、美索不达米亚和363年的朱里亚努斯战役、朱里亚努斯和瓦伦蒂尼亚努斯时抵御蛮族的战役、300—500年修道生活的分布及影响、圣本尼迪克特修道条例的等级分配、蛮族入侵及其在西部的定居、帝国的政治分裂与526年蛮族的占领、查士丁尼时期的波斯，等等。每幅地图后面都附有简要的地图说明表，另有大量的文字说明。

全书按古代罗马历史发展进程，共分4章：早期意大利和罗马共和国、从共和国到帝国、罗马帝国的诸行省、帝国的灭亡。该书较好地反映了古代罗马1300年的灿烂文明的基本概貌，包括罗马城的建立及其早期的发展、罗马扩张及其对意大利和地中海地区的征服、奥古斯都帝国的建立后出现的新的政治宗教秩序、西部的陷落和拜占庭皇帝从日耳曼人手夺回意大利等罗马历史上的重大事件。此外，书中还列有专题，介绍了早期拉丁姆地区、伊特拉斯坎人、古罗马、庞培城的城市生活、共和国时期的罗马、早期帝国时的罗马、罗马港口奥斯齐亚、国家宗教节日、东方的崇拜、从奥古斯都到查士丁尼的罗马诸帝、图拉真的军队、罗马世界中的交往、罗马人的日常生活、磨坊和技术、娱乐活动、官僚制度、君士坦丁堡、晚期帝国时的罗马、腊万纳法令、罗马的遗产。

该图集卷首是大事年表，选列从公元前800到500年古罗马重大历史事件和艺术、建筑、文学上的成就；书后有附录，包括插图一览表、参考书目、地名索引（索引注明图所在的页码以及经纬网格）。

该图集印刷精美、材料丰富、编制科学、索引详尽、图文并茂。收录的图片、地图质量很高，图片的每一张皆属上乘，满盘珠玉，是一部研究古罗马历史不可多得的参考工具书。

中外译名对照表

一、

Abu Rowash 阿布—罗什

Abydos 阿卑多斯

Achaemenid 阿黑美尼德

Acton 阿克敦

Aelianus Spartianus 埃利阿努
斯·斯帕尔提阿努斯

Aeschines 埃斯希内斯

Aeschylus 埃斯库罗斯

Agga 阿伽

Ahmose 雅赫摩斯

Ahuramazda 阿胡拉马兹达

Akkad 阿卡德

Akhenaten 埃赫那吞

Akhetaten 埃赫塔吞

Alders 奥尔德斯

Aleppo 阿勒颇

Tell el-Amarna 阿马尔那

Amenemhet 阿美涅姆赫特

Amenhotep 阿蒙霍特普

Ammianus Marcellinus 阿米阿
努斯·马尔凯努斯

Ammisaduga 阿米萨杜卡

Amon（Amen、Amun）阿蒙神

Amorite 阿摩利人

Amratian 阿姆拉特

Ancyranum 安启拉纪念碑

Andocides 安多基德斯

Andrae，W 安德烈

Anthony King 安东尼

Antiphon 安提丰

Anu 安努

Appian 阿庇安

Aramaean 阿拉美亚文

Archilochus 阿尔希洛霍斯

Arenheim，M 阿伦海姆

Arianamnes 阿里亚纳姆涅斯

Aristophon 阿里斯托芬

Aristotle 亚里士多德

Arnheim 安海姆

Arnuwanda 阿尔努旺达

Arrian 阿里安

Arsaces 阿萨息斯

Arsames 阿尔萨米斯

Artaxerxes 阿塔薛西斯

Ashur 亚述尔

Ashur Banapal 亚述巴纳帕尔

Ashuruballit 亚述路巴里特

Asiut 阿西尤特

Tell Asmar 泰尔—阿斯马尔

Asoka 阿育王

Assyria 亚述

Aswan 阿斯旺

Atabanus 阿塔巴努斯

Athenaeus 阿特纳伊奥斯

Aten 或 Aton 阿吞

Attica 阿提卡

Atum 奥吐姆

Avaris 阿瓦利斯

Avesta 阿维斯陀

Ayodhya 阿逾陀

Badari 巴达里

Bahrein 巴林

Bardiya 巴尔迪亚

Beauchamp Abbe 比彻姆·阿博

Bedouin 贝督英人

Behistan 贝希斯敦

Belino carl 贝里诺·卡尔

Beloch 贝洛赫

Benjamin 本杰明

Beni Hassan 贝尼·哈桑

Berenice 伯林尼斯

Bevan 贝文

Bharata 婆罗多

Bhattasvamin 布哈特塔斯伐明

Bieber 比伯

Bilalama 俾拉拉马

Biliard 彼利阿德

Bimdusara 频头沙罗

Biondo, F 比昂多

Blegen 布利根

Blumner, H 布卢内

Boardman 鲍德曼

Boccaccio 薄伽丘

Bocchoris 波克霍利斯

Bogazkoy 波伽兹科伊

Bonner 邦纳

Boni 波尼

Bonner 邦内尔

Bortsford 博茨福德

Botta Paul Emile 波塔·保罗·埃米尔

Bourdman 博德曼

Bradley, K. B 布雷德利

Breasted 布利斯特德

Briscow, J 布里斯科

Broughton, T 布鲁敦

Bruni 布鲁尼

Bubastis 布巴斯提斯

Bucher 布克

Buckland, W. W 贝克兰

Burford, D. F 伯福德

Burkert 伯卡特

Burna-Buriash 布尔纳—布利阿什

Bury 伯里

Byblos 毕布罗斯

Caesar 恺撒

Canning, Sir Stratford 坎宁·斯
特拉特福德

Cartledge 卡特利奇

Cato the Elder 老迦图

Chadwick, J 柴德威克

Champollion 商波良，或商博良

Chandragupta 旃陀罗笈多

Chanhu – daro 强胡—达罗

Chantrain, H 钱特雷恩

Chardin, Chevalier 卡尔丁·谢瓦
利埃

Charon 哈隆

Chrimes 克赖姆斯

Cicero 西塞罗

Claus 克劳乌斯

Cleopatra 克列奥帕特拉

Columella 科路美拉

Cook, S. A 库克

Cornemann, E 柯尔内曼

Connor 康纳

de Coulanges 库兰日

Crawford, M. H 克劳福德

Croiset, A 克洛伊塞

Ctesius 克特西乌斯

Cyrus 居鲁士

Dandamaev, V. M 丹达马耶夫

Dahsure 达淑尔

Darius 大流士

Davies 戴维斯

Davison 戴维森

Debhen 德布亨

Dell el-bahri 戴尔·埃勒—巴赫利

De Morgan 摩尔干

Demosthenes 德摩斯提尼

Gibbon 吉本

Gilgamesh 吉尔伽美什

Giza 基泽

Glotz 格洛兹

Glover 格洛弗

Graham 格雷厄姆

Grant，M 格兰特

Greaves 格里夫斯

Grenier，A 格列涅尔

Griffith 格里菲思

Grimal 格利马尔

Grote 格罗特

Grotefend，Geory，Friedrich
　　格罗特芬德

Gruen，E 格伦

Grundy 格伦迪

Guatano de Sanctis
　　古阿塔诺·德·桑克提斯

Guiraud 吉罗

Gurne 古尔内

Halfent 哈尔芬特

Hamadan 哈马丹

Hammond 哈蒙德

Hammurabi 汉谟拉比

Hapuseneb 哈普辛涅布

Harappa 哈拉巴

Haremheb 霍连姆赫布

Tel Harmal 泰尔—哈尔马尔

Hansen 汉森

Harkhuf 荷尔胡夫

Harris 哈里斯

Hasebroek 哈斯布鲁克

Hassan 哈桑

Hassuna 哈苏纳

Hathor 哈托尔

Hatnub 哈特努布

Hatshepsut 哈特舍普苏特

Hattusili 哈吐西里

Hawkes，J 霍克斯

Headlam 黑德勒姆

Hecateus 赫卡塔尔伊奥斯

Hellanicus 赫拉尼科斯

Henku 亨库

Hepzefi 赫普泽菲

Hierakonpolis 希拉康波里

Heliopolis 希利奥波里

Helwan 赫尔旺

Heracleopolis 赫拉克列奥波里

Herodotus 希罗多德

Herzfeld 赫茨费尔德

Hesiod 赫希俄德

Heurgon，G 厄尔贡

Hignett 希格尼特

Hincks，Edward 兴克斯，爱德华

Hittite 赫梯

Homer 荷马

Homo，L 霍摩

Hopkins 霍普金斯

Hopper 霍珀

Horace 贺拉斯

Horsabad 霍尔萨巴德

Horus 荷鲁斯

Hurrian 胡里特人

Hutchinson 哈钦森

Huxley 赫克斯利

Hyde，Thomas 海德，托马斯

Ibbi-Shuan 伊比—苏安

Ibi 伊比

Idu 伊都

Iliad 伊利亚特

267

乌斯·金基乌斯·阿利门图斯

Lugalanda 卢伽尔安达

Lulubaean 路路卑人

Lu-Ninurta 卢—尼努尔塔

Luxor 卢克索尔

Luzzato，G 卢扎托

Lysias 吕西亚斯

Maat 玛特

Machiaveli 马基雅弗利

Mackendrich 麦肯德里克

Mai 麻伊

Mallowwan，M. E. L 马洛温

Manetho 曼涅托

Mari 马里

Mariette 马里埃特

Marn，J. C 马尔恩

Martens 马顿斯

Martialis 马尔提阿利斯

Martin，W. J 马丁

Marx Muller 马克斯·穆勒

Maspero 马斯伯乐

Mebalagash 麦巴拉伽什

Media 米底

Meiggs，R 梅格斯

Memphis 孟斐斯

Meduim 麦杜门

Megasthenes 麦伽斯提尼

Megido 美吉多

Menes 美尼斯

Menkaure 孟考拉

Mentuhotep 孟图霍特普

Mererruk 麦列努克

Merikare 美利卡拉

Merimda 梅里姆达

Merivale 梅里维尔

Merneptah 麦尔涅普塔赫

Mesopotamia 美索不达米亚

Methen 梅腾

Meyer 迈尔

Michaux，A 米肖

Michell 米歇尔

Miletus 米利都

Milne 米尔内

Min 米恩

Mitanni 米丹尼

Mitford，Edward 米特福德，爱德华

Mithradates 密特拉达特斯

Moeris 莫伊利斯湖

Mohenjo-daro 摩亨佐—达罗

Momigliano 莫米格利亚诺

Mommsen 蒙森

Montesquieu 孟德斯鸠

Morgan 摩尔根

Morris 莫里斯

Mosse 摩塞

Mousul 摩苏尔

Murasu 穆拉树

Mursili 穆尔什里

Munter，Friedrich 明特尔，弗雷德
　　里希

Munzer，F 蒙策尔

Murray 莫瑞

Muvattaru 穆瓦塔鲁

Mylonas 米洛纳斯

Nabopalassar 那波帕拉沙尔

Nagada 涅伽达

Napata 纳帕达

Naqsh-I-Rustan 纳克希·鲁斯坦

Naramsin 纳拉姆辛

Narmer 纳尔迈

269

Naucratis 脑克拉梯斯

Nawille 纳维勒

Nearchus 尼亚库斯

Nebuchadnezzar 尼布甲尼撒

Necho 尼科

Nectaneb 涅克塔尼布

Neferhotep 涅菲尔荷特普

Neferrohu 聂菲尔涅胡

Neisner 奈斯涅尔

Neith 涅特

Nekure 涅库勒

Nepos 内波斯

Nezemib 涅吉米布

Nicolet，C 尼科莱

Niebuhr，Carsten 尼布尔，卡尔斯腾

Nile 尼罗河

Nilsson 尼尔松

Nimrud 尼姆路德

Nineveh 尼尼微

Ningirsu 宁吉尔苏

Ninil 宁利尔

Ninurta-Tukurt-Ashur 尼努尔
塔—吐库尔提—阿述尔

Nippur 尼普尔

Nisa 尼萨

Nomarch 诺马尔赫

Norden 诺尔登

Nubia 努比亚

Nubkhprure-Intef
努布克赫普鲁勒—殷特弗

El-Obed 欧贝德

Ober 奥伯

Odysseus 奥德修斯

Okerblad 阿克布拉德

M de Olivera D 奥利维拉

Omari 奥马里

Oppenheim 奥本海姆

Oppert，Jules 欧佩尔特

Osorkon 奥索尔康

Ostwald 奥斯特瓦尔德

Ovid 奥维德

Page 佩奇

Pahlavi 钵罗婆文

Palegrini 帕勒格利尼

Palermo 帕勒摩

Pallotino 帕洛提诺

Palmer 帕尔默

Panini 帕尼尼

Panjab 旁遮普

Park 帕克

Parke 帕克

Parthia 帕提亚

Pataliputra 华氏城

Patanjali 帕坦迦利

Paterson，O 佩特森

Pausanias 波桑尼阿斯

Pendlebury 彭德尔伯里

Pepy II 佩比二世

Pepy-nakht 培比—那克赫特

Per-Ramses 培尔—拉美西斯

Persepolis 帕赛波里斯

Petrarch 彼特拉克

Petrie 彼特里

Peye 帕耶

Photius 弗提奥斯

Pickard-Cambridge 皮卡德—坎布里奇

Piganiol，A 皮加尼奥尔

Place，V 普雷斯

Plato 柏拉图

Plinius，The Elder 老普林尼

Plutarch 普鲁塔克

Poebel，A 波贝尔

Pohlman 波尔曼

Polyaenus 波吕阿伊诺斯

Polybius 波吕比奥斯

Pompeius Trogus 庞培·特罗格

Pont 蓬特

Poter，T. W 波特

Propertius 普罗佩尔提乌斯

Psamtik 普萨美提克

Ptahshepses 普塔赫舍普舍斯

Ptolemi 托勒密

Principa 普林西帕

Quibell 魁别尔

Quintilianus 克拉提利阿努斯

Ramose 拉莫斯

Ramses Ⅱ 拉美西斯二世

Ranke，H 兰克

Rassam，Hormuzd 拉萨姆，霍姆茨德

Rawlinson，H 罗林森

Rekhmire 列赫米拉

Renan J. E 列南

Renger，J 伦格

Rhodes 罗德斯

Rich，Claudirus James
　里奇，克劳迪乌斯·詹姆斯

Rider，G. Le 里德

Rivet，A 里维特

Robert 罗伯特

Roberts 罗伯兹

Robinson 鲁宾孙

Rosetta 罗塞塔

Rostock 罗斯托克

Sais 舍易斯

Sacy，A，I，Silvestre de

　萨西，A，I，西尔维斯特里

Saggs，H. W. F 萨格斯

Sakya 释迦国

Sakyamani 释迦牟尼

Sallust 撒路斯特

Salway，P 萨尔维

Samallum 沙马鲁

Samas-hazir 沙马什—哈西尔

Samasastri 沙玛沙斯特里

Samsu-iluna 萨姆苏伊鲁那

Sappho 萨福

Saqqara 萨卡拉

Sargon 萨尔贡

Sarkisan 萨尔基西亚

Sassan 萨珊

Saxonhouse 萨克森豪斯

Scard 斯卡德

Schliemann 施利曼

Schwegler 施韦格勒

Scythians 斯基泰

Sebek Khu 舍别克胡

Sebni 舍布尼

Sekhem-khet 舍克赫门—克赫特

Seleucus 塞琉古

Seltman 塞尔特曼

Semite 塞姆人

Semneh 歇姆奈

Sennacherib 辛那赫里布

Senezimib 森涅吉米布

Senmut 森穆特

Senuhe 辛努海

Sesostris Ⅱ 塞索斯特利斯二世

Seti 谢提

Shaduppum 沙杜普姆

Shamash 沙马什

Uruk 乌鲁克

Urukagina（Uruimnikin）乌鲁
卡基那（乌鲁伊门尼金）

Usere 乌舍拉

Valla, L 瓦拉

Valle, Pietro Della
瓦莱，彼德罗·戴拉

Vallon 瓦龙

Varro Marcus Terentius 瓦罗

Vergil 维吉尔

Vermeule 弗穆利

Vico 维柯

Voget, J 伏格特

Wace, A. J. B 沃斯

Wadi Halfa 瓦迪·哈尔发

Wadi Hammamat 瓦迪—哈马马特

Wadi Maghara 瓦迪·马格哈尔

Wallace 华莱士

Warbank 沃尔班克

Weaver, P. R. C 韦弗

Webster, G 韦伯斯特

Wesputah 维斯普塔赫

West 韦斯特

Westermann 韦斯特曼

Whitehead 怀特黑德

White, K. D 怀特

Wilbour 维勒布尔

Wilkins 威尔金斯

Will 威尔

Willetts 威利茨

Winckelmann 温克尔曼

Wiseman, T. P 怀斯曼

Wolf 沃尔夫

Woolley, Sir Leonard 伍利，列奥纳德

Xenophen 色诺芬

Xerxes 薛西斯

Yaska 耶须伽

Yewelot 耶维洛特

Yoffee, N 约非

Young, T 托·扬

Yudhisthica 坚战

Zagros 扎格罗斯山

Zau 扎乌

Zoroastranism 琐罗亚斯德教

Zosimus 左西莫斯

二、

А

Андреев 安德列耶夫

Б

Блаватская 勃拉瓦茨卡娅

Блаватский 勃拉瓦茨斯基

Бокшанин 鲍克夏宁

Г

Голубцова 戈鲁勃佐娃

Д

Дъяконов 季雅科诺夫

Доватур 多瓦杜尔

З

Зельин 泽里因

Златковская 兹拉特科夫斯卡娅

К

Казаманова 卡扎玛诺娃

Каллистов 卡利斯托夫

Ковалев 科瓦列夫

Колобова 科洛博娃

Корзун 科尔宗

Кузишин 库齐辛

Л

Лурье 卢利叶

М

Маринович 马里诺维奇

H

Немировский 涅米罗夫斯基

П

Пикус 彼库斯

Покровский 波克罗夫斯基

Р

Ранович 拉诺维奇

С

Силорова 西多罗娃

Сергеев 塞尔格叶夫

Струве 斯特卢威

Т

Тюменев 丘梅涅夫

У

Утченко 乌特琴柯

Ф

Фролов 弗罗洛夫

Ш

Шофман 绍弗曼

后 记

这一本《世界古代文明史研究导论》的编撰，如果从开头动议算起，那已经十多年了。因为编撰者们长期从事大学本科世界古代史的教学和此专业硕士、博士研究生的指导工作，同时进行这一方面的学术研究，所以逐渐感到一种需要，就是要做一些事情来帮助年轻人更好、更有效地从专业的学习进展到专业的研究。最初是我们中的一些年长者开始动手，以后又增加了一些年轻学者共同合作，群策群力，终于使书稿得以较好的完成。全书各部分的执笔人依次是：

引论：刘家和；第一章：廖学盛；第二章：周启迪、颜海英；第三章：周启迪、于殿利、李政、李铁匠；第四章：周启迪；第五章：郭小凌；第六章：郭小凌、杨共乐；第七章：郑殿华。

在本书的撰稿、讨论、修订中，曾蒙北京师范大学研究生院给予关怀和资助。稿成后，又由学校报呈教育部，蒙教育部研究生工作办公室再提交学位委员会历史学科组审议后推荐为研究生教学用书。对此，我们谨致以衷心的谢意。

由于我们在国内所能见到的国外新的专业书刊有限而且难以及时，也由于我们研究的广度与深度毕竟有限，书中不免存在这样或那样的问题与失误，尚请各位专家和读者不吝赐教。

编者谨致

2001 年 5 月 12 日